牛股起飞

主升浪实盘操作技巧

麻道明 ◎ 著

北京

图书在版编目（CIP）数据

牛股起飞：主升浪实盘操作技巧/麻道明著.
—北京：中国经济出版社，2019.8（2025.8重印）
ISBN 978-7-5136-5696-2

Ⅰ.①牛… Ⅱ.①麻… Ⅲ.①股票投资—研究 Ⅳ.①F830.91

中国版本图书馆 CIP 数据核字（2019）第 085195 号

责任编辑　叶亲忠
责任印制　李　伟
封面设计　久品轩

出版发行　中国经济出版社
印　刷　者　北京建宏印刷有限公司
经　销　者　各地新华书店
开　　　本　710mm×1000mm　1/16
印　　　张　24.75
字　　　数　400 千字
版　　　次　2019 年 8 月第 1 版
印　　　次　2025 年 8 月第 3 次
定　　　价　58.00 元

广告经营许可证　京西工商广字第 8179 号

中国经济出版社 网址 http://epc.sinopec.com/epc/ 社址 北京市东城区安定门外大街 58 号 邮编 100011
本版图书如存在印装质量问题，请与本社销售中心联系调换（联系电话：010-57512564）

版权所有　盗版必究（举报电话：010-57512600）
国家版权局反盗版举报中心（举报电话：12390）　　服务热线：010-57512564

前 言
PREFACE

快速捕捉主升浪

捕捉主升浪，让你掌握盈利的密钥；

捕捉主升浪，让你的财富稳定增长；

捕捉主升浪，让你搭上庄家快车之道；

捕捉主升浪，让你成为短线波段操作大师……

捕捉主升浪，抓住牛股起飞。在股市中，最令人心跳和兴奋的就是主升浪，它是一段涨速最快、涨幅最大、力度最强的拉升行情，是投资者长期以来孜孜以求的目标。

股市可能是一条通向快速成功的捷径，也可能是一条瞬间走向破产的绝路。这就是股市"高收益、高风险"所在，也是主升浪的本质之处。在股价拉升之后，充满着巨大的风险，如果操作不当其风险甚至远远大于收益。

股价上涨令人心潮澎湃，股价下跌让人心灰意冷。在证券市场发展过程中，特别是庄家盛行的情况下，股价大起大落似乎是见多不怪的事。股价可以在短期内涨得让你不敢相信，也可能快速下跌让你难以接受。这种惊心动魄、翻云覆雨的盘面剧烈波动，就是当前疯狂市场的真实反映，所以，主升浪无不牵动着关注市场变化的每一位投资者的神经。

就大多数短线投资者而言，失去主升浪的获利机会往往就意味着失去快速盈利的机会，所以主升浪几乎是每一个投资者所期盼的。比如，在2019年的行情中，东方通信（600776）、风范股份（601700）、市北高新（600604）、民丰特纸（600235）等一批个股的短期大涨，无不吸引着无数投资者的眼球，只要抓住其中的主升浪行情，短期就能快速盈利，其收益甚至超过一年的疲惫奔波。基于此，本书从投资者急于盈利的心理开始下笔，深入探索主升浪的成因和主升浪信号的产生，全面剖析主升浪的基本形态和运作规律，详细讲解主升浪的基本波形结构和盘面气势等，使投资者对主升浪的整个发展过程有一个全局的把握，轻松捕捉一波主升浪行情，实现稳定盈利的投资目的。

全书分为8章，详细系统地介绍了主升浪阶段中的主力运作逻辑、操作手法、盘口特征、操作技巧等，通过盘面细节、量价关系、分时走势的分析，做出迅速而准确的判断，以及主升浪是否启动？主升浪行情能走多高、走多远？主力以什么样的运作手法将股价快速拉高？又以什么样的方式结束主升浪？一个个困扰市场已久的技术难题，在书中一一得到解决，为投资者根据盘面所透露出来的市场信息，快速抓住主升浪提供了一个全新的视角和独特的思维方式。

本书客观再现了中国股市30多年的运行规律和特点，也是反映中国股市大涨大跌的内在根源的生动范本，为投资者提供了一套攻克技术难题的分析方法。本书对研究中国股市现状，辨析股海钩沉，思索中国股市未来走向有着深远的影响。

全书以理论为前提，注重实盘分析，突出实用技巧，力求引导和提高投资者独立的判断分析能力，构建和完善独特的交易体系，巩固和掌握捕捉主升浪的操盘技能，书中所介绍的技术要点对临盘操作具有十分重要的指导意义。无论新老股民、中小散户投资者，还是职业操盘手、专业股评人士，欢迎共同探讨。

麻道明

2019年6月　中国·楠溪江畔

目 录
CONTENTS

第一章　搏击主升浪 …………………………………………… 001

　第一节　主升浪产生的原因 ……………………………… 001
　　一、基本面因素 ………………………………………… 001
　　二、技术面因素 ………………………………………… 006
　第二节　主升浪的基本特点 ……………………………… 010
　第三节　主升浪运作八大手法 …………………………… 012

第二章　主升浪的启动信号 …………………………………… 016

　第一节　主升浪启动的九个征兆 ………………………… 016
　第二节　主升浪的有效信号 ……………………………… 017
　　一、有效信号的必备条件 ……………………………… 017
　　二、有效信号的辅助条件 ……………………………… 021
　　三、有效信号的确认方法 ……………………………… 022
　第三节　主升浪的疑似信号 ……………………………… 035
　　一、一个疑似信号的辨别 ……………………………… 035
　　二、疑似信号的检验过程 ……………………………… 037
　　三、疑似信号的确认方法 ……………………………… 042
　第四节　主升浪启动信号的评估 ………………………… 048
　　一、主升浪信号的延续 ………………………………… 048
　　二、主升浪信号的巩固 ………………………………… 050
　　三、主升浪信号再生成 ………………………………… 052
　　四、主升浪信号的失败 ………………………………… 055
　第五节　主升浪启动信号的力度 ………………………… 057

一、从前日K线判断上涨力度 …………………………………… 057
二、从当日K线判断上涨力度 …………………………………… 059
三、从次日K线判断上涨力度 …………………………………… 063
四、从运行趋势判断上涨力度 …………………………………… 066
五、从量能方面判断上涨力度 …………………………………… 069

第三章 主升浪的启动形态 …………………………………… 071

第一节 主升浪的五大技术特征 …………………………… 071
一、主升浪的技术形态特征 ……………………………………… 071
二、主升浪的K线技术特征 ……………………………………… 073
三、主升浪的能量技术特征 ……………………………………… 081
四、主升浪的均线技术特征 ……………………………………… 082
五、主升浪的盘面异动特征 ……………………………………… 091

第二节 主升浪的六大经典形态 …………………………… 093
一、长期卧底的盘整形态 ………………………………………… 093
二、股性适中的温和形态 ………………………………………… 097
三、创出新高的突破形态 ………………………………………… 099
四、整理平台的蓄势形态 ………………………………………… 101
五、向上抬高的加速形态 ………………………………………… 103
六、逐级而上的波段形态 ………………………………………… 105

第三节 主升浪的五种选股思路 …………………………… 108
一、根据基本特征寻找主升浪 …………………………………… 108
二、根据资金特点寻找主升浪 …………………………………… 110
三、根据财务状况寻找主升浪 …………………………………… 111
四、根据庄家特点寻找主升浪 …………………………………… 113
五、主升浪行情中的追涨技巧 …………………………………… 114

第四节 主升浪启动的真假盘面 …………………………… 115

第四章 主升浪的运作规律 …………………………………… 120

第一节 主升浪启动的四大模式 …………………………… 120
一、"井喷"型启动模式 ………………………………………… 120
二、蓄势型启动模式 ……………………………………………… 128

三、挖坑型启动模式 …………………………… 130
　　四、助跑型启动模式 …………………………… 134
第二节　主升浪拉升的三大方式 …………………… 137
　　一、直升式拉升方式 …………………………… 138
　　二、波段式拉升方式 …………………………… 140
　　三、震荡式拉升方式 …………………………… 144
第三节　主升浪调整的基本规律 …………………… 147
　　一、同一波之内的调整方向 …………………… 147
　　二、同一波之内的调整速度 …………………… 154
　　三、波与波之间的调整形态 …………………… 159
第四节　主升浪调整的基本类型 …………………… 163
　　一、低位建仓型调整 …………………………… 163
　　二、中位蓄势型调整 …………………………… 166
　　三、高位派发型调整 …………………………… 168

第五章　主升浪的基本结构 …………………………… 171

第一节　单波式主升浪的三种结构 ………………… 171
　　一、连续涨停式主升浪结构 …………………… 172
　　二、连续大阳式主升浪结构 …………………… 180
　　三、阴阳组合式主升浪结构 …………………… 182
第二节　两波式主升浪的四种结构 ………………… 185
　　一、两波慢牛式主升浪结构 …………………… 186
　　二、前慢后快式主升浪结构 …………………… 191
　　三、前快后慢式主升浪结构 …………………… 198
　　四、前快后快式主升浪结构 …………………… 202
第三节　两波行情之间的逻辑结构 ………………… 205
　　一、两波行情间的关系 ………………………… 205
　　二、两波行情的互换性 ………………………… 207
　　三、调整的时间和幅度 ………………………… 212
第四节　多波主升浪的形态结构 …………………… 213
　　一、三波主升浪形态结构 ……………………… 213
　　二、三波以上主升浪形态 ……………………… 215

第六章　主升浪的盘面气势 ·· 218

第一节　支撑与压力 ··· 218
一、支撑与压力的作用 ··· 218
二、压力与支撑的八个位置 ··· 219
三、压力位的理解和认识 ··· 221
四、支撑和阻力的运用法则 ··· 222
五、短线支撑和阻力的计算 ··· 224
六、支撑和阻力的相互转化 ··· 225
七、阻力和支撑的研判技巧 ··· 226

第二节　突破：主升浪的机关 ··· 228
一、技术终将被突破 ··· 228
二、突破的基本方式 ··· 228
三、突破的特征和细节 ··· 230
四、研判突破的基本方法 ··· 234

第三节　节奏：主升浪的脉搏 ··· 238
一、拉升的气势 ··· 238
二、拉升的时间 ··· 244
三、拉升的速度 ··· 248
四、拉升的角度 ··· 249

第四节　加速：主升浪的象征 ··· 252
一、加速上涨的两种形态 ··· 252
二、捕捉热点板块和牛股 ··· 257
三、捕捉加速上涨的股票 ··· 257
四、捕捉有潜力的股票 ··· 261

第五节　通道：主升浪的跑道 ··· 262
一、大小上升通道的区别 ··· 263
二、通道变轨的判断技巧 ··· 266
三、强烈的通道变轨信号 ··· 270

第六节　幅度：主升浪的天空 ··· 273
一、从涨升节奏进行研判 ··· 274
二、从量能上进行研判 ··· 275

  三、从市场热点研判 ·· 275
  四、从利好消息研判 ·· 276
  五、从政策的实质作用研判 ······································ 276
 第七节 如何区分反弹与主升浪上涨 ··································· 277

第七章 主升浪的捕捉窍门 ·· 282

 第一节 从量能中捕捉主升浪 ··· 282
  一、主升浪与换手率的关系 ······································ 282
  二、主升浪与涨跌幅的关系 ······································ 283
  三、从量价中研判主升浪 ·· 284
 第二节 从均线中捕捉主升浪 ··· 286
  一、均线系统收敛法 ·· 286
  二、均线系统发散法 ·· 287
  三、均线系统拐点法 ·· 289
 第三节 从K线中捕捉主升浪 ··· 293
  一、单日大阳线捕捉主升浪 ······································ 293
  二、双日K线组合捕捉主升浪 ··································· 300
  三、三日K线组合捕捉主升浪 ··································· 306
 第四节 从波浪中捕捉主升浪 ··· 311
  一、抓住3浪主升浪 ·· 311
  二、抓住5浪主升浪 ·· 313
  三、抓住B浪大行情 ··· 316
  四、数浪不可违的天条 ··· 317
  五、波浪的预测与修正 ··· 318
  六、波浪的比率与时间 ··· 320
 第五节 从指标中捕捉主升浪 ··· 322
  一、从RSI指标中捕捉主升浪 ·································· 322
  二、从KDJ指标中捕捉主升浪 ································· 328
  三、从DMI指标中捕捉主升浪 ································· 334
  四、从BOLL指标中捕捉主升浪 ································ 336
  五、从MACD指标中捕捉主升浪 ······························· 343
 第六节 从形态中捕捉主升浪 ··· 347

- 一、股价突破双重底形态 …… 347
- 二、股价突破头肩底形态 …… 350
- 三、股价突破圆弧底形态 …… 351
- 四、股价突破箱体形态 …… 354

第七节　从趋势中捕捉主升浪 …… 356
- 一、向上突破下降趋势线 …… 356
- 二、向上突破上升趋势线 …… 358
- 三、向上突破水平趋势线 …… 359

第八章　主升浪的完美终结 …… 362

第一节　主升浪结束的七个标志性信号 …… 362
- 一、均线回头 …… 362
- 二、当头一棒 …… 365
- 三、飞针刺天 …… 367
- 四、高位吊颈 …… 369
- 五、向下跳空 …… 371
- 六、多头溃退 …… 373
- 七、涨后余波 …… 374

第二节　主升浪结束后的两种常见走势 …… 376
- 一、快速回落 …… 376
- 二、横盘震荡 …… 378

第三节　主升浪的风险控制 …… 380

后记：捕捉主升浪并不难 …… 383

第一章 搏击主升浪

主升浪通常是指在主力运作过程中,出现的股价涨速最快、涨幅最大、力度最强的一段拉升行情。或者说,庄家在完成吸筹、洗盘、抬高之后,股价成功脱离成本区,出现大幅拉升的一段行情。主升浪之后的上涨或盘整,一般就是庄家出货阶段。

股价快速大幅上涨,令人心潮澎湃,盘面走势一改底部盘整疲态,勇往直前地冲破一切阻力,气势磅礴地奔向更高价位,所以,捕捉进入主升浪的股票是每一个投资者孜孜不倦的追求目标。但是,主升浪具有"高收益、高风险"的特点,若不掌握其运行节奏,同样很难获利,甚至更加糟糕。所以,对个股主升浪进行深入的分析研究,具有十分重要的实盘意义——本书由此而展开。

第一节 主升浪产生的原因

一、基本面因素

在 A 股市场中,绝大多数个股或指数的主升浪属于短期上涨,很少出现长期上涨行情。因为,长期上涨行情往往几年才能够出现一次。如上证指数从 998.23 点至 6124.04 点的大牛市行情之前,市场调整了 5 年多。行情结束之后,市场调整时间长达 7 年之久,在 2014 年 7 月才渐渐盘出底部区域,2015 年 6 月 12 日上涨到 5178.19 点。之后,又是长达 3 年多的调整期,至 2019 年 1 月 4 日创出 2440.91 点后,指数才渐渐向上回升。

可见,主升浪不是随随便便就能产生的,在我国股市中产生一轮主升浪行情是多么的不容易。在个股中的主升浪一般持续时间也都不长,大多几个月就结束,牛市行情超过一两年的个股不多,而短期暴涨式主升浪持续时间则更短。

主升浪为什么不容易产生呢？这是因为主升浪的产生、发展，需要内在条件、外在条件、庄家条件和市场条件这四个条件的相互配合。股市的复杂之处，在于很多因素相互交织在一起共同发挥作用，是多种因素作用的结果。对于催生主升浪的这四个条件来说，它们既可以独立存在，单独发挥作用，又可以相互影响，共同发挥作用。当共同发挥作用时，就会形成力量的叠加效应，而使主升浪的力度更大更强。所以，在分析和抓住主升浪时，必须了解主升浪的形成原因。

1. 内在条件——股票价值增长

股票价值包括两个方面：投资价值和投机价值。投资价值是指股票的净资产与未来收益的折现值，它包括净利润和净资产值。当股票净利润增加、净资产值增加或者两者同时增加时，投资价值也就增加了。

净利润增加是催生长期主升浪最主要的因素，也是投资者挖掘成长股最重要的指标。但通过净利润挖掘大牛股也非常困难，特别是对具有多元化的公司来说难度更大，因为其净利润增长与多种因素相关。在我国股市，虽然预测股票的长期净利润趋势很难，但预测短中期净利润变化还是相对容易的，特别是对于单一性的公司来说，其净利润与主营收入高度相关，通过跟踪产品价格的变化，就可以大致推算出公司的净利润变化情况。

在大多数情况下，股票的净资产值与净利润是密切相关的，净利润增加可直接导致净资产值增加，但有时候两者毫无关系。比如，当公司拥有的隐蔽资产大幅增值时，其净资产值也大幅增加，但其净利润并没有变化。在我国股市，依靠隐蔽资产大幅增值（哪怕是预期）而催生主升浪的个股很多，如上海自由贸易区的设立，就带动了上海当地一些个股的大幅走高，又如某些上市公司的土地大幅升值等，会使公司的净资产值升值。

投机价值是指投资价值的"溢价"区间，是对投资价值合理高估的那部分价值。为什么会存在投资价值的"溢价"，或者说为什么会存在投机价值呢？这是由于投资者对于投资价值的升值以及股价上涨的预期造成的，投资者的预期主要体现在以下两个方面：

（1）对于股票净利润增长率的预期，这是长期投资者最重要的预期目标。当一只股票过去至现在业绩持续增长，那么，投资者会预期该股的业绩还会具有持续增长的惯性，往往会将其净利润增长率调高，从而将其估值调高，这部分调高的估值就属于投机价值区间。

（2）对于股价上涨的预期，这是短线投机者最重要的预期目标。对于股价上涨的预期的大小，与股市的流动性大小密切相关。股市的流动性决定了股价的"溢价率"——流动性越高的市场，溢价率越高；流动性越低的市场，溢价率越低。衡量流动性的一个指标就是换手率，包括整个市场的换手率和个股换手率。我国股市是一个高流动性的市场，其平均换手率远远高于欧美股市和香港股市。高流动性市场具有这样几个典型的市场特征：一是投机性强，股价易于暴涨暴跌；二是对于信息非常敏感，特别是对于利好信息，不但反应快，而且力度很大；三是热衷于概念炒作；四是热衷于低价股和次新股炒作。

在我国股市中，能够成为投资价值增长因素的有以下两类：

一是业绩增长：爆发性增长、由大亏转大盈、持续高增长。

二是资产增值：隐蔽资产增值、股权增值等。

同样，能够成为投机价值增长因素的也有以下两类：

一是利好题材：包括高送配、产品价格大幅上涨、资产重组、收购或者注入热门资产、重大行业性利好等。

二是比价效应：同板块或者同概念股票价格暴涨，有时大盘的大涨，也会带动个股转牛或形成中级上涨行情。

2. 外在条件——资金持续推动

主升浪的产生在具备股票价值增长时，还要有资金持续推动，才能使主升浪更为强劲。其实，股价上涨的根本原因，就是资金持续推动的结果。

（1）股价的上涨是买盘不断向上吞吃卖盘的结果，当买盘将每一个挂出的卖盘都吃光后，该价位上就不再有卖盘了，取而代之的是多余的买盘，此时那些还想急切买入的人，不得不将买入价位再提高，直到买入为止。如此反复，买盘就会持续不断地将一个个价位上的卖盘吃掉，这时就可以看到买盘报出的价格在不断"前进"，而卖盘挂出的价位在不断"后退"，买盘进而卖盘退，就造成了价格不断上涨。这个简化的模式，道出了多空交战的实质。只要买盘量持续大于卖盘量，那么股价就会持续上涨，直至买卖力道发生逆转为止。

（2）从长期来看，股价的上涨可以看作内在价值增长造成的，但这只是一个表象，甚至可以说是一个假象。真相是，从微观机制上看，股价的上涨还是资金推动的结果。股票内在价值的增长，是吸引资金推动的一个条件，在吸引到了长期的、持续不断的买盘介入后，这些价值成长股的价格才会长期上涨。若没有长期的、持续不断的买盘介入，即使股票真有价值，股票也很可能就是不涨或涨幅不大。

（3）在实盘中，没有任何价值以及没有任何利好题材的股票，只要有资金推动，照样会大涨不止成为大牛股和大黑马，这种情况在实盘中非常多见。

可见，股价上涨虽然因素很多，但其上涨的根本动力还是资金推动。在同样的条件下，买入资金的大小，可以单方面决定股价上涨的力度和高度。所以，在股价上涨没有明显理由的情况下，仅靠资金推动也能够制造主升浪。资金推动主升浪主要出现在两种情况之中：一是控盘式的庄股主升浪，二是超跌股的大反弹主升浪。

3. 炒作条件——庄家发动行情

当股票具备价值增长时，原本可能出现一轮较为温和的上涨行情，但若此时庄家有强烈的拉高激情，大量短线资金疯狂买入，那么，温和的上涨往往就会演变为一波短期暴涨的主升浪，或者主升浪的涨幅远远超出市场的预期，这种情况在牛市主升期或者热门概念股之中经常出现。

因此，股价涨不涨就看庄家有没有激情，只要庄家有炒作兴趣，就可以使"乌鸦变凤凰"，比如前几年庄家对沦为 ST 类的垃圾股非常感兴趣，股价炒得满天飞。纵观 20 多年中国股市，庄家傲立潮头，股价翻江倒海，散户生死沉浮。长期以来，中国股市存在幕后庄家是不争的事实，特别在当前投机气氛甚浓的情况下，庄家行为更是肆虐于市。庄家为了达到自己的目的，其坐庄手法更为多变，行迹更为隐蔽，盘面更为复杂，走势更为迷茫。而且，庄家如同"变色龙"，善于变化和伪装，不时地编制着一个个巨大的阴谋，所以，即使庄家发动了主升浪，散户往往也是只赚指数不赚钱。

所以，在当前庄家盛行的时代，散户必须掌握一套防身制胜术，懂得拿刀操剑的要领，然后直刺庄家咽喉。通过观察盘面走势，洞悉庄家意图，识破庄家阴谋，进而判断庄家想干什么以及将要干什么？是否将要发动主升行情以及主升浪的潜力有多大？是真正的主升浪还是庄家的诱多行为？是反弹、反转还是拉升？以及是白马、黑马还是病马？等等，这样才能笑傲股林，畅游股海。

4. 市场条件——投资环境成熟

市场除具备上述几个条件外，还需要一定的市场环境才能使主升浪行情更加完美。大家知道，低迷的市场适合进货或洗盘，火爆的市场适合拉升或出货。所以，庄家在拉升或出货时，特意制造火爆市场，吸引场外投资者。火爆市场分为两种：一种是大势火爆；另一种是个股火爆。大势火爆时，人气聚集，交投活跃，证券交易大厅人头涌动，市场出现白热化，甚至有的个股火爆达到疯狂境地。个股火爆时，一般表现为局部或个股行情，多属非主流板块或主流板块中的部分个股。

任何一个庄家，都非常重视拉升时机的选择。因为时机适合，可使拉升达到事半功倍的效果；若时机不适合，可能事倍功半，难以达到预期效果，造成坐庄失败。一般来说，庄家在以下一些条件出现时，才会展开主升浪动作。

（1）在大势趋热有加速上升时。此时，市场人气鼎沸，场外资金蜂涌入市。庄家借机拉升，可以引起投资者的注意，纷纷入市帮庄家抬轿，达到风助火势、火借风威的效果，庄家只需花不多的资金，就可以四两拨千斤，成功地把股价做高，然后在市场狂热的背景下完成最后的出货。

（2）在重大利好消息发布时。此时原先市场鲜为人知或炒作的朦胧题材明朗化，让投资者做出积极的判断，此时庄家的拉升，使投资者更加确定自己的判断是正确的，从而踊跃跟风。有时，一些成熟的庄家会把消息逐步向外公布，将一个题材反复进行炒作，创造多次拉升的机会。

（3）在高比例送配兑现时。庄家可以利用股票除权的缺口效应，让投资者将股价的走高与填权补缺口联系起来。市场中有些投资者十分热衷于除权股票的炒作，因为他们认为除权的股票有潜在的填权要求，同时除权后的股价比较低，尤其是经过大比例的送配之后，产生低价效应，使投资者产生"捡到便宜货"的心理，而这实际上是一种比价上的错觉。因此庄家利用这些除权的缺口作为拉升的借口，走出一轮波澜壮阔的填权行情，使投资者产生较大的想象空间，成功激发市场的跟风热潮。

（4）在"美人图"精心构筑完毕时。实力较弱的庄家由于在拉升时在一定程度上要依靠市场的力量，所以往往会将图形、指标、K线等做得非常漂亮，其目的就是引起市场的注意，并引诱投资者跟风入场。一般实力较弱的庄家较少在底部进行打压震仓，而是希望在吸足筹码之后尽快将股价拉升脱离成本区。因此这类庄家会通过图形以及技术指标向市场投资大众发出多头信号，吸引场外资金的跟风入场，为股价上涨推波助澜。

（5）在市场热点板块形成时。大盘处于强势时，一般是热门板块中的庄股表现的黄金时间，此时如果有某个股票率先涨停，那么与此股票有相关概念的庄股会迅速上扬，从而引发主升浪。

（6）新股民纷纷入市，开户人数骤增。大家都听说炒股票很赚钱，不少人夸夸其谈地讲述自己的传奇，比如补胎的大叔买入佳通轮胎赚了一辆小车的钱，扫马路的大妈买入菲达环保连涨三个涨停，种田的大哥买入金健米业翻了一番等，一些没有入市的人也跃跃欲试，拿出多年积蓄，抱着暴富心理，到证券公司开户入市。

二、技术面因素

在实盘中，无论基本面如何优秀的股票都离不开技术面，如果离开了技术面分析，那么基本面也就失去了意义，同样，技术面也要有基本面的支持，没有基本面支持的股票，无论图表怎么漂亮也很难走出持久的行情，因此两者相辅相成，缺一不可。但是在当前体制下，市场信息还存在一定的不透明性，散户很难及时准确地获得基本面的信息，有时甚至成为不可能，所以，散户更多地注重技术面分析，基于此，书本也偏重于技术面的研究分析，在技术分析方面为散户提供一些有用的实战操作诀窍。

1. 庄家控盘式主升浪

控盘式股票是指庄家将某一只股票的绝大部分（70%以上）流通筹码买到手里，使得该股流通在外的筹码不到30%，流通筹码变少就相当于将流通盘进行了大幅"缩容"，这时庄家就容易控盘操纵了。

庄家控盘后，就可以凭借强大的资金实力，达到以小博大"蛇吞象"的目的。庄家大量吸纳底部低价筹码，不但可以方便后市拉升，而且这些底部筹码是全部的利润之所在，因此，将底部筹码大量吃进，就是控盘式庄家的典型运作模式。在获得绝对控盘价位后，庄家就取得了任意操纵股价的能力。为了获取最大化的利润，庄家的下一步就是毫无悬念地尽快制造出一波主升浪行情。

第一，庄家控盘式主升浪的类型。在当前市场中，控盘式庄家制造的主升浪有四种类型：一是纯粹由资金操纵的主升浪；二是先拉高股价再配合利好出货；三是先出利好再拉高股价；四是先发布利空消息再拉高股价。

（1）纯粹由资金操纵的主升浪，是庄家在没有任何利好消息配合的情况下发动的，是不折不扣的筹码游戏，因为没有基本面的配合，所以，这类庄股股价必定会在主升浪的暴涨后，紧接着就是出现暴跌式的主跌浪，将先前主升浪的涨幅几乎全部吞掉，甚至股价还会创出了新低，其典型走势就是暴涨暴跌形态，这种现象在当前市场中十分多见。

（2）庄家先将股价拉到高位后，再配合利好消息出货。这类主升浪的特点是在主升浪的发动阶段，没有任何利好消息的配合，随着股价不断上涨，市场的猜测和传闻满天飞，但没有任何消息可供参考，让市场投资者感到莫名其妙。当股价涨幅达到几倍甚至几十倍后，上市公司才突然公告利好题材，并让投资者感到以这样大的利好题材去衡量，该股的估值还不算高，后市仍有上涨潜力，被骗的投资者此时纷纷冲进去，活生生地被套在股价的山尖上。更可怕的是，这类庄股的利好题材往往不会兑现，非常坑人，这类现象在当前市场中也屡见不鲜。

（3）上市公司公告利好消息后，庄家强行将股价拉高到超出该利好估值的、难以想象的高位。这类庄股的运作手法与前面两类庄股有所不同，纯资金推动式庄股和先拉高后出利好庄股的一个共同特点就是在没有任何利好的情况下，庄家自己动用巨额拉升资金先将股价拉高，也就是说，拉升股价的艰巨任务落在了庄家自己的头上，别人是不会帮忙的。这很考验庄家的实力，没有实力的庄家是没有办法做到这一点的。

先出利好再拉高股价的运作方式，就是庄家吸完货后，将股价拉高到成本价之上，这时让上市公司公告利好题材，在有利好题材后，肯定会出现很多的追涨盘，庄家可以借助这个利好题材顺势拉高，边拉边看股市的盘面情况。若市况对自己有利，就多拉高一些，若市况对自己不利，就少拉高一些，以达到进可攻、退可守之境，使自己应付自如。在当前市场中，这类股票非常多见，如启迪古汉（000590）在2019年3月1日之后的走势、赫美集团（002356）在2019年3月4日之后的走势、置信电气（600517）在2019年4月1日之后的走势等，皆属此类型的主升浪。

（4）先发布一个利空消息，将股价大幅打低，清理了浮动筹码后，庄家达到高度控盘，然后大幅拉升股价。这是建仓和洗盘时庄家采用的操作手法，通过利空消息驱逐场内散户离场，同时由于股价的回落而吸引场外散户进场，使流动筹码成功达到换手，提高市场平均持仓成本，这样对于庄家来说这部分筹码起到了"锁仓"的作用，无疑巩固了庄家的控盘程度，对后市庄家拉高和派发就不会构成威胁。

第二，在当前市场中，控盘式庄股发动的主升浪还是大量存在的，从操作的角度来看，在"纯资金操纵式"和"先拉高再配合利好式"主升浪中，普通投资者的操作难度很大，因为在股价上涨的时候，不知道主升浪启动的原因，也不知道庄家的意图和后续手段。这是因为：

（1）跟庄者在庄股的低位很难吸货，因为在庄家吸货阶段，股价往往不温不火，跟庄者难以发现那就是一只未来的庄股，只有当庄股开始拉高或已经拉得很高时，才能够发现庄家的踪迹，而此时跟庄者介入的成本就比较高了，说不定就买在一个阶段性高点位置。

（2）跟庄者无法知道庄家的意图，不知道庄家的下一步行动，因此，跟庄者一般不敢下大注去跟庄，且买入后也很容易被庄家震仓出局，跟庄者能够下大注并捂住庄股赚大钱的可能性较小。

（3）跟庄者与庄家处于信息不对称的地位，跟庄者看不到庄家真实的运作情况，但庄家却可以看见跟庄者的一举一动。庄家不仅可在盘面上看到其他跟风者的买卖情况（每天成交量减去庄家的对敲盘，就是外面的买卖盘），还可以随时看到所有的持股名单以及成交席位情况。若跟庄者在低位买入很多，想靠跟庄赚到大钱，有实力的庄家会通过不断震仓来将跟庄者洗出去。

第三，在控盘式庄股主升浪中，投资者能够介入的就是"先出利好再拉高式"和"先出利空再拉高式"的主升浪。

（1）"先出利好再拉高式"主升浪的特点是，在重大利好题材公告后，股价就会立即发动主升浪。主升浪的涨速与涨幅与以下四个因素相关：一是与利好题材力度大小相关，利好题材力度越大，主升浪的涨速越快，涨幅越大；二是与市场强弱相关，市场越强，主升浪的涨速越快，涨幅越大；三是与庄家实力强弱相关，庄家实力越强，主升浪的涨速越快，涨幅越大；四是与股价高低及前期涨幅相关，股价越低、前期涨幅越小的，主升浪的涨速越快，涨幅越大。但这种类型庄股的一个难点就是利好题材一公告，股价就出现"一"字形涨停，散户很难买到低价筹码，而打开"一"字形涨停时，股价往往已经处于高位，短期介入风险较大。

（2）"先出利空再拉高式"主升浪的特点是，通过利空消息进一步达到高度控盘目的，一旦控盘成功，并有资金快速流入，主升浪行情便会喷薄欲出。

2. 超跌反弹式主升浪

在个股并没有明显利好的情况下，也经常会出现主升浪，这类主升浪的产生主要是因为资金推动。这种类型除了庄家控盘式主升浪外，就是超跌股的大反弹主升浪。

从实盘中观察，超跌股特别是超跌低价股的大反弹主升浪的形成，与大盘的走势有一定的关系。在绝大多数情况下，超跌低价股的大反弹主升浪与大盘的走势有同向的关系，即当大盘在一轮大跌后出现大反弹时，一些超跌低价股也往往容易出现大反弹主升浪。当然，也有在大盘处于震荡或者只是小反弹行情时，超跌低价股也会出现大反弹主升浪的情况，这种情况主要在超跌低价的次新股中比较多见。超跌低价股在大反弹时，可以与基本面的朦胧利好挂钩，也可以与基本面没有太大的关系。

从总体上看，超跌低价股的反弹力度主要还是要看股价的投机性，投机性越强的股票，反弹的速度越快，力度越大，幅度也越大。

那么，什么是股票的投机性呢？一般认为，若从价格变化的角度论，股票的投机性是股价潜在的波动率的量度——股价潜在波动率越大的股票，投机性越强；股价潜在波动率越小的股票，投机性越差。而股价的波动率或者说投机性又与股价高低、盘子大小、是否超跌、是否被炒作过等因素相关。

通常，小盘低价超跌股的投机性较强，而小盘低价超跌次新股的投机性更强。因此，小盘低价超跌次新股往往是大反弹的主流品种，也是抄反弹的主要目标。小盘低价超跌次新股的大反弹主升浪，在当前股市中也有不少的实例，投资者可以在实盘中找到更多的例证。

在当前市场中，超跌低价股也是游资的一个操作模式，特别是超跌低价次新股，在有关政策性或者行业性的朦胧利好掩护下，能快速发动一轮资金推动式的大反弹主升浪。特别应该注意的是，若游资所选的超跌低价次新股含有高送股题材，那么，通过抢权和填权行情，主升浪的涨幅会很大。这也为投资者提供了这样的一个选股思路，那就是在每年的年报和半年报时，将那些含有高送股的超跌低价次新股全部选出来，如果发现其中的股票拥有政策性或者行业性的利好，且股价也有强势启动的迹象，那么，这些股票就极有可能会走出一轮超跌反弹主升浪，及时介入也许可获短期暴利。

第二节　主升浪的基本特点

庄家操纵股价所带来的负面影响已被越来越多的投资者所认识,对于投资者来说重要的是用理智的方式使庄家失去生存的环境,不追涨杀跌,不盲目跟庄,最终让庄家裸奔一趟。而要做到这一点,当然要认清坐庄行为的本质,了解庄股所表现出来的一些市场现象,掌握主升浪的以下基本特点。

1. 股价出现暴涨暴跌

受庄家操纵的股价极易出现这种现象,因为在市场环境较为宽松的条件下,坐庄的基本过程就是先拼命将股价推高,或者同上市公司配合,通过送股等手段造成股价偏低的假象;在获得足够的空间后开始出货,并且利用投资者抢反弹或者除权的机会连续不断地抛出以达到其牟取暴利的目的,其结果就是股价长期下跌不可避免。

2. 成交量忽大忽小

庄家无论是建仓还是出货都需要有成交量配合,有的庄家会采取底部放量拉高建仓的方式,而庄股派发时则会造成放量突破的假象,以吸引跟风盘介入,从而达到出货目的。另外,庄家也经常采用对敲、对倒的方式转移筹码或吸引投资者注意。无论哪一种情况都会导致成交量的急剧放大,而这些行为显然已经违反了法律的有关规定。同时由于庄股的筹码主要集中在少数人手中,其日常成交量会呈现极度萎缩的状况,从而在很大程度上降低了股票的流动性。

3. 交易行为表现异常

庄股走势经常出现的几种情况是,股价莫名其妙地低开或高开,尾盘拉高收盘价或偶尔出现较大的买单或抛单,人为做盘迹象非常明显。还有盘中走势时而出现强劲的单边上扬,突然又大幅下跌,起伏剧烈,这种现象在行情末期尤其明显,说明庄家控盘程度已经非常高。

4. 经营业绩大起大落

大多数庄股的市场表现则同公司基本面有密切关系,在股价拉高过程中,公司业绩会有明显提高,似乎股价的上涨是公司业绩增长的反映,有较强的迷惑性,有很多个股股价的翻番就是业绩的翻番,而这种由非正常因素引起的公司业绩是异常提高还是异常恶化都是不正常的现象，对股东的利益都会造成损害。同时很多庄股在股价下跌到一定阶段后，业绩随即出现大滑坡，这种上市公司利润的数据就很值得怀疑。

5. 股东人数变化较大

根据上市公司的年报或中报中披露的股东数量可以看出庄股的股价完成是一个从低到高，再从高到低的过程，实际也是股东人数从多到少，再从少到多的过程。庄股在股东名单上通常表现为有多个机构或个人股东持有数量相近的社会公众股。因为庄家在要想达到控盘目的的同时又避免出现一个机构或个人持有的流通股超过总股本5%的情况就必须利用多个非关联账户同时买进，这种做法也给市场的有效监管增添了难度。

6. 股价走势逆市而动

一般股票走势都是随大盘同向波动，但庄股往往在这方面表现与众不同。在建仓阶段，逆市拉抬便于快速拿到筹码；在震盘阶段，利用先期收集到的筹码，不理会大盘走势，对倒打压股价，造成技术上破位，引起市场恐慌，进一步增加持筹集中度；在拉升阶段，由于在外浮筹稀少，逆市上涨不费吹灰之力，其间利用对敲等违规虚抬股价手法，股价操纵易如反掌，而且逆市异军突起，反而容易引起市场关注，培植跟风操作群体，为将来顺利出货打下伏笔；到了出货阶段，趁大势企稳回暖之机，抓住大众不再谨慎的心理，借势大幅震荡出货，待到基本出货后，就上演高台跳水、反复打压清仓的伎俩，直至股价从哪里来再到哪里去。

7. 消息反应异乎寻常

在公正、公开、公平信息披露制度下，市场股价会有效反映消息面的情况，利好消息有利于股价上涨，反之则相反。庄股则不然，庄家往往与上市公司联手，上市公司事前有什么样的消息，庄家都了然于胸。甚至私下蓄意制造所谓的利空、利好消息，借此达到庄家不可告人的目的。比如，庄家为了能够尽快完成建仓，人为散布不利消息，进而运用含糊其词的公告最终动摇投资者的持股信心。又如，待到股价涨幅惊人后，以前一直不予承认的利好传闻却最终兑现，但股价却是见利好后出现滞胀，最终落得个暴跌。

8. 市场追逐流行概念

市场上曾经一度形成一种概念炒作热，有人认为概念的营造要比上市公司的业绩改观来得容易，而且具有更大的想象空间，而这些概念往往被庄家借机进行浑水摸鱼。

9. 主力偏好中小盘股

翻开历史庄股，庄股横行之时十有八九是小盘股，究其原因恐怕不外乎以下几点：一是小盘股流通市值小，对资金要求不高，做庄时间相对较短，风险可控程度高；二是小盘股对大盘指数影响小，不易引起监管层的注意；三是大公司相对规范，小公司易配合支持；四是小公司才有机会发生突飞猛进的改观，通过关联交易，略施小计，就能暗度陈仓。

10. 主升浪的技术信号

一轮行情中涨幅最大、上升持续时间最长的行情就是主升浪，主升浪比较类似于波浪理论中的第 3 浪或第 5 浪，主升浪往往是在大盘强势调整后迅速展开，它是投资者主要的获利阶段，属于绝对不可以踏空的"黄金阶段"。从技术角度分析，主升浪行情具有以下确认标准：一是市场人气被成功激活；二是均线系统呈多头排列；三是技术指标强势特征明显；四是成交量大幅放大。

第三节　主升浪运作八大手法

庄家在主升浪中的运作方法很多，常用的有飙升、跳空、涨停、逼空、对倒、推升、贴线、滚动"八法"。

（1）飙升。股价直线式飞速上涨，像火箭一般飙升，其间没有任何回档或调整。这种手法在分时图和日 K 线图上均可能出现。

（2）跳空。股价跳空是主升浪行情的常见现象，跳空高开直线上涨，其后也不进行调整（起码在波段内不调整），以吸引大家的注意力，并且制造高涨人气。在单波式主升浪中，几乎每一只个股都有跳空现象，在二波、三波以上的主升浪却不一定会有跳空形态出现。

（3）涨停。以涨停甚至连续涨停的方式飞速拉升，以使股价在很短的时期内到达预定的目标区域，这是主升浪的主要手法之一，所以，很多时候当股价出现强势涨停时，往往意味着主升浪的展开，这时投资者应注意关注。

图 1-1，大智慧（601519）：在该股主升浪拉升过程中，飙升、跳空、涨停这三种手法一目了然。庄家成功吸纳了大量的低价筹码后，于 2019 年 2 月

19日向上突破底部区域，股价进入拉升阶段，形成直线式飙升上涨。其间，多次大幅跳空到涨停板价位开盘，全天封盘不动。在拉升过程中，没有任何回档或调整，盘面人气高涨，庄家一口气将股价拉升到预定的目标价位区域。

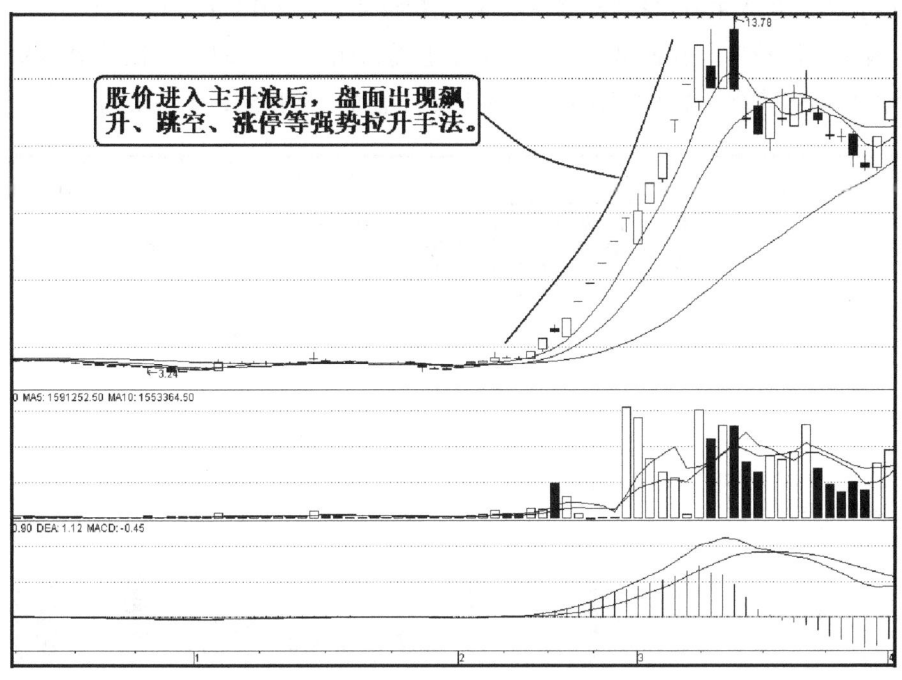

图 1-1　大智慧（601519）日 K 线图

（4）逼空。经过充分的震荡调整之后，一旦形成有效突破，进入主升浪拉升，多方往往不给空方任何反攻的机会，逼迫空方在更高的价位反手买进，从而使主升浪行情变得更加波澜壮阔。

（5）对倒。一边在上方堆积筹码，一边从下方不停地往上拉升股价，促使股价快速上涨。对倒与对敲是不一样的，对敲时可能大幅拉升股价，也可能不拉升股价，另外对敲的性质偏重于股价的成交量，而对倒的性质在偏重成交量的同时也偏重股价的涨势。

（6）推升。股价上涨像推土机一样，缓慢地推升股价，但能清除一切"障碍"，涨幅同样惊人。推升在分时图上表现最为明显，庄家在买一至买五的价位上大笔挂买单，又在卖一至卖五的价位上堆放卖单，然后不紧不慢地依次逐一成交卖一至卖五价位上的卖单（几乎每分钟均以上一个价位成交，低价股的均衡成交价差一般就是一分，中价股的均衡成交价差一般为一分到三分,高价股的成交均衡价差一般为三分到一角),每分钟上涨的速度虽然很慢,但全天均衡上涨所累积的涨幅却很大。

图 1-2,东方通信(600776):该股庄家在低位吸足筹码后,在 2018 年 11 月 26 日进入主升浪拉升,然后经过洗盘整理,在 2019 年 2 月 11 日出现第二波主升浪拉升。在两波拉升过程中,庄家采用逼空、对倒、推升等手法,将股价顽强拉高,盘面紧贴 5 日均线上涨,盘面气势恢宏,不可阻挡。

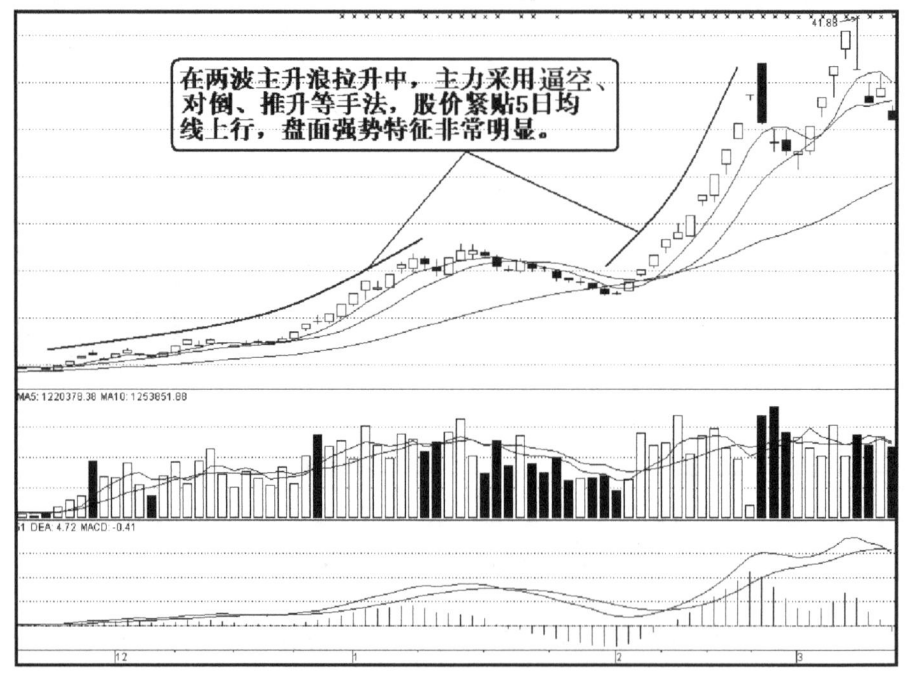

图 1-2 东方通信(600776)日 K 线图

(7)贴线。主升浪启动后股价紧贴着均线拉升,即便有短暂的调整,也是紧贴均线上行。剧烈拉升的股票一般紧贴 5 日均线上扬,拉升程度稍差一点的股票一般紧贴 10 日均线上扬,股价通常不会跌破 30 日均线。

(8)滚动。在主升浪拉升过程中,股价虽然不断有小幅调整,但每次调整后上涨的幅度都大于回调的幅度,股价以退一进三的方式拉升。在股价拉升期间,就是经常以小幅调整但不间断地滚动上涨的方法来完成股价拉升的。

图 1-3,华铁科技(603300):该股庄家成功完成建仓计划后,从 2019 年 2 月初开始股价稳步向上走高。庄家在拉升过程中,就采用了贴线和滚动手法拉升股价,股价紧贴 10 日均线上行,量价配合默契,盘面张弛有序,操

盘手法得当，在大家不知不觉中股价已经超过一倍。

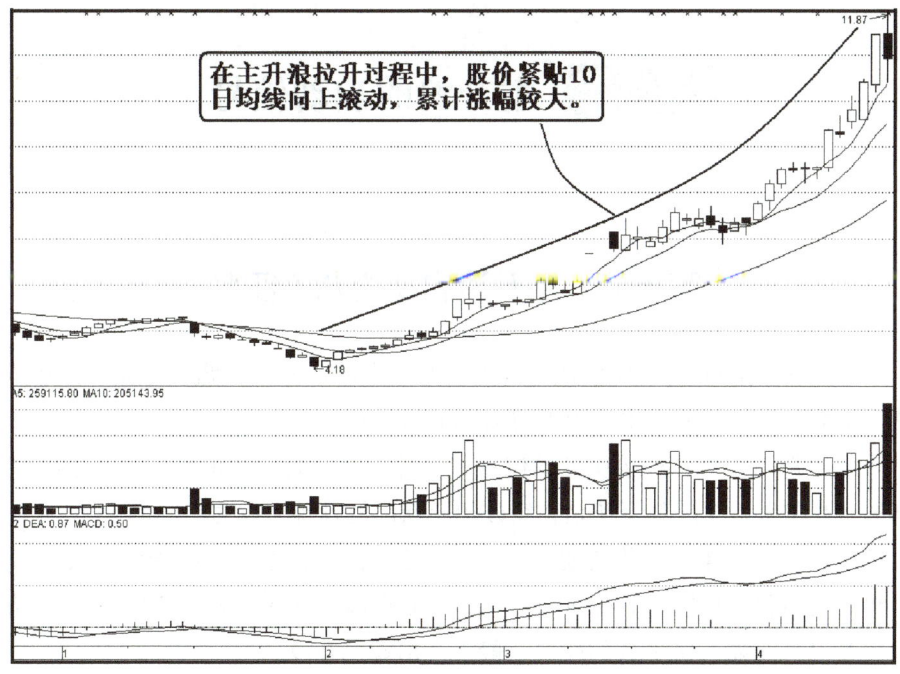

图1-3 华铁科技（603300）日K线图

第二章 主升浪的启动信号

第一节 主升浪启动的九个征兆

一波主升浪行情并不是随随便便就能产生的，总会在盘面上露出一些征兆。下面这些现象就是主升浪即将启动的信号：

（1）股价位置：股价所处的位置并不低，有的是一段时期（一年内）以来的最高位置，有的甚至还是在突破历史新高的基础上发力走高的。

（2）前期涨幅：股价前期已经有了一定的涨幅，但向上的步伐比较谨慎，走势比较温和。涨幅一般在30%以上，个别股涨幅在50%甚至100%以上才出现主升浪，涨幅不到30%的股票一般不会出现主升浪。

（3）K线形态：在出现主升浪时，K线形态为长阳长阴，与左侧小阳小阴形成明显的对照，K线沿5日均线上升，一般不会有效跌破10日或30日均线。

（4）均线形态：日线突破60日均线以下的所有短期均线，均线都呈多头排列，呈现向上发散；周线突破5周、10周、30周短期均线。

（5）筹码分布：底部筹码单峰密集，股价越过筹码密集区，上方没有套牢盘。在进入主升浪之前，股价往往有横盘整理的过程，有的波动幅度较小，有的则呈向上三角形走势，但无论哪种方式都经历了一定的盘整过程。

（6）换手率：换手率一般在5%左右，通常换手率在2%~3%最佳，说明筹码锁定比较好，换手率超过10%应谨慎。

（7）成交量：5日均量线大于30日均量线。初期放出巨量之后，后期的成交反而是逐步萎缩的，在启动之前的成交量都比较小。

（8）技术指标：MACD指标在0轴以上第二次出现金叉，周线出现金叉或即将金叉；RSI指标在50以上强势区波动。根据MACD的运用原理，MACD在零轴上方的"黄金交叉"意味着该股前面曾出现过一轮上涨，且后来出现过调整。当MACD再次出现"黄金交叉"时，则表明前面的调整已经结束，而且这个调整只是回档而已，后面股价将进入新一轮涨升阶段。

(9) 跳空缺口：一般来说，股价跳空高开是一种强烈的做多信号，若是高开之后股价能够继续上行，甚至封于涨停板，留下短期没有回补的跳空缺口，更是主升浪展开的信号。

第二节　主升浪的有效信号

一、有效信号的必备条件

所谓有效信号，是指可以作为买入的主升浪信号。有效信号是一个确认信号，无须进一步验证，它的成功概率较高，变数较小，可以就此信号确定行情的后市走势。主升浪的有效信号可以是单根大阳线，也可以是由多根K线组成的，或者是一个技术形态。

有效信号的必备条件是指任何一波主升浪行情启动时必须具备或达到的要求，缺少其中任何一个条件，主升浪就不能发生或不能持续有效地发展下去。

有效信号的必备条件包括两个方面：一是信号突破条件；二是信号持续条件。

1. 突破条件

主升浪突破信号，必须同时具备以下三个条件：

(1) 幅度原则。它主要用于对长期阻力位突破的鉴别，该原则要求收盘价穿越阻力位的幅度至少达到3%以上。只有达到这一幅度，才能认为有效，否则无效。例如，某只股票的重要阻力位在10元附近，如果当日收盘价在10.30元以上，其向上突破阻力位才能成立，否则，为疑似突破信号，需要等待进一步验证。这一原则实际是价格上的过滤器。

(2) 时间原则。一旦股价向上突破阻力位后，其收盘价格必须连续3天在该阻力位之上，才能认为有效，如果只持续一两天，则突破无效。例如，阻力位在10元位置，则股价必须连续3天收于10.30元的上方，才可以认为突破有效，否则为疑似突破信号。这一原则实际是时间上的过滤器。

(3) 量能原则。股价向上突破阻力位时，成交量必须积极配合，表明有大规模的资金流入市场，这样的突破才能有效。而且，突破后的成交量要持续放大，而不是一两天的脉冲式放量。无量上涨或间歇性放量是一次短暂的穿越，而不构成有效的突破。但成交量特别巨大，股价只是小涨或微涨，这也不符合能量原则。

以上三个条件必须同时具备，才能产生一个完整的有效信号，从而有可能启动一波主升浪行情。

在股价运行中，有时会出现这种情况，即某日盘中股价变化可能一度向上穿越阻力位，但当天的收盘价依然符合原趋势的要求，股价出现冲高回落走势。如何对待这一细小的穿越呢？若结果证明这点小小的穿越属暂时性的，随后的市场行为证明原趋势线继续有效，最好忽略这种临时性的价格波动。有些则须折中一下，如补充一条新的试验性趋势线。那么在考虑未来价格时，就既有原趋势线，又有新趋势线，以便相互参照。普遍的看法是，若突破的动作规模相对较小，只是当天日内盘中的一时之举，且收盘价又回到原阻力位之下，那么可以忽略这个穿刺动作，不能认为是有效的突破举动。

图 2-1，元力股份（300174）：该股见顶后大幅下跌，庄家在低位吸纳了大量的低价筹码后，股价渐渐企稳回升。2019 年 3 月 25 日开始，以"红三兵"的形式向上突破前期盘区高点的压力，从此开启一轮主升浪行情。

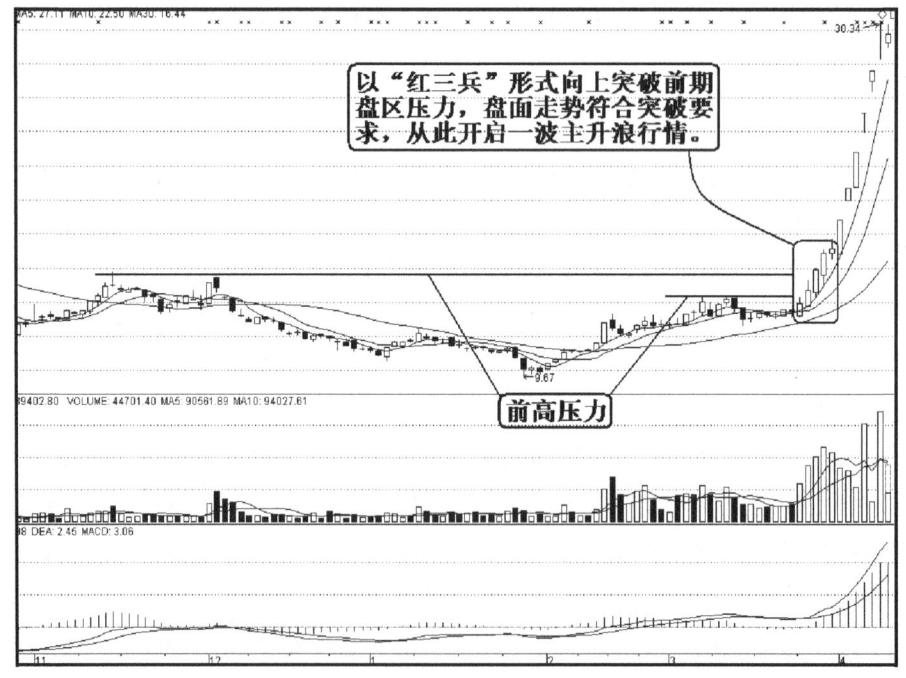

图 2-1　元力股份（300174）日 K 线图

从 K 线图中可以看出，符合突破的三个条件：幅度、时间、量能。投资者可以在 4 月 1 日股价继续发力上涨时大胆介入。

2. 持续条件

主升浪持续信号也叫加强信号，是指当主升浪信号出现之后，股价能够持续地上涨，多头气势磅礴，势如破竹，不给空方任何喘息机会。或者主升浪信号出现之后，股价能够维持强势状态，多头气势没有遭到破坏，上涨趋势完整。

主升浪持续信号，通常要满足以下三个条件：

（1）主升浪信号的次日（或随后几日）必须收出上涨阳线。

（2）量价齐升，因涨停惜售外，成交量必须持续放大。

（3）5 日、10 日、30 日均线必须呈现多头排列，支持股价上涨。

一般而言，突破信号是持续信号的前提，持续信号是突破信号的深化和巩固，两者相辅相成。也就是说，先有突破，后有持续，在没有形成突破之前，即使出现持续信号，其上涨幅度和力度也十分有限。同样，突破信号出现之后，如果不产生持续信号，那么其上涨幅度和力度也将大打折扣，或者经过重新蓄势后，再次上攻时，才能产生主升浪。

图 2-2，生益股份（002458）：该股庄家在长时间的底部震荡过程中，成功地完成了建仓计划后，股价渐渐向上脱离底部区域。2019 年 2 月 15 日，股价放量向上突破底部盘区，次日继续涨停，成交量同步放大，均线系统多头排列，从此展开一波涨幅较大的主升浪行情。

从该股走势图中可以看出，符合主升浪的必备条件：突破条件和持续条件。在向上突破时，符合突破的幅度、时间、量能三原则。当股价突破之后，又符合主升浪持续上涨的三个条件：突破之后继续收阳，成交量持续放大，均线系统呈现多头排列。所以，认真分析主升浪行情的两个必备条件，就可以轻松地捕捉一波收益可观的主升浪行情。

图 2-3，沙河股份（000014）：该股反弹结束后回落，在前期低点（观察压缩图）附近形成一个盘区，成交量大幅萎缩，似乎股价已经没有太大的跌幅。2017 年 9 月 8 日，一根放量大阳线拔地而起，向上脱离盘区的约束，显示股价已经成功构筑底部，给人以无限的想象空间，吸引了不少散户跟风入场。但是，股价却出乎意料，次日开始股价震荡走弱，重心不断下移，很快吃掉了大阳线的全部涨幅。最后出现加速杀跌，将买入者套牢其中。

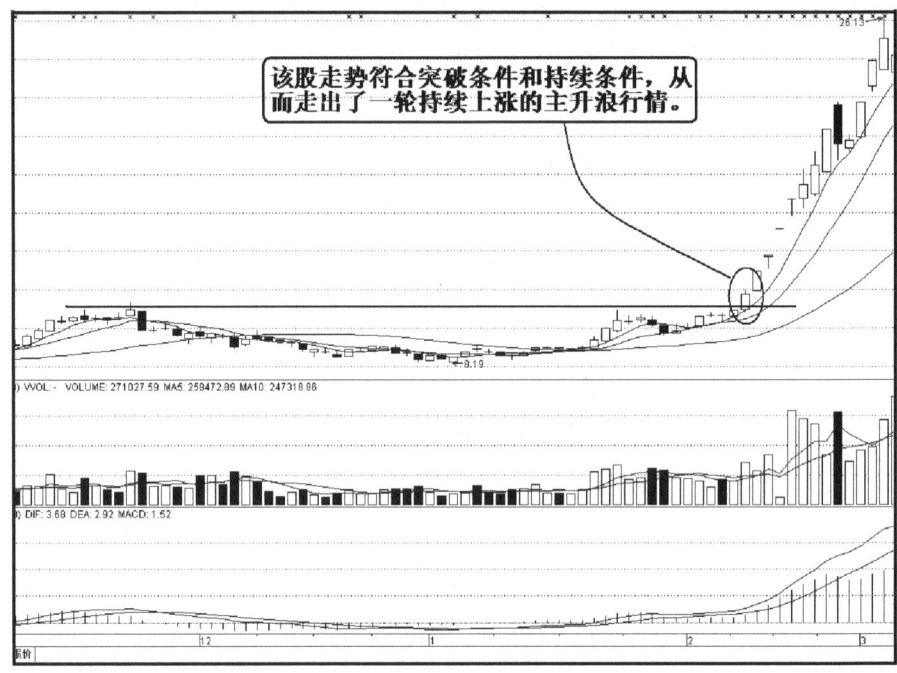

图 2-2 生益股份（002458）日 K 线图

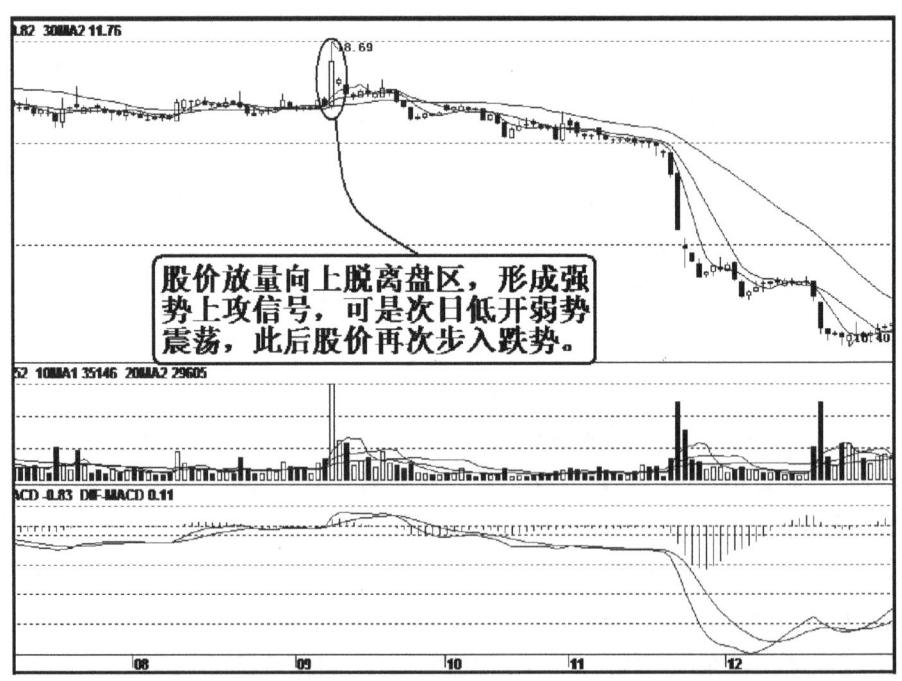

图 2-3 沙河股份（000014）日 K 线图

从该股图表分析，不符合主升浪信号必备的突破条件和持续条件。

（1）成交量在当天放出大量后，次日开始立即缩量，不能维持放大态势，表明做多力量不足。

（2）大阳线没有得到有效验证，次日股价低开弱势震荡，当天连起码的冲高翻红的动作都没有，显示上攻力量极弱。

（3）股价很快回落到大阳线的开盘下方，收回了大阳线的全部涨幅，且重心继续下行。其实此时大阳线假突破信号已经非常明了，大阳线突破是一个多头陷阱，投资者应尽快逢高止损离场。

二、有效信号的辅助条件

在实盘操作中，满足主升浪启动的两个必备条件（信号突破条件和信号持续条件）时，并不一定就会发生主升浪，还要结合其他方面的因素进行综合分析，这就是有效信号的辅助条件。一般而言，辅助条件主要有以下几方面：

（1）股价前期调整充分，累计跌幅超过50%，市场重新恢复涨势。

（2）底部有明显的企稳信号，股价成功脱离底部区域。

（3）5日、10日、30日均线呈现多头排列，30日均线持续走高。

（4）成交量由温和的、不规则的放量到较大的、持续性的放量。

（5）MACD、DMI、DMA、TRIX等中长线技术指标走强，BOLL指标的喇叭口向两边扩张，RSI、KDJ、W%R等技术指标进入强势区域，OBV指标明显向上跃起等，技术指标支持多头行情。

（6）股价回抽压力位时获得技术支撑，即原先的压力转变为现在的支撑。

（7）原先的慢牛通道的上轨线被有效突破，形成新的强势上涨运行格局。

（8）庄家高度控盘，做多意愿明显加强，人气被带动。

（9）股价突破一个重要的阻力位，打开上涨空间。

（10）投资价值显现，推动股价周期上涨。

这些辅助条件并非需要全部具备，有时出现一两个条件也可以，当然，每一个条件都具有很大的冲击力度，满足的条件越多，其叠加的冲击力度也就越大，有效性也就越强。但若全部满足条件，此时股价往往已高，离原先压力位很远，甚至又碰到了其他新的压力位，实际指导意义反而不大。因此，在主升浪信号产生时，准确性和时效性的判断需要好好把握。总之，见仁见智，一个人的判断选择是需要根据自己的经验而做出的。

图 2-4，龙津药业（002750）：该股经过长时间的调整后，进入横向震荡走势，主力大举吸纳低价筹码。2019 年 2 月 22 日开始，收出多根上涨阳线，成交量出现放大，股价向上突破前高压力。2 月 28 日，继续放量涨停，之后股价连续上涨，12 个交易日中拉出 10 个涨停。

从该股盘面分析，符合主升浪的两个必备条件，即在满足信号突破的三个条件的同时，也满足信号持续的三个条件，而且出现诸多的辅助条件，投资者可以自行对照上述辅助条件进行分析总结。

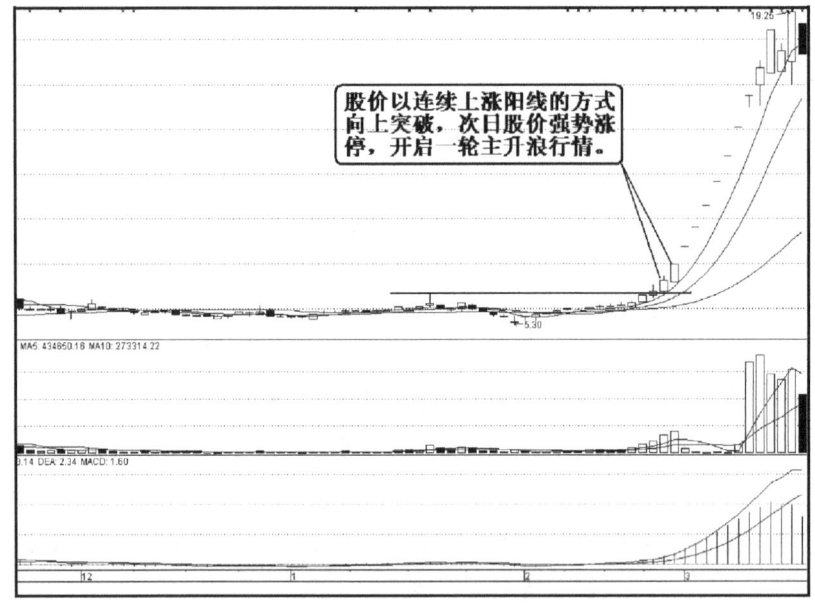

图 2-4　龙津药业（002750）日 K 线图

特别说明，上述有效信号的必备条件和辅助条件，也可以应用于有效向下突破的研判，把信号现象倒过来即可。

三、有效信号的确认方法

一个主升浪启动信号的出现，被投资者及时发现并介入，这是短期获得大赢的最佳时机，一旦错过这个机会，也就意味着风险在增大，所以，启动信号历来是广大投资者重点关注的节点。但是，不是所有的上涨信号都出现主升浪行情，有的只是小涨或反弹，甚至是单日行情，因此要对主升浪信号进行确认。那么，如何确认主升浪启动信号呢？根据实盘经验，可以通过以下几方面进行研判。

1. 从"线"上确认

当股价成功突破某一条"线"的压力或遇到某一条"线"的支撑时，如均线、通道线、趋势线以及黄金分割线等，达到突破的必备条件，则这个信号得到有效确认。如果此时得到更多的辅助信号支持时，那么这个主升浪信号就更加有效，投资者可以大胆做多。

图 2-5，数字认证（300579）：股价从均线下方穿越到均线上方后，围绕 30 日均线展开一段时间的整理。2019 年 2 月 14 日，一根放量涨停大阳线一跃而起，脱离了底部盘区的制约，均线系统呈现多头发散，此后出现一波主升浪行情。

从图中可以看出，股价获得均线系统支撑后，形成放量向上突破走势，并在突破之后产生持续上涨信号。根据有效信号的必备条件和辅助条件，后市出现上涨走势不会有太多的意外，此时投资者应积极介入做多。

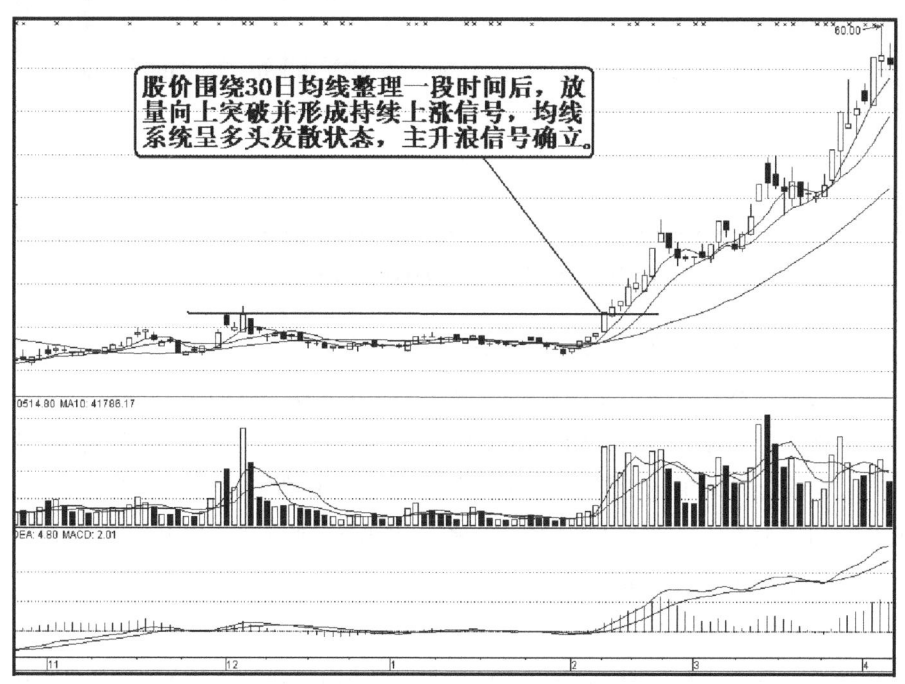

图 2-5　数字认证（300579）日 K 线图

图 2-6，华仁药业（300110）：该股成功见底后，股价返回到 30 日均线之上，均线系统由空头排列转为多头排列，然后股价在 30 日上方进行蓄势整

理，同时对 30 日均线进行回抽确认，此时 30 日均线保持缓慢上行走势。当股价获得 30 日均线的有效支撑后，2019 年 3 月 27 日再次向上发起攻击，成交量明显放大。对照前文所述的必备条件和辅助条件，主升浪信号明确，从而产生一波主升浪行情。

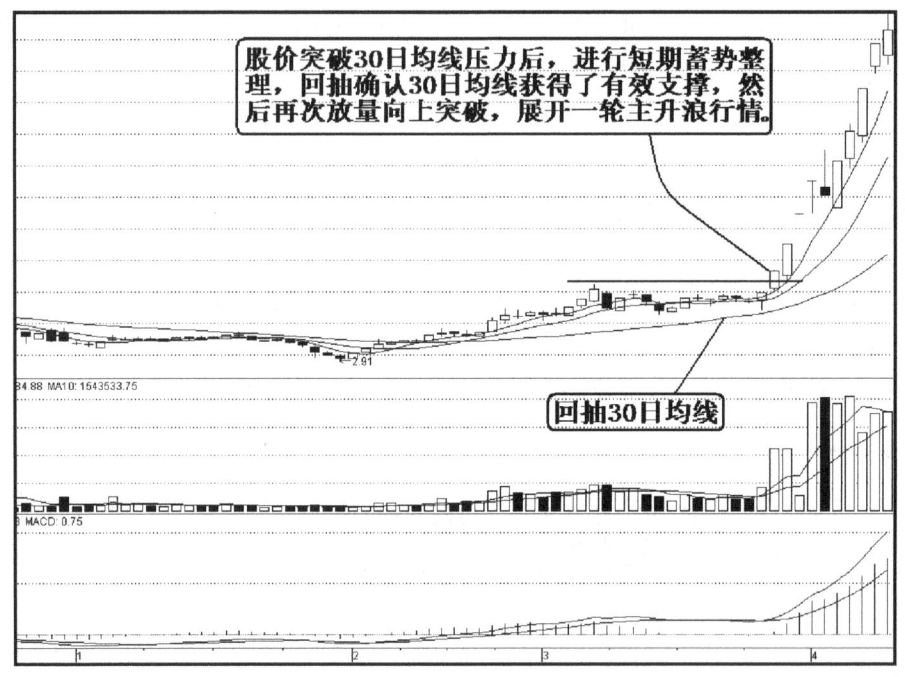

图 2-6　华仁药业（300110）日 K 线图

图 2-7，海翔药业（002099）：该股成功探明底部后，在 2019 年 2 月 18 日跳空突破，然后在缺口上方保持缓慢的盘升走势，在盘升过程中形成了一个狭窄的上升通道，运行时间长达 1 个多月。4 月 2 日出现"烂板"走势，股价向上突破上升通道的上轨线压制，次日经过回抽确认其突破有效，之后股价开始加速上涨。根据有效信号的必备条件和辅助条件，主升浪信号确立，此后股价连拉多个涨停板。

2. 从"形"上确认

顾名思义，从技术图形上进行分析研判，当股价成功突破某一个"形态"且达到突破的必备条件时，则这个信号得到有效确认，可能因此产生一轮主升浪行情。它主要包含以下三个方面的内容：

（1）泛指所有的技术整理形态，如日 K 线的双重形、头肩形、三角形以

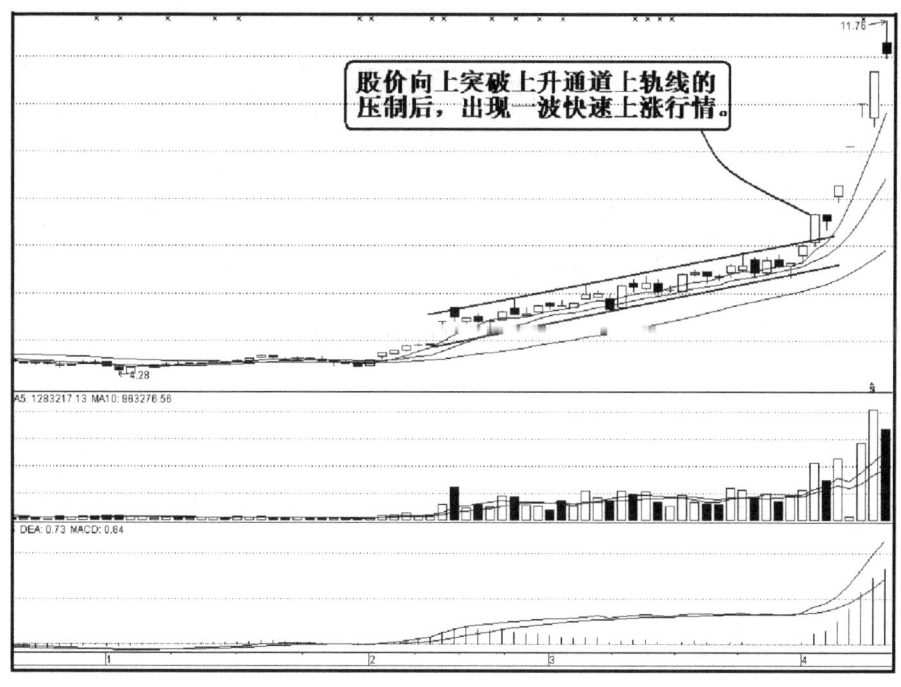

图 2-7　海翔药业（002099）日 K 线图

及楔形等，当股价成功突破某一个技术整理形态时，则这个信号就得到确认。

（2）泛指所有的 K 线组合或单根 K 线形态，如早晨之星、红三兵、好友反攻、二阳夹一阴等组合 K 线形态和神针穿线、锤头线、包容线等单根 K 线形态，当股价成功突破某一个 K 线形态时，则这个信号就得到确认。

（3）泛指具有形态功能的技术指标形态，如 RSI、KDJ、MACD 等技术指标产生双重形、头肩形、三角形等，当股价成功突破这些技术指标形态时，这个信号也将得到确认。

如果得到更多的辅助信号支持时，叠加的冲击力度越强，那么这个主升浪信号越有效。

图 2-8，本钢板材（000761）：这是股价突破双重底形态后出现盘升行情的例子。该股见顶后，逐波回落，在底部构筑一个双重底整理形态。2019 年 2 月 25 日，股价放量突破双重底的颈线位，此后股价强势走高，最后形成加速上涨行情。

这是庄家利用技术整理形态进行大幅炒作的经典。对于其他技术整理形态确认方法，投资者在实盘中多加分析总结，在此不再赘述。

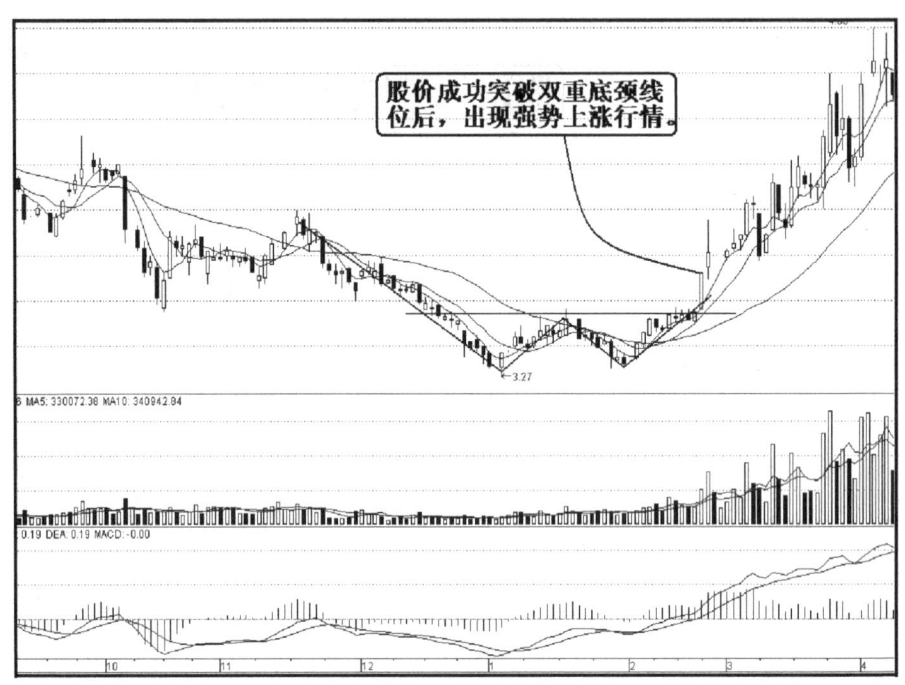

图 2-8 本钢板材（000761）日 K 线图

图 2-9，人民网（603000）：这是成功构筑红三兵 K 线组合形态后出现主升浪走势的例子。该股在长时间的底部盘整过程中，庄家吸纳了大量的低价筹码。2019 年 2 月 14 日开始，连续收出三根相似的阳线，构筑一个红三兵 K 线组合形态，该形态突破了底部盘整区域。股价突破之后，经过一天的洗盘整理，出现一轮主升浪行情，15 个交易日中拉出 12 个涨停板。

从图 2-9 可以看出，盘面走势符合主升浪突破信号的必备条件和辅助条件，突破之时就是投资者介入的最佳时机。

图 2-10，东方网络（002175）：该股经过快速下跌后企稳回升，形成一个小的上升通道，2019 年 2 月 25 日，在涨势中拉出一根大阳线，说明上涨势头强劲，接着出现三天小调整走势，对技术指标进行成功修复后，3 月 1 日，又一根涨停大阳线向上突破，形成上升三法形态，上涨气势得到进一步加强。之后股价又拉出 8 个涨停，短期涨幅巨大。

这是庄家利用技术 K 线形态进行大幅炒作的经典。对于其他 K 线形态的确认方法，投资者在实盘中多加分析总结，在此不再赘述。

第二章 主升浪的启动信号

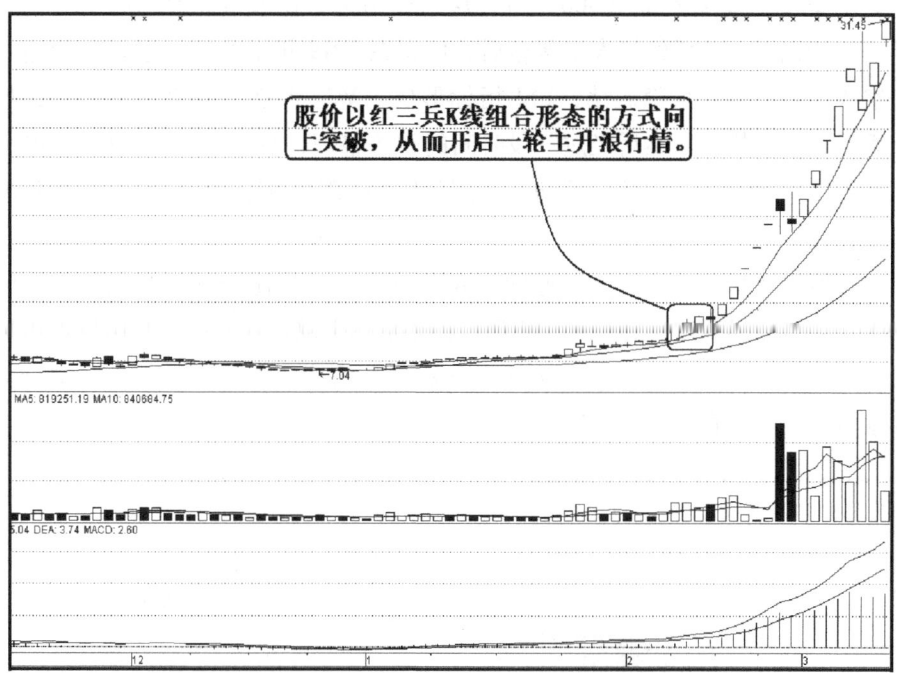

图 2-9 人民网（603000）日 K 线图

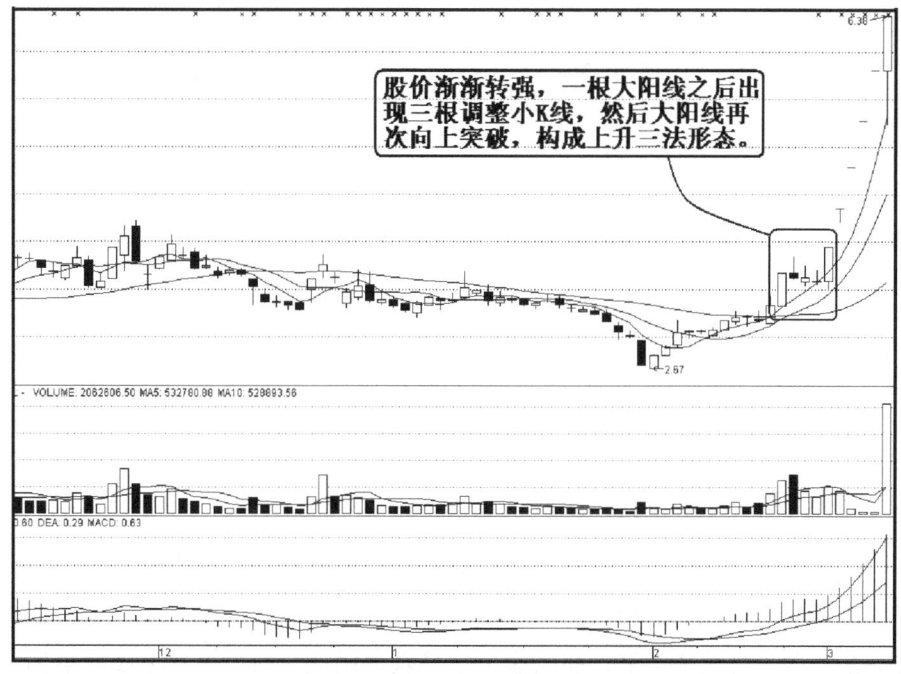

图 2-10 东方网络（002175）日 K 线图

图 2-11，福安药业（300194）：这是成功构筑技术指标形态后出现主升浪走势的例子。该股经过大幅调整后，庄家在 2019 年 1 月底故意打压制造一个空头陷阱，然后企稳震荡，RSI 指标形成"W"形态，股价渐渐回升，均线系统呈多头排列。然后经过一段时间的蓄势整理，在 3 月 29 日收出涨停大阳线，RSI 指标构筑"W"形态，表明洗盘整理结束，股价将展开主升浪行情。

该股 RSI 指标出现两个典型的"W"形态，都是比较好的买入信号。前一个 W 充当底部形态，后一个 W 预示将要加速上涨。这是庄家利用技术指标形态进行大幅炒作的经典。对于其他指标形态的确认方法，投资者在实盘中多加分析总结，在此不再赘述。

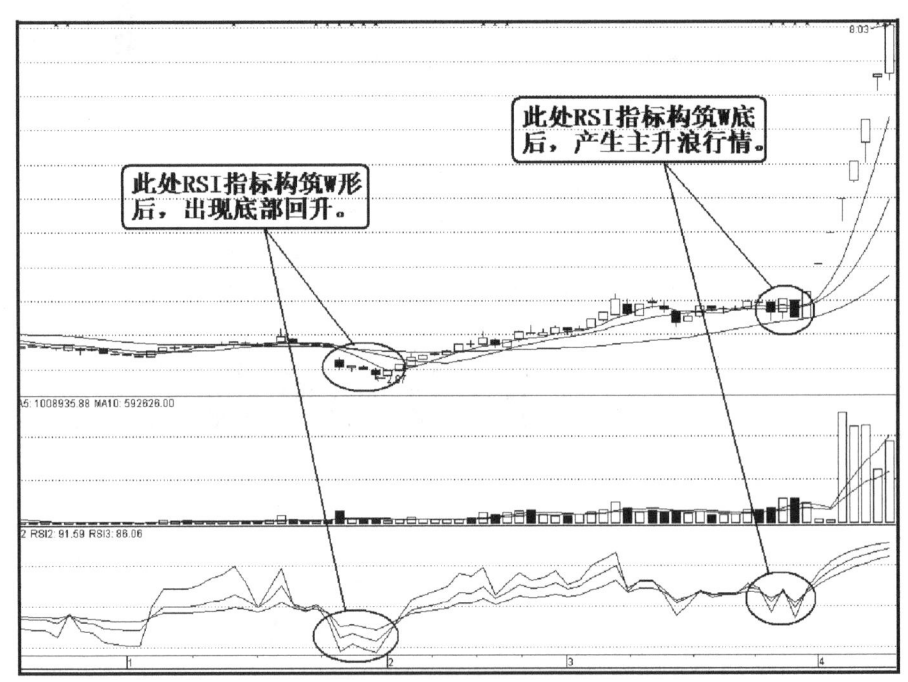

图 2-11　福安药业（300194）日 K 线图

3. 从"价"上确认

当股价有效突破某一个重要价位时，如前期最高价、整数价位等，意味着上方的压力被成功消化，上涨空间被有效打开，原先的压力成为现在的支撑，后市股价将继续上涨，那么这个信号获得确认。如果得到更多的辅助信号支持，那么股价突破就有效，主升浪的信号越强。

图2-12，中船防务（600685）：股价在长期的底部震荡过程中，形成了多个阶段性小高点，而这些小高点对股价上涨构成了较大的技术压力，股价多次上攻均未能有效突破。2019年2月20日，一根放量涨停大阳线，一举攻克了前期的多个小高点的压力，然后股价继续维持强势状态，明示庄家做多意图明确，盘面符合前面所说的多个有效信号的辅助条件，从而构成买入信号。

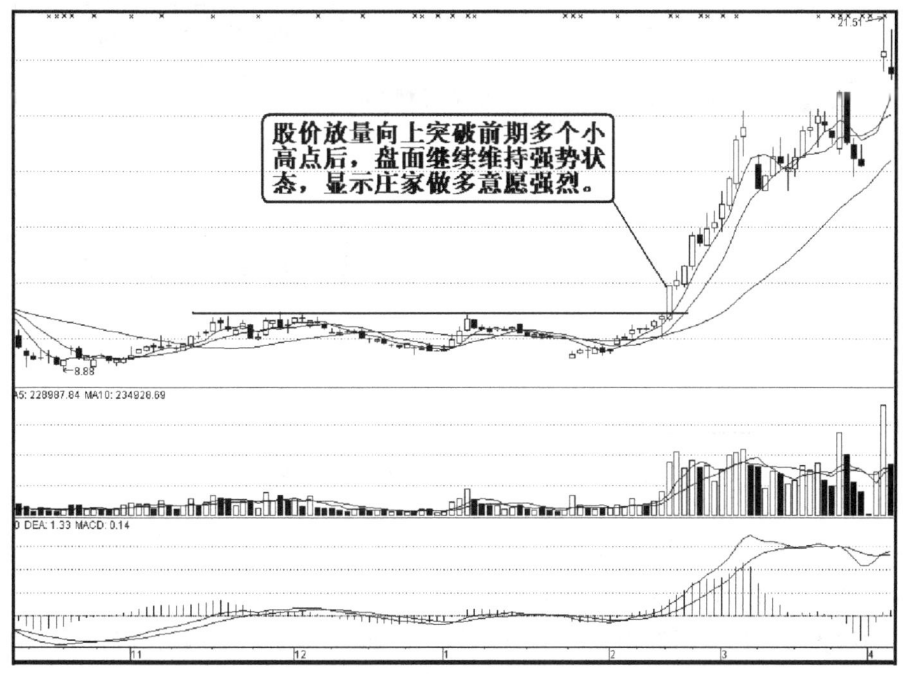

图2-12 中船防务（600685）日K线图

图2-13，圣达生物（603079）：该股庄家完成建仓计划后，股价缓步向上推高，均线系统出现多头排列，30日均线向上走高，支撑股价上涨。经过小幅上涨，股价出现回落洗盘走势，从而产生多个小高点，这些小高点对股价短期上涨形成阻力。当回调到30日均线附近时，得到有力的技术支撑，买盘开始介入。2019年4月1日，股价放量涨停，突破前期高点压力，随后股价出现连续快速上涨。

有时候一个突破信号出现后，不一定就是有效信号，需要进行回抽确认，也就是说对突破信号的检验，确认其是否可靠，这样后市股价上涨才能踏实，它是突破信号的重复动作，但不是所有的突破都必须经过回抽确认，有很多强势股、强庄股就没有回抽走势。

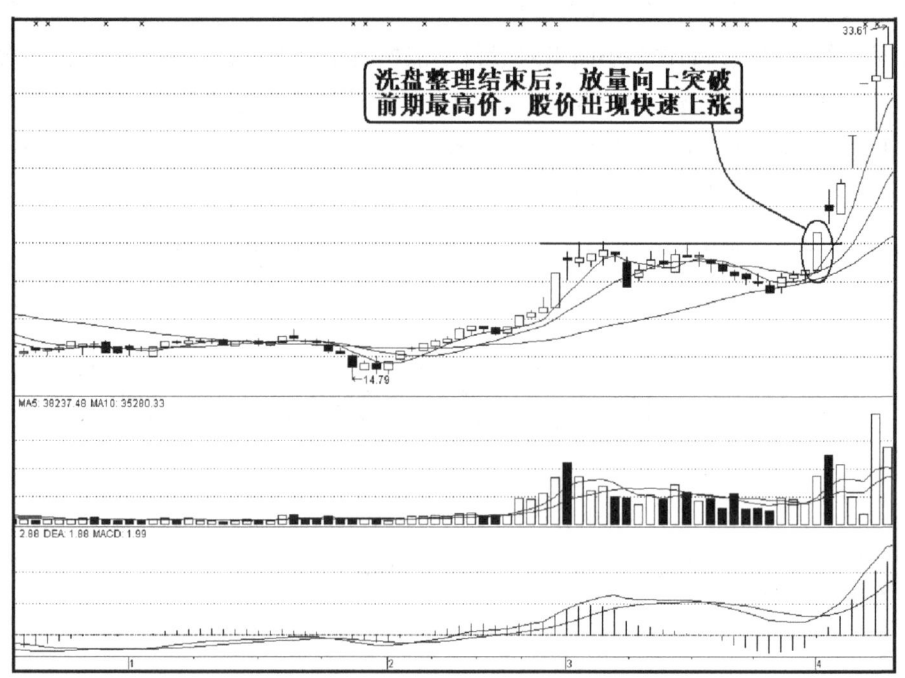

图 2-13　圣达生物（603079）日 K 线图

图 2-14，精准信息（300099）：该股庄家完成建仓计划后，当股价向上推升到 6 元附近时，遇到整数关口的压力，多次向上攻击未果。经过一段时间的蓄势整理后，渐渐消化了上方的压力。2019 年 3 月 28 日，股价放量涨停，突破 6 元整数关口，形成一个强势的主升浪信号，且符合多个有效信号的辅助条件支持，股价出现快速拉升。

4. 从"位"上确认

这是从股价位置上予以确认，当股价成功突破某一个重要价格区域时，如一个盘整区域、成交密集区域等，则这个信号获得确认，有可能产生一轮主升浪行情。如果得到更多的辅助信号支持时，意味着股价上涨空间被有效打开，那么一波主升浪行情就会由此展开。

图 2-15，御银股份（002177）：该股庄家完成建仓计划后，股价向上拔高，脱离底部区域，然后在相对高位进行蓄势整理，从而形成一个整理盘区。2019 年 3 月 28 日，一根放量涨停大阳线拔地而起，向上突破了该整理平台。之后，股价出现快速上涨，连拉 6 个涨停板。

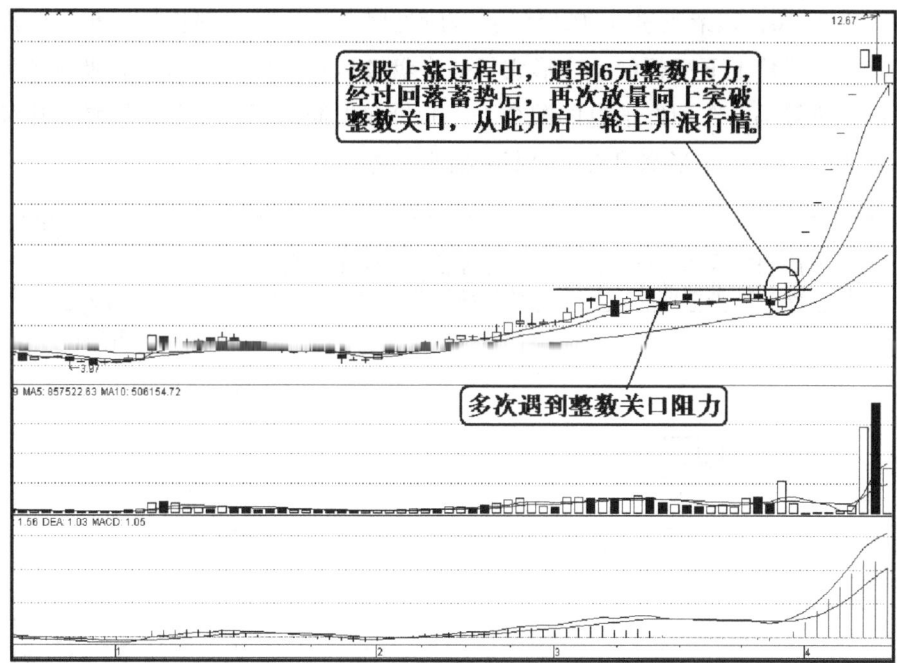

图 2-14　精准信息（300099）日 K 线图

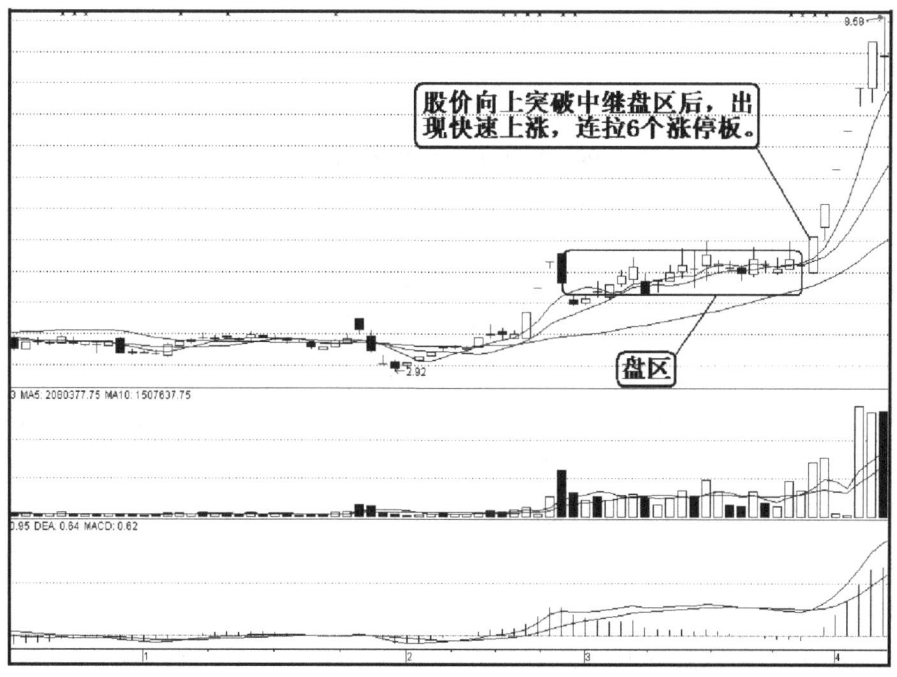

图 2-15　御银股份（002177）日 K 线图

图 2-16，顺荣股份（002555）：该股见底企稳后，出现长达一年多的震荡走势，股价上下窄幅波动，形成了一个盘整区域，庄家在这期间吸纳了大量的低价筹码，在利好消息的配合下，股价向上脱离了这个盘整区域，连续出现多个"一"字形涨停板，短期涨幅非常之大。

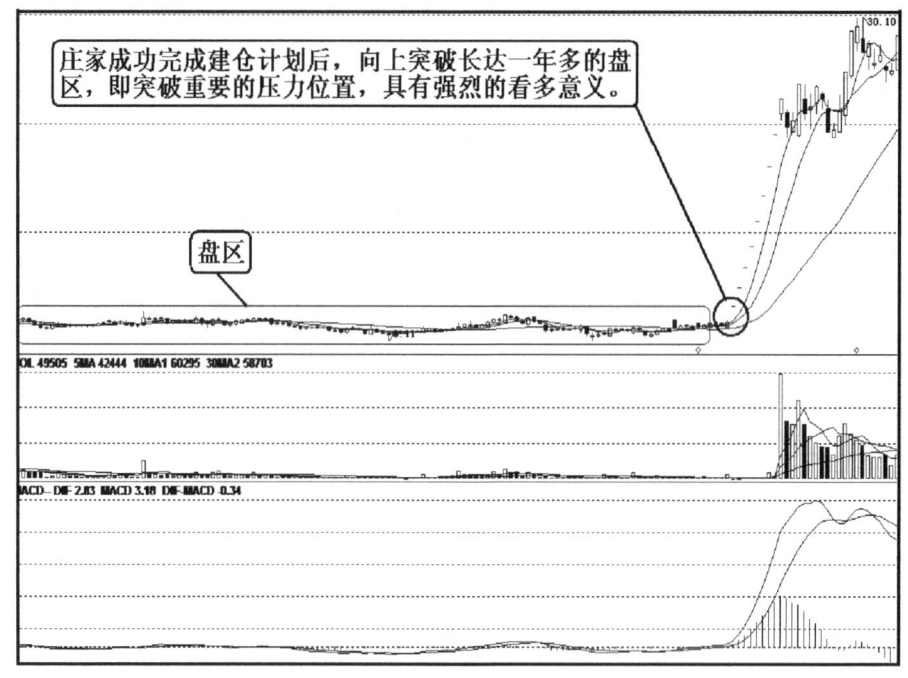

图 2-16　顺荣股份（002555）日 K 线图

但是，对于这样连续以"一"字形上涨的个股，一般散户在启动时没有入场的机会，在高位打开"一"字形时风险往往已经很大，因此在这类个股中如果先前没有入场的投资者应以观望为好，如果在低位出现开板，是可以大胆介入的，下面这个例子也许就是最好的例证。

图 2-17，上港集团（600018）：该股在长时间的底部震荡过程中，形成一个盘整区域，不久，股价从涨停板价位开盘，全天封盘不动，形成"一"字形 K 线，股价向上突破盘整区域。第二天，继续高开高走，股价强势上涨，巩固了第一天的突破成果。因此，第二天盘中震荡低点就是较好的买入点。

5. 从"量"上确认

成交量出现持续放大，出现第二次放量，场外资金源源不断地流入市场，

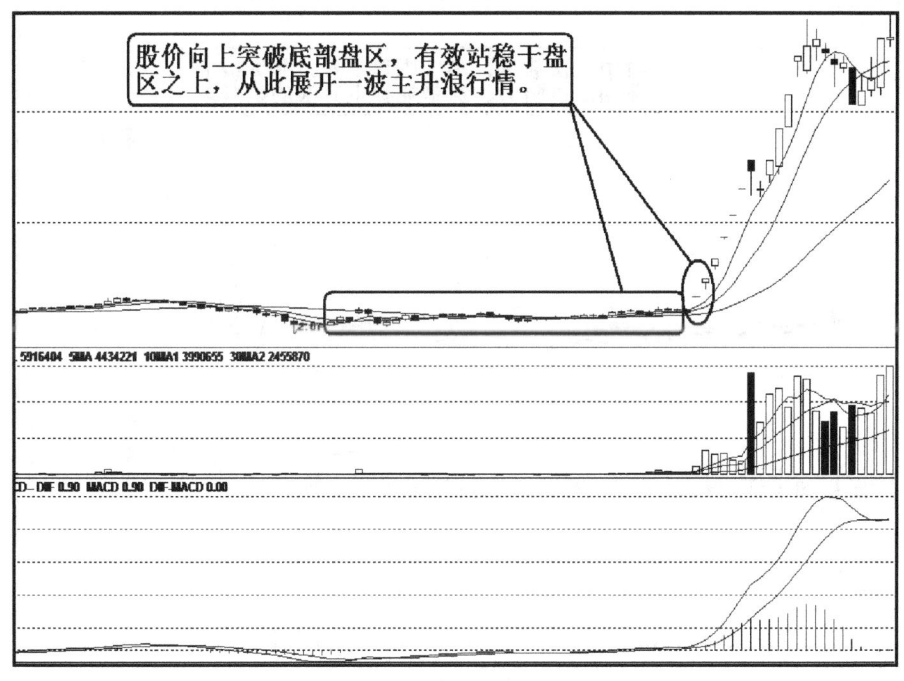

图 2-17　上港集团（600018）日 K 线图

从而确认信号的有效性。此时如果得到更多的辅助信号支持时，股价上涨力度越大，主升浪的信号越可靠。

图 2-18，生益股份（002458）：该股成功见底后，股价渐渐向上走高，成交量出现温和放大现象，但到达前期高点阻力位附近时遇到卖盘的抛压，股价出现回落调整走势，成交量出现相应的萎缩，量价配合颇具韵律。当股价回调到前期低点时，又得到买盘的支撑，盘面出现第二次放量，且明显大于前一次的成交量，显示场外资金开始不断流入市场，股价出现同步向上攀高走势，其上涨势头明显强于前一次，因此看多意义更加强烈。2019 年 2 月 25 日，股价以"烂板"的方式向上突破前期高点，从而走出一波大牛行情。

图 2-19，元力股份（300174）：该股经过长期调整后见底企稳，经过小幅回升后出现盘整走势，形成一个盘整区域，当上方压力被充分消化后，2019 年 3 月 25 日开始，以"红三兵"的形式持续放量向上突破，股价成功脱离整理平台，之后出现加速上涨走势，从而形成主升浪行情。从 K 线图中可以看出，符合突破的三个条件：幅度、时间、量能，投资者可以积极跟进做多。

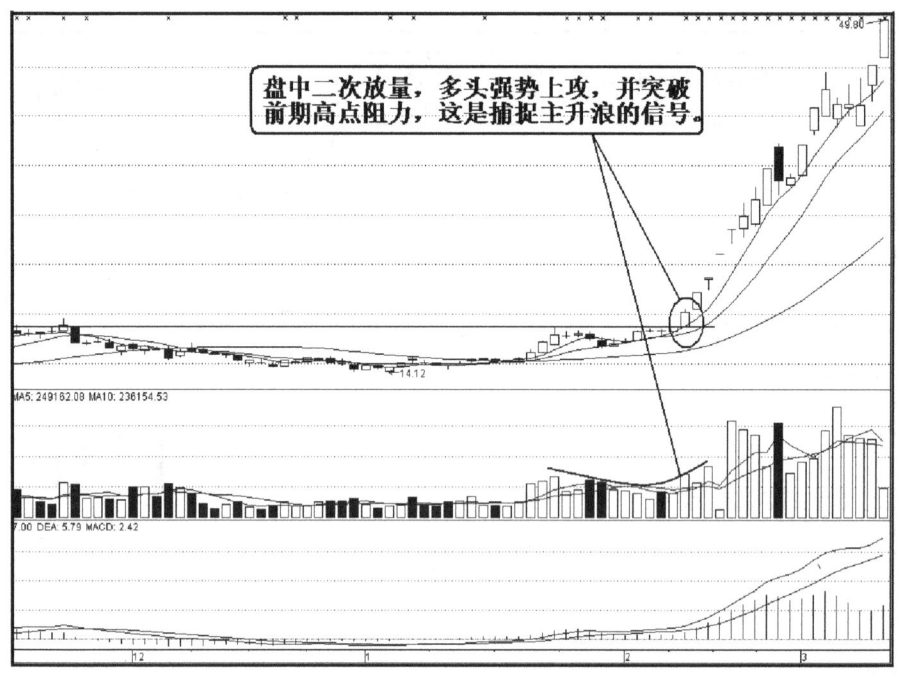

图 2-18　生益股份（002458）日 K 线图

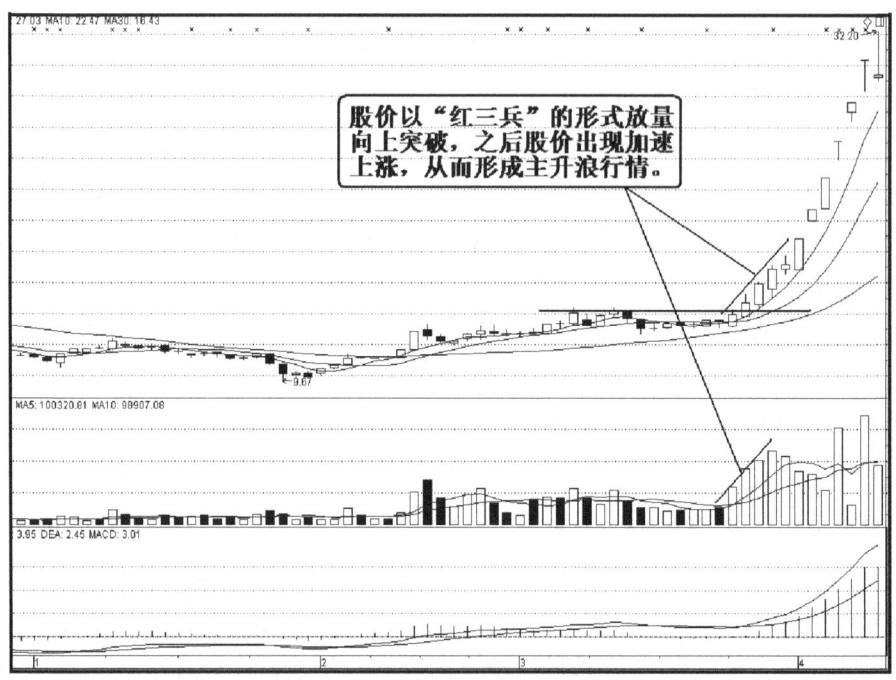

图 2-19　元力股份（300174）日 K 线图

第三节　主升浪的疑似信号

一、一个疑似信号的辨别

疑似信号也叫可疑信号，就是引发某一种发展趋势的可能性信号，只是市场产生的一种苗头或现象，后市发展充满许多变数，还不能作为有效信号对待，即不能作为买卖依据，因此必须经过进一步验证有效后，才能成功地将其变化为有效信号，否则不能作为研判后市走势的信号依据。

在股市中，每天都会产生各种各样的市场信号，其中绝大部分信号是无效信号，没有研判价值，只有一小部分的信号才是明确的有效信号，无须加以确认和证明就可以作为买卖依据。除此之外，又有一大部分信号属于疑似信号，需要进一步确认和证明，才能确定是否有效。验证之后，有的则是毫无意义的杂波，对短期行情不会产生重大影响。

疑似主升浪信号同样可以是单根大阳线，也可以是由多根 K 线组成，或者是一个技术整理形态。

必须注意，并不是随便一个信号就是一个可疑信号，它应当是一个具有标志性的信号。何为标志性信号，即具有一定的攻击力和号召力，明显强于近期的盘面波动，技术分析意义较强。比如，大阳线、看涨 K 线形态、突破阻力位形态等。因此在实盘操作中，可以将那些不具有标志性的一般信号剔除，这样就可以大大地节约时间，用更多的精力关注和研判其他信号。

疑似主升浪信号的辨别，也就是疑似信号必须具备的构成条件如下：

（1）股价必须突破某一个重要的技术压力位。

（2）股价应当建立在均线具有多头特征的基础之上。

（3）必须得到成交量的积极配合。

（4）必须具有强大的向上攻击性和持续性。

图 2-20，至纯科技（603690）：这是该股 2018 年 10 月至 2019 年 3 月的走势图。2018 年 11 月中旬，股价连续收出放量上涨小阳线，但不能认为是一个标志性信号，即不是一个疑似主升浪信号，它不符合疑似主升浪信号的四个构成条件。2019 年 1 月 7 日出现的涨停大阳线，也不具备疑似主升浪信号的四个构成条件。

在 2019 年 2 月 18 日和 2 月 25 日出现的这两根放量涨停大阳线，就是标志性 K 线，即一个疑似主升浪信号，它符合疑似主升浪信号的四个构成条件，只不过随后经过验证时失败，不能成功地过渡为一个有效信号而已。

这几个信号投资者对照分析，就能找到其不同之处。第 1 个信号与第 2 个信号相似，均线系统都处于空头排列，股价处于下降通道之中，不能成为疑似主升浪信号。第 3 个信号和第 4 个信号相似，均线系统处于多头排列，并向上脱离底部区域，所以都是一个疑似主升浪信号，只是上涨力度不大，未能产生大幅上涨行情。

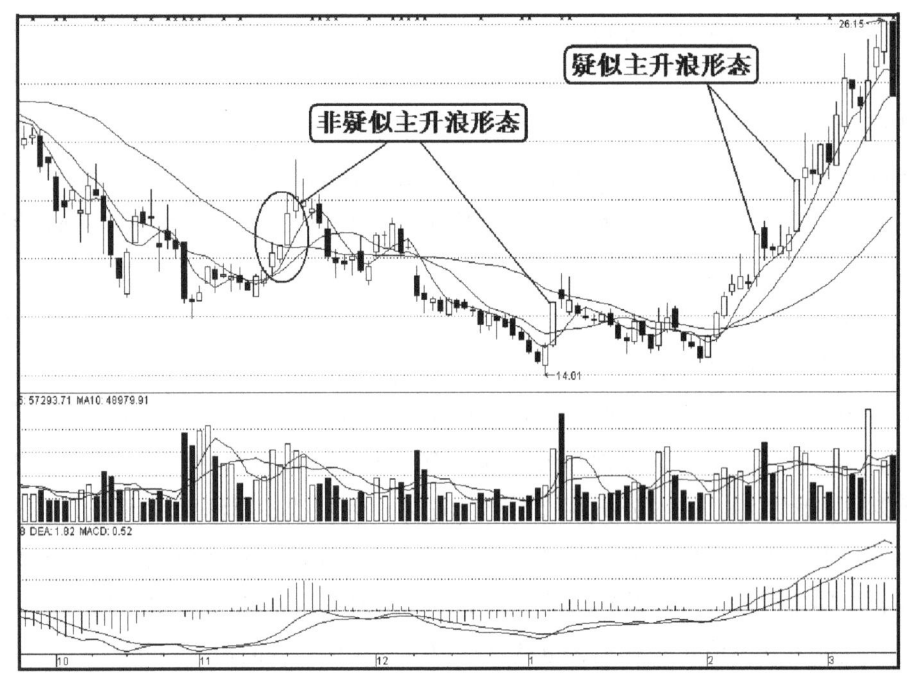

图 2-20 至纯科技（603690）日 K 线图

图 2-21，亚星锚链（601890）：该股出现的两次信号有明显的区别，2019 年 1 月 7 日出现的涨停大阳线，虽然股价突破了前期盘区高点，但 30 日均线处于下降状态，多头的上攻力度大打折扣，这种情况很难出现主升浪行情，只有少数庄家控盘个股或游资操作个股才会出现主升浪行情。

在随后 2 月 27 日出现的涨停大阳线，技术意义就大不一样了，此时盘面符合疑似主升浪信号的 4 个构成条件，并成功转换为有效的主升浪信号，股价迎来快速上涨行情。

第二章　主升浪的启动信号

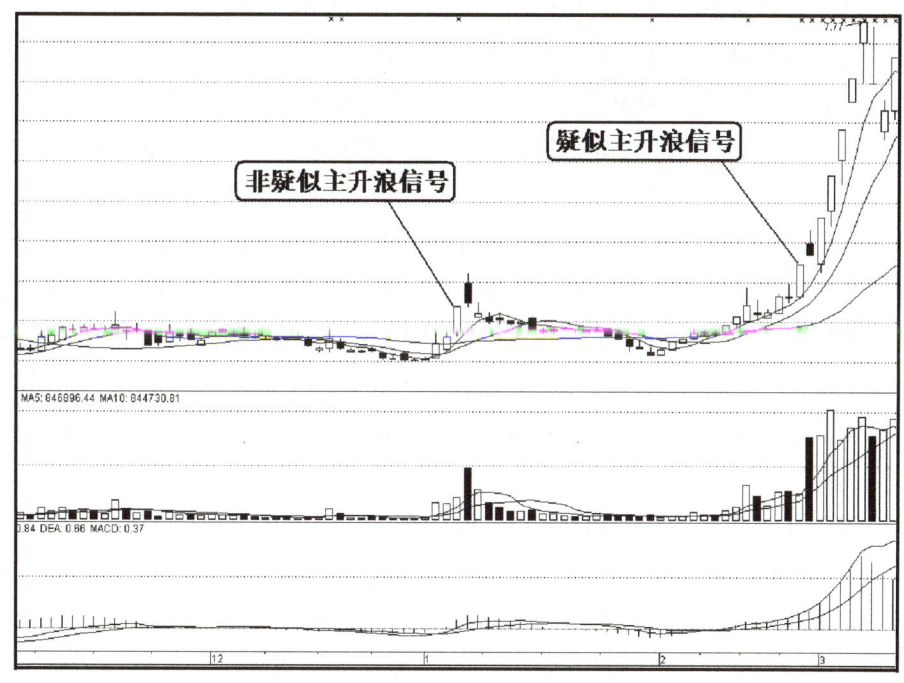

图 2-21　亚星锚链（601890）日 K 线图

二、疑似信号的检验过程

一个疑似信号产生后，需要进一步确认和验证，才能过渡为一个有效的主升浪信号，这样才可以作为买卖的依据。那么怎样验证呢？通常，可以通过两个方面进行验证：一是当前既有的市场因素；二是将要产生的可能市场因素。

1. 已经产生的既有市场因素

已经产生的既有市场因素是指一个可疑信号产生时，市场所形成的技术形态和意义，是可能引发主升浪标志性的技术信号。目前常见的既有市场因素有：

（1）股价穿越均线系统、趋势线、通道线或黄金分割线等。

（2）构成多头 K 线形态，如红三兵、阳包容、二阳夹一阴、上升三法等。

（3）技术指标形成金叉、底背离或出现向上的方向性提示等。

（4）股价穿越一个技术整理形态，如三角形、楔形、矩形等。

（5）股价穿越一个重要区域，如整理平台、成交密集区域等。

（6）股价穿越前一次的高点，构成新的上涨浪形，打开上涨空间。

（7）成交量开始温和放大，庄家有做多意愿，资金流入明显。

（8）股价跳空上涨，高开高走，越过一个重要的压力位。

（9）有题材、概念、重组等重大利好支持。

（10）公司出现产业转型、业绩提升、高比例送配等。

这些已经产生的既有市场因素，不要求同时具备，只要出现其中一个市场因素，就可形成一个可疑的主升浪信号，比如股价突破均线系统、K线形态、整理形态等，都是引发主升浪产生的可疑信号。但是在实盘中，一个可疑信号的产生往往同时具备多种市场因素，比如一个红三兵K线形态产生时，又可能突破一条趋势线、一个技术整理形态、一处重要压力位；股价穿越一个技术形态时，又可能突破一个盘区、一个高点或者出现利好因素，且成交量往往又是放大状态的。一般而言，出现的既有市场因素越多，股价爆发力越强，信号的可靠性越高。

图2-22，广安爱众（600979）：该股经过长时间的下跌调整后，在低位出现企稳筑底走势，盘中震荡幅度收窄，形成了横盘整理形态，期间成交量大幅萎缩。在长达2个多月的盘整过程中，庄家吸纳了大量的低价筹码。2017年12月25日，一根跳空高开的放量涨停大阳线突破了底部盘整区域，第二天股价继续强势上涨，从此股价出现一波上升行情。

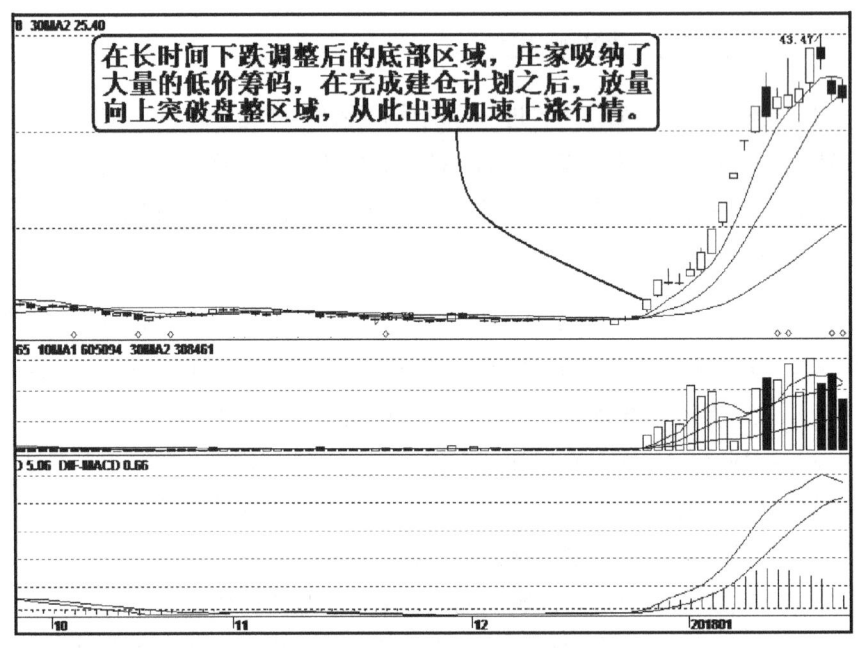

图2-22 广安爱众（600979）日K线图

从该股盘面走势中可以发现，在向上突破时出现多个既有市场因素，比较明显的有股价跳空上涨、成交量有效放大、脱离底部整理盘区、多项技术指标产生底背离现象等，促使多头气势更加强劲，股价上涨更加猛烈。

2. 将要产生的可能市场因素

将要产生的可能市场因素是指在既有市场因素出现后，市场随后几个交易日将有可能形成的走势，这是判断和检验既有市场因素可靠性的重要依据和方法，也就是说，它对既有市场因素予以肯定或否定，或者说，对原先市场出现的信号是否有效作出评估。因为一个既有市场因素出现后，市场不一定就会朝着这个信号所提示的方向发展下去，所以需要进一步检验和确认，才能将一个可疑信号成功地转化为一个有效信号，从而作为研判后市行情走势的依据。

在当前市场中，一个可疑信号产生后，如果在随后的走势中出现以下现象时，那么这个可疑信号转化为有效信号的概率就大大提高。反之，转化为有效信号的概率就大大减小，就成为一个失效信号。

（1）股价突破某一个重要的技术压力后，能够快速脱离该压力位的制约，形成气势磅礴的上升走势。

（2）盘面依然保持强势特征，呈现蓄势待发、喷薄欲出的势头。

（3）成交量出现持续的放大，有源源不断的资金入场。

（4）盘中没有明显的庄家对倒行为，不存在刻意拉高动作。

（5）庄家没有利用假突破走势进行暗中出货，筹码比较稳定。

（6）股价成功地将原先的压力变化为现在的支撑，形成新的运行格局。

（7）股价继续跳空上涨，留下短期不予回补的缺口，强势特征加强。

（8）多方拿下的前沿阵地，能够坚定地守卫，不给空方可乘机会。

（9）多空双方不存在明显的分歧意见，盘中很少出现大幅震荡现象。

（10）股价上涨得到市场的共鸣，呼唤人气，具有一定的号召力。

这些市场将要产生的可能市场因素，是检验既有市场因素有效性的重要途径。通常，可能出现的市场因素越多越好，信号的叠加效果更强，这样可疑信号转化为有效信号的可靠性就越高。

顺便提示一下，可疑信号也可应用于下跌过程中，以判断下跌行情的真实性。

图2-23，启迪古汉（000590）：2019年3月11日，出现"一"字涨停，次日继续收涨7个多点，形成一个疑似主升浪信号。从这两根K线中可以发现这样一些既有市场因素：股价跳空上涨、成交量放大、多项技术指标（如MACD、RSI、KDJ）进入强势等。那么，接着应当关注该股随后将要产生的

可能市场因素，经过 4 个交易日的整理后，股价于 3 月 19 日出现涨停大阳线。此时产生这样几个市场因素：原先的均线由压力转化为支撑、成交量继续放大、庄家做多意图明显、股价成功消化了盘区的压力、均线系统继续多头发散等，盘面强势特征明显。由此可见，一个疑似的主升浪信号成功地转化为一个有效的主升浪信号，此后股价出现一波主升浪行情，所以 3 月 20 日的回调就是一个较好的买入机会。

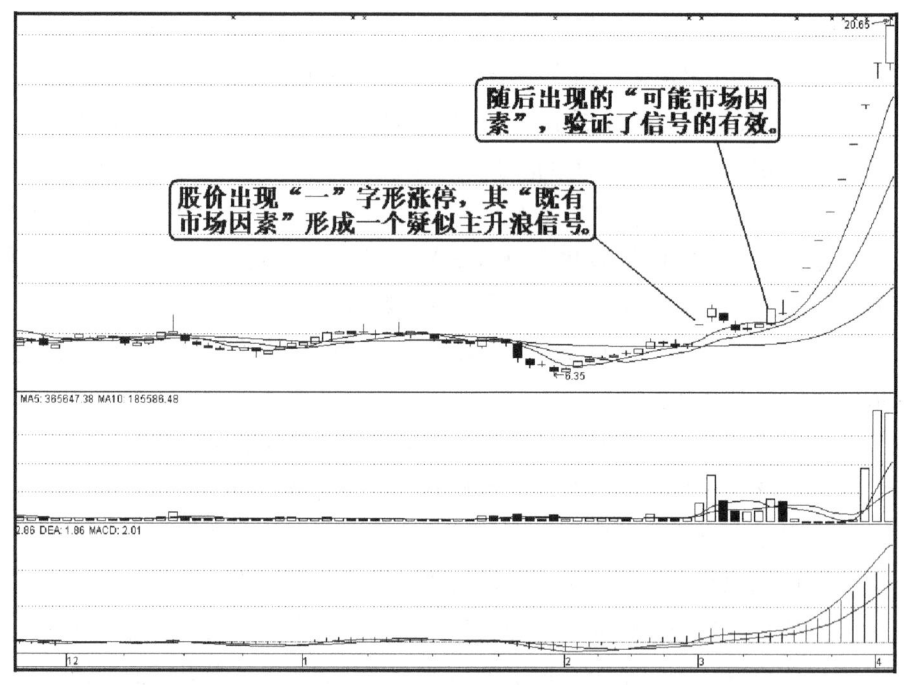

图 2-23　启迪古汉（000590）日 K 线图

图 2-24，台海核电（002366）：该股在低位从涨停板开盘后，全天封盘不动，形成"一"字形涨停 K 线。这样的 K 线既有市场因素：股价跳空高开、重大资产重组利好题材、股价脱离短期盘局、突破均线系统等。随后出现的可能市场因素：股价继续跳空上涨、股价突破前期高点压力位、盘中筹码稳固、庄家做意愿坚定等。此后，该股出现一波暴涨式主升浪行情，短线涨幅巨大。

图 2-25，龙津药业（002750）：2019 年 2 月 22 日开始出现一个"红三兵"形态，根据这个既有市场因素，形成一个疑似主升浪信号。随后股价继续强势向上运行，2 月 28 日股价放量涨停，此时一个疑似主升浪信号成功转化为一个有效主升浪信号，此时应大胆追板买入，之后股价出现大幅拉高。

第二章　主升浪的启动信号

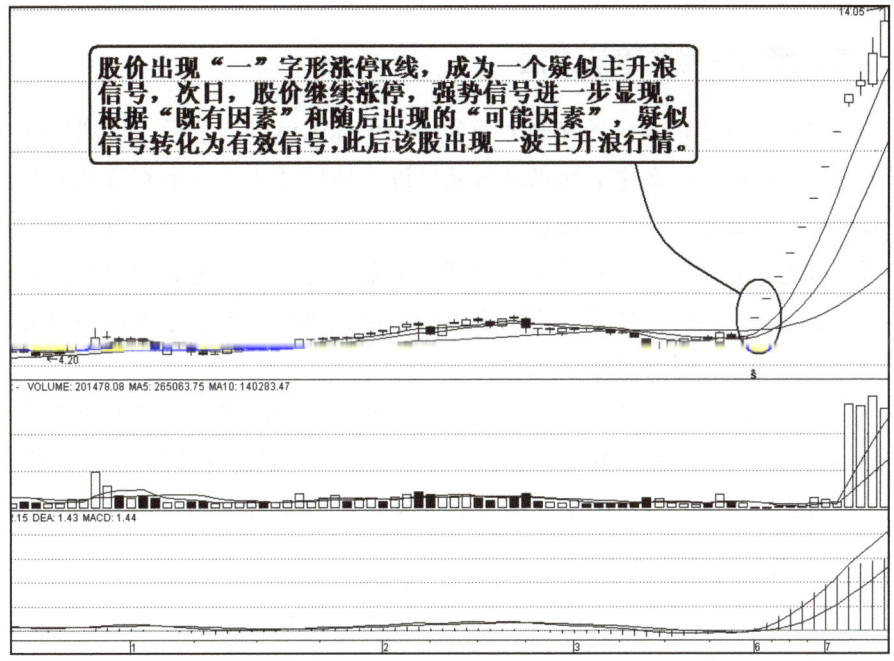

图 2-24　台海核电（002366）日 K 线图

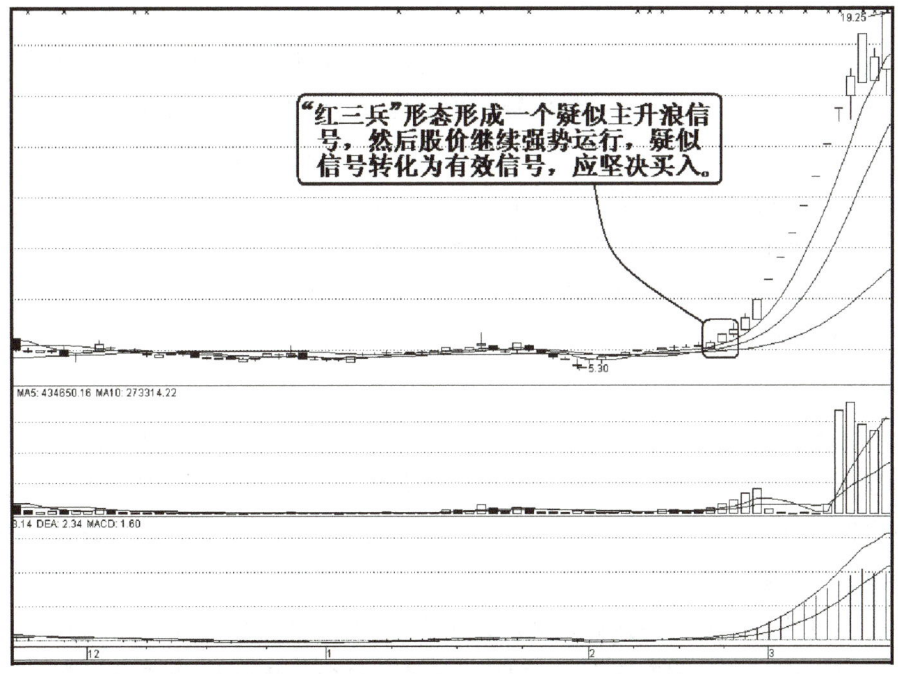

图 2-25　龙津药业（002750）日 K 线图

三、疑似信号的确认方法

标志信号包括有效信号和疑似信号。一个标志信号产生后，得到后续市场的支持或肯定，那么这个标志信号就可以成功地转化为一个有效的主升浪信号，即主升浪成功产生。相反，一个标志信号产生后，并没有得到市场的认可或肯定，那么这个信号就不可能成为有效信号，即成为疑似信号。如果一个标志信号产生后，被后续市场走势所否定，那么这个信号就是一个失败信号，对市场没有任何指导意义。

疑似信号的确认方法，找出已经产生的既有市场因素，再根据随后所产生的市场因素进行检验。其结果若是两者性质相同（都具有看多因素），则是有效信号；若是两者性质相反（多空分歧因素），则是无效信号。

1. 可疑信号的转换成功

从一个可疑信号成功过渡为一个有效信号，原先的主升浪信号得到强化，构成有效的主升浪信号。

可疑信号成功的公式：一个强势信号+一个强势信号＝一个有效的主升浪信号。

式中，前面的"一个强势信号"指的是前文所讲的市场已经产生的既有市场因素；后面的"一个强势信号"指的是前文所讲的市场将要产生的可能市场因素。

那么如何鉴定一个强势信号呢？可以参考以下几个技术要点：

（1）股价突破重要阻力位（所有认可的阻力位）。

（2）均线系统形成多头排列，30日均线支撑股价走高。

（3）成交量持续有效放大，场外资金入场积极。

图2-26，民和股份（002234）：从2019年1月18日开始，连续8天小阳线和星形线将股价推升到前期高点之上，成交量放大，向上突破了前期高点的压力，产生一个强势信号，疑似进入主升浪行情。但还不能因此作出肯定的判断，市场依然存在许多变数，因为盘面还没达到有效突破的三条件，需要做进一步确认和验证。

经过几个交易日的强势整理后，于2月18日又一根涨停大阳线向上拔起，再次产生一个强势信号。这样，将前后两个强势信号叠加在一起，其看涨意义就非常强烈，也就构成了一个有效的主升浪信号。投资者在第二个强势信号出现时，应大胆介入，此后股价出现一波涨幅非常之大的主升浪。

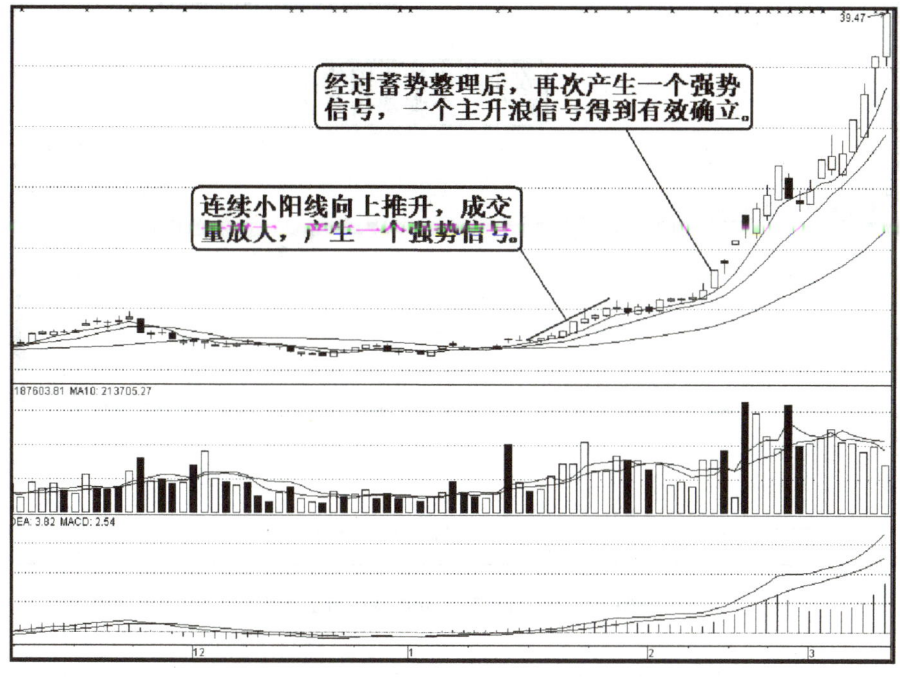

图 2-26 民和股份（002234）日 K 线图

图 2-27，神奇制药（600613）：该股庄家在底部完成建仓计划后，在 2019 年 2 月 25 日收出一根攻击性中阳线，股价突破底部盘区，产生一个强势信号（符合强势信号的技术要求）。经过两个交易日的整理后，2 月 28 日股价放量上涨，收出一根涨停大阳线，突破前期高点压力，再次产生一个强势信号。前后两个强势信号叠加在一起，可谓"强强联合"，其看涨意义非同一般，一个有效的主升浪信号确立。之后，股价快速上涨，连拉多个涨停。

2. 可疑信号的转换失败

一个可疑信号无法过渡为一个有效信号，从而演变为失败形态，原先的主升浪信号失效，这个信号对以后的股价上涨不会产生积极影响，且可以作为一个高抛减仓的机会。

可疑信号失败的公式：一个强势信号＋一个弱势信号＝一个无效的主升浪信号。

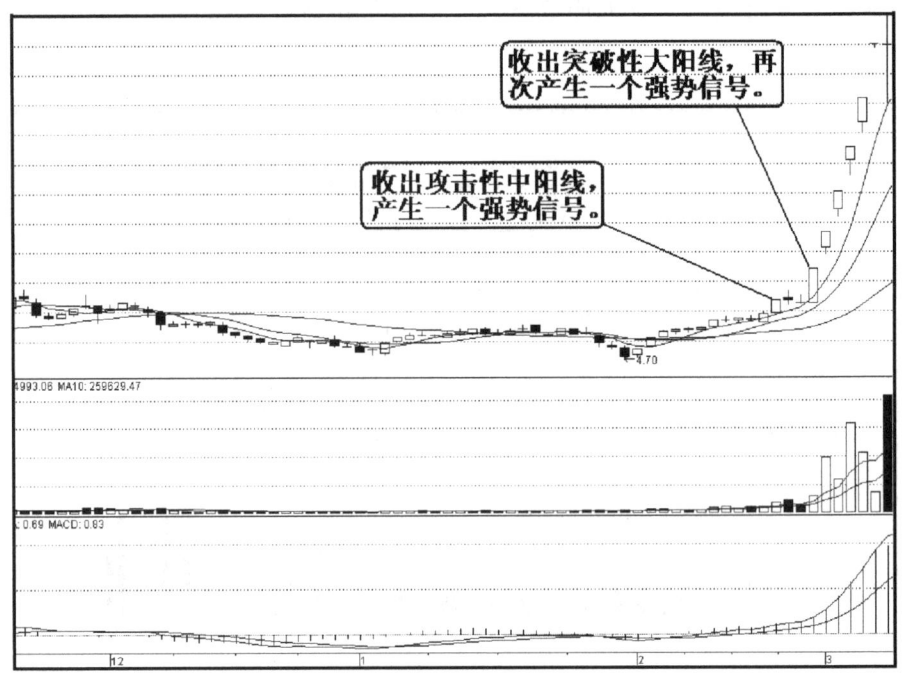

图 2-27 神奇制药（600613）日 K 线图

式中，"一个强势信号"指的是前文所讲的市场已经产生的既有市场因素；"一个弱势信号"指的是前文所讲的市场将要产生的可能市场因素的相反信号，这个相反的信号还会影响短期股价的运行。

一个强势信号的技术参考要点见前文，一个弱势信号要否定一个强势信号的鉴定方法，可以参考以下几个技术要点：

（1）股价重回重要阻力位（所有认可的阻力位）之下，有假突破嫌疑，且阻力位反而得到加强。

（2）股价收回了强势信号产生时的 1/2 以上涨幅，回收幅度越大，弱势特征越明显，如阴包容形态，且短期内无法形成反包形态。

（3）短期均线下行，并出现死叉，攻击力度减弱。

（4）成交量不能持续有效放大，场外资金入场谨慎。

图 2-28，苏州高新（600736）：该股价快速下跌后，出现 "V" 形反弹，股价很快回升到 "V" 形的起跌点，然后经过几个交易日的横盘震荡整理，于 2018 年 11 月 15 日股价放量涨停，一根大阳线突破了前期盘区，次日继续收涨 4 个多点，从而形成一个强势信号，疑似构成主升浪信号。

那么这个强势信号产生后,是否就会出现强势上涨的主升浪行情呢?不一定。之后连续的两天回调,收回了强势信号的1/2以上涨幅,经回抽后再下跌,并有杀跌盘出现,从而形成一个弱势信号。

从盘面可以看出,股价已经回落到重要阻力位附近,前面的涨幅已经全部被吞没,使得前面的强势信号荡然无存,也就是说,后面这个弱势信号湮灭了前面的强势信号,使其无法形成一个有效的主升浪信号,而且,这个弱势信号还影响着市场的短期运行,此后股价出现继续调整走势。

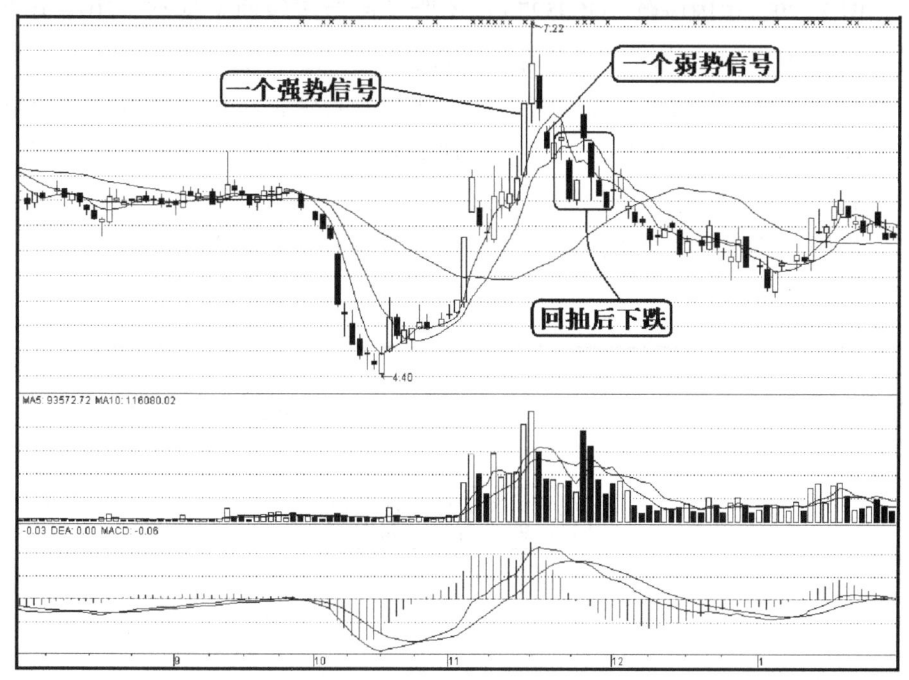

图 2-28　苏州高新（600736）日 K 线图

3. 可疑信号的继续维持

一个标志信号产生之后,短期股价没有做出确定性选择,这时需要等待下一个信号的出现,才能肯定或否定原先的信号是否有效,也就是说,原先的信号没有被肯定或否定之前,那么这个疑似信号将维持一段时间。

可疑信号维持的公式:一个强势信号+一个维持强势信号=一个维持的主升浪信号。

式中,"一个强势信号"指的是前文所讲的市场已经产生的既有市场因素;"一个维持强势信号"指的是股价维持原先的强势特征,即既没有对强势信号予以肯定，又没有对强势信号予以否定，维持强势震荡格局。

可疑信号的维持只是出现暂时的平衡格局，这种盘面迟早会被打破，所以在实盘操作中需要等待后面出现一个新的信号之后再做分析判断。因此，可能产生以下两种结果：

（1）出现一个新的强势信号，可疑信号转换为有效信号，股价产生主升浪行情。基本结构就是：一个强势信号+一个维持强势信号+一个新的强势信号（巩固）=一个有效的主升浪信号。

图 2-29，中国应急（300527）：该股见底后缓缓向上推高，2019 年 2 月 20 日股价拉高，突破了前面的两个高点，形成三重底形态，产生一个强势信号。但股价突破后，并没有出现快速拉升行情，而是维持强势盘升格局，即维持一个强势信号。之后，出现短暂的横向震荡走势。3 月 25 日，股价放量涨停，打破了这种震荡盘整格局，产生了一个新的强势信号。这个强势信号巩固了前面的强势信号，主升浪信号得以确立，此后股价出现主升浪行情。

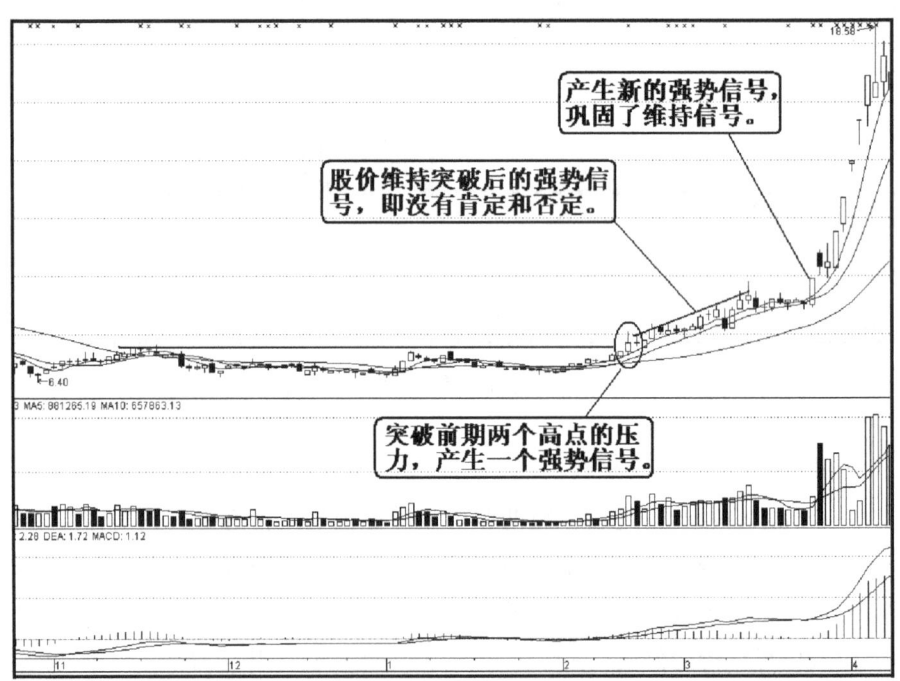

图 2-29　中国应急（300527）日 K 线图

图2-30，复旦复华（600624）：该股在2019年2月22日和25日连拉两个涨停，向上突破底部盘区，产生一个强势信号。此后，短期出现横向震荡整理，股价既不上涨也不下跌，庄家努力维持一个强势信号。3月11日开始，股价连拉"一"字板，打破了这种震荡盘整格局，产生了一个新的强势信号，从而产生主升浪行情。

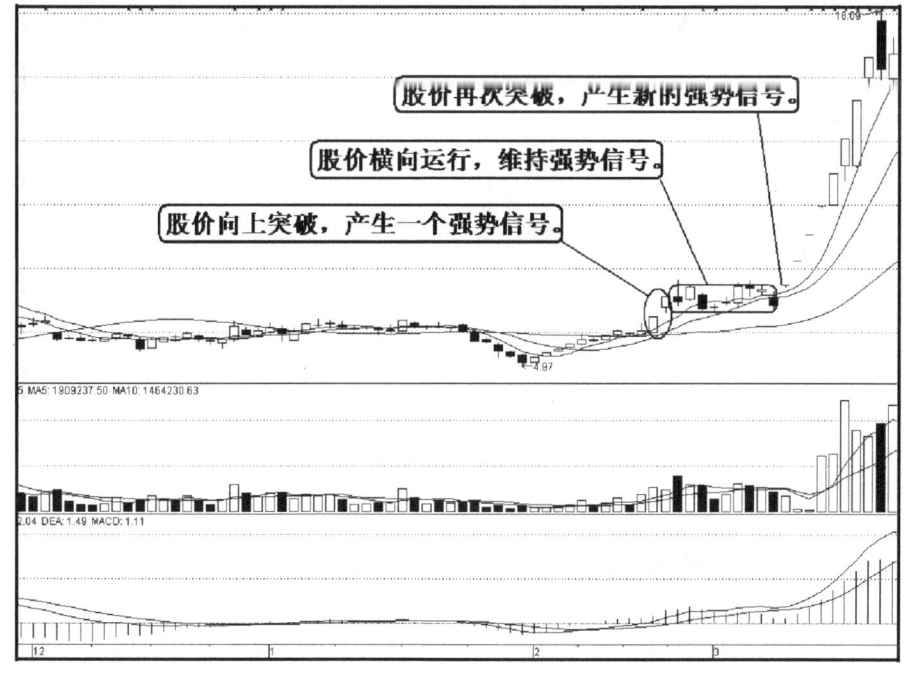

图2-30 复旦复华（600624）日K线图

（2）出现一个新的弱势信号，股价重新步入调整走势，可疑信号失败。基本结构就是：一个强势信号+一个维持强势信号+一个新的弱势信号（否定）=一个失败的主升浪信号。

图2-31，国电南自（600268）：该股产生一个强势信号后，股价仅仅维持了6个交易日的强势走势（这6个交易日的强势走势就是疑似信号的维持走势），第7个交易日就出现一个弱势信号，一根大阴线吃掉了前面几天涨幅的大半部分，此时前面的强势信号被全盘否决，使原先的疑似主升浪信号失效，股价重新步入调整走势，此时投资者应放弃多头思维。

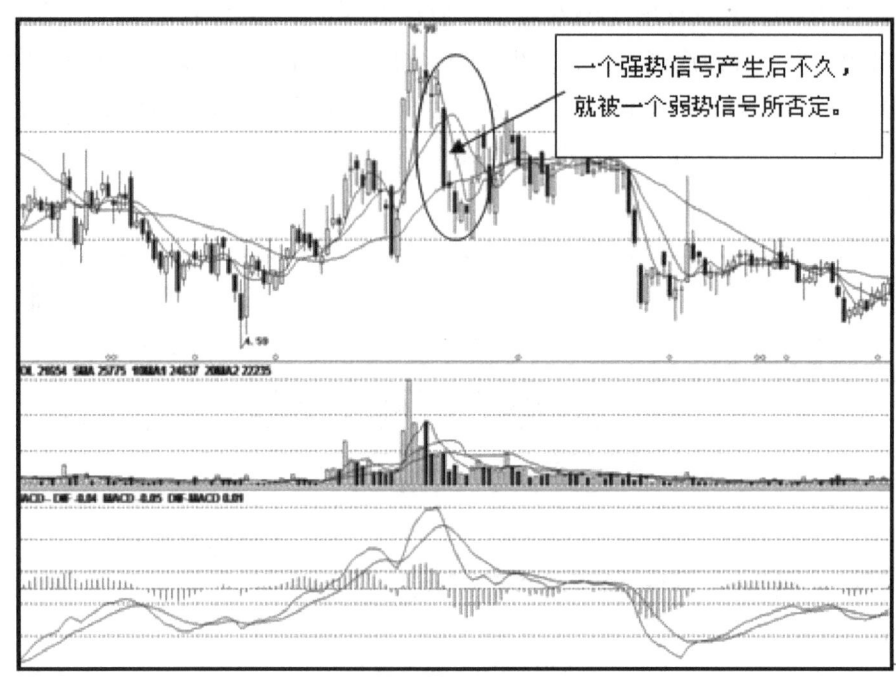

图 2-31 国电南自（600268）日 K 线图

第四节 主升浪启动信号的评估

一个主升浪启动信号产生以后，这个信号是否持续下去以及后市如何演变，就需要对此做出鉴别和确定，这就是主升浪启动信号的评估。

一、主升浪信号的延续

一个主升浪信号产生后（包括有效信号和疑似信号），如果随后的走势继续强势上攻，那么这个信号短期内就不会轻易被破坏，就形成一个主升浪信号延续走势，也就是说，行情向这个方向继续发展一段时间。

主升浪信号延续一般需要以下三个条件：

（1）主升浪信号的次日或后几日（可能出现一两天涨跌幅度不大的星形线）必须强势上涨，如果出现涨幅超过 5 个点的大阳线，其效果更佳。

（2）上涨大阳线必须得到成交量的积极配合，等于或大于前一日的成交量，但不应是天量，但因涨停惜售而出现的缩量现象除外。

(3)盘面走势必须符合主升浪"八法":飙升、跳空、涨停、对倒、推升、贴线、逼空、滚动。股价上涨有气势、有力度,盘面拉升有节奏、有波形。

图2-32,大智慧(601519):2019年2月19日,股价放量突破盘区阻力后,形成持续拉升势头,强势特征非常明显。2月28日,打开"一"字形涨停时,盘中抛压并不大,当天仍然放量收涨停。次日大幅低开9.95%,成功释放浮动筹码后,股价继续拉涨。从3月4日开始,再次连拉5个涨停。其走势达到主升浪信号延续的三个条件,盘面符合主升浪运行"八法"。投资者遇到这种盘面时,可不惜追涨买入,等待主升浪带来的丰厚盈利。

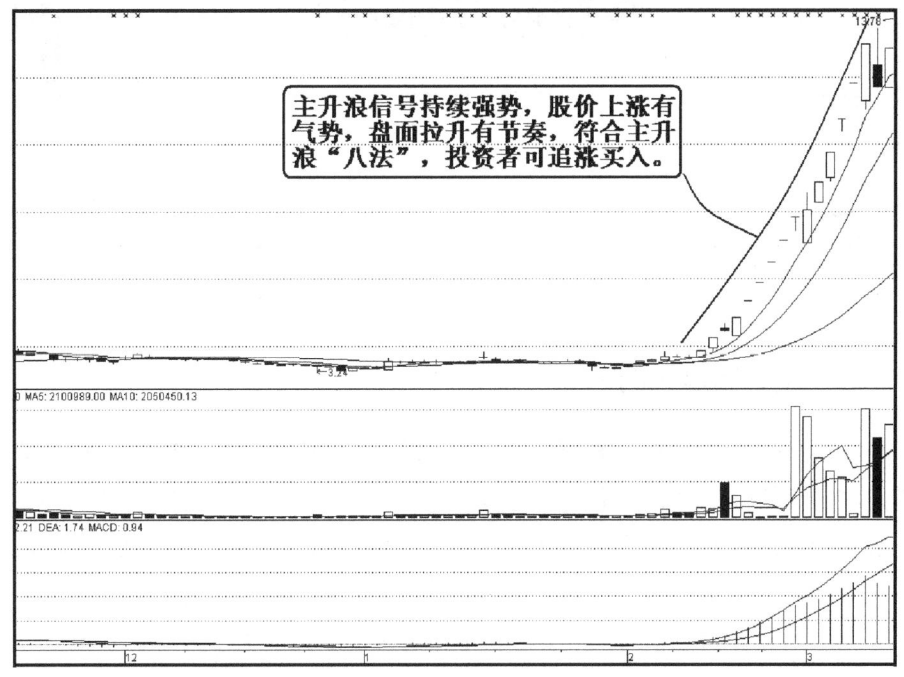

图2-32 大智慧(601519)日K线图

图2-33,风范股份(601700):该股庄家完成建仓计划后,2018年12月26日股价放量涨停,向上突破盘整区域,形成一个W底形态,从而产生一个主升浪信号,之后股价强势拉升,出现逼空式上涨。盘面走势符合主升浪"八法"特征,股价上涨有气势、有力度,盘面拉升有节奏、有波形。这样主升浪信号将会成功延续下去,投资者应追板介入。

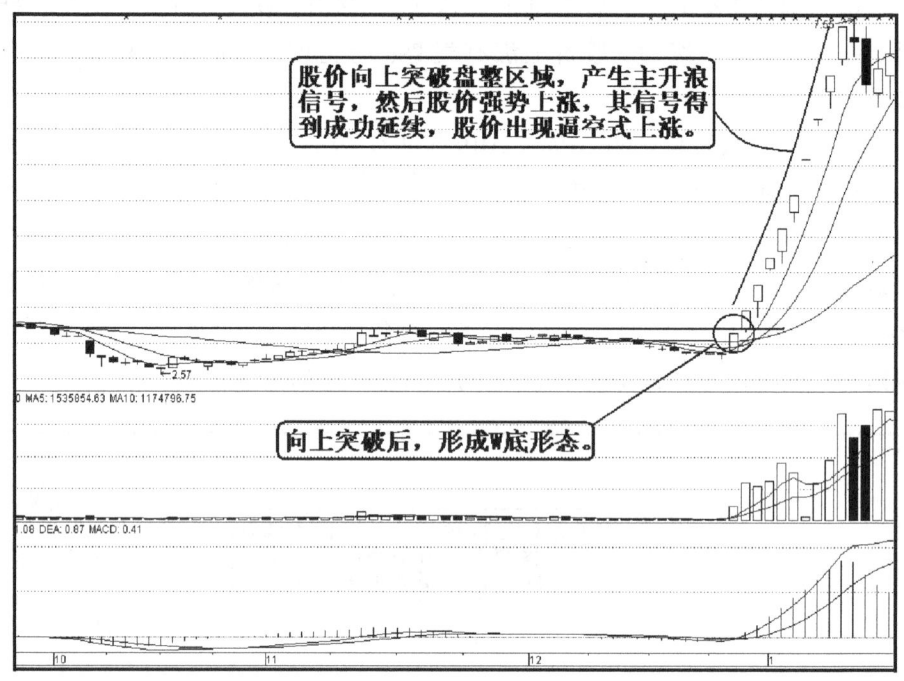

图 2-33 风范股份（601700）日 K 线图

二、主升浪信号的巩固

在实盘操作中，主升浪信号产生后股价不一定立即出现持续上涨走势，而是在启动信号的收盘价附近强势震荡整固，经过几个交易日或一段时间的强势整理后，股价再次放量上涨，从而形成主升浪。这种现象需要具备以下四个条件：

（1）股价在启动信号的 0.618 以上位置震荡，盘面强势依旧。

（2）在强势整理过程中，成交量不能大幅萎缩，保持盘面活跃状态。

（3）不应破坏 30 日均线，当股价调整到 30 日均线附近时，如果股价仍然没有走强，那么这个启动信号就会大大减弱，甚至失去原有的作用。

（4）需要一个新的主升浪信号进一步确认。

图 2-34，西藏旅游（600749）：该股经过大幅调整后，渐渐见底企稳回升，成交量开始温和放大。股价成功突破 30 日均线的压制，经过短暂的回落洗盘后，股价在 2019 年 3 月下旬出现加速上涨，形成主升浪信号，大有加速上涨之势。可是，股价涨势戛然而止，开展强势整理，当股价回落到前一波

涨幅的 0.618 位置附近时，得到有力的技术支撑。4 月 1 日，股价再次放量涨停，产生一个新的主升浪信号，对前面的强势信号予以巩固，之后股价连拉多个涨停。

从该股的走势可以看出，盘面完全符合主升浪信号巩固的四个条件，投资者在洗盘结束时，应毫不犹豫地入场。类似的例子很多，投资者在实盘中多加检验，一定能找到其中的奥妙。

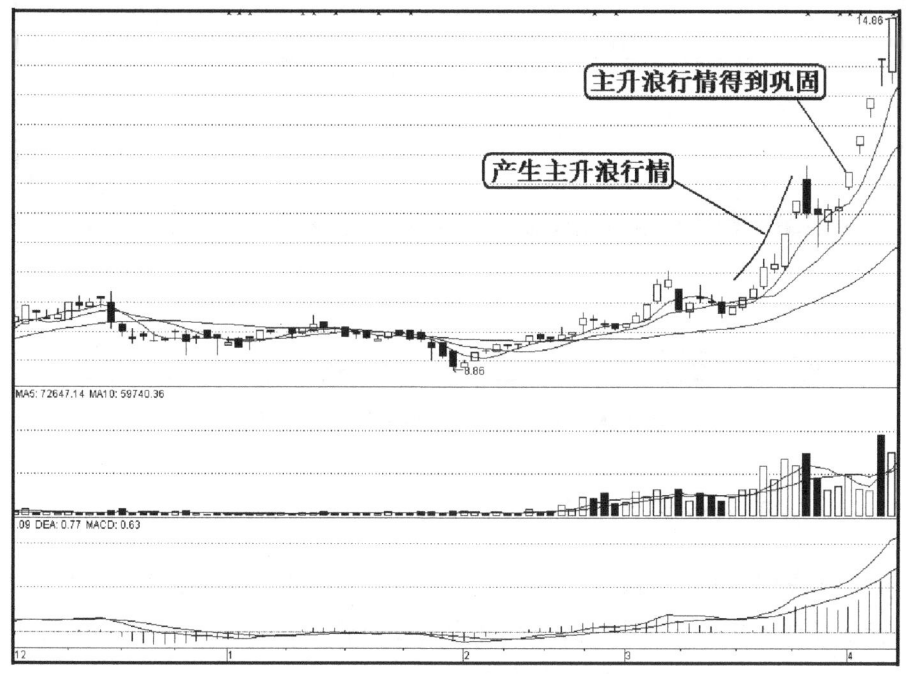

图 2-34　西藏旅游（600749）日 K 线图

图 2-35，科蓝软件（300663）：在长时间的底部震荡过程中，庄家成功地完成了建仓计划。2019 年 2 月 22 日，一根大阳线向上突破底部盘区，次日收出涨停"T"字线，从而产生一个主升浪信号。之后，庄家进行了横向震荡洗盘，盘中浮动筹码得到较好的换手。3 月 18 日，股价再次形成放量突破走势，强化了主升浪的上涨气势，上涨力度更加强劲。

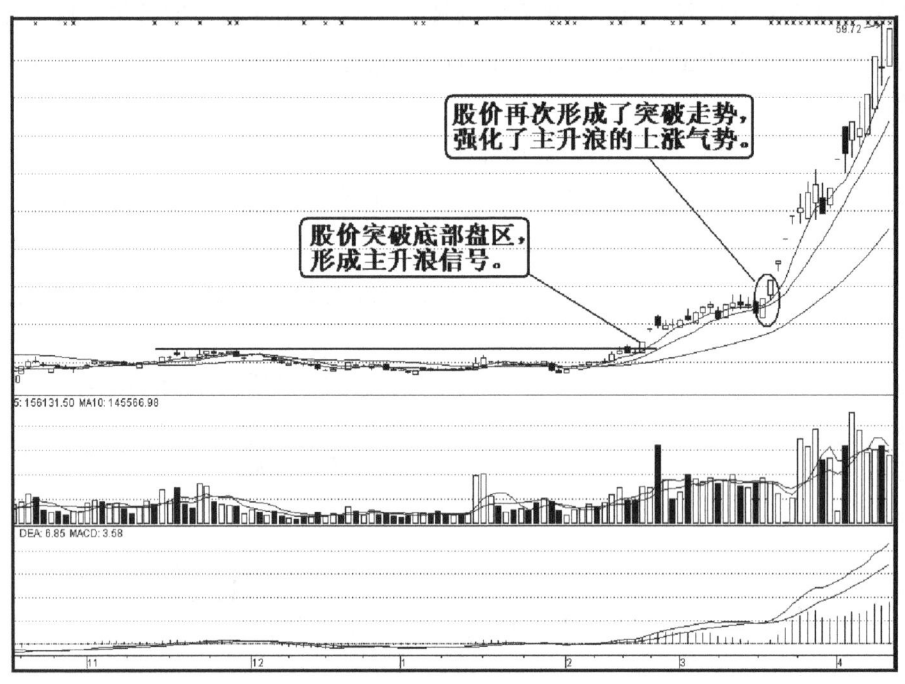

图 2-35　科蓝软件（300663）日 K 线图

三、主升浪信号再生成

在实盘中，很多时候主升浪信号产生以后，需要一次回抽确认走势，以检验信号是否有效。主升浪信号经过检验成功后，股价将出现新的攻势，即回抽确认成功，一个主升浪信号再生成。

需要指出的是，在检验信号时，不一定就在第二天回落，可能经过几个交易日甚至一段时间以后再回落检验。主升浪信号的再生成应满足以下五个条件：

（1）两个低点。检验低点不能低于前期最后一个低点（极限位置）。

（2）两个高点。检验之后的上涨必须高于突破时形成的高点。

（3）量价韵律。回抽时缩量，回抽结束后放量上涨。

（4）需要一个新的主升浪信号进一步确认。

（5）以 30 日均线作为最后防线。

关于回抽问题，当股价在一个趋势或形态中运行一段时间后，会突破这个趋势或形态，而突破后常常出现回抽确认现象。回抽是对突破最有效的确认方式，看起来十分简单，但其中许多问题值得注意，盘面表现形式也有很多花样，所反映出现来的信息及其产生的结果也是不一样的。

在实盘操作中，回抽确认也有真假之分，比如，股价回抽到颈线位附近稍做停留，在盘面上产生回抽的错觉，然后股价返回到原来的趋势或形态之中，这样散户容易受骗，这是假突破假回抽。或者回抽幅度较大，股价故意返回到原来的趋势或形态之内，给散户造成形态失败的假象，然后重新向突破方向发展，这是真突破假回抽，庄家在真正突破后，通过假回抽欺骗投资者。因此，最重要的是掌握回抽确认应具备的基本要素，对回抽真实性的认识和判断的方法。

向上突破后出现回抽时，必须掌握以下三个关键性要素：

（1）两个低点。回抽的低点不能低于前期最后一个低点，如果低于前期的低点，则不属于回抽，而是原来下降趋势（或震荡走势）的延续。也就是说，当股价向上突破下降趋势线后，回抽的最低点不能低于突破前形成的最后一个低点，如果收于此低点之下，说明下降趋势线仍然发挥作用。而且在一般的次要趋势线中，后面的低点必须高于前面最后一个低点的幅度要超过3%以上。

如图2-36所示，A点为下降趋势的最后一个低点，C点为回抽时的低点，C点绝对不能低于A点。如果C点低于A点，则不属于回抽，而是原来下降趋势的延续。而且，C点必须高于A点的幅度要超过3%以上（时间跨越越长，要求幅度越大）。

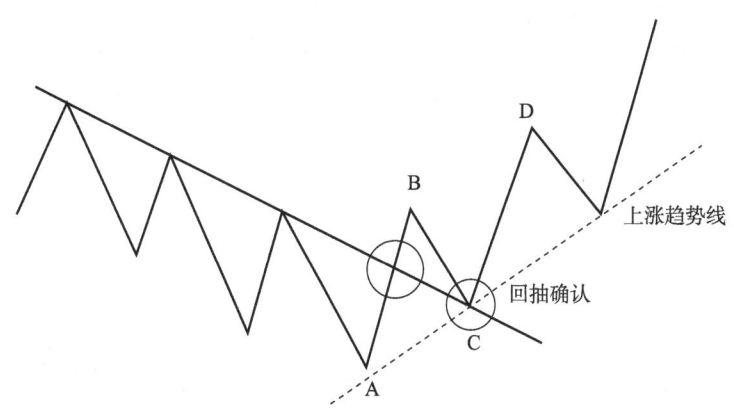

图2-36　回抽形态示意图

（2）两个高点。回抽之后的上涨必须高于突破时形成的高点，如果低于突破时产生的高点，则突破力度不强，十有八九成为失败走势。也就是说，股价向上突破下降趋势线（或震荡走势）后，回抽结束重新上涨时，第一个高点必须高于突破时形成的高点，如果第一个高点低于突破时产生的高点，则上攻力量较弱，容易出现突破失败，后市有可能形成横向盘整走势，或重回跌势。

如图2-36所示，B点为突破高点，D点为回抽后的第一个上涨高点，D点绝对不能低于B点。如果D点低于B点，则突破力度不强，为疑似突破信号。而且，D点必须高于B点的幅度要超过3%以上（时间跨越越长，要求幅度越大）。

（3）成交量。回抽时的成交量也非常关键，特别是股价向上突破下降趋势线（或震荡走势），在回抽结束后重新上涨时，成交量要大于突破时的量能，即要有第二次放量现象，至少也要保持较高的活跃盘面，如果成交量与突破时相差很大，就很有可能导致突破失败。

图2-37，紫鑫药业（002118）：2019年2月股价见底（A点）后连续爬高，收出多根温和放量上涨的小阳线，股价成功脱离底部盘整区域，并突破前期整理区域形成的高点压力（B点），从而产生一个主升浪信号。股价小幅上涨后，展开回抽确认走势，当股价回抽到前期高点（C点）附近时，立即获得支撑而继续走强。股价创出上涨新高（D点），表明回抽确认股价突破有效，主升浪信号再生成。之后，庄家展开第二次确认走势（a与C、b与D重合），同样确认突破有效，此时是一个绝佳的买入点。

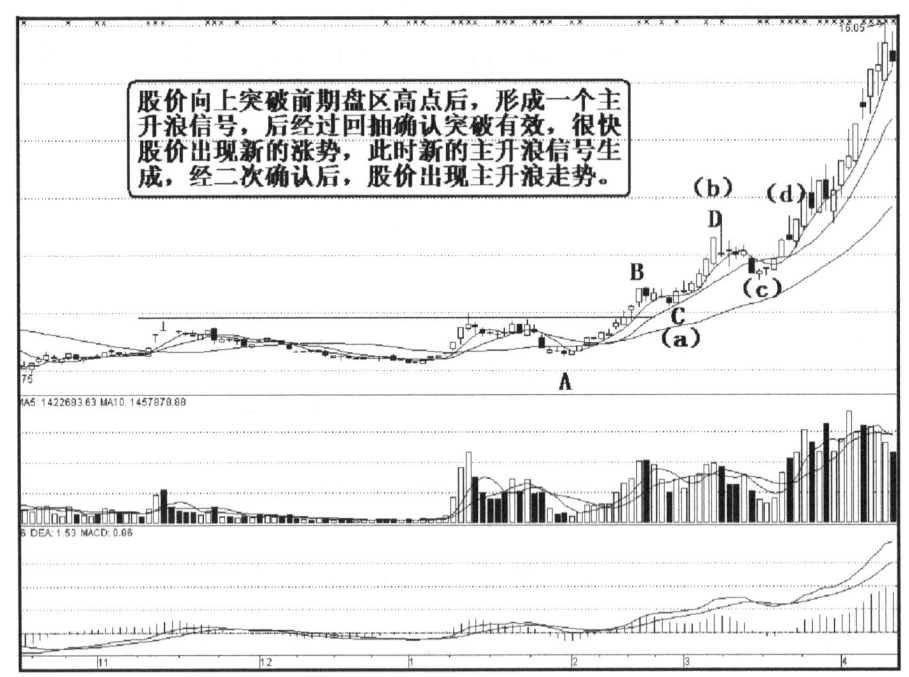

图2-37 紫鑫药业（002118）日K线图

从该股图表中可以看出，两次回抽确认走势，峰谷清晰，节奏分明，完全符合回抽确认的三个关键性要素，并达到主升浪再生成的五个条件。投资者要对这种盘面进行认真分析总结，类似的实例可以参考渝开发（000514）2019年2—4月的走势。

四、主升浪信号的失败

主升浪信号经过检验后，无法生成一个新的主升浪信号，使原先的主升浪信号遭到破坏，股价出现新的跌势。在盘面中，出现以下三种情形之一时，应认定为主升浪信号失败，应放弃多头思维。

（1）两个低点。检验的低点低于前期最后一个低点，产生新的低点。

（2）两个高点。检验之后股价无法形成新的高点，前高成为阻力区。

（3）量价失衡。股价出现放量下跌，或上涨无量现象。

图2-38，华鼎股份（601113）：该股在低位出现两根大阳线，成功突破了前面的两个高点压力，上涨空间似乎被有效打开，随后股价回调到前期高点附近时获得支撑而回升。但可惜的是，股价回升时力度有限，缺乏新的上涨动力，突破后生产的第一个高点（D点）无法向上穿越前期突破时形成的高点（B点）。这样，突破时所产生的高点（B点）成为新的压力位，从而使前面产生的这个主升浪信号失效，股价再次步入调整走势。

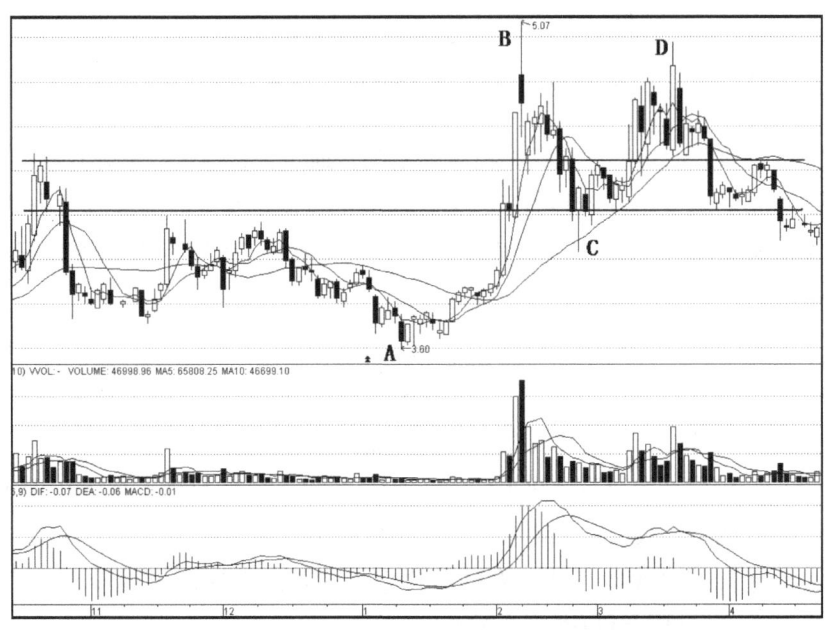

图2-38 华鼎股份（601113）日K线图

图 2-39，江山欧派（603208）：股价见顶后下跌，形成一条下降趋势线，长期压制着股价的上涨。2018 年 2 月 13 日，股价企稳回升，放量向上突破下降趋势线，之后向下回落展开回抽确认动作，然后再次上涨，但该股未能出现主升浪行情。

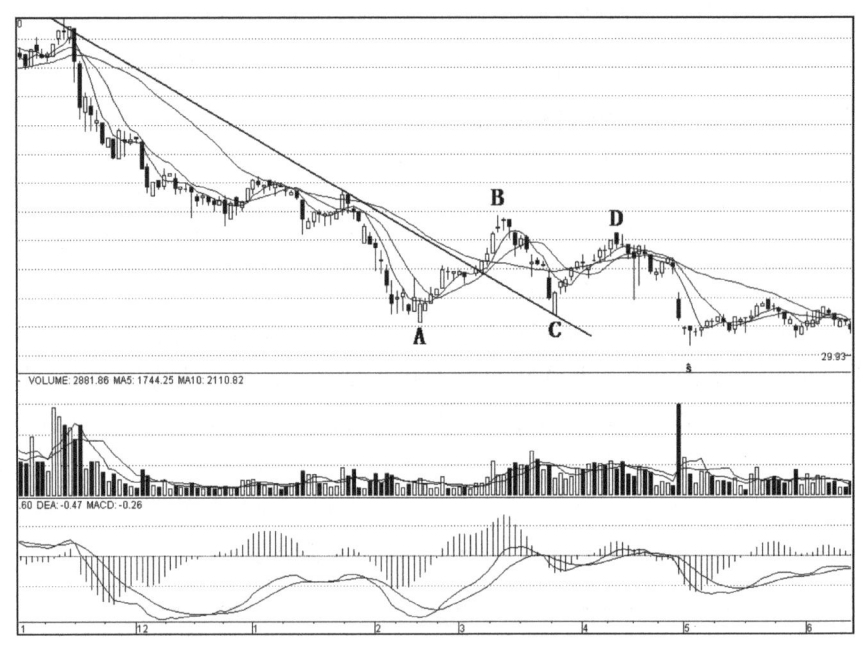

图 2-39　江山欧派（603208）日 K 线图

那么，该股的走势存在哪些技术因素呢？通过分析存在以下几点疑问：

（1）股价突破下降趋势线后，回抽时的低点低于突破前的最后一个低点，即图中 C 点低于 A 点（无法形成新的上升趋势线），表明盘面非常之弱，下降趋势线仍然影响股价进一步下跌。

（2）股价遇到趋势线支撑而上涨时，第一个高点没有超过突破时形成的高点，即图中 D 点低于 B 点（没有出现更高的高点），反映上攻力量不足，上涨势头并不强劲，股价有继续走弱的可能。

（3）股价回抽结束后再次上涨时，成交量没有再次放大，即图中 D 点的量小于 B 点的量，表明跟风不够积极，庄家做多意愿不强。

（4）下降趋势线本身就具有助跌作用，在新的上涨趋势线没有形成时，始终对股价具有向心力和离心力作用。

投资者遇到这种盘面时，应对图形进行认真分析。认识和判断方法如下：

①比较两个低点；②比较两个高点；③关注成交量的大小；④分析趋势线的角度（以30~45度为宜）；⑤注意趋势线的功能。这样基本把握了回抽确认是否成功，以及后市的涨跌力度。

第五节　主升浪启动信号的力度

一般而言，股价上涨阻力越大，一旦成功突破之后，其上涨力度也就越大。上涨力度的大小，在技术方面取决于主升浪的必备条件和辅助条件。在实盘操作中，一般可以从以下几个方面判断主升浪的力度强弱。

一、从前日K线判断上涨力度

一般来说，大阳线的上涨力度大小与其实体长短成正比。也就是说，阳线实体越长，则上涨力度越强。反之，则力度越小。

重要的是，大阳线的上涨力度大小与前一天或前几天的K线位置有很大的关系。当日大阳线是前一天K线的延续，因此要与前面的K线组合起来分析，所得出的结果更为可靠。

在实盘中，要重点关注以下四种盘面现象：

（1）持续下跌的大阳线。

（2）企稳震荡的大阳线。

（3）止跌回升的大阳线。

（4）持续推升的大阳线。

前面两种类型的K线形态大多属于企稳震荡信号，出现主升浪的概率不高，在此不做分析。后面两种类型的K线形态大多已经处于强势市场之中，出现主升浪的概率较高，应重点关注这两类K线形态。

最为强烈的是持续推升中出现的大阳线，股价经过震荡筑底后，已经出现明显的企稳回升态势，股价重心不断上移，但总体涨幅并不大，此时如果拉出一根大阳线，不仅巩固底部基础，还能加强股价的上涨速度，有可能催生一波主升浪行情。

1. 止跌回升后的大阳线

股价经过持续的下跌调整后，做空能量释放结束，股价出现明显的企稳走势，市场重心渐渐上移，表现出强烈的上涨欲望。此时如果拉出一根大阳线,则表明市场底部成功确立,后市将出现强劲的上涨行情。

图2-40,海得控制(002184):股价经过长时间的大幅下跌调整后,做空能量得到充分释放,出现震荡筑底走势,庄家资金逢低悄然介入,股价重心开始上移。2018年3月1日,一根涨停大阳线向上拉起,突破了30日均线的压制,股价成功脱离了底部区域,随后股价出现一波快速上涨行情。

从图中可以看出,在大阳线出现之前的几天里,盘面上呈现小阴小阳走势,说明股价的下跌力度已经衰竭。特别是大阳线的前几天,出现连续的小阳线,说明多头已经蠢蠢欲动,也反映市场已经出现止跌回升态势,这时一根大阳线乘胜而上,则进一步加强了市场的多头气势。在大阳线出现之前的一段时间里,成交量极度低迷,说明市场抛压已经很轻,而产生大阳线时成交量温和放大,说明得到了市场的积极响应。

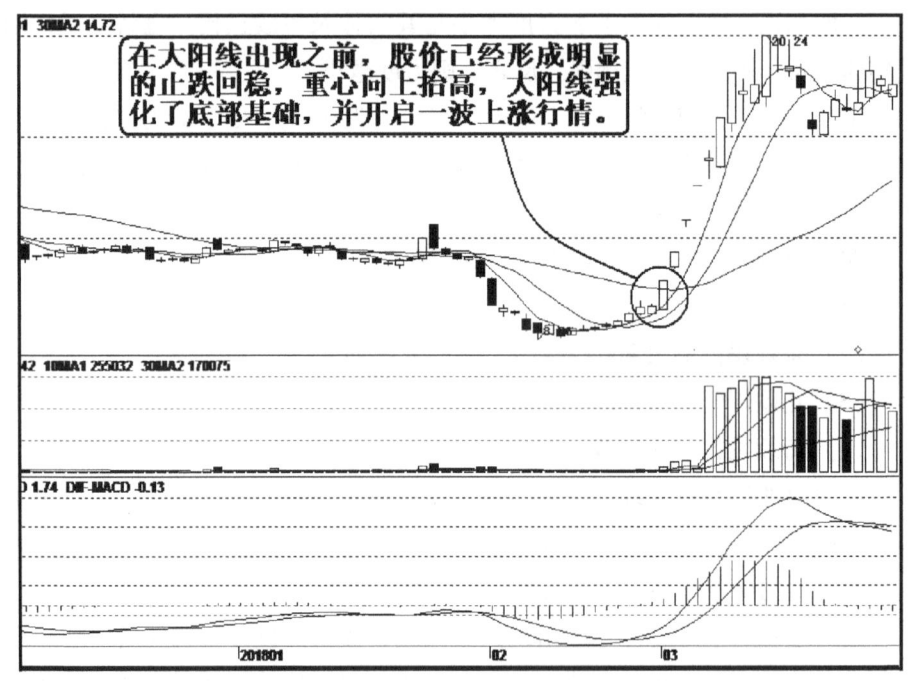

图2-40 海得控制(002184)日K线图

2. 持续推升中的大阳线

股价经过震荡筑底后,已经出现明显的企稳回升态势,股价重心不断上移,但总体涨幅并不大。此时如果拉出一根大阳线,不仅能巩固底部基础,还能加强股价的上涨速度,形成主升浪行情。

图 2-41，用友网络（600588）：股价在底部长时间处于震荡走势，反弹结束后再次回落到前期低点附近，这时市场得到买盘支持，股价以小阴小阳的方式推升，并站于均线系统之上，市场重心开始上移。2018 年 2 月 7 日和 12 日，分别收出放量上涨大阳线，此后股价上涨步伐明显加快。

在 K 线运用过程当中，一根 K 线就能表示明确信号的时候并不多，但是在特定的情况下，一根 K 线往往预示着特定的信号出现。比如"反转大阳线"，这是典型的底部起涨形态，它是指股价经过长时间的下跌后，在前期低点附近或者在成交量萎缩到极点时，突然出现一根放量的大阳线。这类形态虽然只有一根 K 线，但大阳线的力度大，爆发力强，可信度高，值得关注。

这类形态有三个特点：一是光头光脚大阳线；二是成交量突然放大，至少是最近 5 个交易日平均成交量的 5 倍以上；三是往往出现在前期低点附近，或者成交量极度萎缩的底部。

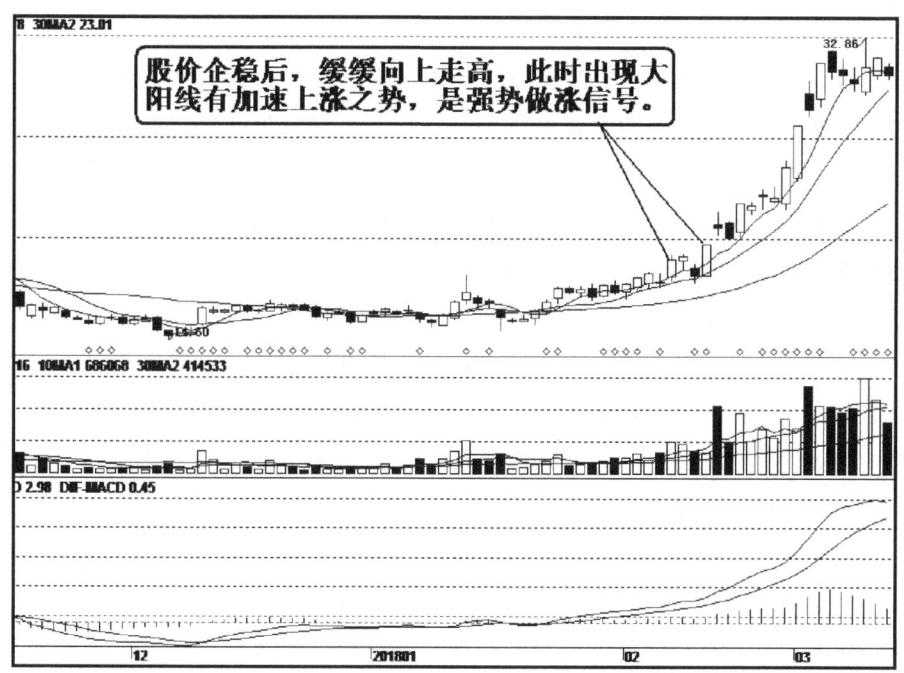

图 2-41　用友网络（600588）日 K 线图

二、从当日 K 线判断上涨力度

通过观察前一天的 K 线情况，再分析当日开盘价、收盘价及当天集中成交区域，来判断大阳线的上涨力度大小，以作为买卖参考依据。

在实盘中，重点关注以下三种盘面走势：一是低开高走的大阳线；二是平开高走的大阳线；三是高开高走的大阳线。在这几种走势中，第三种走势是最强烈的，应予以重点关注。

1. 低开高走的大阳线

股价在空方的发力下大幅低开，而多方不甘示弱也发起反击攻势，将股价推高并坚持到收盘，从而形成低开高走的大阳线形态。这时应根据大阳线的收盘价位置，即对昨日 K 线的切入程度进行分析。

通常有三种盘面现象：一是如果大阳线在前一根阴线的收盘价附近收盘，则形成"接吻线"形态，后市股价发展仍有待验证；二是如果大阳线收盘价深入到前一天阴线的 1/2 以上，则构成"曙光初现"形态，后市股价看涨意义较强；三是如果大阳线收盘于前一天阴线的开盘价上方，则构成"阳包容"形态，后市股价看涨意义最强。

图 2-42，必创科技（300667）：股价见底后步入盘升行情，庄家采用边拉升、边洗盘、边整理的方式将股价不断推高，当股价回升到前期盘区附近时，庄家主动展开洗盘整理走势。2018 年 3 月 23 日，一根接近跌停的大阴线向下击穿了整理小平台，而第二天一根涨停的大阳线向上拉起，收复了前一天阴线的全部失地，形成"阳包容"形态，成交量也开始明显放大，说明洗盘整理结束，从此股价出现飙升行情。

其实，该股"阳包容"形态中前面的大阴线并不可怕，其理由：一是股价距离前低位置不远，杀跌空间不大。二是杀跌动能不足，没有恐慌盘涌出，这一点从较小的成交量上就能得到解释。三是 30 日均线支撑非常有力，支持股价走高，这一点非常关键。

如果这种包容线形态出现在股价经过一轮下跌趋势之后，且股价已经反复震荡筑底，或者是市场下跌的速度已经有所减缓时，那么此时出现"阳包容"形态，就具有一定的市场含义，预示股价即将进入反转上涨。在操作策略上，投资者就应该选择时机进场操作。

如果第二天股价开盘后能够继续走强，那么在当天的震荡当中，投资者就可以在股价震荡回落时选择买进，此时是一个较佳的买入时机。如果第二天股价走势不是那么强劲，股价很可能会先震荡几天再反转。此时，投资者可以趁股价震荡时逐步买进，也可以等股价经过震荡后开始走强买进。

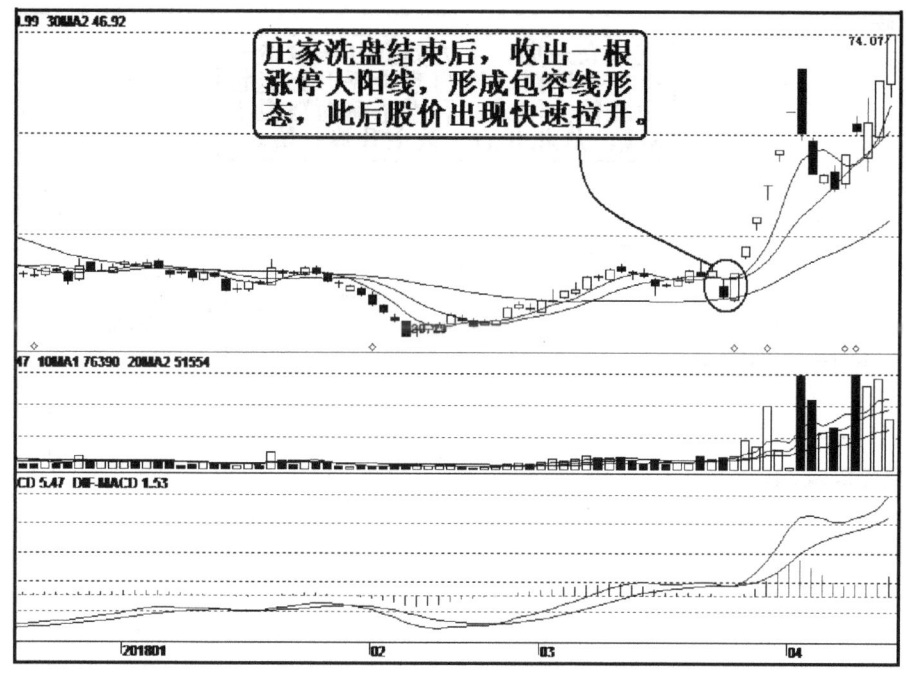

图 2-42 必创科技（300667）日 K 线图

2. 平开高走的大阳线

在底部区域，股价在前一天 K 线的收盘价附近开盘，然后多方快速将股价推高并坚持到收盘，从而形成大阳线形态。如果前一天为一根下跌大阴线，则大阳线的收盘价必须在大阴线实体的 2/3 位置之上，该形态才具有看涨意义；如果前一天是小阴小阳的 K 线，则大阳线应封闭前面数根小 K 线，并且封闭前面的小 K 线越多，大阳线的上涨力度越大。

图 2-43，通产丽星（002243）：该股经过长时间的大幅调整后，股价渐渐企稳进入筑底阶段，庄家在建仓末期刻意打压股价，造成技术破位之势，引发散户恐慌性抛盘。

2018 年 7 月 12 日，没有出现继续下跌走势，股价平开后向上拉起，收出一根放量涨停的大阳线。这根大阳线吃掉了前面的 12 根小阴小阳 K 线，其攻击性非常强劲。次日，股价继续强势涨停，一轮波澜壮阔主升浪行情在瞬间产生。

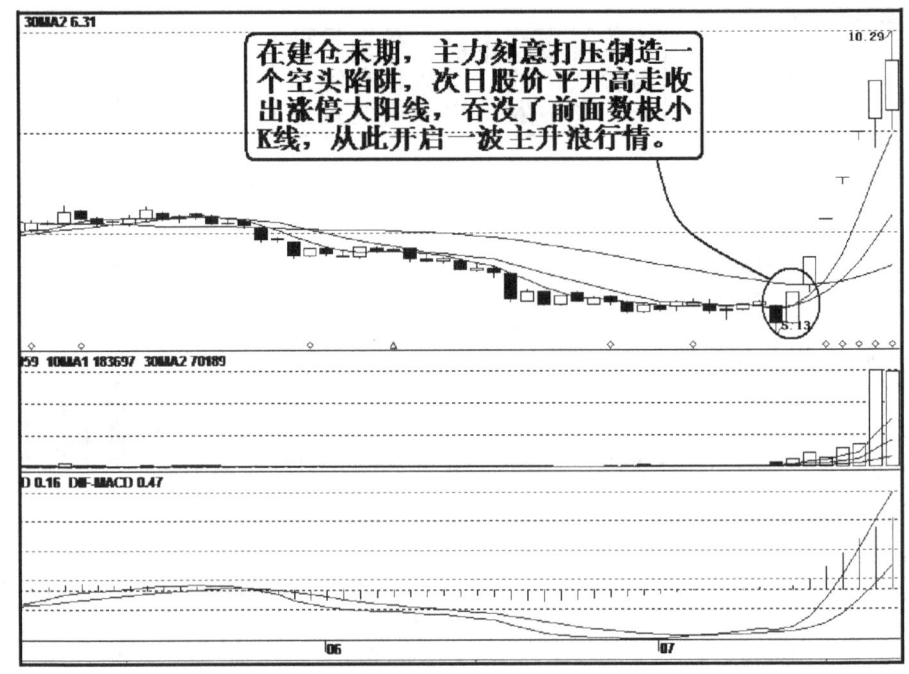

图 2-43　通产丽星（002243）日 K 线图

3. 高开高走的大阳线

股价在前一天 K 线的收盘价上方跳高开盘，然后多方发力将股价进一步推高，全天股价维持在高位震荡，从而形成大阳线形态。这种大阳线的收盘价位置，大多站在临近数根 K 线的收盘价上方。吞没临近的 K 线数量越多，大阳线的上涨力度越大。有时候可能会与前一天的 K 线形成一个当日没有回补的向上跳空缺口。这种大阳线的上涨力度最强烈，有可能由此催生一波主升浪，投资者应密切关注这种大阳线。

图 2-44，天华超净（300390）：该股向下击穿平台整理区域后，市场出现加速下跌之势，引发盘中浮动筹码纷纷离场观望。此时，庄家大量吸纳低价筹码，股价渐渐企稳震荡，底部不断向上抬高。

2018 年 3 月 5 日，股价大幅跳空高开 8.07%，盘中秒封涨停。这根 K 线看起来不是大阳线，实则比大阳线更具看涨意义，不仅脱离了底部盘整区，还突破了前期整理平台区域，成功站于均线系统之上，下跌势头得到成功扭转，此后股价出现强劲的上涨势头。

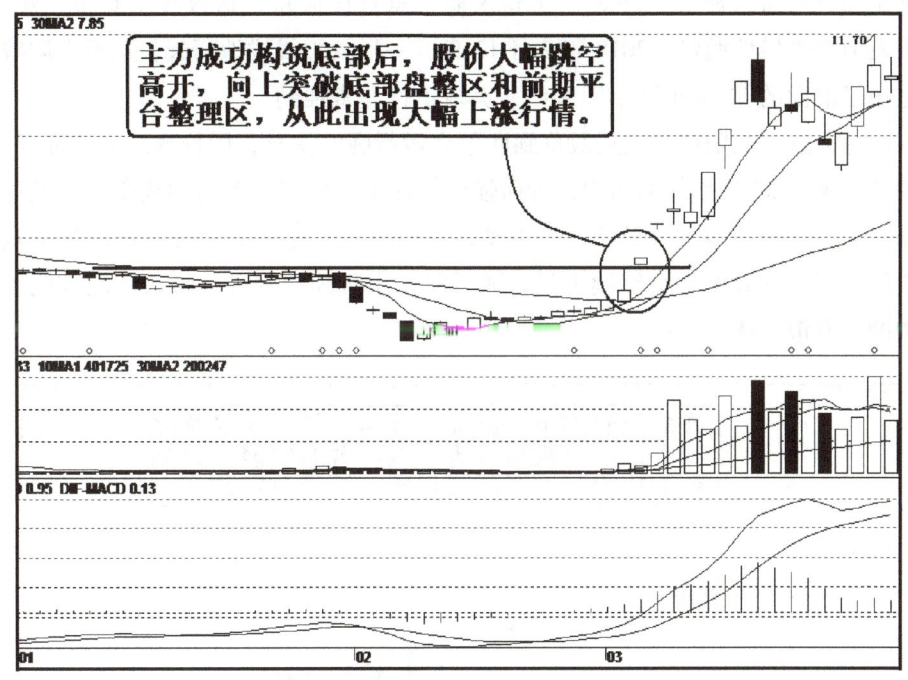

图 2-44 天华超净（300390）日 K 线图

三、从次日 K 线判断上涨力度

大阳线产生一个主升浪信号后，次日或随后几天的走势非常关键，它直接反映出信号的上涨力度大小，也是对信号的一种肯定或否定。通常有三种盘面现象：一是大阳线之后弱势运行；二是大阳线之后震荡整理；三是大阳线之后强势运行。第三种情况是最强烈的盘面表现形式，这是引发主升浪不可或缺的走势。

这里仅对第三种现象做分析，大阳线之后强势运行，股价经过充分的调整后，第二天股价在这根大阳线的 1/3 位置之上强势运行，说明市场依然保持强势状态，基本肯定了前一天大阳线的上攻成果。这种现象也可以分为三种情况：

（1）大阳线之后，次日或随后几天股价乘势而上，继续大幅上涨收阳。说明空方毫无反攻之力，多方已占据盘面优势，这种情况下后市股价看高一线。

图 2-45，通产丽星（002243）：该股经过长时间的大幅调整后，股价渐

渐企稳进入筑底阶段，庄家在建仓末期刻意打压股价，造成技术破位之势，引发散户恐慌性抛盘。2018年7月12日，一根大阳线拔地而起，这根大阳线吃掉了前面的12根小阴小阳K线，其攻击性非常强劲。

那么这根大阳线出现后股价到底怎么运行呢？次日，股价继续强势涨停，成功突破了30日均线的压力，盘面强势特征十分明显。此时的成交量开始逐渐放大，这表明多方力量已掌握主动，从而肯定了第一天上涨大阳线的上攻成果，短期内股价将会继续走强。随后股价出现连续涨停，形成一轮波澜壮阔的主升浪行情。

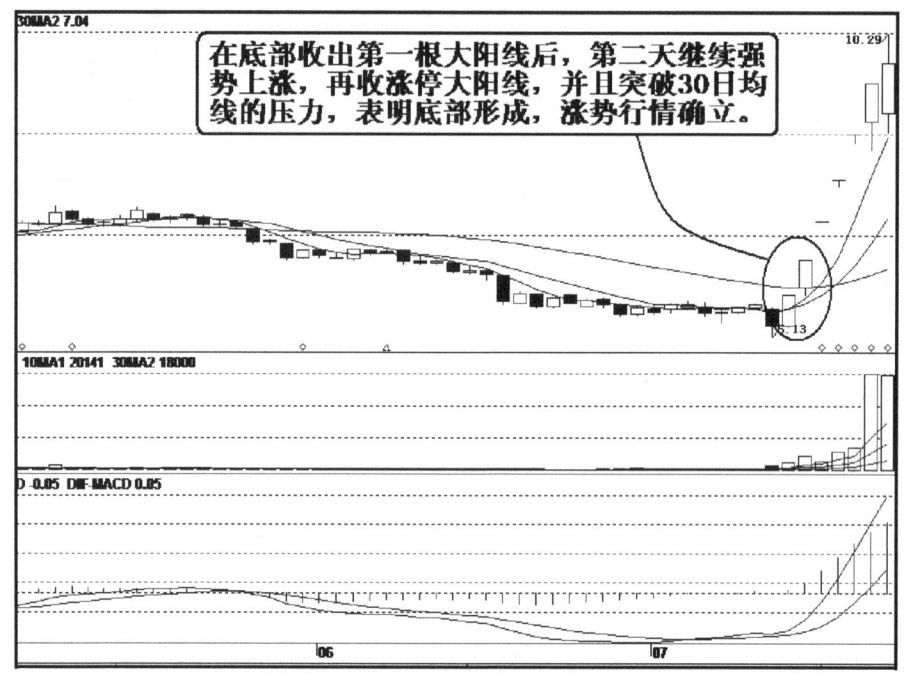

图2-45　通产丽星（002243）日K线图

（2）大阳线之后，次日或随后几天收出上涨十字线或小幅高开的小阴线，股价实际小幅上涨。说明空方试图阻止股价上涨，但空方无功而返，这种情况后市仍将强势震荡上涨。

图2-46，用友网络（600588）：股价在底部长时间处于震荡走势，反弹结束后再次回落到前期低点附近，这时市场得到买盘支持，股价以小阴小阳的方式推升，并站于均线系统之上，市场重心开始上移。2018年2月12日，收出放量上涨大阳线，上涨势头得到进一步加强。此后二个交易日里股价都

在大阳线的收盘价上方维持强势整理，并留下一个没有回补的向上跳空缺口。显示盘面依然处于强势之中，从而巩固了第一天上涨大阳线的上攻成果。此后股价继续维持盘升行情，累计涨幅较大。

一般而言，当股价向上突破一个重要的阻力位后，原先的阻力位转化为支撑位，股价往往会在支撑位附近进行短暂的震荡整理，以清除近期低位跟进的筹码。一旦清除完毕，股价将进入加速上升行情之中。股价涨升一段时间后，若再次出现一根大阳线，并伴随放大的成交量，则表明股价将要进入加速拉升行情，该股就属于这种走势。

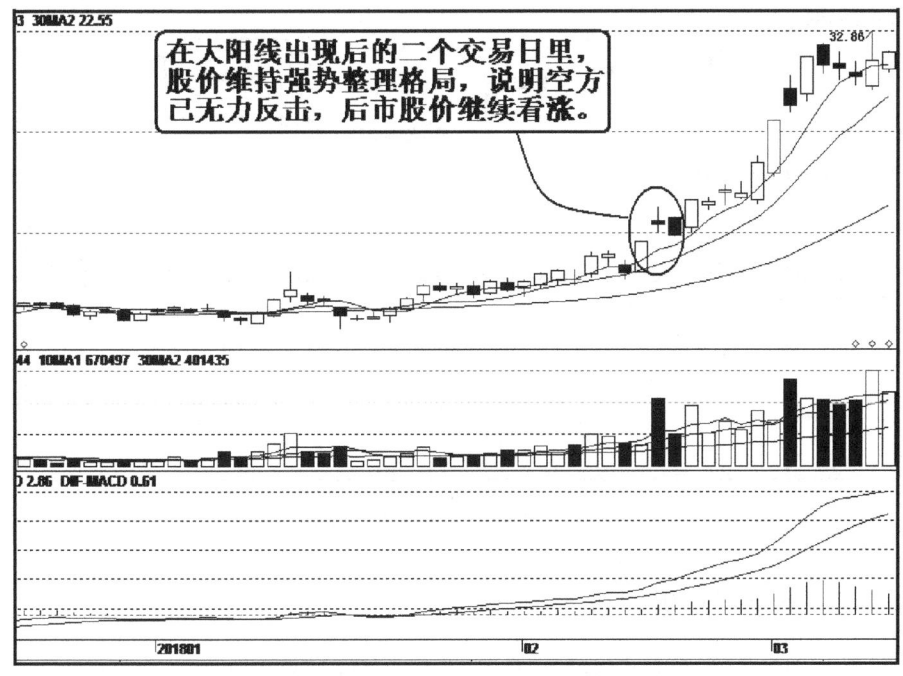

图 2-46　用友网络（600588）日 K 线图

（3）大阳线之后，次日或随后几天收出小幅下跌的小阴线，但多空双方的主战区域仍然处于大阳线的 1/3 位置之上，市场总体保持强势格局。说明空方曾经起来反攻，但无奈多方护盘能力较强，因此后市大多出现震荡攀升走势。

图 2-47，至纯科技（603690）：在股价跌势末期，经过一轮快速打压后，出现企稳盘整走势，底部渐渐向上抬高。2018 年 2 月 27 日，一根涨停大阳线脱离了底部盘整区域，突破了 30 日均线的压制。此后连续 4 个交易日维持震

荡走势，K线收出小阴小阳，股价没有明显回落，始终处于大阳线的1/3位置之上，说明市场保持强势状态。第6个交易日股价向上拉起，收出5个多点的上涨阳线，均线系统呈现多头排列，成交量温和放大。这样的个股走势，对于擅长短线操作的投资者来说，就是一次很好的介入机会。

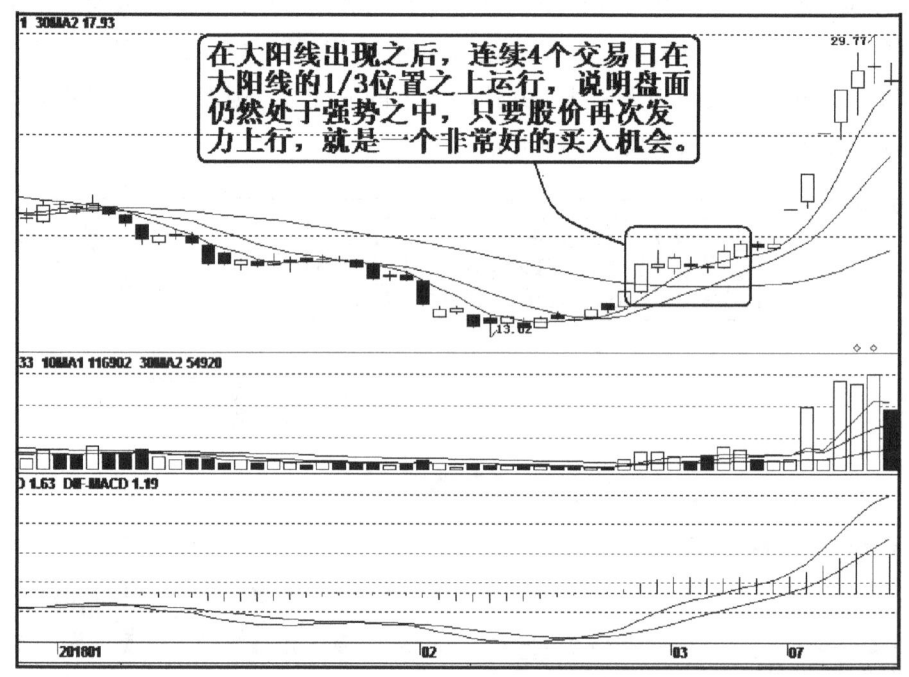

图 2-47　至纯科技（603690）日 K 线图

四、从运行趋势判断上涨力度

实盘中要重点关注上涨趋势中的中继大阳线。大阳线出现在股价上涨的途中（是指股价从底部开始上涨幅度在 30%～50%），特别是出现在股价刚启动不久时，预示着股价有加速上涨的征兆，为持续看涨信号。

股价开盘之后，做多力量就发起了攻击，并得到市场的积极响应，最终收出一根上涨大阳线，这说明当天做多力量很坚定。如果第二天股价继续走强，那么后市股价就很有可能产生加速上涨的主升浪行情。

图 2-48，顶点软件（603383）：这是一个洗盘结束后出现的大阳线例子。该股成功见底后，2019年2月1日股价向上突破底部盘区，然后形成平台蓄势整理。2月22日，股价出现"烂板"突破走势，形成中继大阳线。表明洗

盘整理结束，成交量再次放大，上涨空间被有效打开，后市将进入加速上涨阶段，是一个较好的买入机会。

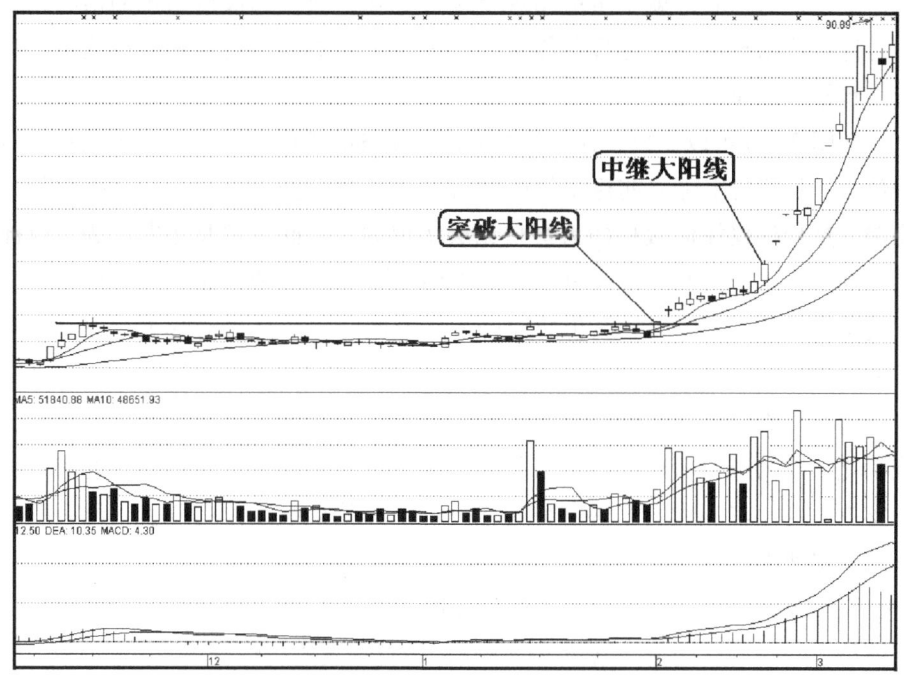

图 2-48　顶点软件（603383）日 K 线图

从该股图中可以看出，当股价突破均线系统的阻力之后，庄家并不急于立即向上拉升。股价遇到前期高点的压力，此时股价开始主动调整，但调整的幅度并不大，以小阴小阳的形式展开。当股价回落到 10 日均线附近时，就受到支撑而回升。

股价依托 10 日均线的支撑逐步向上运行，说明 10 日均线附近有强大的支撑。同时，股价见底回升一定幅度后，出现底部短线获利盘，所以庄家会在中途进行洗盘整理。一来洗去一些不坚定的短线浮动筹码，二来可以继续收集低价筹码，以便降低持仓成本。由于此时庄家并无出货的意愿，因此这种洗盘整理的时间通常较短，时间也不会太长。洗盘结束之后，便会以放量大阳线的方式使股价快速脱离调整区域。在有的个股中，当股价短期有了一定的涨幅后，就会再次进行横盘震荡。在上涨趋势行情中，这种洗盘行为会重复多次。

有的投资者认为这根大阳线只不过是技术性反弹而已，不能成为中继上涨形态，那么这个判断是否正确呢？

如果仅仅是技术性反弹，那么这种反弹肯定是抄底的散户所为。既然是散户所为，那么股价就不可能出现持续性走强，而且当股价出现回落时，也不可能连续出现反弹。道理很简单，散户们不可能不约而同地进行反击，积聚力量把股价拉上去。

从图2-48可以看出，在股价上涨比较流畅的阶段，成交量也出现有节奏的放大。从股价上涨之前逐步筑底到后来的缓缓上升，成交量配合得都相当完美，这种仅仅凭借散户的力量是无法实现的，因此肯定是庄家所为。由此可以断定，股价的回升不仅仅是下跌途中的技术性反弹，而是在股价前期下跌过程中就有庄家入驻，股价的回升是庄家建仓完毕之后对其进行拉升而导致的。

由此不难理解，这根大阳线是庄家回探10日均线，测试下档的支撑情况或消化上档的压力而留下的。当股价下探之后很快就被买单拉起，说明下档的支撑力度比较强大。出现这种走势时，庄家就会继续拉高股价，此后股价进入了快速上涨行情。

在实盘操作中，投资者遇到股价在刚启动不久就出现这种大阳线时，一定要结合当时的成交量，以及股价之前的运行情况进行综合性的分析判断。

在实盘操作中，投资者遇到上涨中继大阳线时，应把握以下技术要点：

（1）在大阳线出现之前，股价累计涨幅不应过大，一般涨幅在50%以内，后市股价有一定的上涨空间。少数强庄股可以达到100%左右，但要结合总体情况进行分析。

（2）在大阳线出现之前，股价已经明显见底，市场处于强势之中，均线系统呈现多头排列，30日均线呈现上行走势。在大阳线出现之后，均线系统要进一步呈现多头发散，以继续支持股价上涨。

（3）在大阳线出现之前，成交量出现温和放大，股性比较活跃，盘面张弛有序，量价配合理想。出现大阳线的当天，必须得到成交量的积极配合，有明显的场外增量资金介入。

（4）在上涨途中出现的大阳线，一定要观察大阳线是否是出现在中途整理的后期，如果是出现在横盘过程中，那么这种大阳线就可能只是庄家的一种试盘手法，实际上庄家暂时无意做多，此时跟进不但享受不到股价拉升的快乐，反而会备受洗盘的折磨，所以盘整过程中出现的大阳线并不是一个买入的时机。

（5）在大阳线出现之后，要观察第二天或随后几天的股价走势。如果随后几天里买方力量依然很强劲，持续上攻并收出上涨阳线，那么后市股价将很有可能出现快速上涨行情。如果随后几天里买方力量不能为继，股价出现回落并吞没了大阳线实体，那么后市存在回调的可能性较大，这根大阳线可能会形成阶段性头部。

需要注意的是，在上涨途中出现大阳线后，股价不一定都会上涨，在实盘中大阳线也经常成为虚假的多头信号或技术陷阱。总之，在股价上涨途中出现大阳线时，投资者应结合之前一段时间里股价的走势情况，以及之前成交量的变化情况进行分析，通过这些迹象判断庄家在试拉股价，还是洗盘之后的拉升，从而做出正确的操作策略。

五、从量能方面判断上涨力度

在股市中，只有得到成交量积极配合的大阳线，才具有上攻潜力。底部放量的大阳线有强支撑作用，具有重要的技术意义：其一，底部大阳线，说明多方在这个位置买意强烈。其二，底部放量，说明庄家资金在这个位置建仓的可能性较大。

投资者在分析股价运行趋势时，往往通过对量价的研判，来辨别多空双方能量变化的规律。一般而言，若大阳线伴随着大的成交量，往往是看好后市的信号。但是，在不同位置出现放量，其技术意义自然就有所差别。

（1）当股价经过连续下跌至前期低点或见历史新低后，若突然出现一根大阳线，同时成交量也放出下跌以来的天量，则表明股价即将见底回升，因而是一个底部信号。

（2）当股价成功筑底后，往往会展开横盘走势。若股价突破近期阻力位时，突然拉出一根大阳线，并伴随天量的出现，则表明增量资金进场积极，股价将攻击上方均线阻力位，因而是一个启动信号。

（3）若股价一旦攻击阻力位成功，往往会依托这根均线再次展开横盘走势，以清除近期低位跟进的筹码。一旦清除完毕，股价将进入上升行情之中，当股价涨升一段时间后，若再次出现一根大阳线，并伴随天量出现，则表明庄家拉升心切，要加速推高股价，因而是一个上涨中继信号。

（4）股价经过较长时间的大幅上升后，在高价区域会出现一根大阳线，同时伴有上升以来的天量，此时预示着股价即将回调，因为庄家会借势拉升股价并在高位派发筹码,因而是一个见顶信号。

图 2-49,新城控股(601155):该股上市以后就被实力强大的庄家看中,成功探明底部后,不断有大资金介入。在底部的两波上涨行情中,成交量都出现温和放量态势,表明资金有计划地入市,盘面张弛有序,上涨周期较长,走势如行云流水,股价飘带式上行,这期间出现的大阳线都是非常强势的上涨信号。该股从 2017 年 9 月开始出现加速上涨,到 2018 年 1 月股价累计涨幅超过 6 倍。

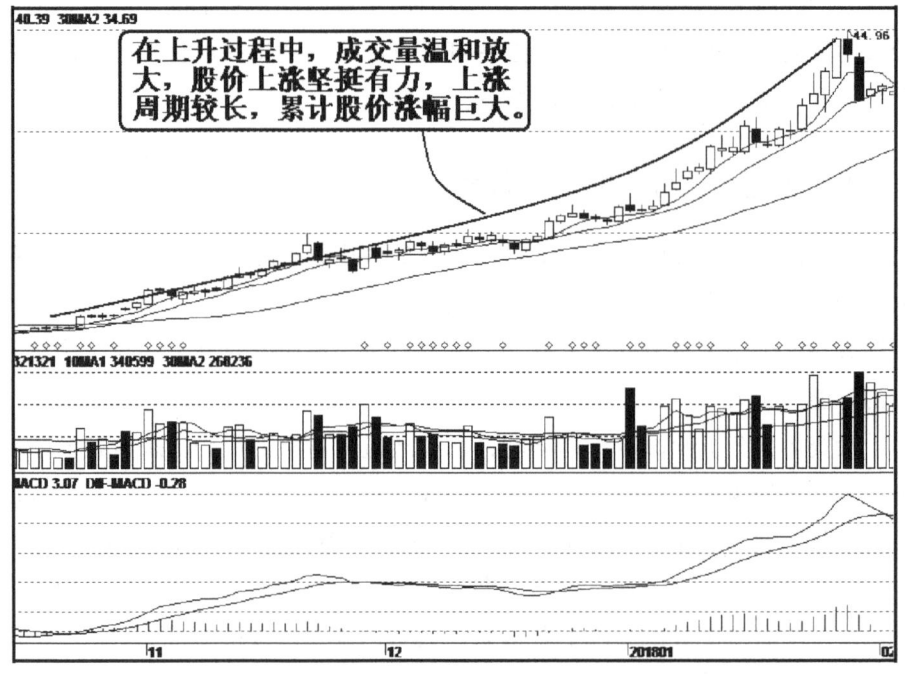

图 2-49　新城控股(601155)日 K 线图

这种温和放量是股价上涨最理想的运行态势,价涨量增,价跌量缩,量价配合默契,属于正常的盘面现象,这时出现的大阳线表明上涨力度强,持续时间长。如果价涨量缩,价跌量增,或者突发巨量,间歇性脉冲放量,量价配合失衡,股价上涨就不会持续太久,此时投资者应引起警惕。

第三章 主升浪的启动形态

第一节 主升浪的五大技术特征

经过长期的观察和总结，发现那些涨幅巨大的牛股，在进入主升浪阶段以前大多表现出一些相同的市场特征，投资者如果能够熟练掌握相应的投资技巧，并能够及时发现这类股票的市场特征，就有机会在短期内获取高额收益。

所谓主升浪启动的技术特征，就是说主升浪以什么样的姿态或形式出现，这是主升浪启动的基本雏形。投资者通过这些技术特征，分析主升浪的真假并及时捕捉主升浪。

一、主升浪的技术形态特征

主升浪的启动是庄家加速拉高股价，脱离持仓成本区的重要手段，也是波段行情进入高潮时期的重要体现。主升浪的启动意味着股价经过充分的调整后，完全消除上方区域的重要压力，由此展开加速放量上涨走势。

图3-1，元力股份（300174）：2019年2月19日，收出放量涨停大阳线，突破了1月10日形成的小高点压力，但是由于前方盘区中还有两个高点的压力存在，且此处的压力更大，所以不能成为主升浪的起涨点。3月7日，出现两阳夹一阴K线组合形态，但并没有充分化解前方的压力，所以股价没有形成持续的上涨走势，当然也就不能成为主升浪行情的起涨点。

经过10个交易日的横盘调整后，上方压力得到很好的化解。3月25日开始放量上攻，以"红三兵"形态突破前高压力，这根信号就是主升浪的起涨点。投资者可以在推升过程中买入，此后股价出现快速拉升行情。

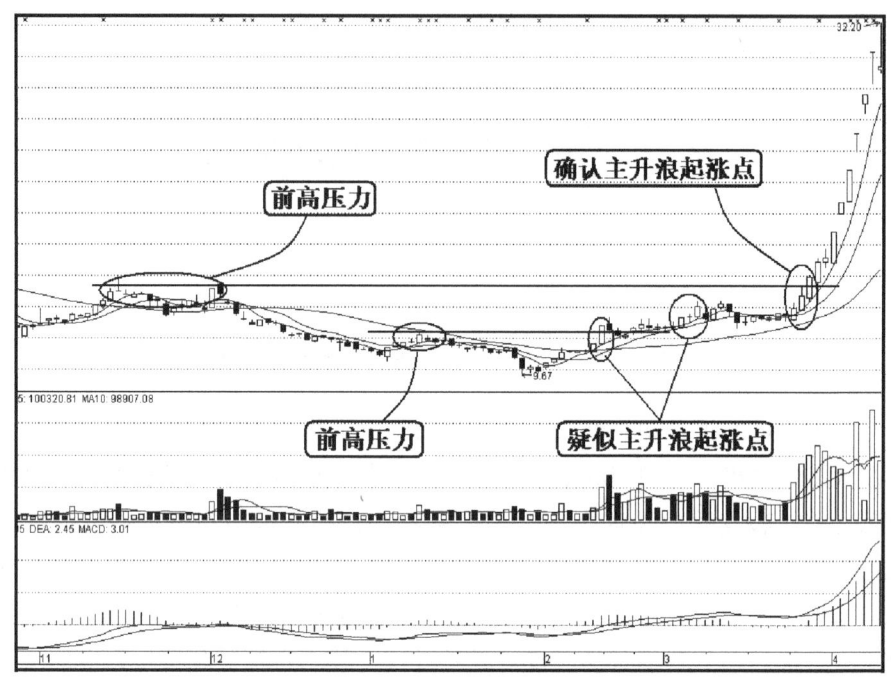

图 3-1　元力股份（300174）日 K 线图

图 3-2，卫宁健康（300253）：该股长时间下跌后，在低位出现横向窄幅盘整，时间长达 2 个多月，股价接近水平运行，成交量大幅萎缩，形成潜伏底形态，表明庄家在此期间大量吸纳低价筹码。2018 年 1 月 24 日，一根放量上涨大阳线脱离了底部盘区的牵制，随后股价出现强劲的盘升行情。

这就是主升浪行情的起涨点，投资者遇到这种情况，当天就应当搏一下。当起涨点出现后，股价再次出现大幅调整的可能性极小，偶尔出现的回调也是正常的洗盘走势，或是突破后的回抽确认过程，通常会在短期内结束（一般在一周左右）。在洗盘过程中，股价一般不会主动跌破 10 日均线，极限位置在 30 日均线。有时庄家会反其道而行之，故意击穿一下均线系统，然后在 3 个交易日内拉回，所以要仔细观察盘面变化。

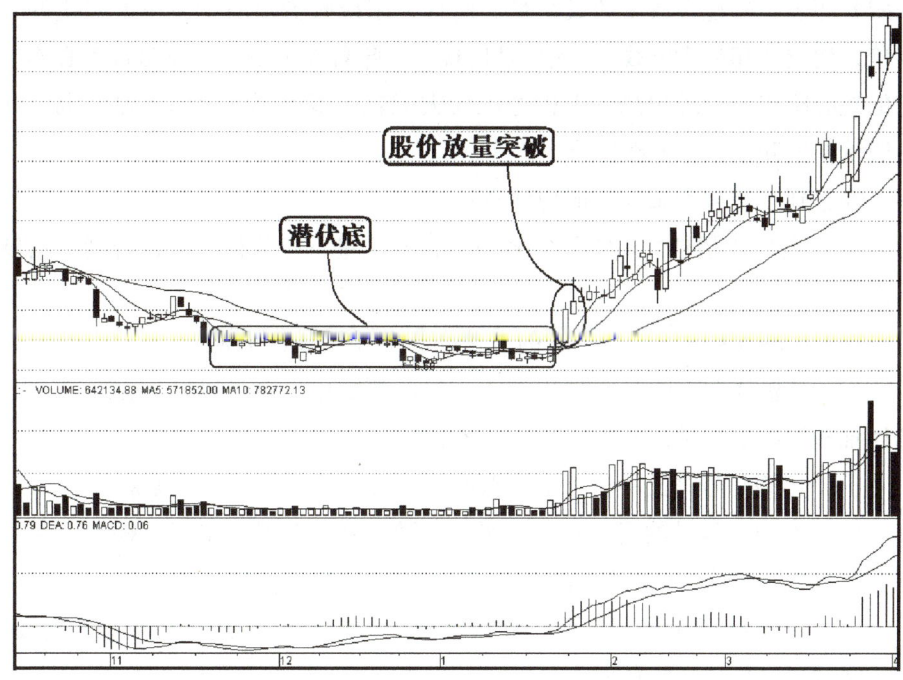

图 3-2　卫宁健康（300253）日 K 线图

二、主升浪的 K 线技术特征

大家知道，股市的涨跌通过 K 线得以体现，主升浪的启动可以从 K 线中找出一些技术特征，并根据这些技术特征分析研判后市股价的走向。主升浪启动时的 K 线大多以大阳线为标志（少数以形态为标志），当天收盘时的涨幅在 5% 以上（在强势市场中 3%~4% 的中阳线也可）。如以阴 K 线报收，属于大幅高开的小阴线或十字星（涨幅在 6% 以上），才能认定为具有标志性的 K 线。

1. 超越大阳线

超越大阳线就是后面的大阳线超越了前面的大阴线，这是一个短线买入信号。股价处于上升趋势之中（有时也出现在底部），因短线累计获利盘丰厚，所以股价在获利盘冲击下步入调整，日 K 线表现为阴阳交错，阴多阳少。在经过连续几日震荡下挫之后，某一日股价以大阴线击穿了上升以来对股价有较强支撑作用的 10 日甚至 30 日均线，似乎预示着中长期上升趋势已被破坏，股价将陷入漫长的调整期。但是，次日股价却出现了戏剧性转折，在跳高开盘后，股价逐步攀升，最终日 K 线以大阳线（常常是光头大阳线或涨停阳线）报收，并配合放大的成交量。而且大阳线收盘价高于前一天阴线的开盘价，构成"超越大阳线"。此信号出现，意味着多头庄家已成功将信心不坚定的短线跟庄者清理出局，上档抛压大大减轻。多方再度全面控制大局，此后股价将展开新一轮上涨行情。

在遇到"超越大阳线"时应注意：

（1）出现"超越大阳线"信号当天，成交量不应放得太大，否则可信度不高。

（2）"超越大阳线"前一天的K线可以是中阴线或小阴线。

（3）"超越大阳线"必须出现在上升趋势之中，也可以发生在突破之后的回抽确认结束之时，不适用于盘局之中。

（4）出现信号当天股价若上封涨停，可第一时间参与排队抢筹。

（5）在出现信号的当天收盘前买进，随后几天若股价出现小幅震荡可不理会，只要收市价不破5日均线可持有。

（6）如果出现在涨升末期，宜快进快出，在获利达10%以上时即离场，不可恋战，以免被高位套牢。

需要说明的是，"超越大阳线"还有另外一种解释，就是后面的大阳线超越了临近前面的大阳线的收盘价，表明洗盘整理结束，从而构成买入信号，且看下面这个实例。

图3-3，通光线缆（300265）：该股在2018年9月和12月出现两次"超越大阳线"形态，图中两处的B点超越A点。

该股筑底成功后，庄家发力向上突破底部盘区，均线系统随之向上发散，然后，对突破的有效性进行回抽确认。2018年9月10日，股价回落到30日均线附近，当天K线收出一根超过5个点的大阴线，第二天，收出一根光头光脚的涨停大阳线，收盘价超越了下跌大阴线的开盘价，构成"超越大阳线"形态买入信号。表明股价突破底部盘区有效，同时也得到30日均线的支撑。

之后，在12月出现同样的走势，均产生较大幅度的上涨行情。投资者遇到这种盘面走势时，应积极跟进做多。

2. 一针穿三线

一针穿三线就是一根大阳线同时成功穿过短线（5日）、中线（10日）、长线（30日）三条移动平均线，也称神针穿线，为强烈的底部单日反转信号。

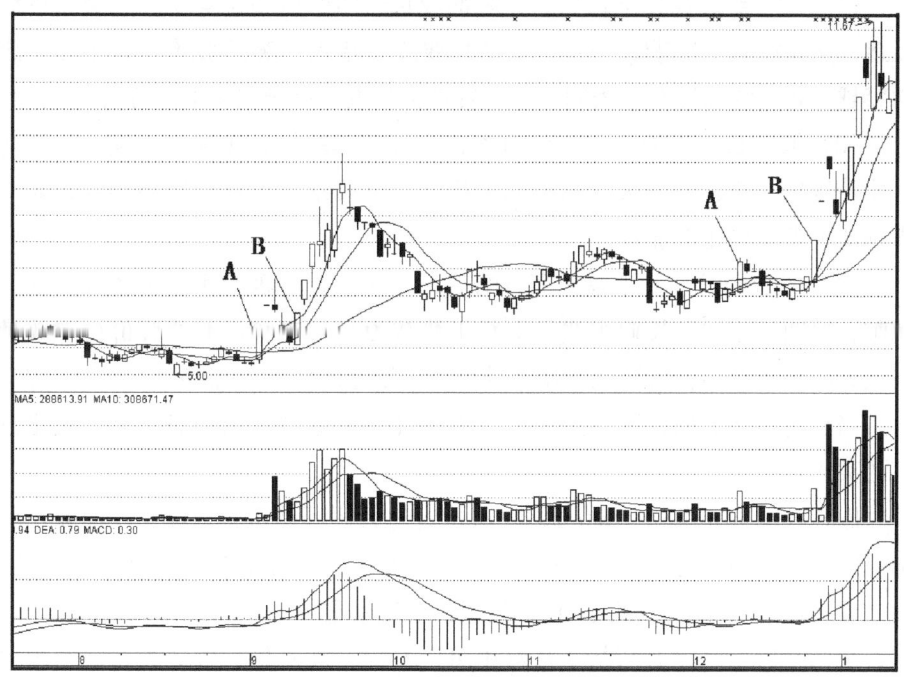

图 3-3　通光线缆（300265）日 K 线图

股价开盘后几乎没有回抽动作，呈单边上涨，最终收于最高价或次高位，上下影线很短或没有，光头光脚的大阳线给人以巨大的想象空间。技术意义就是市场经过一段时间的争夺战后，多空双方力量势均力敌，市场归于平稳，双方在一个相对平衡的格局里运行。但平静往往是酝酿一轮更大的行情，时机一旦成熟，则巨大的力量就会朝一个方向喷薄而出，势不可当，市场轰动效应十分明显，因此具有强烈的看涨意义。

一针穿三线形态的基本要求：

（1）收盘价大大高于开盘价，为大阳线。

（2）阳线实体部分较长，股价实际涨幅较大。

（3）没有上下影线，或上下影线很短。

（4）这根大阳线成功向上穿过三根移动平均线。

这种形态经常出现在以下几个阶段里：

（1）股价较长时间处于阴跌行情中，势道十分疲弱，但跌势有所收敛，短期、中期、长期均线十分靠近，突然股价放量向上有力穿过三条均线，表明跌势被扭转，市场迎来转机。

（2）股价经过深幅下跌后，在底部较长时间的盘整走势中，成交量持续低迷，交投沉寂，短期、中期、长期均线逐渐接近，突然股价放量上行，成功穿越三条均线的压制，表明庄家吸货宣告结束，市场迎来上涨行情。

（3）股价长时间处于牛皮势道中，上升速率缓慢，短期、中期、长期均线比较接近，经过一两天的短暂回调后，股价放量向上穿越三条均线，表明市场即将进入加速上涨行情。

（4）股价经过一段小幅上涨行情后，庄家开始洗盘换手，市场进入强势调整，短期、中期、长期均线从上行走势转为平行走势，突然股价再次放量向上突破整理格局，表明洗盘换手结束，市场进入新一轮涨势或主升浪行情。

当市场出现上述盘面现象时，均为一针向上穿越三线形态，为短线比较好的买入点。

图 3-4，银星能源（000862）：股价经过大幅调整后企稳盘整，庄家在底部吸纳了大量的低价筹码。2019 年 1 月 30 日，一根光头光脚的涨停大阳线，向上成功穿过 5 日、10 日、30 日均线的压力，形成看涨的"一针穿三"形态，从而开启一波拉升行情。从盘中可以看出，成交量积极放大，表明盘局将被打破，市场将迎来上涨行情，是短线入场的良机。

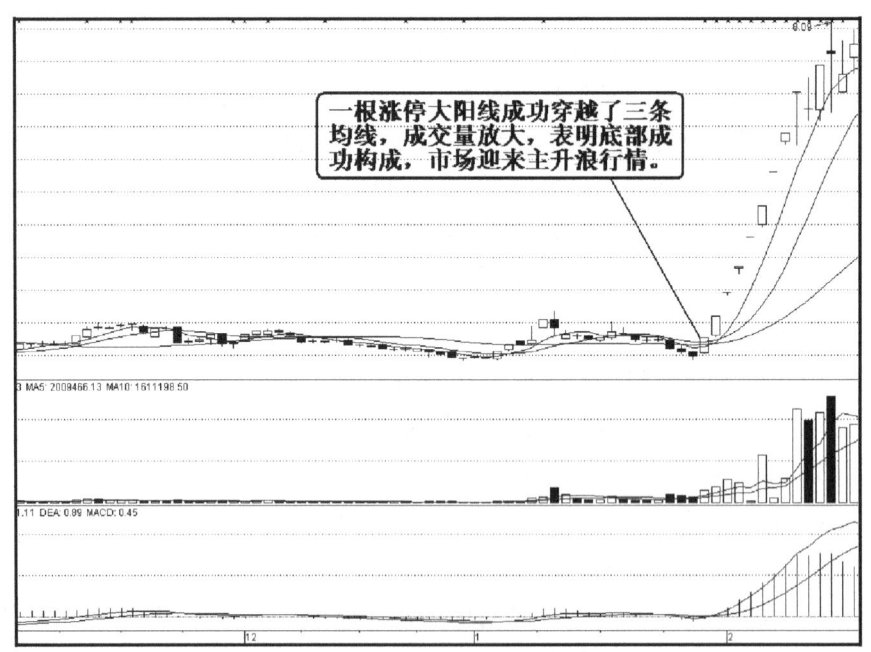

图 3-4　银星能源（000862）日 K 线图

在实盘操作中遇到这种形态时,应掌握以下技术要点:

(1)神针穿线形态所吞没的日 K 线数量越多,其反转的市场意义越大。第二天股价持续向纵深发展,技术含义更加强烈。

(2)顺大势而行的神针穿线形态,可以顺势操作。逆大势而行的神针穿线形态,可靠性不高,投资者尽量不参与为好。

(3)成交量保持活跃状态,无论是向上突破还是向下突破,神针穿线形态通常伴有较大的成交量,放大的成交量让人感到势不可当。如果是一两天的脉冲式放量或出现顶天立地的单天放量,信号可靠性不高,虚假的可能性极大。

(4)股价成功突破一个重要的技术位置,如压力位、支撑位、趋势线、前期成交密集区、整数点位等,可以积极参与多空博弈。

(5)神针穿线形态应以实体 K 线作为分析依据,如果仅仅是上下影线部分穿过三条均线,收盘时没有站稳,则没有实质性技术意义。光头光脚的神针穿线形态其分析意义更大,后市涨跌力度与 K 线的长度成正比。

3. 突破大阳线

股价在长期的运行过程中,可能会形成某些有重要意义的位置,但这些位置不可能长期存在下去,迟早有一天要被突破的。当大阳线成功向上跨越或脱离这些重要位置时,说明市场出现向上突破走势,股价蓄势整理结束,后市将有可能出现一段升势行情,此时投资者可以中短线积极做多。

能够成为突破的技术位置很多,比如移动平均线、趋势线(通道)、技术整理形态、成交密集区域、黄金分割线、整数点位和时间之窗等,笔者就大阳线突破盘区(成交密集区)、移动平均线和技术形态这三种盘面现象做些分析,其他的突破信号投资者在实盘中自行总结分析。

(1)大阳线突破盘区。股价长时间在底部震荡整理过程中,就会形成一个盘整区域或成交密集区域,这个区域具有支撑和压力作用。大阳线一旦成功向上突破该区域,成交量积极配合,该处往往成为一个中短期的底部,后市将会出现一波持续的上涨行情,此时可以积极做多。这种突破现象可以出现在市场的任一阶段,但突破高位盘整区域时,要防止庄家拉高出货。

图3-5,通光线缆(300265):这是一个底部盘整区域突破的例子。股价反弹结束后,出现回落调整,震荡幅度收窄,形成一个盘区。在整个调整过程中成交量大幅萎缩,做空能量充分释放。经过近两个多月的横盘调整后,2018年12月25日突然一根放量涨停大阳线拔地而起,突破了底部盘整区域,

随后股价出现一波快速上涨行情。

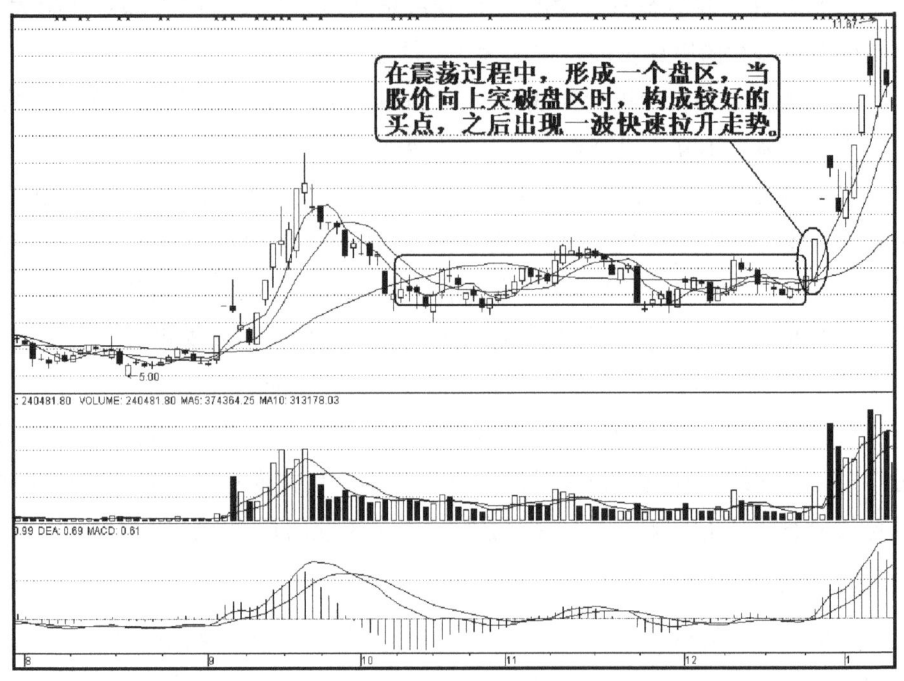

图 3-5　通光线缆（300265）日 K 线图

从图中可以看出，股价反弹结束后出现较长时间的盘整，从成交量上分析，想出局的人基本已经退出了，持股不动的人大多属于看多一族，因此后市下跌空间已被封杀。在大阳线出现之前，股价经过充分的筑底过程，底部基础构筑扎实，股价一旦脱离该区域，此处就会成为中长期底部。在大阳线出现之后，成交量明显放大，显示买盘积极，做多热情高涨，说明股价脱离底部区域成功有效。因此，这根大阳线是底部突破性标志，投资者可以积极跟进做多。

在震荡盘整行情中很难赚到钱，因为它没有一个明显的趋势性行情出现，什么时候结束盘整很难从均线系统或其他技术分析中找到答案，因为盘整时均线形成纠缠状态，整个走势上去下来，下来上去，反复地震荡，反复地纠缠，刚刚金叉又下来了，刚刚死叉又上来了，用均线系统没有办法判断和操作。因此，要结束这种盘整走势，必须有强大的做多力量，才能打破这种僵局，而大阳线突破盘局就是一个标志性信号，掌握了这种 K 线后，就读懂了盘口语言和庄家意图，随后的操作也就得心应手了。

（2）大阳线突破均线。当大阳线向上突破均线时，股价由均线下方转为均线上方，预示股价下跌或调整结束，后市将出现上涨行情，因此是一个看涨信号。

这种情况通常有三种盘面现象：一是出现在下跌趋势的后期，大阳线向上突破下行的均线；二是出现在上升趋势途中，股价洗盘调整结束后，大阳线向上突破上行的均线；三是出现在横盘整理过程中，大阳线向上突破水平移动的均线。根据均线周期长短，包括大阳线突破短期、中期和长期均线三种类型。在此笔者仅就大阳线突破30日均线为例进行分析，对其他类型的均线突破，投资者可以根据提供的思路自我进行研判总结。

图3-6，特发信息（000070）：这个例子出现在洗盘调整结束后，大阳线向上突破上行的30日均线。股价经过一轮快速下跌后企稳回升，形成新的上升通道，均线系统呈多头排列。不久，庄家开始洗盘整理走势，股价向下回落到30日均线之下，成交量出现明显的萎缩态势。经过短暂的整理后，2019年1月2日一根放量涨停大阳线拔地而起，突破了30日均线的压制，股价重回30日均线之上，预示洗盘调整结束，后市将展开新的上涨行情，是一个买入信号。随后股价连续涨停，出现一波加速上涨行情，短期获利非常丰厚。

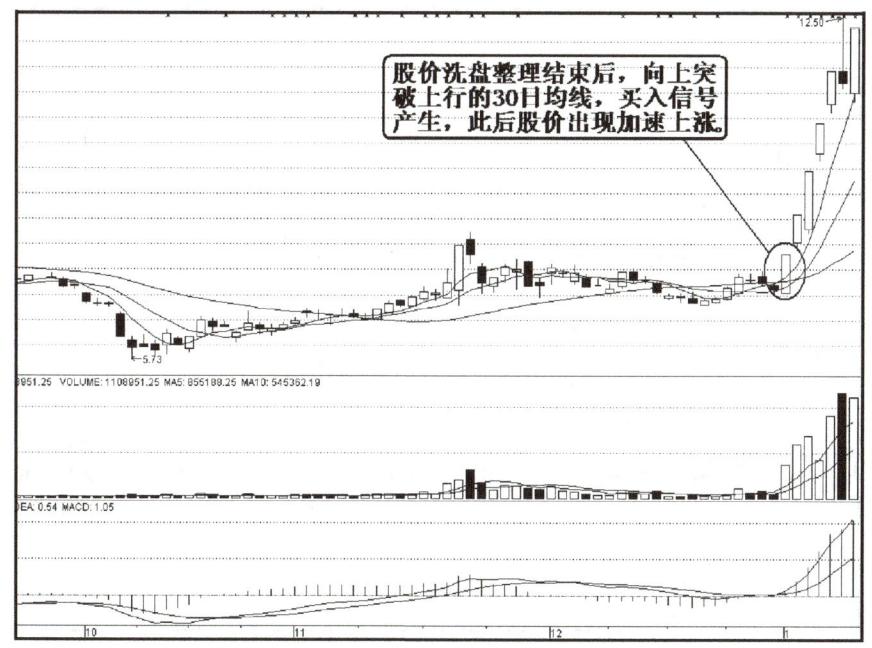

图3-6 特发信息（000070）日K线图

该股在大阳线突破之前，股价已经有了小幅上涨，庄家为了日后更好地拉高出货，就展开洗盘调整走势。从图3-6中可以看出，在股价回调时成交量出现萎缩状态，说明浮动筹码不多，在大阳线突破之前，股价运行在上升趋势之中，30日均线始终处于上行状态，这根大阳线也为股价上涨起到推波助澜的作用。同时，在大阳线突破后的第二天，股价继续强势上涨，说明突破力度比较强大，气势比较强盛，因此做多信号非常强烈。

（3）大阳线突破技术形态。股价在长期的运行过程中，可能会形成某些技术形态，如常见的双重底（顶）、头肩形、圆弧形、三角形、楔形、旗形等，大阳线一旦成功突破这些技术形态，说明技术形态构筑完毕，股价将沿着突破方向继续运行，达到最小"量度升幅"，因此是一个较好的短线买入信号。

图3-7，必创科技（300667）：从该股走势图中可以看出，2018年3月23日，当股价下跌到左肩低点附近时，可以试探性介入，此为第一买点。当股价随着成交量的放大向上突破颈线压力时，可以加仓介入，此为第二买点。如果出现回抽确认走势，则可以重仓介入，构成第三买点。该股向上突破后，没有出现回抽确认走势，而是直接进入主升浪行情，所以在第一买点和第二买点介入也是可行的操作方法，否则容易错失一只牛股。

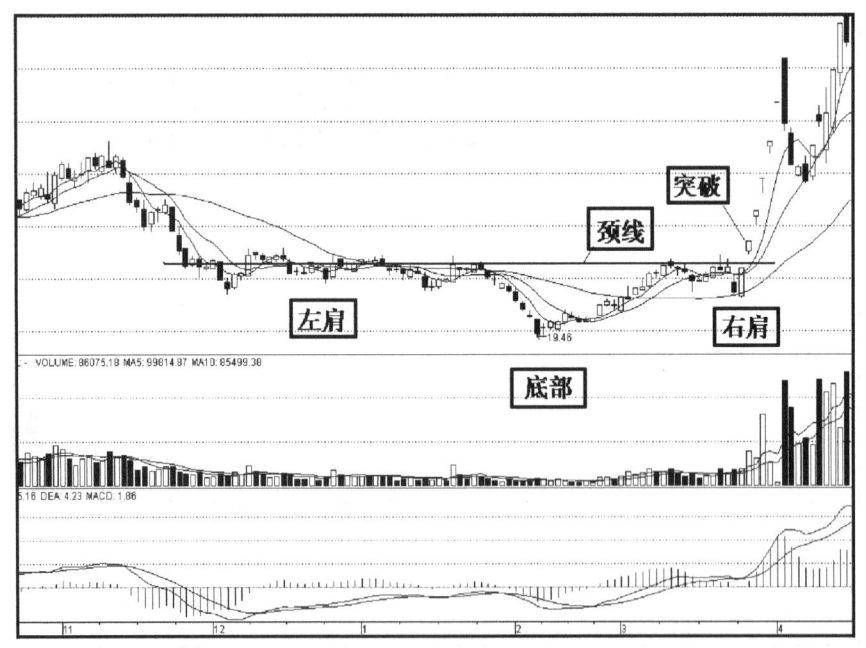

图3-7 必创科技（300667）日K线图

三、主升浪的能量技术特征

在股市中,成交量是研判股价上涨的关键要素,只有得到成交量的积极配合,才能说明庄家有大规模资金流入市场,股价才具有上攻潜力。投资者在分析股价运行趋势时,往往通过对量价的研判,来辨别多空双方能量变化的规律,进而推测股价的变化趋势。通常,主升浪启动时的量能有以下特征:

(1)在股价上涨的当天,资金量大幅增加,入场意愿明显。

(2)在分时走势中,当天盘中交易大单与特大单急剧增多。

(3)在当天盘中,成交手数大幅增加。

(4)在分时走势中,盘中出现典型的攻击式量峰。在出现持续攻击时,量峰波形特征明显。

(5)盘中以攻击波为主体,或以冲击式攻击波结构为主,如图3-8所示。

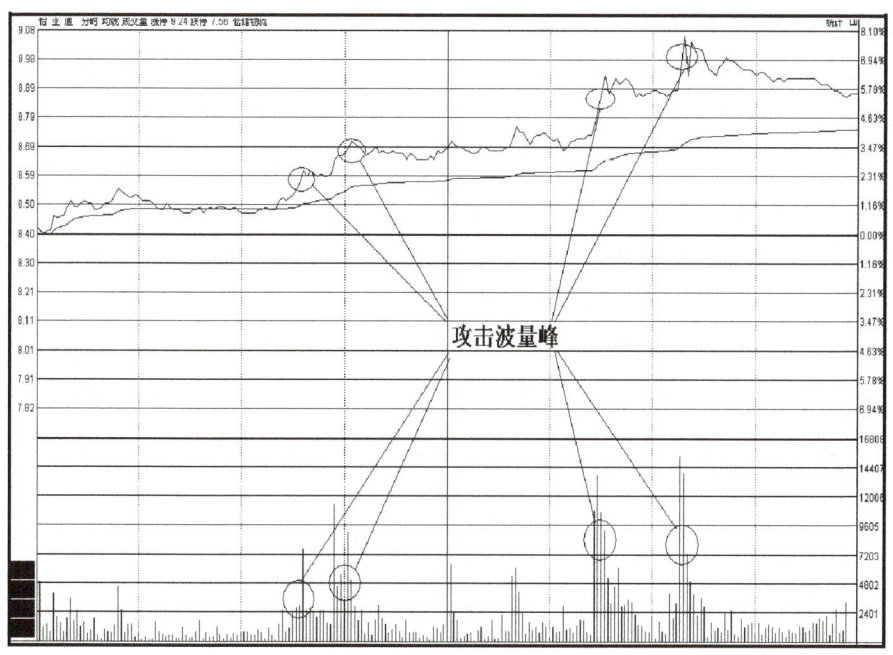

图3-8 攻击波量峰

四、主升浪的均线技术特征

主升浪的均线系统应重点把握以下几个特征：一是均线系统处于多头排列；二是均线金叉或拒绝死叉；三是均线系统出现的银三角、金三角特殊状态；四是均线系统曲线黏合后的向上分离情况。

1. 均线多头排列

多头排列一般是指短期均线大于中期均线，中期均线大于长期均线，且呈现不断向上攀升的运行趋势。也就是说，短期均线在上方，中期均线在中位，长期均线在下方，趋势不断向上发散。此情况说明股价处于上升过程中，后市股价继续看涨，因此是一个逢低买入信号。

在进行行情分析时，一定要坚持"以大统小"的原则。也就是说，在看图时要先从能够反映K线行情趋势的均线来做详细的分析和判断，确定均线的排列情况。如果均线处于空头排列时，就不能进行看多、做多，只有当均线系统处于多头排列时，才可以看多、做多。

图3-9，康泰生物（300601）：2018年2月初，该股主力成功构筑一个空头陷阱后，股价开始向上突破，均线系统呈现多头排列，股价稳步向上走高。从图中可以看出，该股位于上方的5日均线、居于中间的10日均线和处于下方的30日均线，这三根均线处于稳健的向上攀升走势，呈现出一种很典型的多头排列状态。这也说明这只股票由多方牢牢控制着局势，此时的空方也只能在一边看着，对上涨行情束手无策。

虽然在上涨过程中出现短暂的调整走势，但同期的均线系统仍是保持着向上前进的态势，股价也是按照多方的意愿一步一步地向上攀升。因此，多头排列往往被投资者看成看多、做多的标志。在这种情况下，投资者积极做多就有相当大的胜算。

当一只股票5日、10日、30日均线保持多头排列走势时，尽管在这个过程中会遇到一些阻力，但整体局势依然由多方掌控，投资者没有必要担心股价会下跌，应当坚定信念，牢牢捂住手中的股票，千万不要想当然地、盲目地看空、做空。只有这样做，才能获取更大的投资收益。

2. 均线金叉信号

短期均线由下向上穿越中期或长期均线，而中期或长期均线向上移动，称为金叉信号。金叉信号可以积极做多。两线交叉的角度越陡峭，买入信号

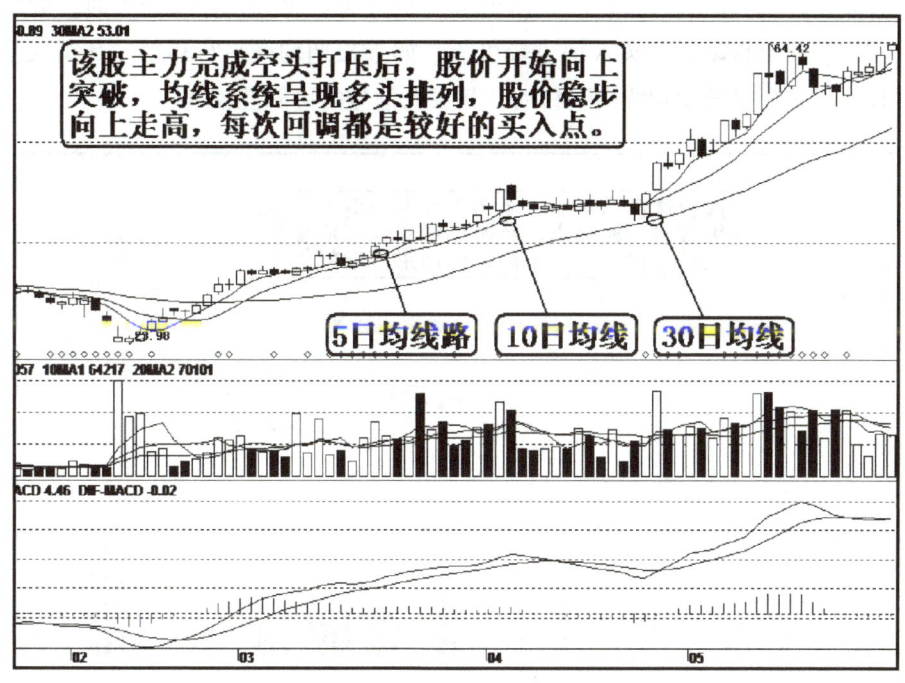

图 3-9 康泰生物（300601）日 K 线图

越强烈；角度越平坦，买入信号越微弱。

5 日均线与 10 日均线金叉为短线买入点，此时买入虽然风险较大，但进货成本较低，一旦股价持续升势，获利较为丰厚。10 日均线与 30 日均线金叉为中长线买入点，虽然买入风险小一些，但由于进货成本较高，获利相对较小。总之，对于两个买点，投资者可根据自己的操盘经验和风险承受能力进行选择。

图 3-10，东方通信（600776）：该股主力完成一轮拉升行情后，出现回落洗盘走势，当股价回调到 30 日均线附近时，得到上行的 30 日均线有力支撑。2019 年 2 月 14 日，股价向上突破前一轮行情的点，5 日均线向上金叉 10 日均线，然后再次向上金叉 30 日均线。同时 10 日均线向上金叉 30 日均线，30 日均线保持强劲的上行势头，均线系统向多头发散，显示盘面已经重新转为强势。此时可以逢低大胆做多，随后该股出现大幅上涨行情。

需要指出的是，金叉的买入信号是不一样的，有强弱之分，可靠性也有高低之别。通常来说，时间长的两根线金叉，要比时间短的两根线金叉来得强，反映的做多信号也相对比较可靠。比如，5 日均线与 10 日均线金叉时买进，比 10 日均线与 30 日均线金叉时买进的安全性要差一些。

此外，金叉信号与长期均线所处方向也有关。比如，两线金叉时，如果长期均线向上移动，其买入信号较可靠；如果长期均线平行移动，其买入信号较一般；如果长期均线向下移动，其买入信号的可靠性较差。

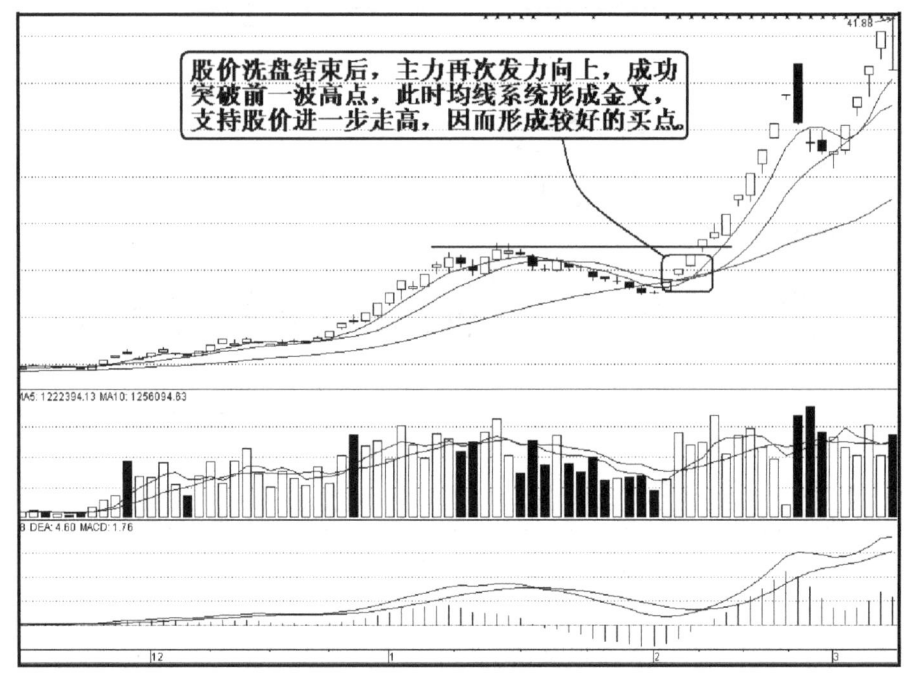

图 3-10　东方通信（600776）日 K 线图

3. 均线拒绝死叉

股价经过一轮上涨后，庄家为了日后更好地进行拉升和派发，主动进行回调洗盘调整，使股价出现回落走势。当 5 日均线即将与 10 日均线形成死叉时，却擦肩而过，反转掉头扬升，如同"蜻蜓点水"。成交量再度放大，日 K 线为阳线，30 日均线走势坚挺，表明洗盘即告结束，将要展开一轮主升浪行情，应是买入机会。

或者，由于庄家洗盘比较彻底，5 日均线掉头向下与 10 日均线构成死叉，但 5 日均线拒绝与 30 日均线死叉。大约 3~5 个交易日（一般不超过 7 个交易日，否则不宜用此法判定）后，再次与 10 日均线发生金叉，10 日均线和 30 日均线保持向上走势，成交量同步放大，也是理想的买入信号。

再或者，由于庄家加大洗盘力度，5 日均线和 10 日均线构成死叉后，继续向下与 30 日均线形成死叉，但股价跌幅不大。5 日均线和 10 日均线在 30

日均线下方维持一段时间的整理后，不久5日均线再次与10日均线发生金叉，而后继续向上，成功穿过30日均线。30日均线保持向上走势，使前面的死叉信号成为一个空头陷阱，与拒绝死叉信号具有同样的效果。此时如果成交量同步放大，也是理想的买入信号。

以上三种现象都表明庄家洗盘结束，股价即将进入主升浪行情。

图3-11，联得装备（300545）：股价向上突破均线系统后，庄家开始洗盘整理，股价出现回落走势，5日均线和10日均线掉头向下。2019年2月11日，当5日、10日均线即将与30日均线构成死叉时，股价却有惊无险，多头将股价拉起，5日、10日均线与30日均线拒绝死叉。5日、10日均线重新掉头向上，腾空而起，均线系统继续呈现多头排列，形似"蜻蜓点水"。

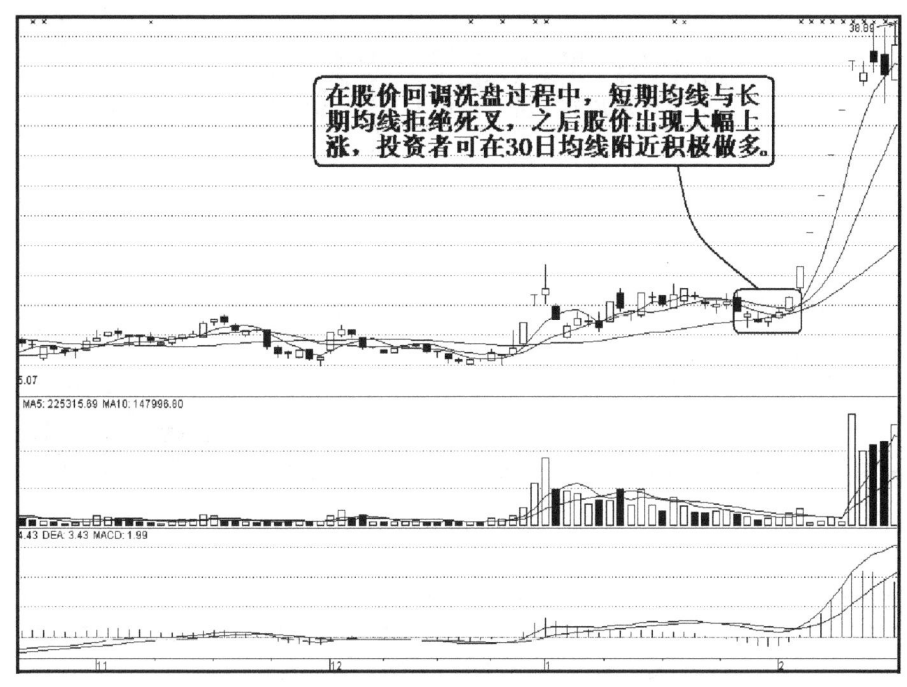

图3-11　联得装备（300545）日K线图

当日成交量开始放大，日K线为涨停大阳线，30日均线保持上升态势，MACD中的BAR指标绿柱缩短、红柱出现并逐日增长，这是一个难得的买入机会。其后股价出现持续上涨，形成主升浪行情。

4. 三角形信号

（1）银三角信号。股价经过一轮下跌调整后，在底部企稳盘整，接盘力量增大，股价开始转势向上。短期均线金叉中期、长期均线，随后中期均线也金叉长期均线，此时长期均线呈上升趋势。在均线趋势线上形成一个尖头向上的不规则三角形，这个三角形称为银三角，是一个较好的买入信号。

图3-12，天和防务（300397）：该股庄家在底部调整过程中，吸纳了大量的低价筹码，经过打压洗盘后，股价开始向上运行，表明资金介入明显。

2019年2月14日，5日均线向上金叉10日均线后，再次向上金叉30日均线。随后10日均线向上金叉30日均线，30日均线由原来的平行状态渐渐转为上行走势。在均线图表上形成一个尖头向上的不规则的三角形，符合银三角形态特征。这是一个较好的买入点，之后股价出现大幅上涨。

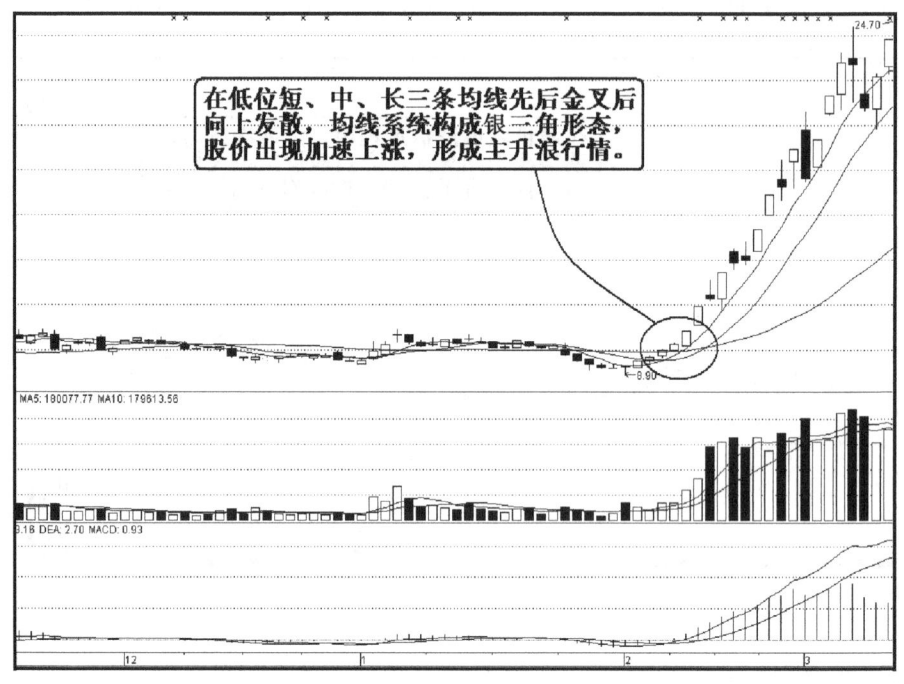

图3-12 天和防务（300397）日K线图

（2）金三角信号。在底部区域出现一个银三角形态之后，股价小幅向上攀升，经过庄家洗盘换手或调整后，股价再次出现发力向上拉升，预示行情即将进入主升浪阶段。

此时，短期均线金叉中期和长期均线，随后中期均线也金叉长期均线，长期均线保持上升趋势，在均线趋势线上又形成一个尖头向上的不规则三角形。后面出现的这个三角形，称为金三角，即为介入信号。如果回调确认并成功时,应大胆加仓买入,短期获利概率极大。

图 3-13,明家科技(300242):该股见底后渐渐向上回升,不久在底部出现一个向上的银三角形态,股价出现小幅上涨,庄家为了今后更好地炒作和撤退,便进行洗盘调整,股价出现回落走势。当股价回落到前期低点附近时,获得了强大的技术支撑,股价再次上涨,均线系统再度形成金叉,从而形成一个向上的金三角形态,即 5 日均线金叉 10 日、30 日均线后,10 日均线又金叉 30 日均线,此时 30 日均线呈上升趋势,从而构成理想的买入点。其后,该股进入牛市上涨行情。

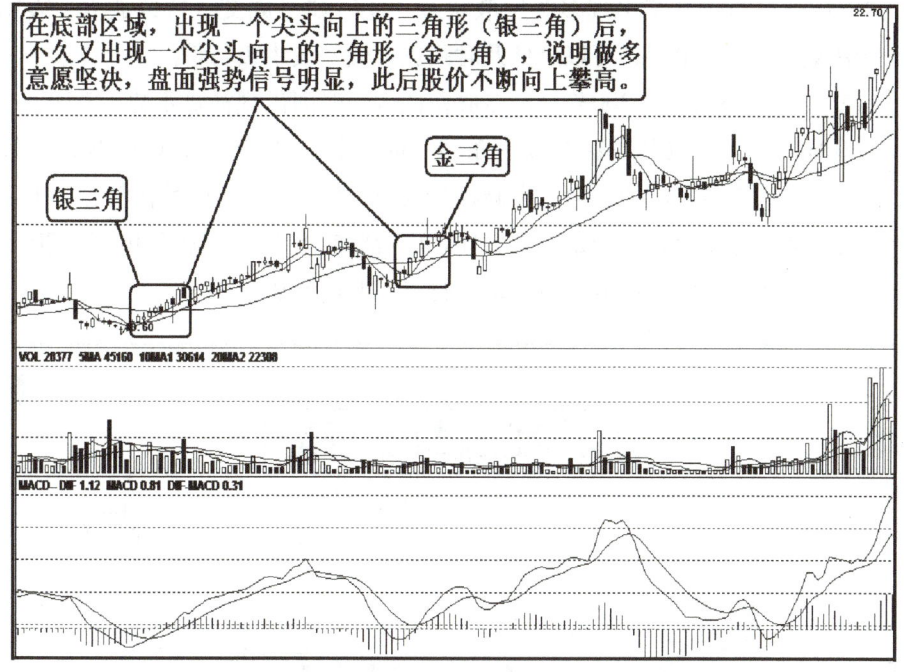

图 3-13　明家科技(300242)日 K 线图

需要注意的是,银三角、金三角从图形特征上来说它们没有什么区别,其不同之处在于出现的时间有先有后。习惯上把均线上先出现的尖头向上的不规则三角形称为银三角,把后出现的尖头向上的不规则三角形称为金三角。通常来说,金三角的位置要略高于银三角,但有时也可能平于或略低于银三角。从时间上来说,它们相隔时间越长,金三角的含金量就越高。

就技术而言,金三角买进信号的可靠性要比银三角高。其原因是,金三角的出现既是对银三角做多信号的再一次确认,又说明多方在有了前一次上攻经验后，这次准备得更加充分，这样成功概率自然会更大一些。据经验分析，在银三角处买入股票，日后成功与失败之比为7：3，而在金三角处买入股票，日后成功与失败之比为8：2。

5. 均线黏合信号

（1）低位黏合信号。股价经过一轮下跌后，在低位出现盘整走势，庄家进场建仓或压箱顶吸收廉价筹码，使5日、10日、30日均线在底部黏合或平均值接近在一起（黏合越紧、时间越长，后市爆发力越大）。某日，如果股价向上突破，5日均线脱离黏合开始向上发散，10日和30日均线尾随其后也跟着向上运行，均线系统出现多头发散状态。此时如果成交量持续放大，表明一个中级大底基本出现，可以逢低及时跟进，做一波中级行情。

图3-14，鲁亿通（300423）：该股在低位长时间出现横盘走势，5日、10日、30日均线在低位几乎黏合成一条线，时间长达1个月。2019年2月12日，一根放量涨停大阳线，向上突破盘整区域，5日均线脱离黏合状态，出现明显的向上走势。当日成交量放大，MACD指标向上发散。随后10日、30日均线向上发散，预示短期股价将继续上行，此时应择机介入。

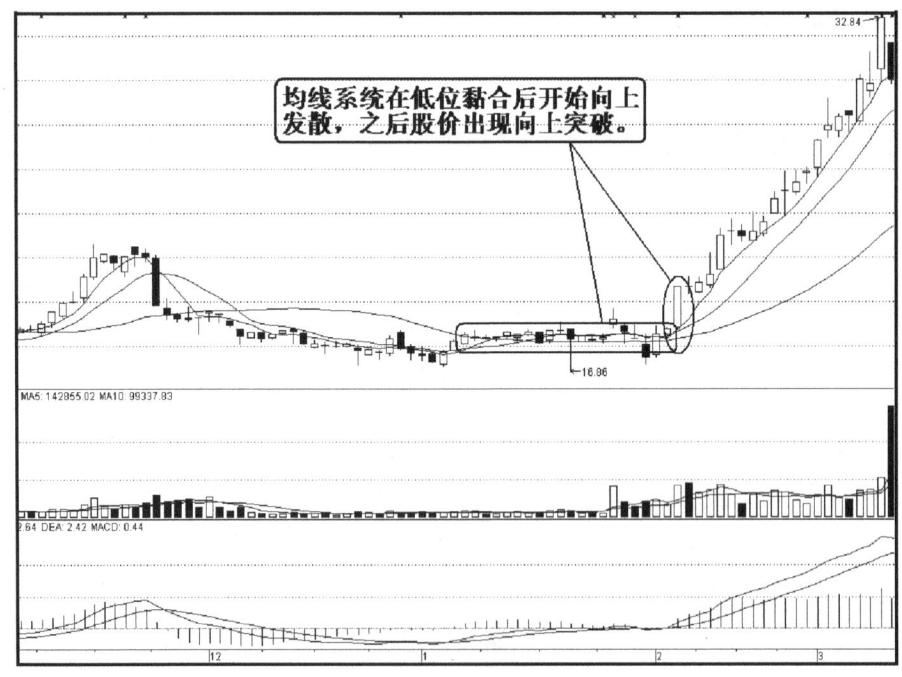

图3-14　鲁亿通（300423）日K线图

（2）中途黏合信号。在上涨过程中出现黏合。行情经过一轮涨升后，庄家开始震仓洗盘，股价震荡回调或出现横盘走势。此时 5 日、10 日、30 日均线在中位黏合或平均值接近在一起（黏合越紧、时间越长，后市爆发力越大），呈水平横盘或略向上趋势。不久，5 日均线脱离 10 日、30 日均线后向上运行，10 日、30 日均线也随之而上，均线系统出现多头排列，成交量持续放大。MACD 中的 BAR 绿柱缩小或红柱增长。表明第二轮拉升行情即将开始，如果没有抓住第一轮拉升行情的投资者，这时可以积极跟进，开心地做一轮短线上涨行情。

图 3-15，航天中汇（600677）：该股经过一波小幅上涨行情后，庄家在相对高位构筑平台整理，使意志不坚定的投资者误以为庄家出货而纷纷离场。其间，5 日、10 日、30 日均线产生黏合状态，持续时间长达 1 个多月。不久，庄家洗盘结束，开始发力上攻，均线向多头发散。当日成交量大于 5 日均量，日 K 线收阳线，MACD 指标黏合后向上发散，BAR 指标红柱加长，此时形成理想买入点。从此该股进入新一轮上涨行情，股价出现翻倍，给投资者带来一份丰厚的回报。

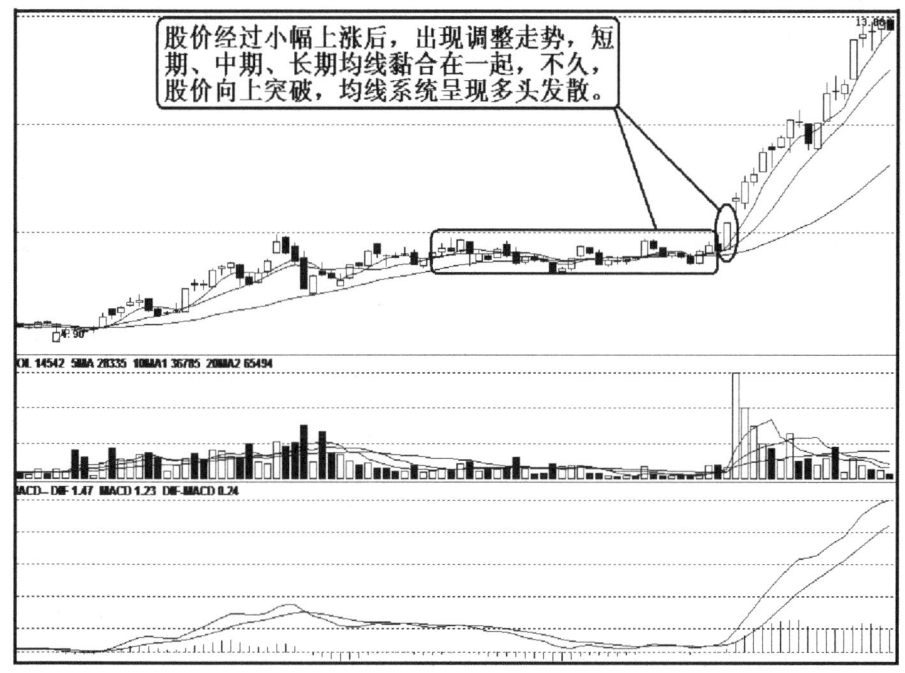

图 3-15　航天中汇（600677）日 K 线图

6. 均线发散信号

（1）首次交叉后向上发散。短期、中期、长期均线从向下发散状态逐渐收敛后，转变为向上发散状态。这种情况若出现在下跌后期，则是买进信号，后市看涨。通常来说，向上发散的角度越大，后市上涨的潜力就越大。均线向上发散时，若得到成交量的支持，则信号的可靠性越强。

图 3-16，东方网络（002175）：该股经过长时间的调整后企稳回升，扩散的均线系统渐渐开始收敛，成交量出现温和放大。2019 年 2 月下旬，短期均线向上穿过中期、长期均线后，继续向上发散，形成多头排列，盘面由空头市场转为多头市场，这时投资者可以逢低积极做多。

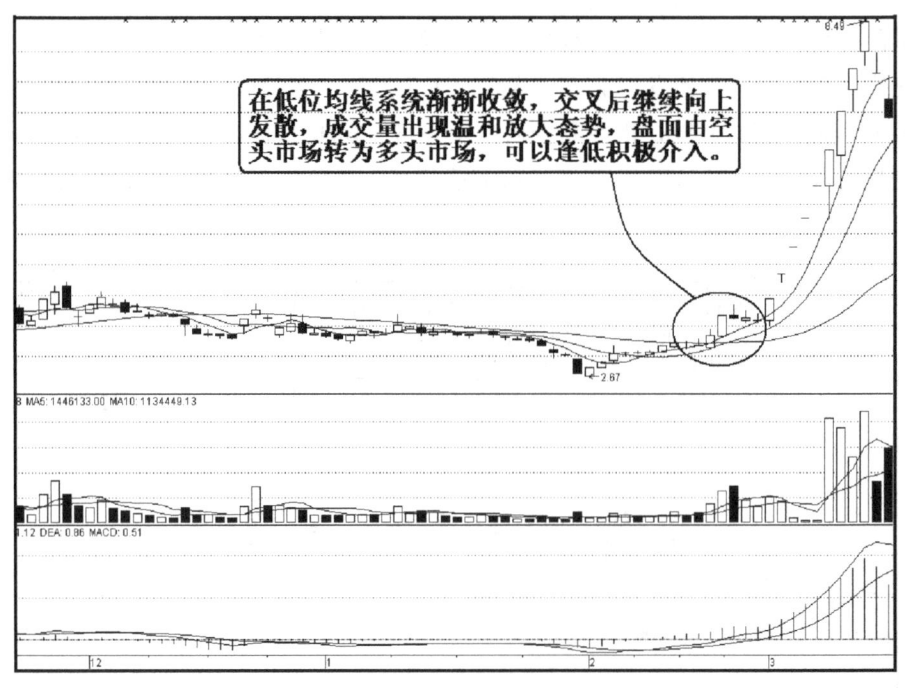

图 3-16　东方网络（002175）日 K 线图

（2）再次交叉后向上发散。该情形出现在涨势中途，均线系统曾出现过一次向上发散（可以是黏合发散，也可以是交叉向上发散）。此后不久，向上发散的均线又逐渐开始收敛，短期、中期、长期均线在收敛后再次向上发散。这是很好的买进信号，后市继续看涨。距离上一次向上发散的时间越长，继续上涨的潜力越大。

图 3-17，国元证券（000728）：股价见底后，庄家开始介入，并进行了

长时间的筑底工作。均线系统从空头发散慢慢收敛后，首次交叉向上开展多头发散。经过一段时间的攀升行情后，股价回落洗盘整理，多头发散的均线系统又开始渐渐收敛。当洗盘整理结束后，均线系统再次向上多头发散，从此展开主升浪行情。

这是庄家与散户进行的一场游戏。当庄家刚开始促使均线向上发散时，散户跟风而入。此时庄家就会把股价打压下来，促使一些短线投资者退出。当大量的盘中浮动筹码得到交换后，敢跟庄家玩的投资者已经很少，这时庄家就会让均线再次向上发散，股价进入主升浪行情。当均线再次向上发散时，就可以跟着庄家做多，这是"搭顺风船"的一个极好机会。

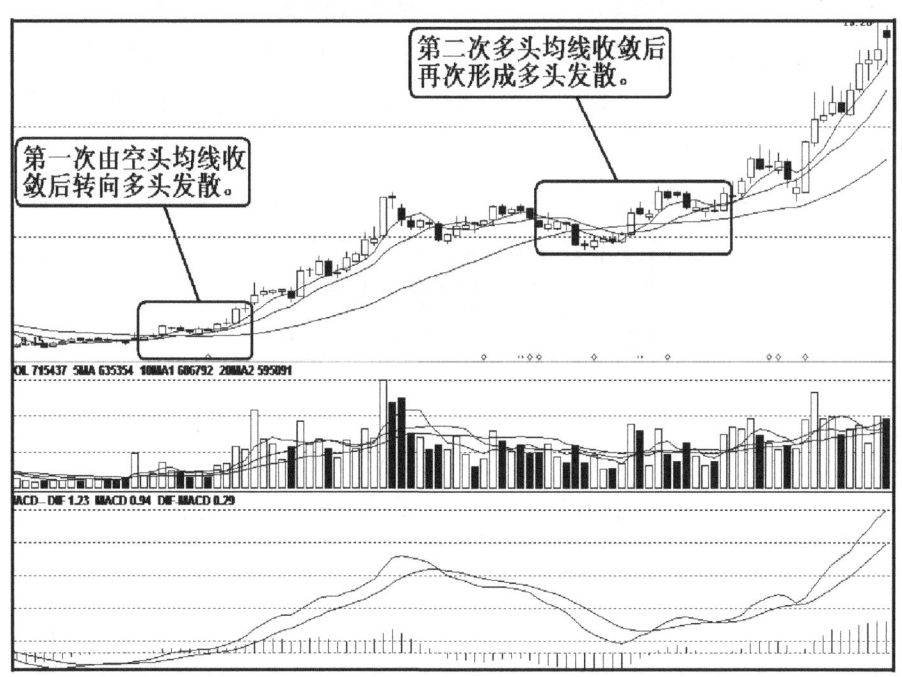

图 3-17　国元证券（000728）日 K 线图

五、主升浪的盘面异动特征

原先股价运行于一个平稳的市场中，突然被某一种巨大的力量所打破，盘面出现上下大幅波动，成交量出现脉冲式现象，说明庄家暗中作梗，股价将要爆发一波主升浪行情。盘面出现异动时应符合以下几个特征：

（1）盘面出现大幅波动，打破了往日的宁静，K 线时阴时阳。

(2) 成交量大幅放大,显示有新增资金入场。

(3) 当盘面达到平衡后,再次放量上涨或创新高时,为理想的买入点。

(4) 出现在大幅下跌后的低位或小幅上涨后的中位,在高位谨防庄家出货。

图 3-18,置信电气（600517）：该股庄家在长期调整过程中,吸纳了大量的低价筹码。从 2019 年 1 月 4 日开始,连续两个涨停,突破了 30 日均线的压制,盘面出现明显的异动走势。随后盘面又恢复了平静的走势,成交量也出现相应的萎缩,股价回落到 30 日均线附近。此时 30 日均线缓缓上行,支持股价向上走高,当股价回升到前期高点附近时,在 3 月 11 日开始又出现两个涨停,突破了前高的压力。可是,接着两天股价大幅回落,收回前面两个涨停的大半涨幅,盘面走势十分异常。从 3 月 15 日开始,因资产重组而停牌,这是前期盘面出现异动的主要原因。4 月 1 日,带着利好消息复牌,股价连拉 9 个"一"字板。

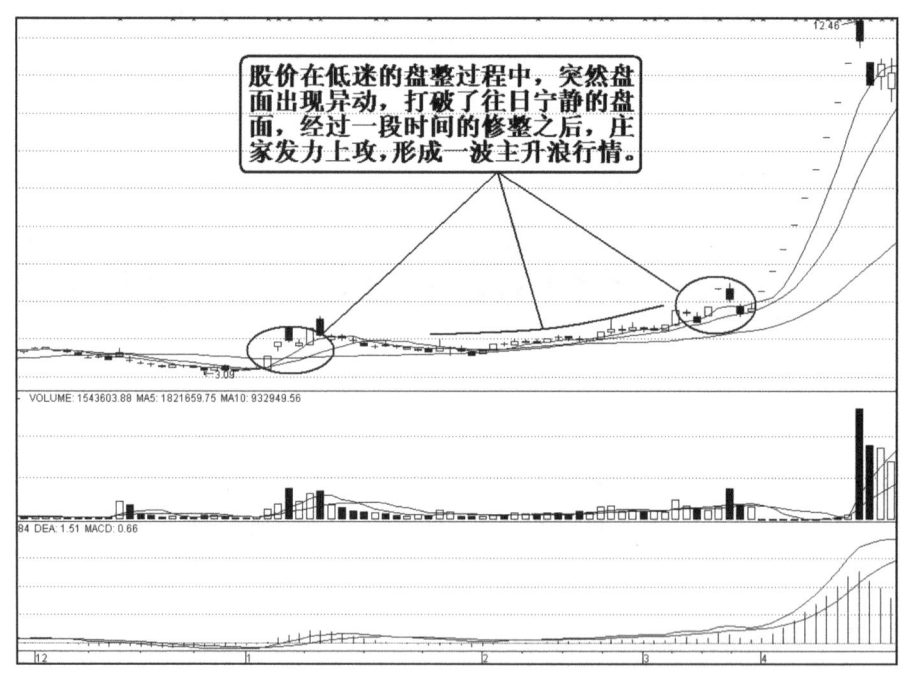

图 3-18　置信电气（600517）日 K 线图

图 3-19,银星能源（000862）：股价见顶后逐波下跌,然后在底部长时间窄幅震荡,盘面非常沉寂,成交量大幅萎缩,几乎被市场所遗忘。2019 年

1月中旬,盘面出现异动走势,成交量开始放大,股价上下大幅震荡。一阵骚动之后,又陷入沉寂,庄家开始起涨前的"挖坑"动作。1月30日,一根放量涨停大阳线拔地而起,开启一轮波澜壮阔的主升浪行情。

从上述两个例子中可以看出,当盘面出现异动时,先不要急于介入,因为此时股价上下起伏较大,入场点位难以把握,而且,异动盘面形成之后,通常还会有一个短暂平静过程,庄家进行盘面整理,然后才能真正开始上攻。所以,正确的做法就是一路跟踪它,一旦它向上突破,就可立即跟进,这样可以轻松地抓一把拉升行情。

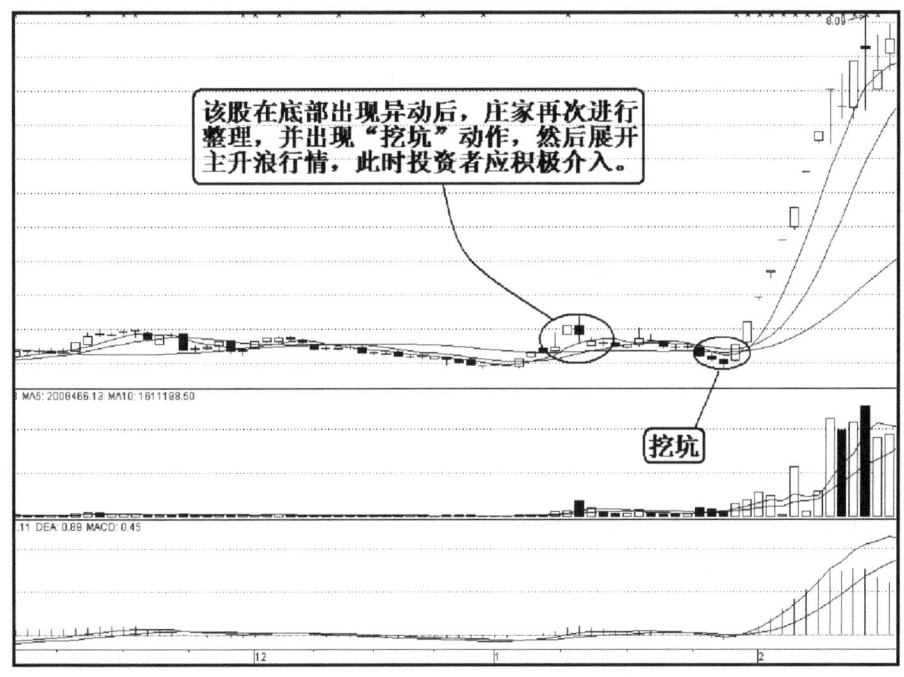

图 3-19　银星能源（000862）日 K 线图

第二节　主升浪的六大经典形态

一、长期卧底的盘整形态

这种盘面现象是股价在一个投资价值区域里,呈横向窄幅波动或者小箱体运行,成交量大幅萎缩,持续时间较长(时间越长、振幅越小,后市股价上涨力度越强、涨幅越大）。这是庄家为了避免提高收集成本而在一个窄小的区间里悄悄收集筹码所致。盘面上，往往是在某一个高点堆放大卖单，封堵股价的上涨空间，避免建仓成本过高，当股价遇阻下跌到某一个低点时，又有买盘介入，阻止了股价的继续下跌。久而久之，股价走势呈现一条横向盘整带（但并非绝对的横盘，有时出现上倾或下斜）。期间，由于没有明显的涨跌出现，不容易引起市场的注意，使得庄家在横盘中吸货的意图得到极好的隐蔽。

在低位长期横盘的股票一旦启动，其涨幅往往十分惊人，"横有多长，竖有多高"说的就是这种形态。对于中长期投资者而言，是一种很好的选择。其主要特征为：

1. 股价处于相对低位

所谓低位，就是说这只股票已经经过了长期的下跌，跌到了前期高点的50%以下，有时候跌幅甚至超过70%。在下跌的初期，也会形成放量过程，但在低位开始横盘之后，成交量渐渐萎缩，盘面较为清淡，一副没人管的样子。

2. 盘整时间相对较长

一般横盘时间要在一两个月以上，有的股票则长达半年，甚至更长。因为横盘的时间越长，割肉盘就越多。散户中很少有人能看着手上持有的股票连续长时间纹丝不动而无动于衷的，因为大盘在此期间肯定是来回好几次了。通常，大家都会割肉去追随强势股，以期获取短线利润，庄家则恰恰希望这种情况出现，悄悄地接纳廉价筹码。

3. 整理期间相对缩量

庄家横盘吸货时基本没有明显的放量过程，如果在某一时段庄家吸筹过快，就很容易导致股价上升较快。而且，成交量的放大，容易引起大家的关注。庄家在没有完成吸筹任务之前，并不希望大家看好这只股票。所以，总是少量的一点一点地吃进，尽量避开大家的关注。当然，偶尔会出现脉冲放量的情况，就是隔一段时间出现一两根小幅放量的中阳线。但事后股价不涨反跌，大大出乎人们的意料，过几天大家自然又将它忘记了。

4. 震荡幅度相对较窄

横盘并非一成不变，纹丝不动。通常来讲，横盘总是发生在一个较小的箱体中,这个箱体上下幅度不大,一般在20%以内。但上下的差价,也是很长时间才能见到,短期内根本无利可图,不会吸引短线跟风盘。在大部分的时间里,上下不过10%,谁也没兴趣去做。庄家连续吸筹一段时间后,股价上升了一点,为了降低成本,一般会在三五天内,把股价打回原处,然后重新再来。不过,有的庄家很狡猾,做出的箱体十分不规则,震荡的周期来回变,振幅也不固定,有的时候根本触不到箱体的上下沿。这时只要把握"总的箱体未被破坏"就可,中间有许多的细节不去管也罢,免得受捉弄。

图3-20,格尔软件(603232):该股完成新股拉升潮后,股价逐波向下回落,在底部呈现横向震荡,调整时间长达4个多月。在这段时间里,估计盘中不少散户也割肉逃之夭夭了,庄家却一一将低价筹码收于囊中。2019年2月1日,股价连续收出小阳线,成交量温和放大,渐渐摆脱了盘区的制约,终于向上突破横盘整理,开启一轮主升浪行情。

在这只股票里,庄家就是利用漫长的横盘整理,拖垮散户的持股耐性,最终达到建仓、拉升目的。这种盘面往往出现横有多长、竖有多高的行情,投资者应密切关注,一旦有效突破,就应及时跟进做多。

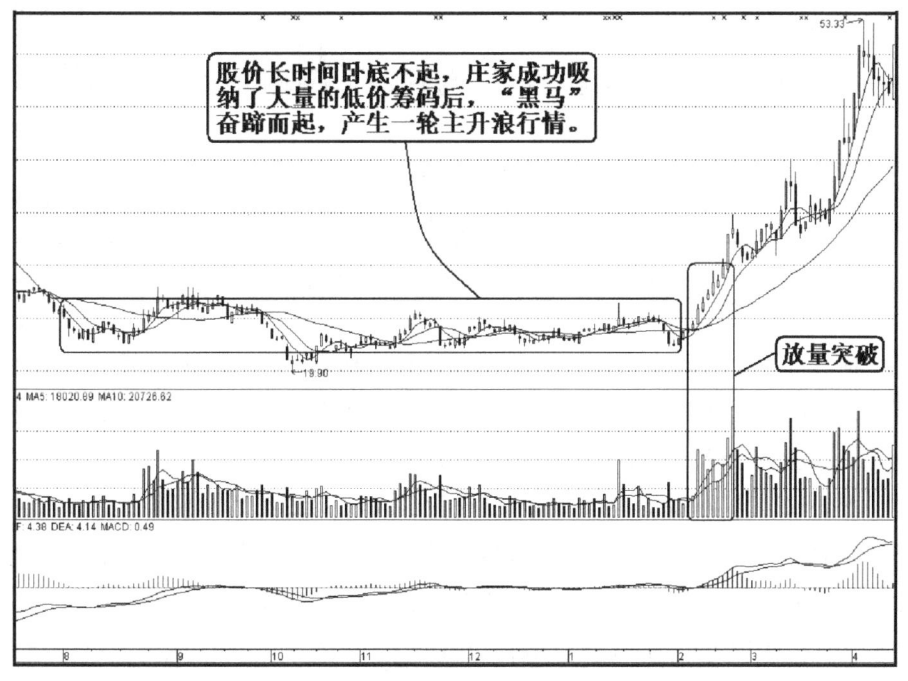

图3-20 格尔软件(603232)日K线图

图 3-21，民和股份（002234）：股价见底后出现小幅上涨，然后构成小箱体运行，维持时间长达 9 个多月，庄家在此慢慢建仓，成交量明显萎缩，这是一段折磨散户持股耐心的考验期。当庄家成功吸纳了大量的廉价筹码后，2019 年 2 月 15 日，股价放量上涨，突破了小箱体的上沿压力，从而形成主升浪行情，股价短期涨幅超过 180%。在实盘操作中，投资者遇到这类个股时，在股价突破小箱体的上沿压力时，应积极介入做多。

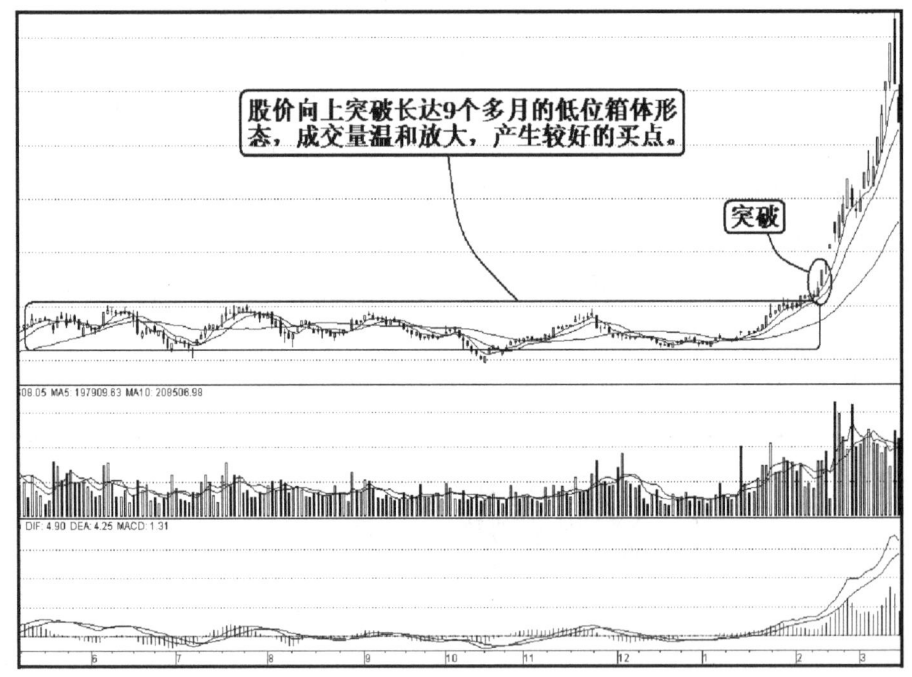

图 3-21　民和股份（002234）日 K 线图

横盘可细分为低位横盘、中继横盘和高位横盘三种。一只股票在一轮行情中，可能出现其中一种形态，也可能出现其中两种或三种形态。但高位横盘要引起注意，谨防庄家利用平台整理出货。

图 3-22，星网锐捷（002396）：该股成功探明底部后，股价缓缓向上推高，当股价回升到前期成交密集区域附近时，受到了低位获利盘和前期套牢盘的双重抛压，盘面出现横向震荡走势，持续时间 2 个多月。当上方阻力成功消化后，2019 年 2 月 11 日，股价放量向上突破平台整理区域，形成中继平台整理，之后出现强势上涨行情。

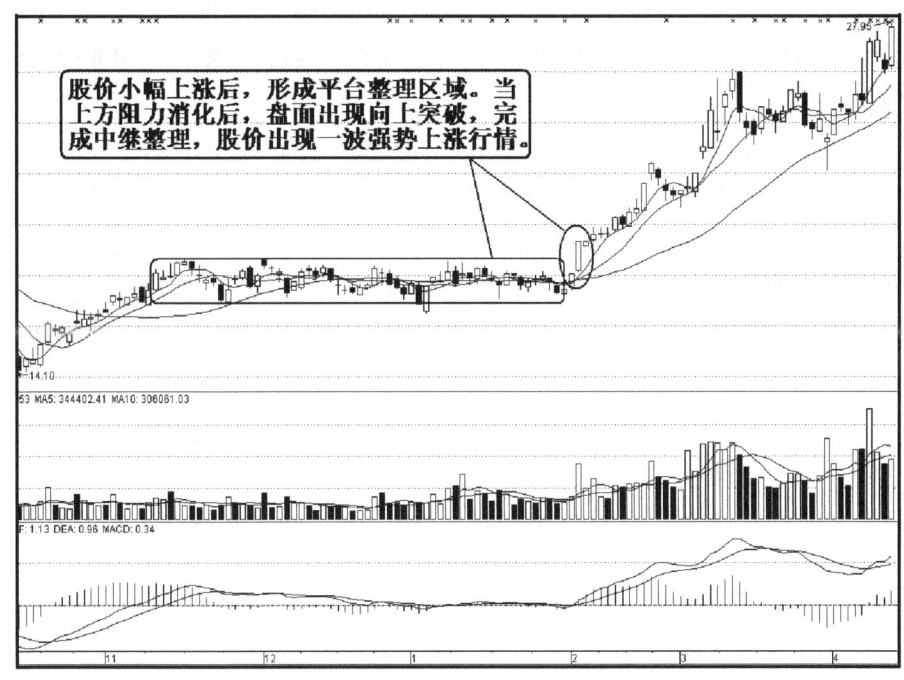

图 3-22　星网锐捷（002396）日 K 线图

二、股性适中的温和形态

这种形态与边拉升、边洗盘方式相似，股价在拉升过程中伴随小幅回档，将短炒者及信心不坚定的浮筹震出。在日 K 线图上，以小阴小阳或十字星的 K 线形式出现，股价上涨不急、下跌不凶，股性十分温和，找不到明显的拉升和洗盘动作。在走势形态上，股价每次回落的低点一个比一个高，每次拉升的高点也一个比一个高，股价的重心不断地往上移。这种走势的个股，其庄家实力都比较强大，控筹程度比较高，时机上多数出现在大势向好的环境之中。这种盘面有以下几个特点：

（1）由于这种走势的个股，股性比较温和，一般盘中不会堆积大量的获利筹码，同时也能坚定盘中的持股者信心，所以容易消化前面的压力，非常适合突破走势，一旦突破就会形成主升浪走势。

（2）温和形态的一个最大缺点，就是主升浪出现时不那么强烈，很难确定哪一天是主升浪的起涨点，有时经常被投资者忽略而失去入场的最佳时机。因此，必须掌握大突破大涨、小突破小涨的思路，这样投资心态便会豁然开朗。

（3）这类个股大多以进二退一、大阳小阴的方式向上推进，盘面没有大起大落，很少出现"一"字形或"T"字形涨停K线，不知不觉中股价已经高高在上。

（4）需要注意的是，股性非常活跃、振幅较大的个股不适合于突破，因为这类股票上蹿下跳，容易造成突破失败形态。

图3-23，维力医疗（603309）：该股在2019年2月中旬见底后稳步走高，庄家不急不躁，盘面一张一弛，股性非常温和，不断地把获利盘清理出局，同时让持币者果断介入，这样锁定长线筹码，为庄家日后大幅拉升股价减轻压力，因此容易出现持续攀升走势。

在这样的股票中，投资者可以在某一条均线附近选择介入时机。分析时注意两点：一是关注30日均线的趋势，只要30日均线没什么大碍，就可以积极跟进；二是关注成交量，只要不是天量，就可以放心跟进和持有，此时可以暂时忽视缩量上涨，因为庄家已达到控盘程度，一般不会有很大的成交量出现。

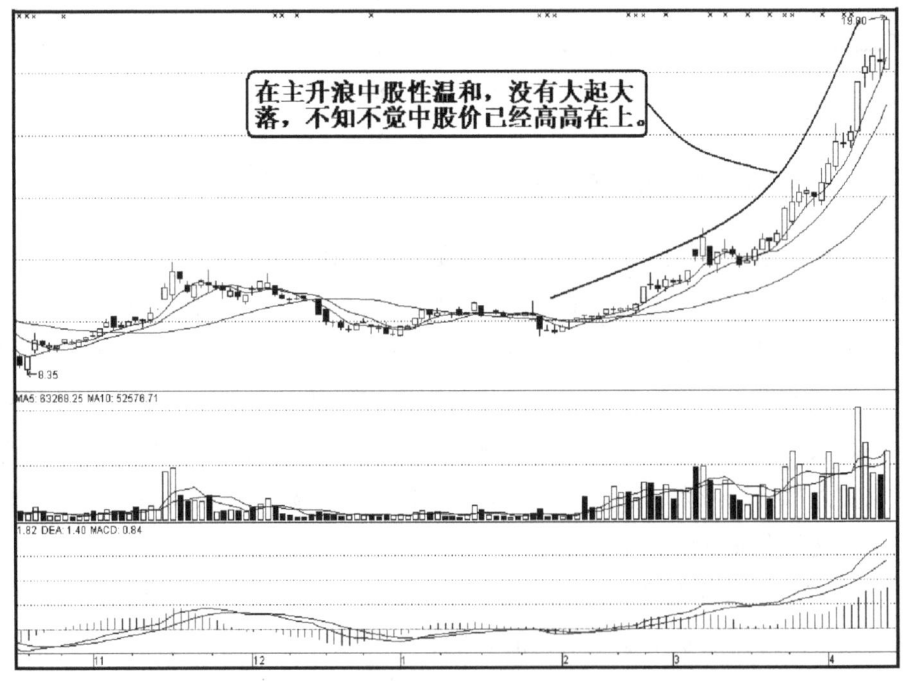

图3-23　维力医疗（603309）日K线图

这类个股的顶部也会产生两种现象：一种是加速上涨见顶，盘面悄悄地上涨，轰轰烈烈地离去；另一种是在温和中离去，怎么上涨就怎么离场，一切变化都是悄无声息的。

图3-24，世纪天鸿（300654）：该股见顶后逐波滑落，2018年12月企稳后，股价稳步向上爬高。在爬高过程中，股性温和，量价合理，没有出现大起大落走势，边拉升、边洗盘，股价重心不断上移，不知不觉股价涨幅已经超过一倍。在主升浪末期，股价出现大张旗鼓的加速上涨，2019年3月21日快速冲高回落，庄家轰轰烈烈地离去，股价快速见顶。

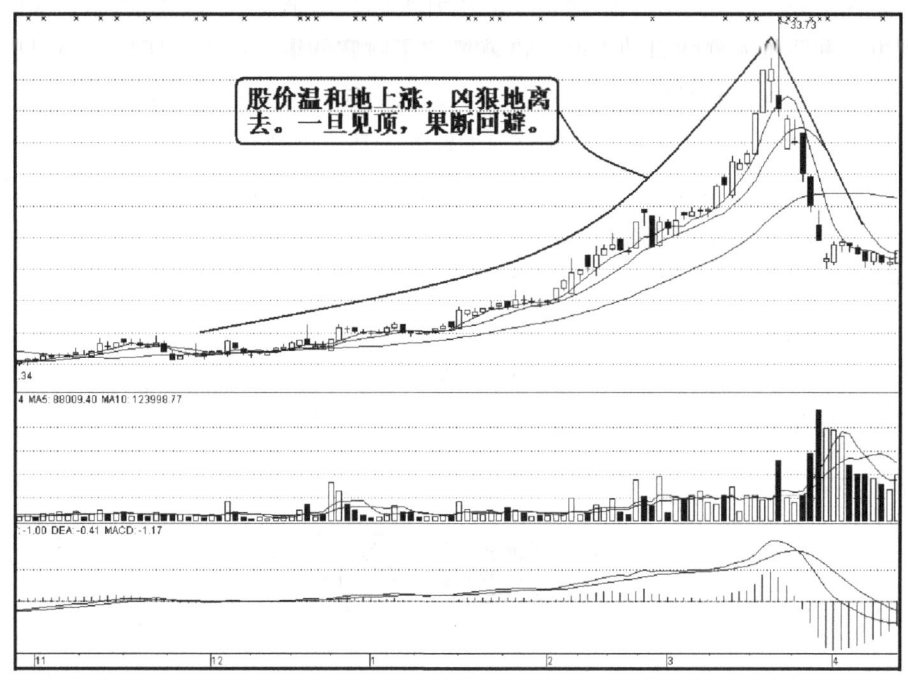

图3-24 世纪天鸿（300654）日K线图

三、创出新高的突破形态

股价创新高意味着由量变转化为质变。在股市中，很多时候看起来股价已经很高或者风险过大的股票往往还有较大的上涨空间，在实盘中大部分投资者不敢买入创新高的股票，担心股价太高会调整。相反，看起来股价较低或风险不大的股票偏偏还有继续下降的风险，在实盘中不少投资者却钟情那些创新低的弱势股票，盼望股价止跌上涨。这种反大众现象，真的把人弄糊涂了。那么，为什么创新高的股票还会上涨呢？散户不敢买的时候为什么股价涨得越猛呢？

道理很简单，股价创出新高代表了此时所有持股的投资者都获得利润，庄家敢于将股价创出新高，接走高价筹码，"解放"全部套牢者，背后肯定有更大的坐庄意图，后市将会出现更大的上涨行情，也说明多数人看好企业的发展前景或者都希望股价继续上涨，所以大家都不愿意卖出股票，股价上涨形成良性循环。

在实盘中，股价创出历史或近期（3个月以上）新高的时候就是利润最大、风险最小的阶段，新高和企业的主升浪同步来临了。当找到企业增长的爆发点和股价大涨的启动点时，也就抓住了财富的爆发机会。所以，面对股价突破的时候，最好选择前期走势温和，而突破时走势犀利的个股，优选突破概率较高的个股，寻找那些能够挣大钱的主升浪个股。

图3-25，东信和平（002017）：该股完成第一波拉升行情后，进入洗盘整理走势，股价大幅回落到30日均线之下，这时不少追高者不幸被套牢在高位。很快，股价企稳后强势拉起，2019年2月18日，股价放量涨停，次日再次收涨7.62%，股价刷新前一波新高，"解放"了前一波的所有套牢者。此时，大家不妨试想一下，庄家这样做一定不是做慈善事业的，那么庄家必定另有企图。之后的走势反映了庄家的真实意图，连拉7个涨停，股价再次翻番。

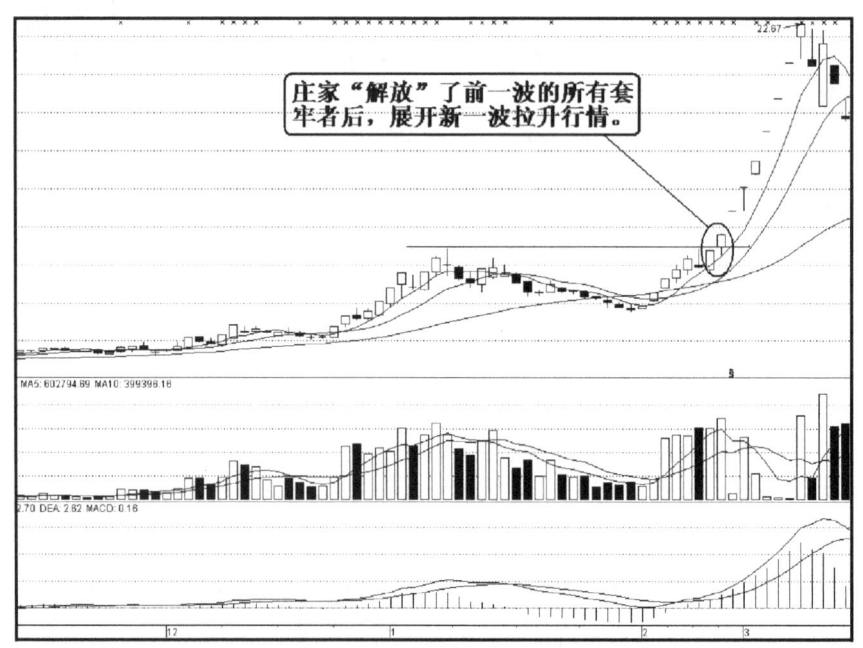

图3-25　东信和平（002017）日K线图

图 3-26，南洋股份（002212）：该股见顶后逐波下跌，长时间在底部形成震荡走势，多个反弹高点压制股价上涨，阻力久攻不破，期间庄家也吸纳了大量的低价筹码。经过一段时间缩量整理后，股价出现放量涨停，创出了两年多的新高，让所有的投资者获利，可谓"轻松超过万重山"，从而有效打开上涨空间。随后股价出现连续多个涨停。像这样的个股突破就是一个极好的获利机会，一旦发现要敢于追涨，在实盘中有很多类似的例子，投资者不妨多加验证，机会就在身边。

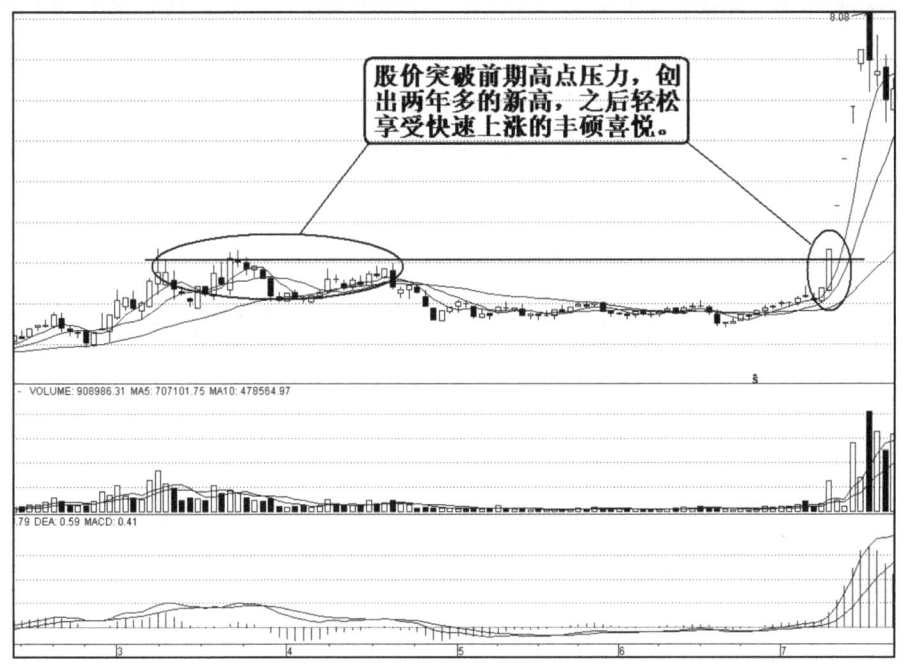

图 3-26　南洋股份（002212）日 K 线图

从图 3-26 中可以看出，前期股性温和，股价创新高不会有太大悬念，此类股票中庄家志在高远，并不计较一两个价位，因此对于创出新高个股（特别是次新股）应重点关注。在实盘中把握好两点：一是股价处于底部区域，或者是涨幅不大的中位；二是前期经过长时间的震荡整理，调整非常充分。这样的个股一旦创出新高，其上涨空间无法估量。

四、整理平台的蓄势形态

会涨的股票不会跌，会跌的股票不会涨。庄家在底部收集到一定数量的筹码后，股价向上盘升一段距离，庄家此时展开整理走势，股价停止上涨脚步，但又不敢把股价压下来而丢失筹码，从而形成平台走势，使散户误以为反弹结束而退出，而新的多头开始入场，从而形成一个相对平衡的运行格局，即一个上涨中继整理形态。通常一个中继整理平台需要1~3个月时间，成交量也会出现萎缩现象，一旦放量向上突破中继横盘时，意味着主升浪形成，其上涨力量和幅度相当惊人。

图3-27，宝硕股份（600155）：股价见顶后逐波下跌，在长时间的底部震荡过程中，形成了一个大双重底形态（观察压缩图），然后股价渐渐向上盘升。不久，股价连续出现4根中阳线，一举突破了底部形态中的多个明显高点。这时庄家并不急于拉升，而是进行蓄势整理走势。经过短暂的整理后，股价出现放量涨停，一波主升浪行情奔腾而上，短短几个交易日股价涨幅超过一倍。

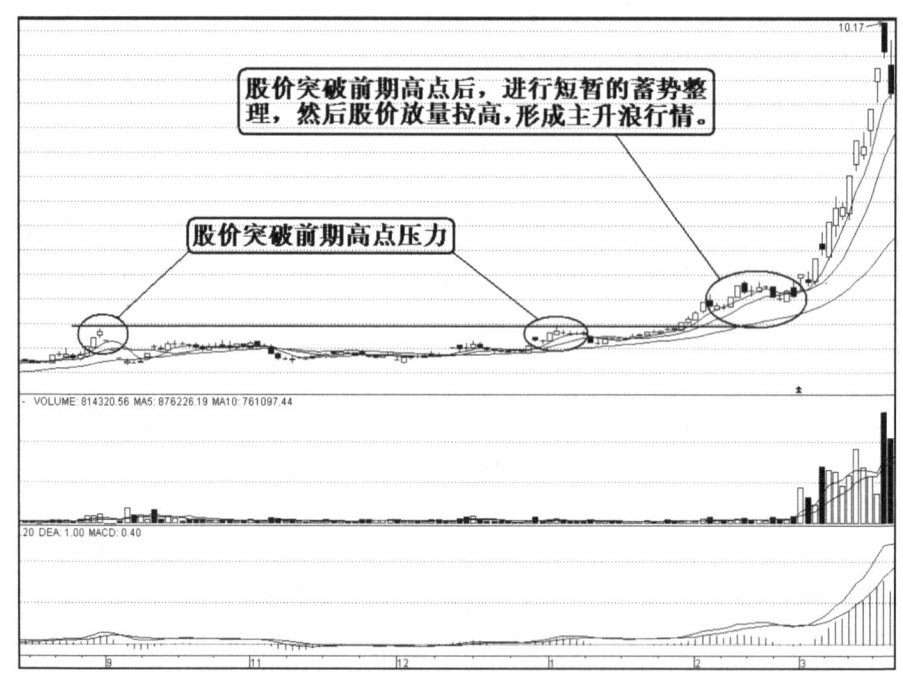

图3-27　宝硕股份（600155）日K线图

图3-28，天神娱乐（002354）：该股成功构筑底部后，股价渐渐向上爬高，不久股价向上突破底部盘整区域，然后股价出现强势整理走势，形成上涨中继平台整理走势。经过1个月左右的整理后，在利好消息的配合下，股

价再次向上突破，连续出现13个涨停板。

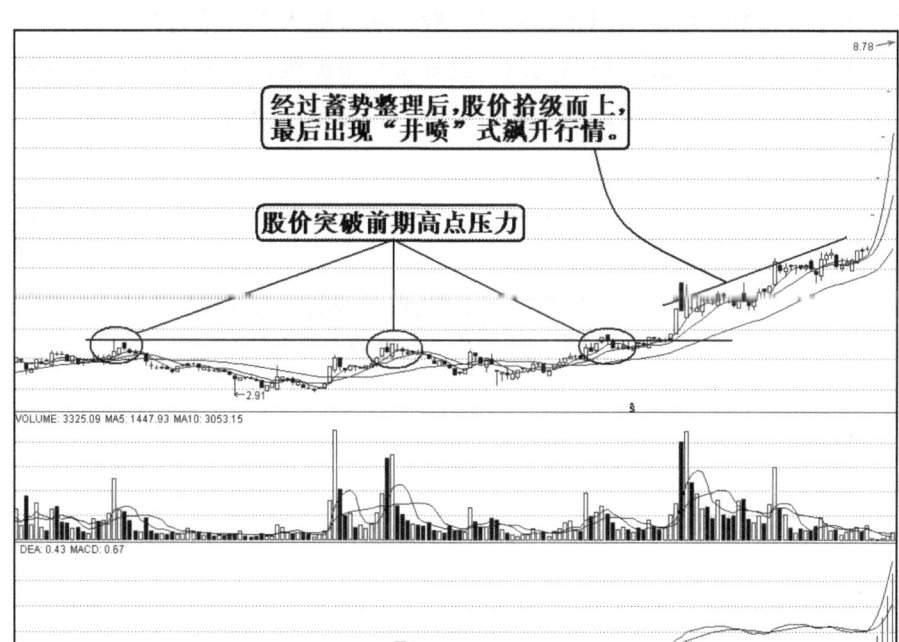

图 3-28　天神娱乐（002354）日 K 线图

五、向上抬高的加速形态

股价上涨过程如同"飞行理论"，经过进入跑道、开始滑行、离开地面、加速爬高、高空飞行等几个过程。庄家完成建仓后，股价慢慢脱离底部，然后底部缓缓抬高，上涨步伐渐渐加快，最后出现加速上涨的主升浪行情。整个上涨过程，呈圆弧形上涨态势，速度越来越快，角度越来越陡峭，最后形成突破，完成快速冲刺走势，此时成交量也明显放大。"加速冲刺"是上涨过程中最凶猛、最疯狂的阶段，也是最引人注目的过程。因此，投资者抓住这样的个股，当属炒股中最快乐的事。

图 3-29，中国应急（300527）：庄家在长时间的底部震荡过程中，成功吸纳了大量的低价筹码，然后股价渐渐脱离底部区域，股价缓缓向上推升。2019年3月25日，股价出现放量突破，形成加速上涨走势，股价从此翻了一番。

从走势图中可以看出，一开始股价上涨速度并不快，庄家这样的目的就是通过边拉升边洗盘的缓慢推升，构筑扎实的上涨基础。当股价突破后，上涨速度越来越快，角度也越来越陡峭，股价明显进入主升浪行情，所以突破就是买点。经过一阵疯狂拉高之后，股价将结束波段性上涨行情，这时投资者不要被上涨的大阳线所迷惑，此时股价累计涨幅已经较大，市场风险开始聚集，应谨慎对待为好。

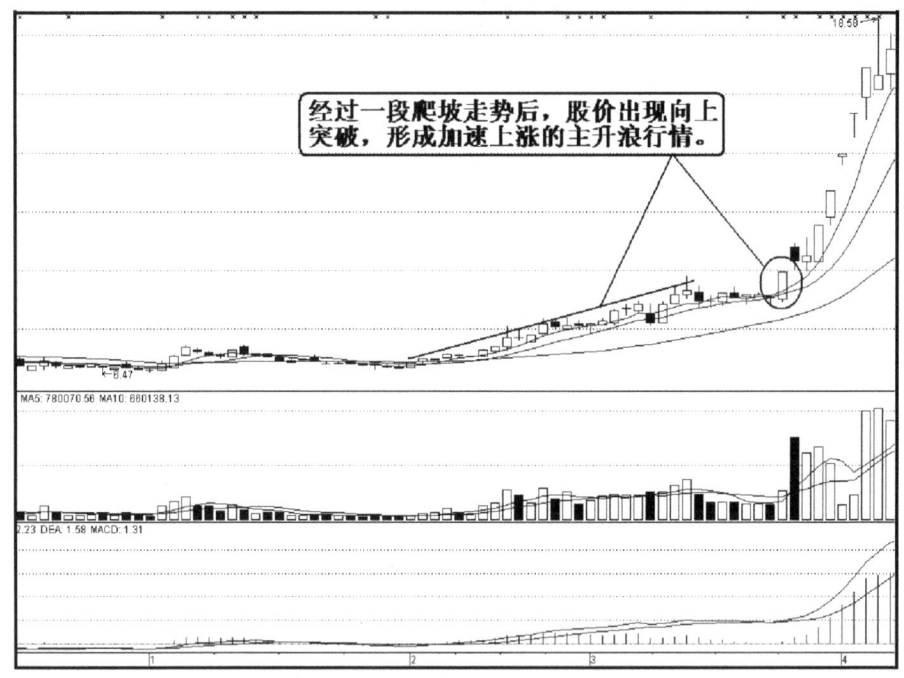

图 3-29　中国应急（300527）日 K 线图

图 3-30，龙韵股份（603729）：该股回落到前低附近时，庄家故意向下打压刺破前低，造成技术破位假象，从而骗取了散户恐慌止损筹码，然后股价企稳回升，成交量温和放大，重心不断上移。2019 年 3 月 6 日，当股价渐渐回升到前高阻力位附近时，庄家临门一脚，放量突破前高阻力位，从此股价出现连续拉板。投资者遇到这种盘面走势时，应果断介入做多，享受主升浪的喜悦。

在实盘中这种形态的个股很多，如连云港（601008）2019 年 1 月至 4 月的走势、正邦科技（002157）2018 年 11 月到 2019 年 3 月的走势等，认真分析总结，抓住主升浪并不难。

在实盘中遇到这类个股时，应在突破后的第一时间入场，介入后可以根

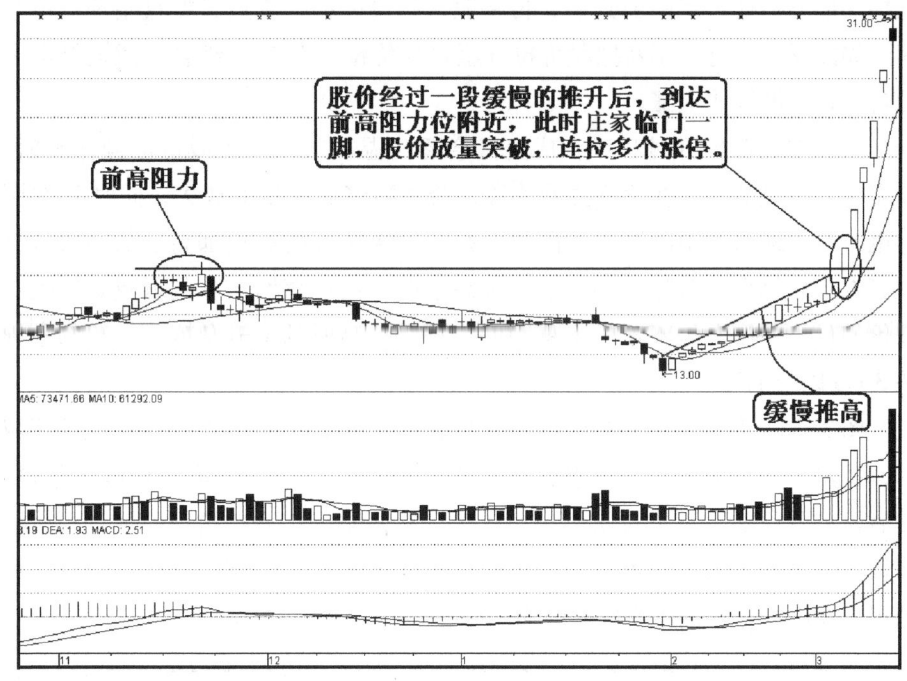

图 3-30　龙韵股份（603729）日 K 线图

据以下几方面把握市场顶部的出现：

（1）从上涨角度上进行把握。一般上涨角度在 45 度左右比较理想，提速到 45~70 度之间属于快速上涨阶段，加速到 70 度以上则属于最后的疯狂飙升阶段，股价很快面临回调，这时应注意市场回避风险，一旦有风吹草动就应退出观望。

（2）从上涨幅度上进行把握。一般而言，累计上涨幅度超过一两倍的要谨慎操作，涨幅十分巨大的，最好保持观望，耐心地当一位旁观者。

（3）从市场热度上进行把握。当市场出现一片沸腾、大家一致看好时，反映市场投机过热，这时投资者容易失去理智，市场很快就会形成阶段性顶部，因此需要投资者冷静思考，避免匆促入市。

（4）在高位出现不祥信号时，不要花精力对信号的真假进行分析，快速退出观望是最理想的首选方法。

六、逐级而上的波段形态

庄家将股价拉高一定幅度后，采取平台或强势横盘整理一段时间，在此赶出一部分摇摆不定的散户后，再将股价拉高一截，之后又横盘整理一段时间，如此反复进行，不断把股价拉升至目标价位，在K线组合形成逐级向上的台阶式或波段式上涨。

这种方式在拉升过程中，成交量会逐步温和放大，当股价停顿休整时，成交量会明显缩小。在股价拉升阶段，会伴随着成交量的放大，同时K线图上也时不时地出现中阳线或大阳线，并且每次拉升的高点都高于前一次拉升的高点，而每次回落形成的低点，都高于前一次回落时产生的低点。这表明股价的重心整体上是不断向上移动的，每次拉高时的上升角度，一般都会维持30度以上的坡度。

图3-31，新五丰（600975）：该股在2019年2月11日向上突破底部区域后，庄家采用台阶式拉升手法。股价向上拉高一波后，形成平台震荡整理，然后再将股价推高一个台阶，再形成平台震荡整理，股价拾级而上，累计涨幅较大。投资者遇到这类个股时，可在股价突破平台整理区域时，积极跟进做多，在出现三级以上台阶时应谨慎做多。

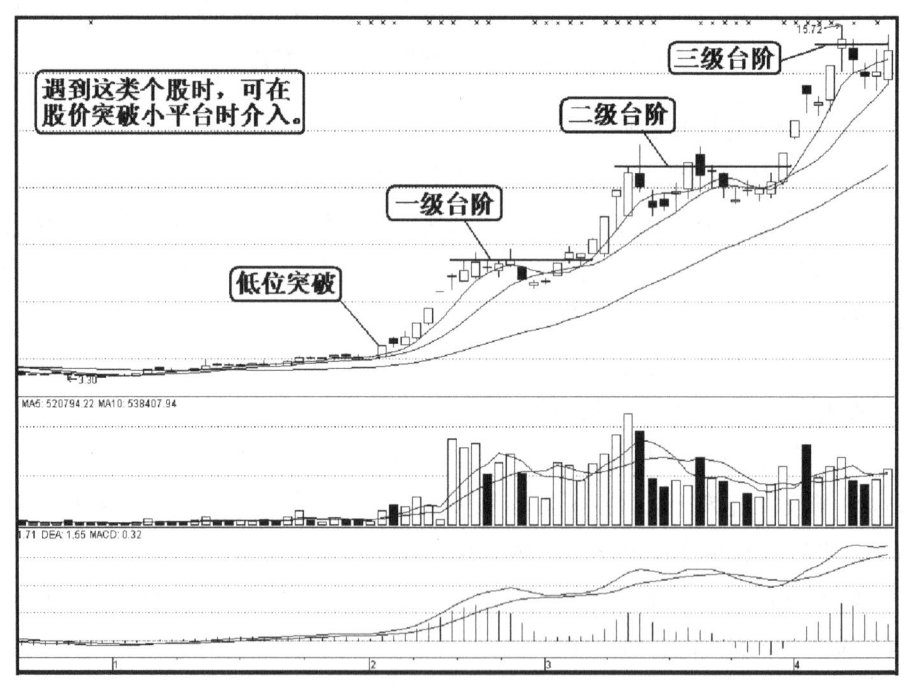

图3-31　新五丰（600975）日K线图

图3-32，天邦股份（002124）：该股在2018年9月见底回升过程中，呈

现波段式上升走势，股价每拉升一小段行情后，就回落进行整理，然后继续向上拉抬。在浪形上大浪套小浪，浪中有浪。庄家操盘手法干净利落，K线走势脉络清晰，股价张弛有序，走势如诗如画，盘面气势有加，形态坚挺有力，行情延续时间较长，股价累计涨幅巨大。

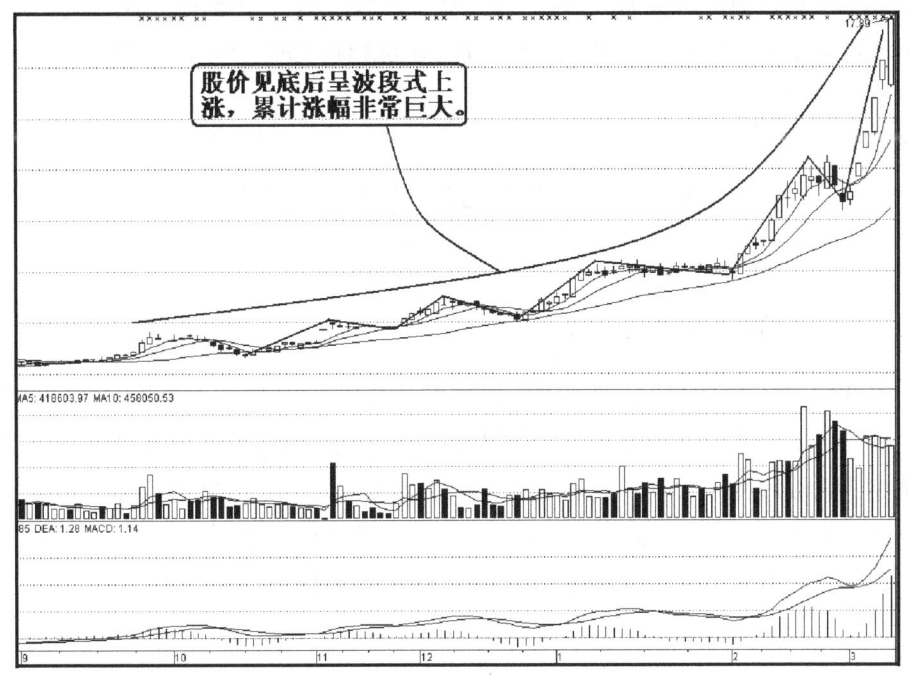

图 3-32　天邦股份（002124）日 K 线图

在实盘操作中，这种形态应掌握以下几点：

（1）散户手中已经持有该股票时，若不是短线技术高手，可以一路持股到底，在第三个整理平台区域，当股价放量冲高回落或收出放量阴线时，可以考虑卖出。

如果判断能力比较强，技术功底比较扎实，那么在这个过程中，可以进行短线操作，赚取其中的差价。

（2）散户持币关注此类股票，并寻找机会进场时，操作上只要把握回落时出现的止跌信号，一般在 30 日均线附近，就可以逢低进场了；在放量向上突破平台区域时，就果断进场操作。

（3）据观察经验，前面 3 级平台的规律性较强，准确率较高，4 级以后的平台准确率较低，可能会出现变盘，应谨慎操作。通常，一个台阶的涨升高度在30%左右，一个平台的整理时间在20日左右。但不同风格的庄家，不同类型的个股，其拉高的幅度和横盘整理的时间都不相同。

（4）最好的买入时机是在股价接近30日均线时，或者5日、10日、30日均线渐渐黏合时。无论何种情况买入，30日均线必须保持上行状态，若30日均线平行，则可靠性大大降低，若30日均线下行，则坚决放弃买入举动。波段涨幅不要有过高的期望，一般一个台阶涨幅在15%~30%，可以参照前一个台阶的高度。

第三节 主升浪的五种选股思路

一、根据基本特征寻找主升浪

通常而言，一只股票的运作大体可以分为建仓、洗盘、拉升及出货等几个阶段。对于散户投资者而言，如果想既赚快钱又赚大钱，那么只有去寻找那些进入或即将进入主升浪阶段的牛股，才能实现自己的这个目标。选股的原则有两个：选择企业而不是选择股票，选择价值而不是选择价格。

近几年市场上涨幅居前的牛股大多具有如下特征：

1. 技术面特征

看盘周期为月线，这是大赢家的目光所在，月线定乾坤。在技术指标方面，必须满足下列要求。

（1）AMOUNT成交额指标（或参考VOL均量线，两者基本一致），三线必须2次多头排列，这是庄家做盘进入月线大3浪攻击的量能质变点，量为价先，这是首要的也是本质性指标，只有AMO达标的个股，才有攻击性。

AMOUNT为成交金额指标，指标热键AMT，应用法则：①成交金额大，代表交投活跃，可界定为热门股。②底部起涨点出现大成交金额，代表攻击量。③头部区域出现大成交金额，代表出货量。④观察成交金额的变化，比观察成交手数更具意义，因为成交手数并未反应股价涨跌之后所应体现的实际金额。

（2）MACD指标在0轴上方出现"龙抬头"，形成"蜻蜓点水"式形态，清楚地发出信号，月线大3浪攻击令。

（3）满足上述两个条件时，股价突破其历史或近期高点，即出现突破性上涨的个股，可以大胆参与，一般持股 1 个月以上，会有 50%～100% 的高回报。

可以将上述三个条件概括为一句话，即只参与基于 AMO 指标和 MACD 指标都达标且股价上行无阻力的多头结构的个股。

（4）周线 MACD 指标在 0 轴上方刚刚发生黄金交叉或即将发生黄金交叉。根据 MACD 指标的运用原理可以得知，MACD 指标在 0 轴上方的黄金交叉，意味着该股前面曾出现过一轮上涨，且后来出现过调整。当 MACD 指标再次出现黄金交叉时，则表明前面的调整已经结束，而且这个调整只是回档而已，后面股价将进入新一轮快速涨升阶段。

（5）总体涨幅不大，股价已基本摆脱下降通道的压制，步入上升通道。股价涨幅不大可以确保后市仍有上升空间，投资者不会在头部区域介入；要求股价摆脱下降趋势，进入上升通道，主要是因为近几年市场处于熊市之中，大多数股票价格处于持续下滑状态，如果一只股票能够摆脱下滑趋势并步入上升通道，则往往意味着这家公司的基本面可能已出现好转，并有庄家介入其中，此时散户如果择机跟风买入，风险并不大。

2. 基本面特征

公司业绩良好或发展前景较好。目前的市场机构博弈日趋激烈，有时单纯的技术分析并不足以成为投资者入市的依据，因此选择一家基本面良好的公司是很重要的。

（1）长期以来，高速增长行业的优质上市公司，成为选择的重点，优秀的管理层，稳定的企业发展机制，都将使优秀的企业可以分享资本市场上涨的利益。一个看似非常简单的选择，则从根本上决定了投资结果。绩优股和绩差股的选择成为大家首先要思考的，可能很多朋友在多年的投资生涯之后，还徘徊在选股的过程中。说说大家都喜欢的低价的消息类绩差股。对于证券市场分析的一个根本就是市场永远是对的。价格围绕价值波动，过分的低价是没有机构投资者挖掘的特征。但是低价股确有一个天生的优势，短期上涨的速度快、比例高，使短期利润出现快速增长。

（2）在当前股市中，题材股、低价股、重组股的爆炒，让大家感觉到这才是最大的机会。但是这种机会来得快、去得也快，对于投资者的操作能力可以说是极大的挑战，在巨大的利润面前，贪婪是每个人都难以战胜的。需要强调的是，投资优秀企业可以带来长期稳定的收益。通俗地讲，投资优秀的企业才可以获得长期稳定的收益。

（3）行业的增长成为塑造大牛股的基础，行业中的优质企业成为市场涨幅的"国家队"。企业有自己的生命周期，通过对于市场暴涨个股的总结，可以认为成长期和成熟期的企业是相对涨幅最大的个股，所以建议投资者重点关注并投资于突出成长、高速稳定成长和高速周期成长阶段的公司，分享这类企业发展所带来的资本增值。

（4）前十大流通股东中有一定数量的基金或其他机构投资者存在。流通股东中有一定数量的基金或机构投资者，可以再度表明该公司基本面相对较好。在目前的市场状况下，机构投资者是不会轻易涉足那些基本面不佳的公司的，且以基金为代表的机构投资者在购买股票时，其投资行为往往会表现出长时间的一贯性，即看好一家公司的股票后会持续购买并持有，不会像以往市场上那些所谓的敢死队一样快进快出，这一点可以确保散户投资者有足够的时间进行跟风投机。

3. 市场面特征

在市场总体表现不稳或市场总体呈上升趋势时介入。在实盘中，符合上述条件的股票，也难以摆脱整体市场对其的制约。因此，一旦发现符合前面这几个条件的股票时，千万不要忙于介入，因为此时还需要对市场进行判断，否则往往会陷入教条主义。

二、根据资金特点寻找主升浪

从资金方面进行选股，在主升浪中要重点选择那些有大资金关照和介入的个股，具体要注意以下要点。

1. 选择实力强大的资金

主升浪中值得投资者跟风参与的是较有规模和实力的主流资金介入的股票。这类资金由于规模庞大，其建仓速度较慢，显得从容不迫和有条不紊，股票涨升时会采用稳扎稳打，不断滚动推高的手法操作，而且这类资金出货时大多会采用高位横盘震荡出货方式。从时间节奏分析，跟随这类资金操作具有良好的可操作性，值得投资者重点关注和参与。

2. 选择运作模式稳健的资金

主流资金的运作模式多种多样，运作周期有长有短，时间长的能延续数年，时间短的只需要数周。至于运作模式，有的以控盘拉升为目的；有的以波段式操作为盈利手段；有的以内幕消息为短炒依据，一旦上市公司利好公布，则趁机派发出货。主升浪中最适合投资者参与的是以控盘拉升为主要运作模式的主流资金介入的股票。

3. 选择运作水平高的资金

主流资金运作水平太低时，必将影响到投资者的盈利状况，有时甚至会使跟风的投资者蒙受重大损失。在最近几年的弱市调整中，涌现出很多运作水平极低的主流资金。有的主流资金由于本身运作方面的原因，一直入驻个股中没有退出，但是又无力对股价护盘，加之时间成本因素的限制，这类资金往往急于出逃，从而造成严重亏损。因此，对于这类主流资金，投资者不能轻易跟风。

4. 选择有敏锐感觉的资金

真正的市场主流资金由于种种原因，对政策的把握、上市公司的分析以及市场实际操作等方面都有着敏锐的感觉。在盘面中最显著的特点就是能够在大盘尚未摆脱跌势时，真正的主流资金所介入的个股就能够先于大盘企稳、先于大盘放量、先于大盘启动。而具有这类特点的个股，恰恰说明已经介入其中的主流资金具有某些与众不同的优势。因而，这类个股后市往往能涨幅居前，甚至能成为行情的"领头羊"。

三、根据财务状况寻找主升浪

什么样的公司可以成为未来市场疯狂拉升的上市公司呢？历史会重复是证券市场的一个基本原理。在分析基本面的因素之后，就是如何去寻找财务方面的优质上市公司了。财务分析是一门专门的学科，一般投资者无法做到全面深入的分析，因此只要抓住其中一些主要指标就可以了，在此列举几个比较简单的适合做基本面突破的指标。

1. 每股收益

每股收益是指税后利润与股本总数的比率，因此又称为税后利润、每股盈余。它是测定股票投资价值的重要指标之一，是分析每股价值的一个基础性指标，是综合反映公司获利能力的重要指标，它是公司某一时期净收益与股份数的比率。该比率反映了每股创造的税后利润，比率越高，表明所创造的利润越多。每股收益=利润/股数。这样一个选股的基本条件是市场普通投资者最愿意看到，也是相对综合性的一个指标。其增长性也是最值得关注的，可以看出企业的发展情况。但由于我国的上市公司总股本经常发生变化，因此每股收益作为判断标准也有不准确的情况。

2. 主营毛利率

（1）主营收入：指企业主营业务形成的收入，它是企业收入的主要来源，用来核算企业销售商品和提供劳务等发生的收入。

（2）主营成本：指企业主营业务所发生的成本，它用来核算企业销售商品、自制半成品以及提供劳务等发生的成本。

（3）主营毛利率：指公司主营业务的毛利率。主营毛利率=主营收入/主营成本。主营收入规模是企业抗击市场风险的基础。公司主营收入规模太小，往往受市场波动影响较大。

主营业务毛利率是公司盈利的基础，公司提高利润一般有两个途径：一是扩大产品的销售规模；二是提高产品的毛利率。就是上市公司经常提到的做大做强，但是两者之间经常有矛盾。

3. 净利润率

净利润率即本年净利润减去上年净利润之差再除以上期净利润的比值，净利润是公司经营业绩的最终结果。净利润的增长是公司成长性的基本特征，净利润增幅较大，表明公司经营业绩突出，市场竞争能力强。

反之，净利润增幅小甚至出现负增长也就谈不上具有成长性净利润年增长率。因为大家寻找的是成长性最好的个股，因此操作的预期周期应该以一年以上的时间为宜。这样可以很好地排除一些周期性行业的季度净利润变化幅度较大的问题。

地产、百货等行业都是季度性行业，它在销售淡季或者财务回收淡季，季度净利润都极低，净利润增长率环比可能都是负数。因此，用净利润年增长率来进行纵向或者行业横向比较才有意义。抓到行业的起涨点，有利于抓到大牛股。使用净利润季增长率一般在两种情况下比较合适：一是公司刚上市，可能没有连续3年的财务报表可供参考，用环比净利润季增长率判断公司是否具有高成长性；二是上市公司扭亏为盈，还没有出现连续3年的净利润正增长时，使用净利润季增长率的同比和环比来判断该公司是否将具备高成长性特征。

最后，如果净利润增长慢于主营业务收入，则公司的净利润率会下降，说明公司盈利能力在下降。相反，如果净利润增长快于主营业务收入，则净利润率会提升，说明公司盈利能力在增强。所以，选择优秀的企业是操作大牛股的一个前提条件。

四、根据庄家特点寻找主升浪

庄家的资金供给和需求是决定个股走势的一个关键因素，其中一个重要的原则就是不要参与建仓阶段。通常认为市场中存在价值发现的需要，也不反对绩差股中就没有未来基本面会产生极大变化的公司。但是这种"乌鸦变凤凰"的股市概率还是不高，加之证券市场的信息不对称，普通投资者要想拿到一手的信息可能性非常小。所以建议大家不要盲目地去价值挖掘，把这个任务交给机构投资者。在庄家充分研究之后，全面完成建仓计划，再考虑介入这样的个股，其安全度要高很多。如果能够有效寻找到股价创出新高的位置，则可以赶上企业发展的主升浪。所以庄家的认同度非常重要，毕竟庄家在市场上资金量较大，信息相对灵通，投资模式相对固定，合理地利用庄家的投资特点，将会对实盘操作产生很大的帮助。

说到底就是一个研究庄家做盘战略思路及资金流动的信息平台，通过它可以很简单地根据大资金的选股思路，锁定庄家青睐、增仓股群（也就几十只），这样过滤掉90%以上的股票，就处于极为有利的位置，为盈利打下坚实基础。目前国内市场的主流投资机构为基金系资金、QFII（合格境外投资者）券商资产组合、保险资金和社保资金等主流资金。当前庄家时代的特点依然非常明显，而且带有明显的助涨助跌的特点。在此，把他们的投资特点和投资者操作中需要注意的地方加以说明，使大家对这方面的模糊投资变得更加清晰化和步骤化显得尤为重要。

（1）基金系。优势：资金量最大，对于市场的影响最大。常年保持70%以上的仓位，投资倾向于流动性相对较大的大盘成长股。船大难掉头，重点持仓的个股一般会达到两年以上。监管严格，每季度需要公布自己的持仓报告，有利于我们跟踪其总体的投资思路和操作的股票池。

不足：以收取管理费为主要盈利手段。公司数量过多受到排名的压力过大。操作功利化相对比较严重，基金经理更换频率较高，很难完全跟踪，需要选择优秀的基金公司和基金经理。

（2）QFII系。优势：来自成熟的资本市场，擅长国际化地看待投资的机会和中长期的投资，对于优秀企业的投资能力较强。

不足：资金有限，只能改变投资思路不能彻底影响市场。没有定期报表，跟踪研究难度较大，只能通过上市公司的报表。

（3）保险资金。优势：资金数量逐步增加，将会成为市场未来的一个核心力量，投资选择低风险的产品，相对的投资稳定性较高。

不足：目前不是市场的主流，也没有定期的投资披露制度，相对阳光化不足。其他的社保基金是委托基金公司代为管理的，券商的集合理财和基金的投资思路趋同。

所以目前对庄家的研究相对集中于基金，尤其是在开放式基金的研究上。

那么，如何跟踪主流机构的战略方向呢？

第一，寻找基金的核心部队在哪里，关注每个季度基金仓位最集中的个股是哪些，尤其前10名有没有出现较大的变化是我们关注的重点。

第二，寻找每个季度的增仓重点和机构新的增仓方向。通常，每个季度大幅增加的新股、次新股，大多是未来较好的操作品种，也是我们关注的热点。

五、主升浪行情中的追涨技巧

在主升浪产生时，往往容易在纠结或怀疑中慢慢地成为踏空者。踏空就是失去暴利机会，短期甚至更长时间里难以再现主升浪。因此，作为股票投资者，主升浪是绝对不可以错过的。在股市中避免踏空的两种投资方式是：一种方式是在主升浪即将启动时低位买入；另一种方式是主升浪启动后追涨买入。追涨操作必须要制订周密的投资计划，并且采用适宜的投资技巧。这里介绍几种追击主升浪的技巧：

（1）在低位温和放量之后出现了一根带量长阳（或涨停），同时成交量为上叉阳量托，就可以马上直扑追涨，这是一种成功概率较高的追涨形态。

（2）第一个交易日涨停板，第二个交易日先上后下，收长上影十字线（阴阳均可），成交量放大，往往在下一个交易日会用长阳吃掉第二个交易日上影线，可在第二个交易日形态确立后追涨买进（多数尾盘操作）。

（3）平台整理的末端，股价先无量向下猛地一沉，之后放量中阳穿越均线，穿越之后碎步运行，当再次中长阳加速拉升时，就可以立即介入。这种情况可视该股的流通盘大小，选择合适的仓位追击。

（4）个股经过一轮上涨之后，K线形成一个圆弧形（圆弧振幅10%左右），股价再次回到前期起涨点，此时如果奔涨停向上突破，可立即追击。

（5）追涨的选股种类。投资者在主升浪行情中选股需要转变思维，不能再完全拘泥于业绩、成长性、市盈率等进行投资了，而是要结合上涨的趋势来选股。具体来说，就是要选择更有盈利机会的个股。

另外，投资者也不能看到个股放量涨升了就立即追涨，有时候即使个股成交量突然剧烈增长，但如果资金只是属于短线流动性强的投机资金，行情往往并不能持久。因此，投资者必须对增量资金进行综合分析，只有在个股的增量资金属于实力雄厚的主流资金时，才可以追涨操作。

（6）追涨的资金管理。即使看好后市行情，投资者也不宜采用满仓追涨的方法。稳健的方法是：投资者可以用半仓追涨，另外半仓根据行情的波动规律，适当地高抛低吸做差价。由于手中已经有半仓筹码，投资者可以变相地实施"T+0"操作，在控制仓位的同时，以滚动操作的方式获取最大化的利润。

（7）追涨的盈利目标。追涨的过程中需要依据市场行情的变化设定盈利目标，设置目标时要考虑到市场的具体环境特征，从市场的实际出发。研判行情的上涨攻击力，并最终确定盈利目标。到达盈利目标位时，要坚决止盈，这是克服贪心和控制过度追涨的重要手段。

（8）追涨的风险控制。由于追涨操作相对风险较大，所以对风险的控制尤为重要，一旦大势出现反复或个股出现滞涨，要保证能立即全身而退。

第四节 主升浪启动的真假盘面

股价向上突破是经常遇到的事情，但有的突破能够持续上扬，属有效突破，而有的突破却半途而废，冲到前期阻力位附近时掉头向下，将投资者套牢在高位，属无效突破。那么什么样的突破属有效突破，什么样的突破属无效突破呢？对投资者而言，怎样才能识别出假突破呢？笔者根据长期的实战经验，总结了真假突破的一些特点。

1. 突破时所处的位置或阶段

股价处于底部吸货区域、中途整理区域、庄家成本区域附近的，若向上突破其真突破的概率较大,若向下突破其假突破的概率较大。股价处于高位派发区域、远离庄家成本区域的,若向上突破其假突破的概率较大,若向下突破其真突破的概率较大。

2. 经过整理后的突破才有效

有效突破一般都建立在充分蓄势整理的基础上,充分蓄势整理的形式有两类:一类是我们熟知的各类形态整理,如三角形整理、楔形整理、旗形整理、箱体整理等;另一类是庄家吸完货以后,以拖延较长时间作为洗盘手段,或者因等待题材或拉升时机,长期任凭股价回落下跌,股价走出了比形态整理时间更长、范围更大的整理。股价一旦突破此种整理盘面,则往往是有效突破。由于这种整理超出了形态整理的范围,因而有时候是难以察觉和辨别的。

3. 大盘的强弱度和板块联动

一般而言,当大盘处于调整、反弹或横向整理的阶段时,个股出现放量突破是假突破的可能性较大;而当大盘处于放量上升过程中或盘整后的突破阶段时,个股出现放量突破是真突破的可能性较大。而个股突破时板块联动同时向上,则可信度较高,这时要选择量能最大、涨幅最大的个股,这往往就是板块中的龙头股。最后还要看政策面和基本面有无支持该板块向上的理由。

4. 成交量大小与 K 线形态

在股价创出新高时,如果成交量不能持续放出,这是假突破的最大的特点。为什么要放量呢?因为股价突破前期多个高点,有大量的套牢盘会放出(前期高点越多,越需要大的成交量),再加上有部分获利盘发现到达前期成交密集区,会先减仓操作。如果放出大量,并收出小上影线或光头大阳线,表示庄家此次上攻不是试探,将抛盘通吃。这样的资金实力不是庄家又会是谁?几乎可以肯定地说,这就是主升浪的启动信号。

一般来说,前期筹码无明显发散的个股,特别是一直在集中的个股,在突破前期高点时,无须放出巨量,但至少要大于前期顶点时的成交量,且在突破点之后还要持续放量一段时间,这样才说明突破有效。但如果突破时成交量比前期高点还小,突破后即缩量,则说明突破无效,为假突破的可能性较大,此时应果断卖出股票,否则就会套在相对高点。如果前期明显有筹码集中迹象的个股,可以在创出低点时少量跟进,与庄共舞。另外,前期有庄家明显出货的个股，在突破时放出巨量，且持续放巨量，证明为有重大题材在后的真突破。

个股突破之前放量上涨，拉出中大阳线，而突破时放量跳空，则可信度较高。此大阳线与跳空缺口称为突破大阳线、向上突破缺口，极具分析价值。股价突破之后，由于要清洗浮筹，减轻上行压力，往往要整理或收出长上影线K线，但量能要逐步萎缩。

通常成交量是可以衡量市场气氛的。例如，在市场大幅上升的同时，成交量也大幅增加，这说明市场对股价的移动方向有信心。相反，虽然市场飙升，但成交量不增反减，则说明跟进的人不多，市场对移动的方向有怀疑。趋势线的突破也是同理，当股价突破阻力线后，成交量如果随之上升或保持平时的水平，这说明突破之后跟进的人很多，市场对股价运动方向有信心，投资者可以跟进，博取巨利。然而，如果突破阻力线之后，成交量不升反降，那就应当小心，防止突破之后又回复原位。事实上，有些突破的假信号可能是由于一些大户行为所致。但是，市场投资者并没有很多人跟随，假的突破不能改变整个趋势，如果相信这样的突破，可能会上当。

5. 庄家的出货量与建仓量

假突破由于庄家出货量往往会很大，而真突破量能通常比较温和，资金性质是明确地向场内介入，虽然有时也会引发放量突破，但只要资金性质没有改变便可以跟进。所以说，区别真假突破最主要的就是区别庄家是不是在进行出货，只有进行了准确的判断才能回避假的突破。

假突破的风险性就在于庄家借助巨量进行出货，因此K线形态并不是主要的，主要在于成交量的变化。一般来讲，庄家的出货量必然会引发突破的虚假，而只有庄家的建仓量才会导致真实的突破。但是，同样的放量，什么样的量是出货？什么样的量是建仓？很多投资者是很难弄清楚的，等到弄清楚了股价要么已经跌很多了，要么已经冲上天了。所以，对于判断能力不强的散户在分析突破的时候，要尽量避免操作放巨量的股票，除非真正地识别出量能放大的含义。

有很多资金实力很雄厚的庄家在突破的时候，也不是完全以放量的形式突破，有一些股票的突破都是以缩量或是不放量的状态完成突破的，这是因为股价虽然创出新高了，但是谁也不肯卖出，这说明持股者心态稳定。庄家持仓量是巨大的，说明庄家根本不想抛，庄家在当前位置不抛，必然股价还有更高的高点出现，所以对于无量突破的股票一定要敢于操作。这是因为成交量的萎缩可以限制庄家的出货，当然，股价的波动绝不可能全是缩量突破这么简单，放量突破要比缩量突破带来的收益更大，因为真正的放量突破是资金的建仓区间，庄家采用这么猛的手法建仓，股价必然会短线暴涨，所以从获利的速度来讲，放量突破带来的收益是最高的。

缩量突破可以限制庄家的出货行为，但只有那些高控盘的个股才可以形成缩量突破走势，可惜的是，很多个股并不是高控盘，并且有些高控盘的个股也需要在突破点因抛盘增多时进行增仓操作。这样一来就会有大量的股票在突破时形成放量突破的走势。放量突破走势对于投资者来讲是又爱又恨的，爱的是有些放量突破的个股形成突破后会快速上涨，恨的是有些放量突破的个股却成了假突破而引发风险。

6. 股价的突破与均线系统

股价向上突破后，一般会沿着5日均线继续上行，回档时也会在5日均线附近止跌，5日与10日均线呈多头排列。但是假突破就有所不同，股价突破创新高后，就开始缩量横盘。让投资者误以为是突破后的回抽确认，但在回档时股价却跌破了5日均线，继而又跌破10日均线。当5日与10日均线形成死叉时，假突破就可以得到确认。

股价出现第二次交叉（黏合）向上发散，以真突破居多。股价大幅上涨之后均线出现第三次、第四次向上突破，以假突破居多。这也就是为什么技术分析专家对均线初次交叉（黏合）向上发散和均线再次交叉（黏合）向上发散格外关注，但对三次四次就不那么推崇的缘故。因为没有只涨不跌的股市，热点需要转换，板块也需要轮动。长线大牛股不是没有，只是市场不多而已。

7. 突破与突破之后的走势

股价上涨必须有气势，走势干脆利索，不拖泥带水，突破后并能持续上涨，既然是突破就不应该磨磨蹭蹭，如果放量不涨就有出货的嫌疑。而且，突破要成功跨越或脱离某一个有意义的位置，比如一个整数点位、一个整理形态、一条趋势线、一个成交密集区域或某一个时间之窗等，否则判断意义不大。

8. 股价突破前的时间要求

低位突破：股价长期持续下跌，然后在低位横盘，只要在低位时间足够

（超过3个月以上），股价在低位两次向上突破时以真突破居多。反之，当时间小于2个月时，向上突破往往以假突破居多，这也是形态理论的要求。

高位突破：个股高位横盘整理，整理时间越长，向上突破越有效。

9. 股价突破后的侧向运动

在研究趋势线突破时，应当明白一种趋势的突破后，未必是一个相反方向的新趋势的立即出现，有时候由于上升或下降太急，市场需要稍做调整，出现上下侧向运动。如果上下的幅度很窄，就形成牛皮状态。侧向运动会持续一些时间，几天或几周才结束，在技术上称为消化阶段或巩固阶段。侧向运动会形成一些复杂的图形，结束后的方向是一个比较复杂的问题。有时候，投资者对于股价来回窄幅运动，大有迷失方向的感觉。其实，侧向运动既然是消化阶段或巩固阶段，就意味着上升过程有较大的压力，下跌过程有买盘的支撑，买家和卖家互不相让，你买上去，他抛下来。在一个突破阻力线上升的过程中，侧向运动是一个打底的过程，其侧向度越大，甩掉牛皮状态上升的力量也越大，而且，上升中的牛皮状态是一个密集区。同理，在上升过程结束后，股价向下滑落，也会出现侧向运动，此时所形成的密集区，往往是今后股价反弹上升的阻力区，就是说没有足够的力量，市场难以突破密集区或改变下跌的方向。

10. 发现突破后应多观察一天

如果突破后连续两天股价继续向突破后的方向发展，这样的突破就是有效的突破，是稳妥的买卖时机。当然两天后才买卖，股价已经有较大的变化：该买的股价高了；该抛的股价低了。但是，即便如此，由于方向明确，大势已定，投资者仍会大有作为，比贸然操作要好得多。

同时，注意突破后两天的高低价。如果某一天的收盘价突破下降趋势线（阻力线）向上发展，若第二天的交易价能跨越其最高价，说明突破阻力线后有大量的买盘跟进。相反，股价在突破上升趋势线（支撑线）向下运动时，若第二天的交易价是在它的最低价下面运行，那么说明突破趋势线后，抛盘压力很大，应及时做空。

第四章 主升浪的运作规律

第一节 主升浪启动的四大模式

在股市中,人人都热衷于寻找黑马股,但黑马股毕竟属于稀缺资源,并非说找就一定能找到的。寻找黑马股需要多方面的努力,更需要投资者有丰富的实盘经验,对选中的个股要长时间地跟踪观察,在黑马启动前要做细致的准备工作,在充分了解趋势发展方向和个股股性的基础上准确出击。

一、"井喷"型启动模式

这类庄家一般资金实力十分雄厚,在低位收集了大量的低价筹码后,达到了高度控盘的目的,操作手法极其凶狠,庄家并不在乎剩余筹码的威胁。一旦进入主升浪,股价就会以迅雷不及掩耳之势拔地而起,其上涨势头不可阻挡,这样既可以节省资金,缩短拉升时间,又可以打开上升空间。

在日K线图上,常常连续拉出大阳线,或连续出现涨停板,甚至连续跳空高开,这些向上跳空缺口,在短期内一般不会回补,形成"一"字形或"T"字形上涨的"井喷"式行情,其上升角度大于80度。在拉升过程中,成交量也同步放大,但以跳空涨停形式出现时,成交量反而见小,这说明庄家高度控盘了。这种方式多出现在中小盘股或次新股中,通常具备投资价值或有特大的利好题材作为支持,市场基础良好。

这类个股产生主升浪大致有以下三个原因:

(1) 突发性利好消息刺激。
(2) 纯粹是庄家拉高行为。
(3) 超跌后的报复性反弹行情。

有时候在板块联动或大盘带动下,也会发生主升浪行情。"井喷"式主升浪在启动之前没有明显的征兆,比如大幅下跌后的"V"形反转、长期低迷调整后的突然拉起、短线游资庄家的突然袭击以及突发性利好消息的发布等情况下产生的主升浪。

1. 突发性利好消息刺激引发"井喷"式主升浪

这是主升浪启动的内在条件——股票价值增长。包括投资价值和投机价值两方面，它是造就大牛股、催生主升浪最主要的因素，也是投资者挖掘成长股的最重要的指标。

（1）在A股市场中，能够成为投资价值增长因素的有以下两类：

一是业绩增长，爆发增长、由大亏转大盈、持续高增长。

二是资产增值，隐蔽资产增值、股权增值等。

（2）同样，能够成为投机价值增长因素的也有以下两类：

一是利好题材，包括高送配、产品价格大幅上涨、资产重组、收购或者注入热门资产、重大行业性利好等。

二是比价效应，同板块或者同概念股票价格暴涨，有时大盘的大涨，也会带动某些冷门个股转牛或形成中级上涨行情。

图4-1，赫美集团（002356）：该股在下跌过程中，接连发布"业绩预亏公告""大股东减持"等利空消息，导致股价一跌再跌，释放了大量的做空动能。2019年2月18日，发布了《关于筹划重组上市暨关联交易的停牌公告》而停牌。3月4日，带着公司与英雄互娱科技股份有限公司重组的消息复牌，受此资产重组利好消息影响，股价出现"井喷"式飙升行情，13个交易日中拉出11个涨停板。当然，由于后面中止重组，股价又出现暴跌。

2. 纯粹是庄家拉高行为引发"井喷"式主升浪

有很多时候，股价涨不涨就看庄家拉不拉，只要庄家有兴趣、有实力，就可以把股价炒上天。

其实，当股票有了投资价值时，还要有资金的推动才能使股价上涨，否则"香饽饽"也成了看得见而吃不着的摆品。股价上涨的根本原因，就是资金持续推动的结果，而资金推动当然只有庄家才能有这个能力，一般散户很难完成一波完整的主升浪。对于股价上涨来说，虽然"理由"很多，比如，业绩增长、利好题材等，但其上涨的根本动力还是资金推动。在同样价值和题材的情况下，买入资金大小和势头，可以单方面决定股价上涨的力度（涨速）和高度（涨幅）。所以，无论是价值投资者还是价格投机者，都应该研究资金推动股价的问题。

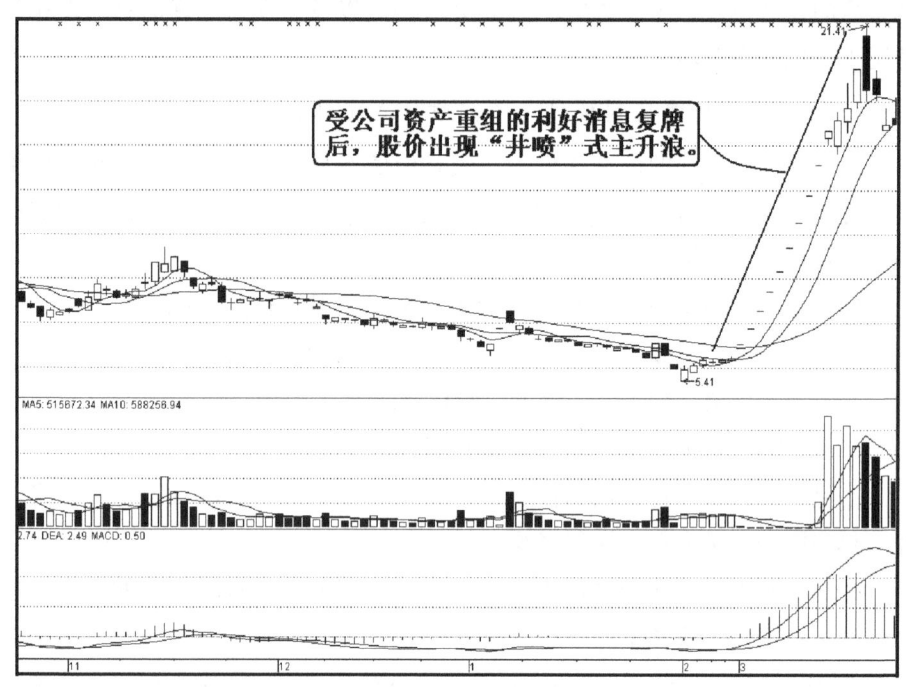

图 4-1 赫美集团（002356）日 K 线图

图 4-2，风范股份（601700）：该股就是一波资金推动型的主升浪，也是一波超跌反弹行情。股价见顶后逐波下跌，庄家完成建仓计划后，在没有任何利好消息配合的情况下，2018 年 12 月 26 日发动一波"井喷"式主升浪，股价连拉 10 个涨停板，短期股价涨幅巨大。

所以，在当前庄家盛行的时代，散户必须掌握一套防身制胜术，懂得拿刀操剑的要领，然后直刺庄家咽喉。通过观察盘面走势，洞悉庄家意图，识破庄家阴谋，进而判断庄家想干什么？将要干什么？是否将要发动主升浪以及主升浪的潜力有多大？是真正的主升浪还是庄家的诱多行为？是反弹、反转还是拉升？是白马、黑马还是病马？等等，这样才能笑傲股林，畅游股海。

3. 超跌后的报复性反弹引发"井喷"式主升浪

资金推动主升浪除了庄家控盘式外，就是超跌股的大反弹主升浪。超跌股特别是超跌低价股的大反弹主升浪的形成，与大盘的走势有一定的关系。在大多数情况下，与大盘的走势有同向的关系，当然，也有在大盘处于震荡或只是小反弹行情时，超跌低价股也会出现大反弹主升浪的情况，这种情况在超跌低价的次新股中比较多见。超跌低价股的反弹力度主要还是看股价的投机性，投

第四章 主升浪的运作规律

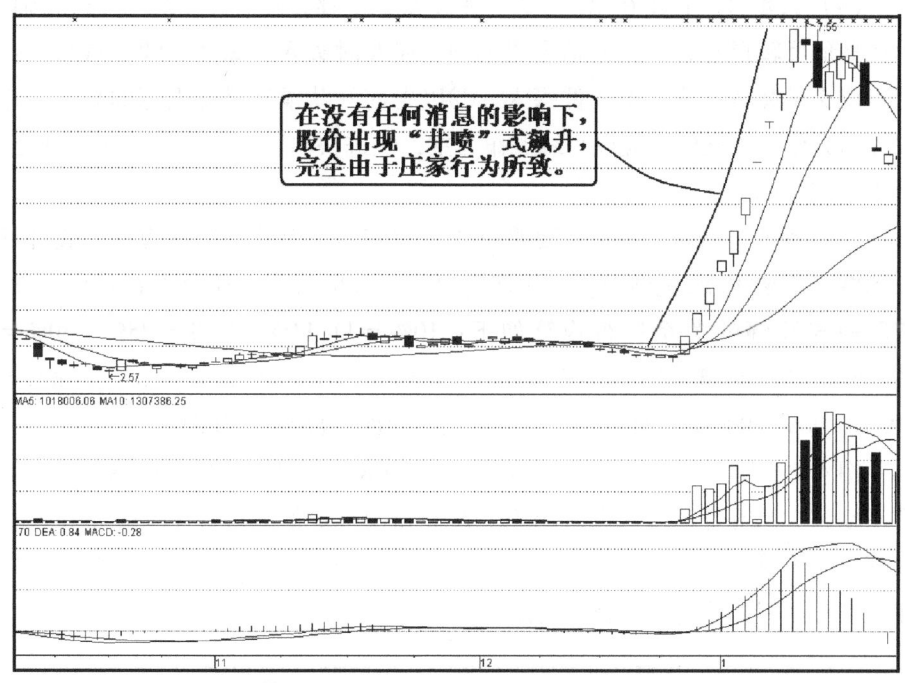

图 4-2 风范股份（601700）日 K 线图

机性越强的股票，反弹的速度越快，力度越大，幅度也越大。

这类个股其实是跌出来的主升浪，由于"V"形反转是一种剧烈的底部反转形态，在毫无先兆的情况下突然发生，这种走势非常不容易掌握。在实盘操作中，应注意以下几方面的因素：

（1）必要条件：①市场在极度脆弱中，下降速度越来越快。②股价下跌幅度大，盘面出现急剧反转，高点与低点相差巨大。③反转时成交量显著放大，无量或小量均不可靠。

（2）最大缺点：形成时间很短，形态出现之前没有任何技术迹象，何时产生和结束都难以判断，但在我国股市中又是十分常见的基本形态。"V"形并不一定出现较长时间的大趋势，有时它仅影响数日的走势，但如果把握得好也能抓住一波不薄的收益。

（3）认识方法：①标准的"V"形下跌的角度与反转上升的角度基本相等。②底部比较尖锐，往往出现非理性砸盘。③股价反转时必须伴随着成交量的显著放大。④借助黄金分割线、循环周期理论以及消息的真假判断等进行判断。⑤股价通常形成三波上涨走势，中间有短暂的整理，这是较好的入场机会。

(4) 买卖时机：①在急跌尾段以跳空形式下挫，随后又以跳空形式反弹，形成岛形反转形态，其转向信号更强烈，应及时买入。②经持续下跌后，在低点成交量突然大增，可逢低买入。③以先前的跌幅来推算上涨的高度，并关注阻力位。④投资者应以短线操作为主，快进快出，不要计较一两个价位，舍小本赚大钱。

(5) 跌幅与涨幅的关系：要明白"下跌容易，上涨难"的道理。股价下跌50%，需要100%的涨幅，才能恢复原位。这里为了方便投资者实盘参考，将跌幅与涨幅的关系进行换算如下：10% = 11.11%，20% = 25%，30% = 42.85%，40% = 66.67%，50% = 100%，60% = 150%，70% = 233.33%，80% = 400%，90% = 900%（前面的数字为跌幅，后面的数字为涨幅）。

图4-3，恒立实业（000622）：该股经过长期的下跌调整后，从19元上方下跌到3元附近，股价严重超跌，投资和投机价值显现，庄家开始介入收集部分低价筹码，使股价渐渐企稳回升，在低位形成长时间的横盘震荡走势，庄家在此期间基本完成主仓吸纳计划。

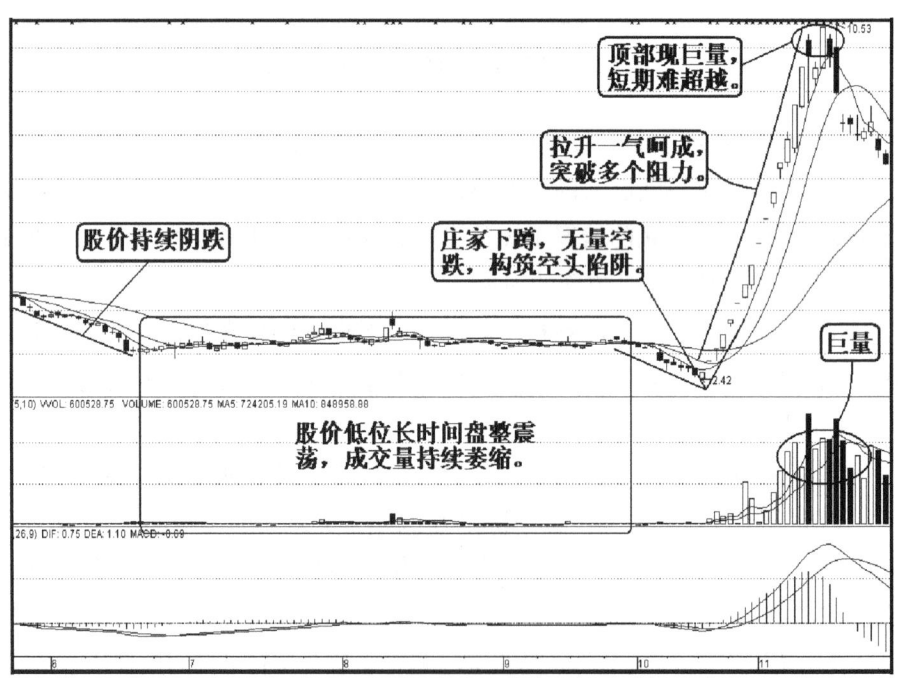

图 4-3　恒立实业（000622）日 K 线图

2018年10月11日，突然股价跳空低开3.51%，盘中逐波走低，一度触及跌停价位，在形态上造成技术破位之势。此后的连续小阴线，给散户造成很大的心理压力，不少散户在恐慌中割肉离场。庄家通过向下试盘的方式，完成了最后的加仓计划后，10月22日股价"一"字涨停，快速回升到前期盘区内，呈现"V"形底。股价在前期盘区附近作短暂的震荡后，股价突破多个重要压力，庄家强势拉升，盘面气贯长虹，在17个交易日中拉出14个涨停，短期股价涨幅超过200%。

那么，该股庄家是如何拉升的呢？下面对庄家拉升行为做进一步的实录回放。

（1）庄家建仓非常成功，浮动筹码收集得十分彻底，见图4-4日K线图。庄家在前期持续阴跌过程中，拿到了部分初仓筹码，从2018年6月下旬开始进入横向震荡走势，盘面十分低迷，成交量大幅萎缩，显示浮动筹码已经不多。在横向震荡期间，曾经两次出现拉高动作，在大幅震荡过程中让不少散户逢高离场。

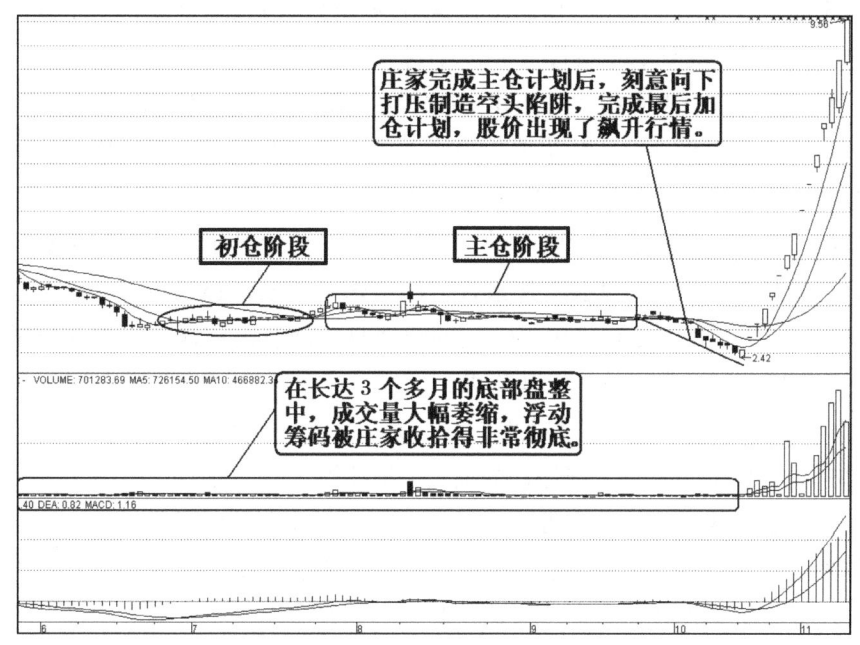

图4-4　恒立实业（000622）日K线图

特别是在10月11日开始的诱空走势中，更加暴露出庄家的建仓秘密，K线连续收阴，成交量持续萎缩，而破位后股价跌幅不大，这显然是一次假突破走势。如果是真正的下跌，那么股价破位后必然有恐慌盘出现，成交量会有相应的明显放大，并且股价会出现快速下跌，迅速脱离突破位置。该股突破后没有出现这些盘面现象，那么投资者就应当深思了。

（2）当庄家将最后一批浮动筹码清场后，手中筹码已经高度集中，这时庄家就迅速"关门"，不给散户有进场机会了。

日K线7连阴后，在10月19日收出一根止跌性小阳线，次日"一"字封板不动，当日所有的散户都买不进，初显庄家的强悍。见图4-5A处。

（3）10月23日，再次从涨停价位开盘，第一分钟内有58181手的单子抛出，将股价回落到昨日收盘价位置，然后不到3分钟股价重新封于涨停价，直至收盘没有开板。成交量与前一个交易日相比，出现明显萎缩现象。

接着，在24日股价微幅高开0.32%，瞬间翻绿后，股价迅速拉起，直线拉升到涨停不动。25日，跳空高开7.87%后，股价秒封涨停，当天成交量不大。见图4-5B处。

（4）从23—25日这三天的盘面表现来看，有两个问题值得散户去思考：一是庄家为什么股价快速打压后，迅速拉回到涨停板封盘不动；二是既然封涨停如此坚决，为什么不直接"一"字封盘。

两者看起来似乎有些矛盾，其实庄家的意图很清楚，因为图B处正好是前方"压力一"阻力位，该位置的阻力不可小觑。所以，庄家采用了恰到好处的方法：一是让盘中部分散户在颤抖中离场，如果直接以"一"字板出现，那么盘中散户就会坚定地持股不动，这样对庄家的拉升不利；二是不让场外资金有更多的低位介入机会，如果长时间震荡不封板，必然会有场外资金逢低介入。可见，B处是对"压力一"的快速盘中洗盘，在这三天中庄家的操作手法非常巧妙，操盘技术极其高明。

（5）通过图4-5B处的震荡后，"压力一"中的部分浮动筹码已经离场，所以在C处出于"一"字涨停，外围资金继续拒之"门外"。

（6）在图4-5D处连续两天高开拉涨停，且成交量出现明显放大，因为该位置是"压力二"的重要阻力位，所以需要震荡洗盘。在D处之前已经出现5连板，短期涨幅也不小，只要在此位置稍微震荡一下，就会有部分筹码出现松动。

从分时走势中，如图4-6所示，从中可以看出庄家的洗盘意图。10月29日，股价高开3.61%后，秒封涨停，但封盘不到半个小时巨量开板，随后股价回落到5个左右上下震荡。经过近2个小时的反复震荡，几乎把底部获利盘（原先的"压力一"附近的筹码）清洗出局。午后再次封板，但在尾盘再次开板震荡后，重新封板至收盘，见图4-6左图。10月30日，股价小幅高开

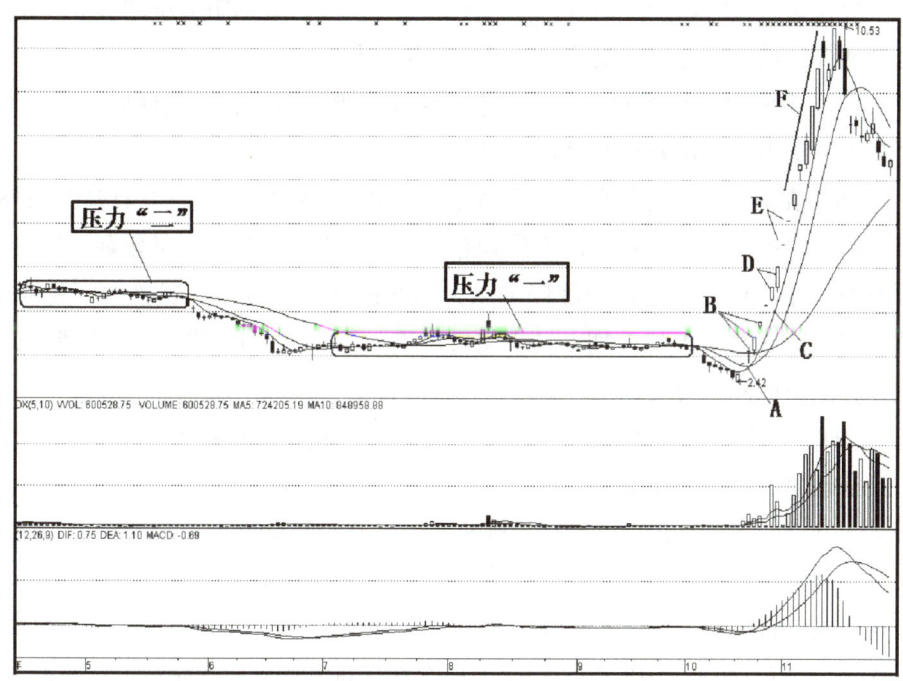

图 4-5　恒立实业（000622）日 K 线图

0.22%后继续震荡整理，直到 10：20 快速拉至涨停，见图 4-6 右图。

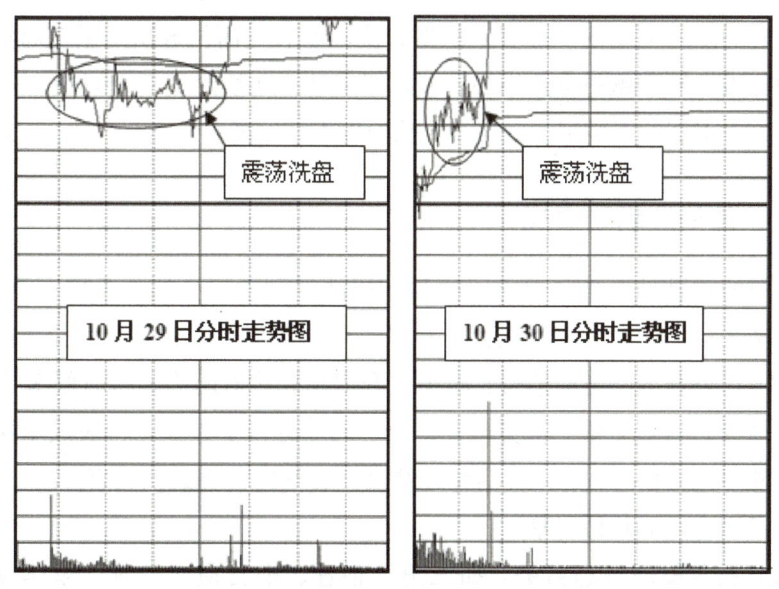

图 4-6　恒立实业（000622）分时走势图

经过这两天的盘中震荡后，将"压力二"位置附近的阻力得到有效消化，以及底部区域的大部分短线获利筹码也获利退出。

（7）再回到图4-5的日K线图中，经过D处的盘中震荡整理后，浮动筹码得到清洗出局，接着在E处连拉两个"一"字板。

（8）在F阶段，连拉两个高开高走封涨停的K线后，11月9日高开强势震荡收高，成交量明显放大，换手率超过20%，庄家有对敲出货嫌疑。随后，再拉两个涨停板，但这两个涨停是以大阳线的形式出现的，虽然封了涨停，但上涨力度显然大不如前期，且成交量再次放大，表明庄家在对敲出货，此时作为散户应高度警惕，随时做好离场的准备。

（9）11月14日之后股价在高位出现震荡，成交量再次大幅放大，股价有滞涨现象，20日收出一根接近跌停板的大阴线，次日低开低走，头部形态确立，从此股价渐行渐弱，预计该股短期难以再次创出新高。

类似的实例在2018年10月至11月上旬比较多，如群兴玩具（002575）、鲁信创投（600783）、弘业股份（600128）、市北高新（600604）、民丰特纸（600235）等，还有2018年5月的亚夏汽车（002607），也都属于这种拉升手法。

这类个股的操作技巧就是在阻力位被快速突破时介入，前提是新近在前面出现过一个空头陷阱形态，而这个空头陷阱就是为消化上方阻力而设置的，所以这时的阻力位往往不是真正的阻力位，然后在高位放出巨量时离场。对于阻力位被轻松穿越的也要小心，谨防假突破，连续出现5个以上"一"字板的不宜再追涨，突破阻力后连续大涨的也不宜追高。

二、蓄势型启动模式

蓄势的意思是股价需要洗盘整理，清洗浮动筹码，如果股价一直拉升，散户获利太多，庄家就需要洗去不看好后市的散户手中的筹码，让长期看好该股的散户进场帮助庄家抬轿，减少拉升成本和拉升阻力。这时候K线一般在高位横盘，阴阳交错，蓄势待发，使筹码充分换手，大家持股成本比较接近，上涨时抛盘相对较轻。然后整理结束，股价向上突破，从而开启主升浪。蓄势型盘面有以下几种现象：

（1）技术整理形态蓄势。如三角形整理、平台横向整理、箱体震荡整理等。

（2）阻力位突破之前蓄势。如前期高点、成交密集区域（盘区）、均线附近等。

（3）突破后的回抽确认蓄势。如回落确认走势、横向震荡确认等。

蓄势后的突破方式，将在相关章节里穿插讲解，这里仅就平台蓄势整理结合实例加以分析。

图4-7，福安药业（300194）：该股庄家完成建仓计划后，开始缓缓向上推高，当股价回升到前期高点时，遇到低位获利盘和前期套牢盘的双重抛压，庄家主动选择整理走势。在整理过程中，庄家也不敢让股价出现深幅回落，担心低位丢失廉价筹码，也不做突破性走势，以免造成不必要的成本增加，所以出现横向震荡走势。经过一段时间蓄势整理后，盘中浮动筹码得到较好的消化，2019年3月29日放量涨停，股价突破盘区高点压力，表明庄家蓄势整理结束，这时投资者应积极介入。从此出现一波"井喷"式主升浪，在11个交易日中拉出9个涨停板。

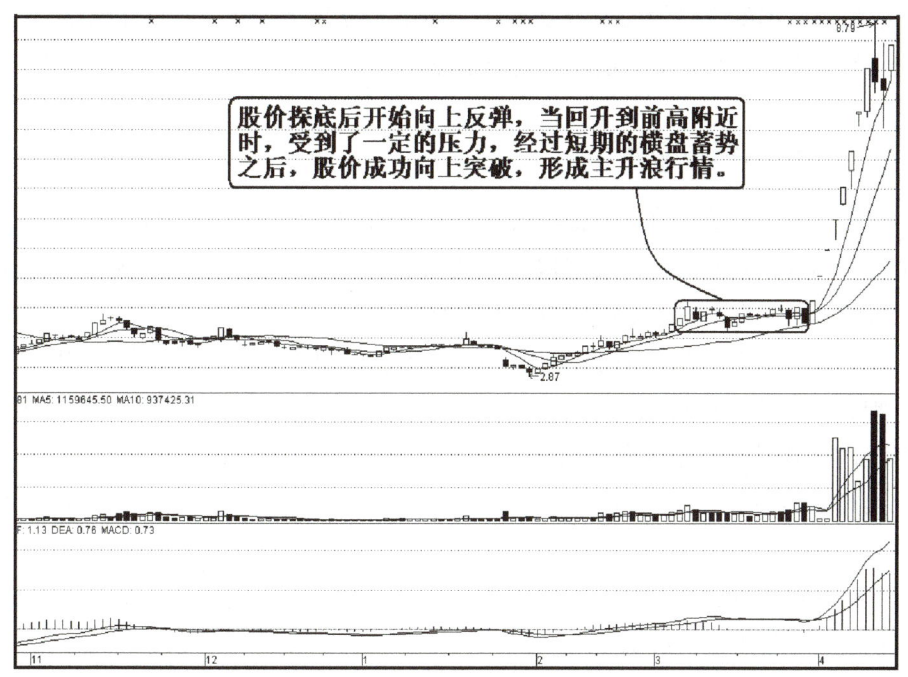

图4-7　福安药业（300194）日K线图

在主升浪发生之前的整理，大多是强势整理，而强势整理又是主升浪不可或缺的一步。很多时候，市场对强势整理有一些错误的理解。

一是认为强势整理的时间非常短,其实并非如此。有时候强势整理的时间会很长,也就是在完成建仓以后,强势整理可能要达到 3 个月甚至更长时间。

二是有的技术人士在媒体上推荐股票后,一旦涨不上去,就声称是"强势整理",很快会突破上涨。其实,股票不是在所有区间都会出现强势整理,强势整理应该是一种慢牛爬升式的整理型上涨,是加速上涨之前必不可少的准备。

一般而言,强势整理是一个时间和顺序概念,当个股在未来的时间内完成周期性主升浪时,是需要一定的量价变动程序的。这种变化程序的第一步,就是反转蓄势周期,随后进行强势整理,这种整理实际上就是夹在反转蓄势区间和主升浪第一波中间的填料。如果说从反转蓄势整理区间的涨涨跌跌到最后的突破,是行情发动的第一周期,那么强势整理股价的特点就会脱颖而出,完成一个完美趋势上升的过程,这时行情就向纵深阶段发展。

散户在本阶段要做的事就是关注,而不是提早买入。一旦向上突破,不惜追涨买入。追涨,不是追高,追的是涨势、气势。

三、挖坑型启动模式

在主升浪启动之前进行挖坑洗盘是庄家常用的做盘手法,目的是制造一个空头陷阱,吓退最后一批持股者,然后股价快速腾空而起,形成一波主升浪行情,因而有人将这个坑称为"黄金坑"。

"挖坑"是拉升之前的洗盘整理,碰到它是很痛苦的一件事情,很多人很难忍受,选择止损出局,这是人之常情。但是,在其止跌回升过程中,当再次突破时是良好的介入时机。利用这样的"挖坑"洗盘形态,可以寻找到想要的中短线黑马股,同时结合个股的基本面情况去选股,有相当高的成功率。

通常挖坑型启动方式有三种形态:急涨挖坑形态、缓涨挖坑形态、先向下挖坑后急拉再挖坑形态。

1. 急涨挖坑形态

股价建仓完毕后,经过第一波急涨后挖坑洗盘,然后再次上涨,开启主升浪行情。这种形态通常先出现几个交易日的拉高走势,然后回落调整,形成反弹结束的假象,一般回踩力度没有拉起力度强劲,但有时可能把整个涨幅吃完，然后开始快速上攻。在成交量方面，先是小幅放量，然后缩量整理，最后大幅放量上涨。这种情况反映的内在因素是由于时间较仓促，庄家先快速小幅拉高吸货，之后进行简短的打压洗盘，最后开始主升浪行情。

散户的操作要点和方法：股价在前期有一个盘升或横盘过程，通常这是庄家建仓期，然后出现短暂的急拉走势，涨幅在30%左右，成交量放大，在回落时成交量缩小，股价一般在30日均线附近获得支撑。洗盘结束后，在股价再次放量向上拉起时买入，或者在30日均线附近伏击做多（要求30日均线处于上行状态），如果买错，则在股价回落到30日均线之下时止损。

图4-8，广电网络（600381）：该股庄家完成建仓计划后，故意向下打压股价，制造一个空头陷阱。然后，企稳慢慢向上推升，形成小的上升通道，当股价回升前期盘区时，庄家利用盘区的压力作用进行洗盘。经过短期回落震荡后，在2018年11月27日放量拉高，出现"烂板"走势，日K线构筑一个"黄金坑"形态，次日放量涨停，股价出现快速拉升。

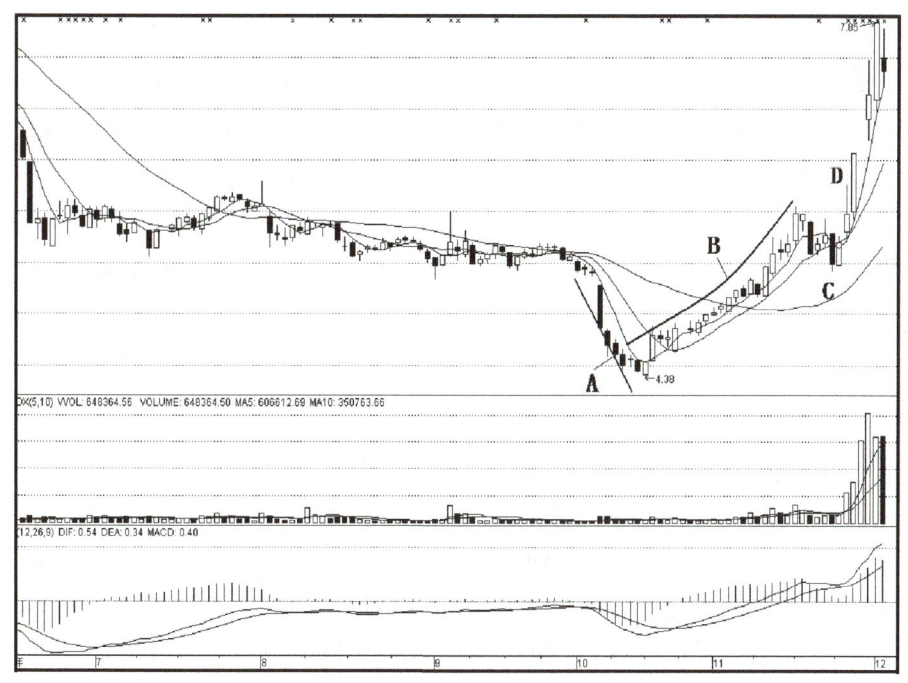

图4-8　广电网络（600381）日K线图

从图4-8中可以看出，庄家在前期盘区里吸纳了大量的低价筹码后，为了试探底部支撑力度以及继续完成加仓计划，在A阶段对股价进行无情的打压。其实，此时庄家不慎泄露了自己的秘密，持续萎缩的成交量就能反映出庄家的意思。此后在 B 阶段缓缓推升股价，目的是让前期套解盘止损或解套退出，其最高点就是前期盘区之内。经历了打压之后，此时在盘区有部分套解的筹码出现松动，选择解套离场的策略。所以，庄家在 C 阶段进行"挖坑"洗盘，"挖坑"成功后，在 D 处出现冲板回落。

11 月 27 日（D 处），反映了庄家具有高超完美的操盘技能，其技术意义极其丰富，可谓经典之作，但是绝大多数散户看不懂。这里简要做一下技术解读，一是这根 K 线出现于"挖坑"之后，是一根冲高 K 线，表明"挖坑"结束。二是一根"烂板"K 线，庄家摸高至涨停价后，股价逐波回落，收出长上影线 K 线，目的是让最后一批浮动筹码离场。三是对上方压力进行试盘。这天有不少散户在该位置看到这样的 K 线后，不免产生担忧，普遍不看好后市，这正好符合庄家的用意。所以，这根 K 线有突破、试盘、洗盘等多重意义。

2. 缓涨挖坑形态

股价经过一波较长时间的缓慢上涨后，快速回落挖抗洗盘，其后展开主升浪行情。这种形态通常为前期经过一段时间的上涨或横盘，其后开始连续下跌，当跌势逐步衰竭时，用几个交易日快速下探，跌破某些技术支撑位，制造一个空头陷阱，其后强力拉起，形成主升浪。这种情况反映的内在因素为庄家连续打压吸筹，最后一跌快速洗盘，其后迅速拉高，脱离庄家成本区，形成主升浪。

这种形态可以比喻为踩弹簧，股价缓慢滑下一个有弹簧的坑中，之后踩到弹簧而弹跳跃起。这种形态还有一个特点，就是上攻初段力度非常强，其后逐步衰弱，可能转跌或需要高位中继重新开始新攻势。

散户的操作要点和方法：前一波缓涨幅度在 50% 以上，上涨时间最少在 3 个月以上，量价配合完美，缓涨时段要求盘升上涨，角度在 45 度左右，缓涨时段的中途调整一般在 30 日均线附近，挖坑时一般缩量连续下跌，伴有长阴短柱最佳，挖坑幅度为涨幅的 20%~30% 左右；待回调到底部出现 2~3 根缩量小阳线或者十字星，KDJ 指标在低位（20 左右）金叉时首仓介入，其后放量大阳线或重返 30 日均线之上时加仓。

图 4-9，白云山（600332）：该股庄家完成建仓计划后，股价小幅回落构筑一个"黄金坑"形态，然后股价向上突破，形成主升浪行情。

从图4-9中可以看出，该股经过大幅调整后，庄家悄然介入，盘面出现企稳回升走势，股价缓缓向上攀升。表明庄家实力相当强大，操盘手法稳健，在形态上构成上行式建仓路径。当庄家吸足筹码后，在拉升前来一个短暂的下蹲洗盘动作，构成"黄金坑"形态。2018年4月19日，放量涨停收阳，股价快速复位，此后进入拉升行情。

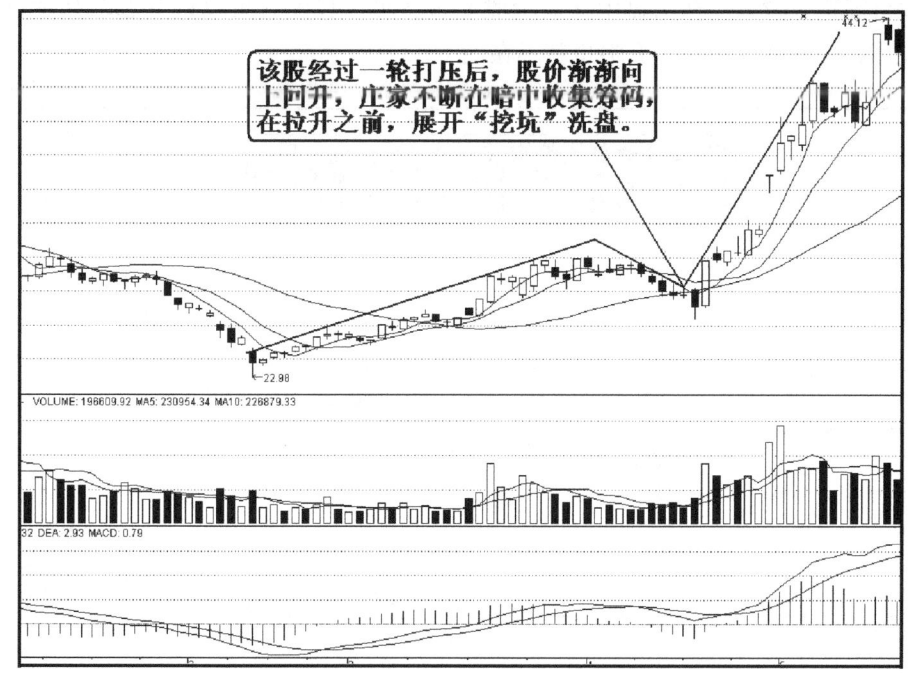

图4-9　白云山（600332）日K线图

3. 先向下挖坑后急拉再挖坑形态

这种形态结合了上述两种挖坑走势，即先后出现两种挖坑洗盘方式。在实盘中经常出现这种情况，先是向下跌破技术支撑，制造一个空头陷阱，然后快速小幅拉高，形成阶段性高点，此后再次回落挖坑洗盘，最后出现主升浪。这种方式经过两次的大起大落后，个股的浮动筹码清洗比较彻底，后市往往具有较大的涨幅。其操作要点和方法，可以参考上述两种盘面情况。

图4-10，超频三（300647）：该股经过长时间的调整后渐渐企稳，在低位形成震荡筑底走势，时间长达7个月。2018年2月出现一波下探走势，股价跌破30日均线的支撑，中短期均线呈现空头排列，疑似有一波跌势行情产生。可是，并没有出现持续下跌走势，股价创出新低后，快速向上拉起，出

现一波短暂的急拉行情，股价突破了前期底部盘整区域。然后，股价快速向下回落洗盘，形成阶段性头部形态。但股价回落到 30 日均线附近时，获得强大的技术支撑而企稳回升，从此展开涨幅巨大的主升浪。

从该股走势图中可以看出，庄家挖了两坑，先是制造一个"空头坑"，然后拉高回落再次制造一个"洗盘坑"，由于浮动筹码洗盘比较彻底，所以后市股价涨幅也较大。在实盘中这类个股非常多见，投资者可以认真总结其运行规律，这样抓住一波主升浪也就不在话下。

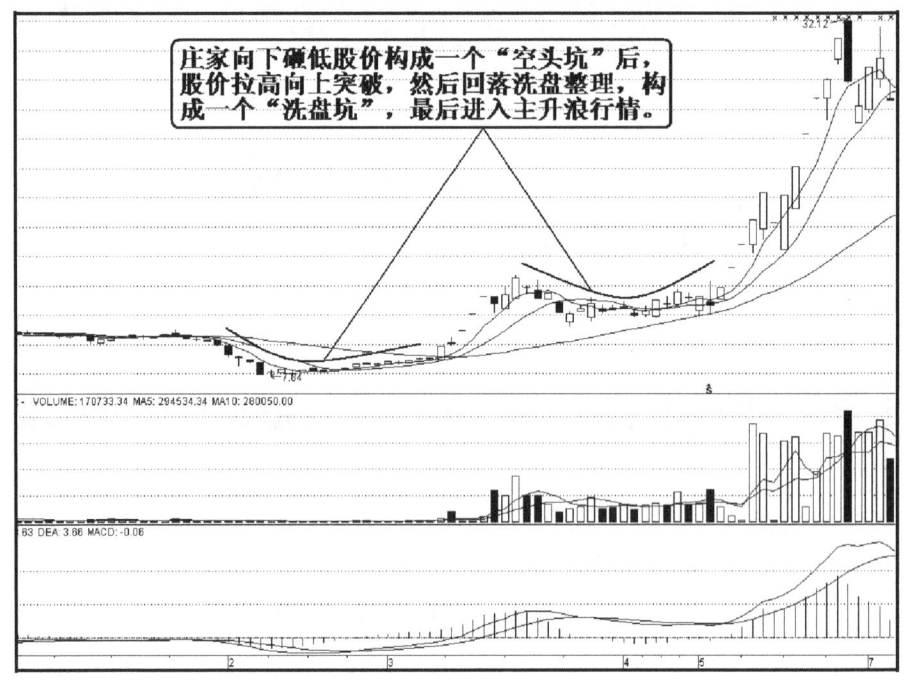

图 4-10　超频三（300647）日 K 线图

四、助跑型启动模式

股价经过较长一段时间的小阴小阳缓慢爬升后，出现加速拉升走势，开启主升浪行情。这种缓慢上行后加速形态，要求加速上涨之前有一个缓慢的爬行过程，大部分交易日或全部交易日收小阳，中间收阴的交易日不超过 1/4。这种情况反映的内在因素为庄家缓慢吸货并推高股价，为主升浪积攒能量。这种形态可以比喻为飞机滑跑起飞，股价在跑道上经过一段时间滑行之后，开始拉高起飞，其在主升浪形态中往往力度最强。

第四章 主升浪的运作规律

散户的操作要点和方法：在主升浪之前有一段爬升过程，时间最少在3个月以上，一般缓涨幅度在50%以上，成交量呈现温和状态，基本沿直线式爬高或非常小的震荡波段形，总体保持角度在45度左右，爬升时段的中途调整一般在30日均线附近有较强的支撑，K线以小阴小阳或十字星为主。当股价出现放量上涨，突破平缓的上升趋势线，上升角度陡峭，意味主升浪开始，此时可以大胆介入。战略性投资者可以在前期爬升中，以30日均线附近作为建仓价位。

图4-11，国际实业（000159）：该股成功见底后，一路稳步爬高，为最后加速上涨做热身准备。当股价回升到前期高点阻力（观察压缩图）附近时，2019年3月14日庄家发力上攻，一举拿下前期高点阻力，从而爆发一轮主升浪，一口气拉了7个涨停板。该股入场时机非常明确，突破就是买点，这样就能成功地抓住一波主升浪。

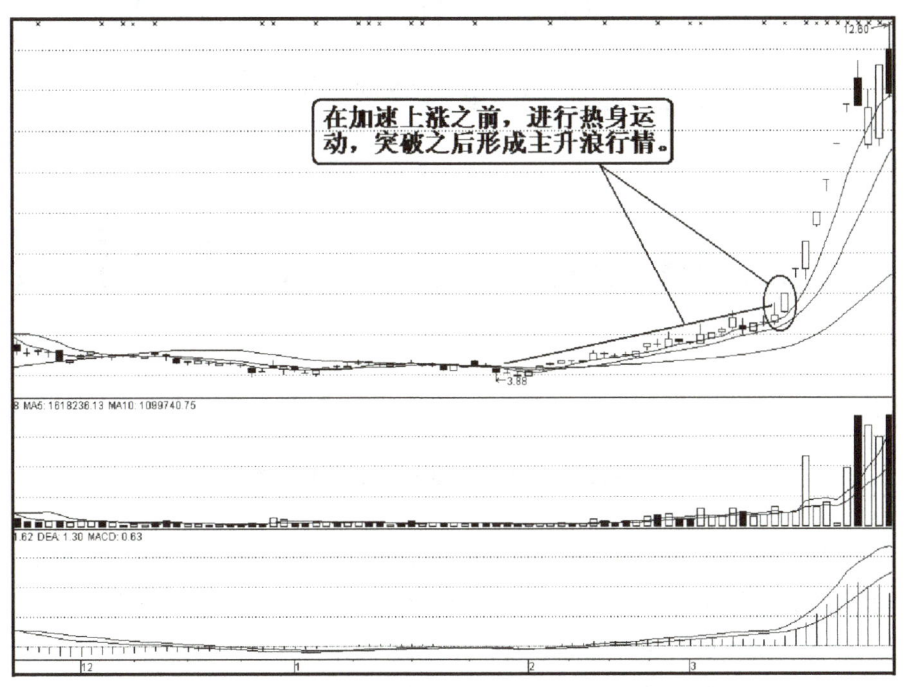

图4-11 国际实业（000159）日K线图

一般情况下，若股价在相对低位时，庄家会以小阴小阳的方式缓慢推高，且涨幅有意无意控制在7%以内，因为此时庄家不希望有人跟风，更不希望涨幅超过7%而上龙虎榜，当股价有了一定涨幅、庄家希望市场跟风时，便会出现大阳线。该股在主升浪启动之前，K 线小阴小阳排列，走势上处于一个震荡攀升阶段，而进入主升浪之后，股价进入急速拉升阶段，不断拉出大阳线，以吸引市场的关注。

图 4-12，美锦能源（000723）：该股走势与上一个实例有着许多相似之处，2019 年 1 月探出一个明显的低点后，股价企稳向上，一路震荡爬高，依托 30 日均线向上盘升，时间持续 2 个多月。3 月 15 日，股价放量向上突破，股价进入主升浪行情。

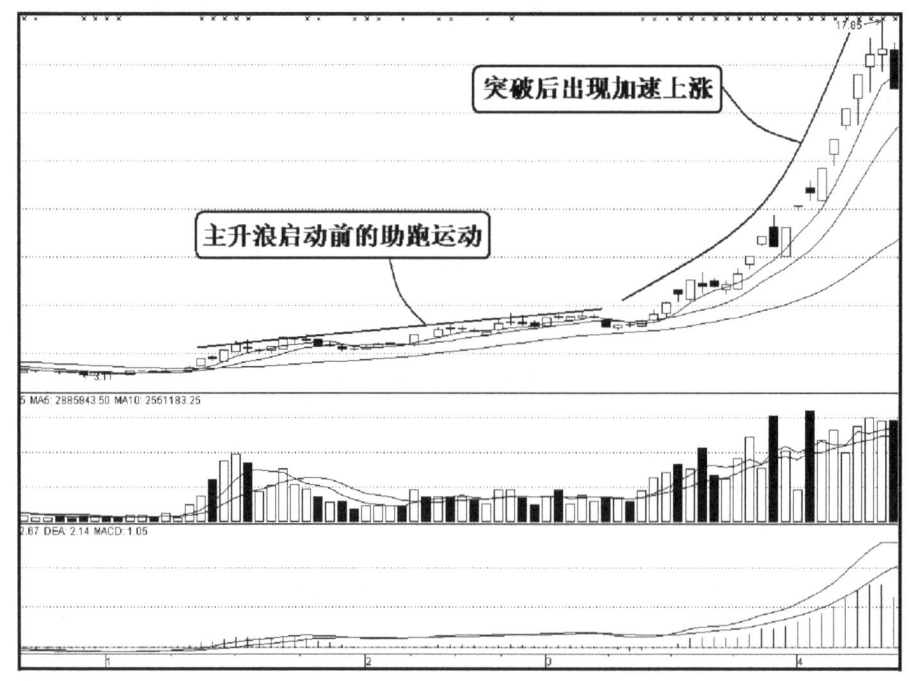

图 4-12　美锦能源（000723）日 K 线图

该股走势符合助跑型主升浪启动的基本要点，在主升浪之前有一段长达 2 个多月的助跑爬升过程，缓慢的上涨过程中，成交量呈现温和放量现象，以 30 日均线为依托呈直线式爬高走势，K 线以小阴小阳或十字星为主，盘面走势非常稳健，说明庄家控盘较好，操盘手法稳健。

投资者在实盘中遇到这种形态时，应作为重点关注对象进行跟踪。在进入主升浪之前可能会出现两种走势：一种是先向下打压挖坑洗盘，然后向上快速拉起，此时投资者应当根据挖坑要点，追涨买入；另一种是不经过挖坑动作，而直接向上突破，该股就属于这种类型的走势，当股价向上突破时也应积极跟进。如果发现买错，可在股价向下有效击穿30日均线时止损离场，这样操作可以失小头得大头，投资者不妨多加体验。战略性投资者可以在前期爬升中，以30日均线附近作为建仓价位。

图4-13，神州泰岳（300002）：该股与上述两个实例的不同之处在于，在助跑过程中出现一定幅度的震荡走势，在爬高时伴随着大阴大阳的方式逐波向上推高。但基本遵循着助跑启动方式的特征，股价突破后进行回抽确认和洗盘整理，最后进入主升浪。因此，投资者多分析多比较，就能发现共同的运行规律，这个共同规律就是主升浪的规律。

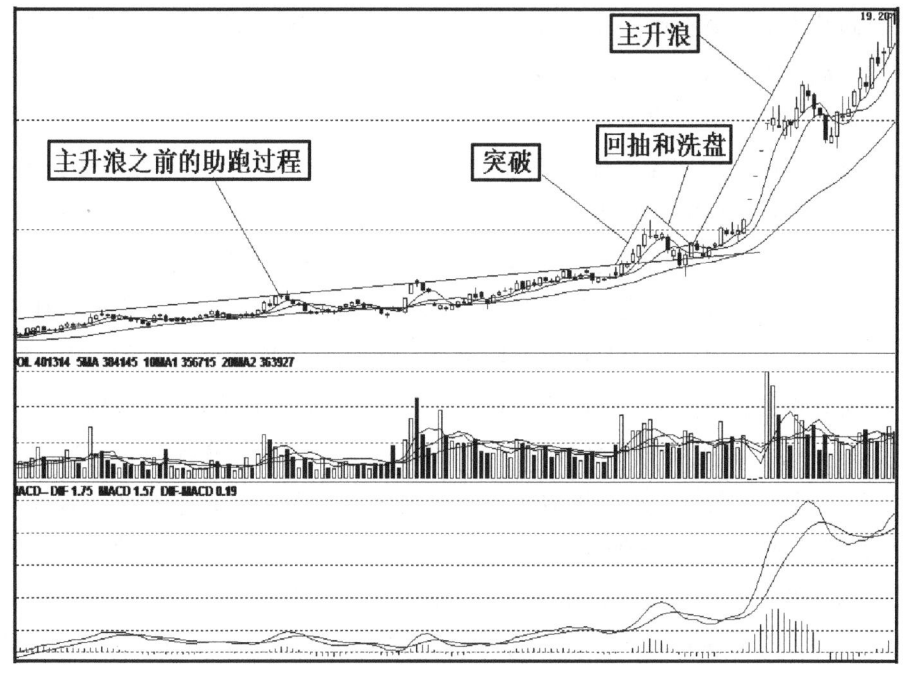

图4-13　神州泰岳（300002）日K线图

第二节　主升浪拉升的三大方式

在实盘操作中，因大势环境和状况不同，个股的质地和题材不同，股价的位置和走势不同，庄家的获利目标和操盘手法不同，所以股价的主升浪拉升方式也不同。主升浪拉升方式不同，又决定了股价的上涨速度及其上涨幅度也不一样。为了探寻主升浪的规律，依据实战中股价拉升的走势，可以把主升浪的拉升方式归为以下三类。

一、直升式拉升方式

在盘面上股价飞速上涨，走势极少调整或者几乎不调整，呈直线式上涨。采用这种方式拉升的庄家，一般资金实力比较雄厚，在低位收集了大量的低价筹码，达到了高度控盘，操作手法极其凶狠，庄家并不在乎剩余筹码的威胁，因此，一旦上涨势如破竹，任何压力位都阻止不了股价的上涨势头。这样既可以节省资金，缩短拉升时间，又可以打开上升空间。在日K线图上，常常连续拉出涨停大阳线，或连续出现"一"字形、"T"字形K线，且连续跳空高开留下短期不被回补的缺口，形成一波"井喷"式行情，有时经过短暂的洗盘后出现梅开二度的"第二春"直升式行情。

在拉升过程中，成交量也同步放大，但以跳空涨停形式出现时，成交量反而见小，这说明庄家高度控盘了。这种方式大多出现在小盘股或中盘股，通常具备投资价值或有特大的利好题材作为支持，市场基础良好。直升式拉升的股票一般都是市场中的"黑马"，投资者的追涨意识十分强烈。

这种拉升方式的庄家阴谋有三：一是急速拉高，一气呵成，产生坐庄利润，在高位实施出货；二是引发市场关注，诱导跟风盘介入，帮助抬轿拉高；三是若有重大利好支持，可防止消息泄露或来不及拉升而影响坐庄利润。

图4-14，风范股份（601700）：该股庄家成功完成建仓计划后，2018年12月26日放量涨停，股价拔地而起，连续跳空而上，形成"井喷"式飙升行情，连续拉出10个涨停板，中间没有日线级别的调整。由于股价短期涨幅较大，许多套牢盘、获利盘蜂拥而出，股价出现大幅震荡，庄家借机进行洗盘换手，股价出现回落调整。回调到30日均线附近时，得到了上行的30日均线支撑，2019年2月14日开始，出现第二波直升式拉升行情，8个交易日拉出7个涨停，短期股价涨幅巨大。

图4-15，成飞集成（002190）：该股经过长时间的下跌调整后企稳震荡，庄家成功地完成建仓和洗盘计划。在利好消息的刺激下，股价快速向上拉高，在40个交易日里股价从15.08元上涨到了72.60元，涨幅非常大。在整个上涨过程中，没有出现大的回落调整，几乎呈直线式上涨，这是因为既有题材的支持，又有庄家方面的配合。

投资者遇到这类个股时，其操作方法为：这类个股启动前有一个低迷期，成交量出现萎缩，此时应跟踪关注。当股价出现放量向上突破，或者以很小

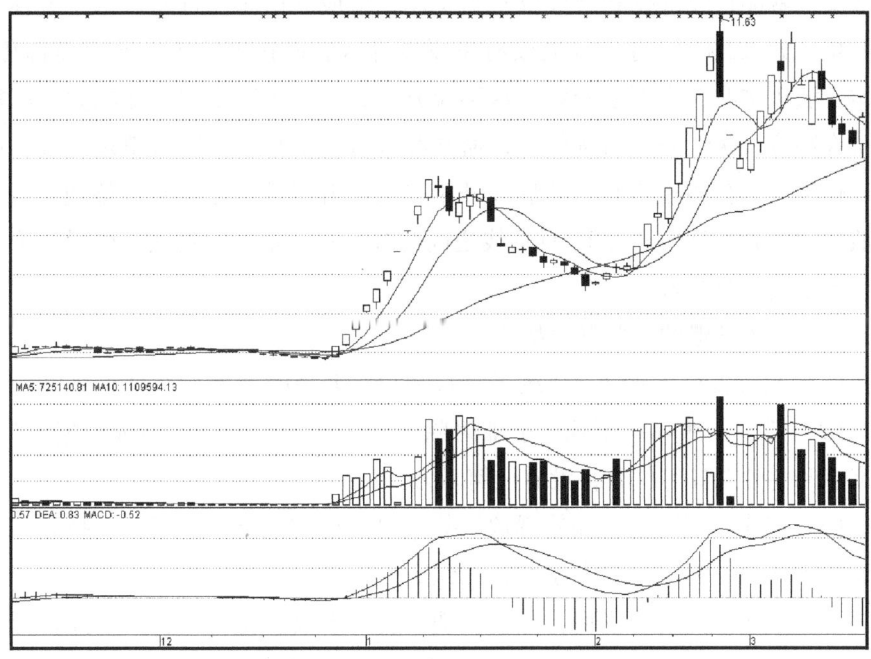

图 4-14 风范股份（601700）日 K 线图

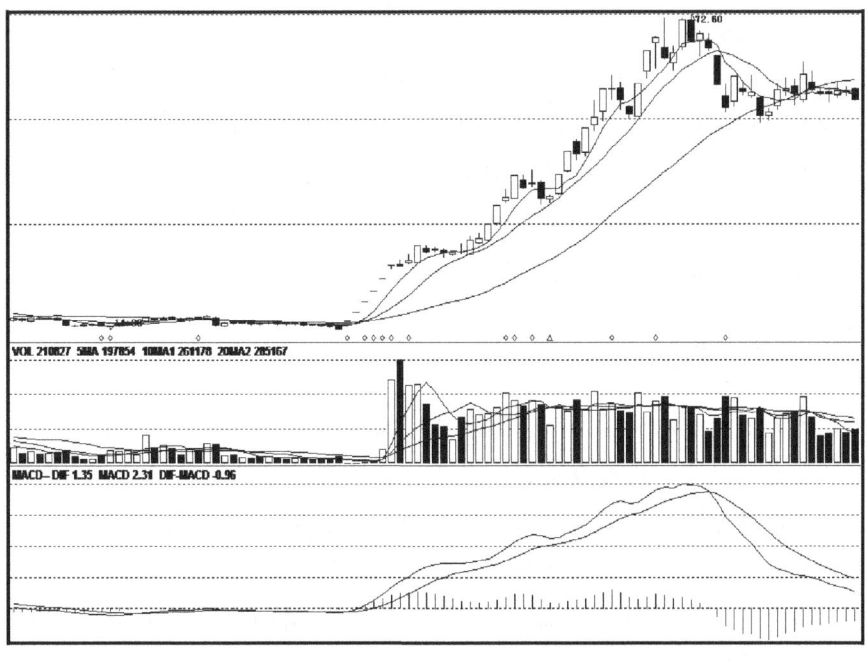

图 4-15 成飞集成（002190）日 K 线图

的成交量就能把股价拉到涨停且封盘不动，就应立即跟庄进入，这是最佳进场时机。如果此时没有发现或没有来得及介入，而接着股价一开盘就涨停，根本无法买进时，也不必着急。这种拉升方式，由于速度快、涨幅大，庄家很难在高位一次性完成出货任务，通常股价有一个短暂的回落整理过程，或在高位维持平台整理走势，然后展开第二波拉升行情。若是回落整理，可以在股价回落到 5 日均线与 10 日均线之间时买入；若是平台整理，可以在平台放量向上突破时买入。

直升式主升浪的主要盘面特征：

（1）股价直线式飙升，压缩 K 线图股价拉升角度呈 80~90 度走势。

（2）股价上涨气势不凡，上涨时除了有短暂的震荡外，在成交密集区、小高点和整数关口等位置，没有任何阻力。

（3）经常出现跳空、涨停现象，甚至以连续的跳空、涨停方式拉升，股价紧贴 5 日均线上行，即使有调整也不会跌破 10 日均线。

（4）股价上涨速度飞快，几个星期甚至几天股价就可以达到最高目标价位。短短几个交易日里的涨幅，可能超过几个月或几年的累计涨幅。

（5）拉升初期温和放量，拉升中途缩量调整，拉升后期向派发过渡，成交创近期或历史天量，日换手率一般都在 20% 以上，如果拉升幅度超过一倍时，拉升中途也有可能出现一两次的巨量换手。

（6）伴随着股价疯狂上涨和高位放量，盘中震荡幅度也逐渐增大。

（7）累计上涨幅度巨大并出现单日巨量成交以后，大多数情况下股价在 3~5 个交易日见顶反转；拉升途中持续放量的，如果成交量突然大幅萎缩，当再次放出巨量时，股价可能不久就要见顶。

二、波段式拉升方式

这种方式大多发生在大盘蓝筹股或庄家控盘股中，在市场中表现出十分稳健的姿态，比较容易被投资者所接受，并达到推波助澜的目的，多数庄家乐意采用这种方法。采用这种方式拉升时，股价在加速爬升的过程中，由于短期拉升速度太快，累计的获利盘太多，当股价拉升到一定高度时，获利盘蜂拥而出，庄家不得不释放部分获利盘，股价回落经过充分的洗盘换手后，再进行下一波拉升。

一个大波浪之中，包含许多小波浪，大浪套小浪，浪中有浪。此手法通常在拉升过程中进行洗盘，尤其是在重要阻力区域，以小回或横盘震荡的整理走势来消化阻力，并完成散户由低成本向高成本换手的过程，尽量减轻上行时的压力，然后趁着利好消息或市场良好的氛围再将股价拉高一个波段，股价重心不断上移。

波段式拉升呈盘旋形式上行，有一次盘旋、二次盘旋、三次盘旋，但很少见到有四次以上盘旋的例子。此外，从盘旋时间看有短盘旋、中盘旋、长盘旋，故投资者须多加注意。在日 K 线图上，有时也会出现"一"字形或"T"字形，股价回落时阴阳交替，常有大阴线出现。在成交量方面，拉升时放量，回落时缩量。

这种拉升方式的庄家阴谋就是：在拉升之中清理短线获利筹码，短线散户看到股价滞涨回落时，就会卖出手中的股票。同时，一些先前没有买入且又长期看好该股的散户，在庄家展开调整时逢低买入。这样对庄家后市拉升，起到推波助澜的作用，而且庄家也随机应变，加入高抛低吸行列之中。

当然，这种拉升方式也反映出庄家的一些弱点，可能是庄家实力不够，控盘程度不高，支撑不住获利盘的抛压，因此只能选择在大势良好的情况下，采取循序渐进、稳扎稳打的方式推高股价。

图 4-16，安硕信息（300380）：该股在上涨过程中，呈现波段式上升走势，股价每拉升一小段行情后，就回落进行整理，然后继续向上拉抬。在浪形上大浪套小浪，浪中有浪。庄家操盘手法干净利落，K 线走势脉络清晰，股价张弛有序，走势如诗如画，盘面气势有加，形态坚挺有力，行情延续时间较长，股价累计涨幅超过 8 倍，成为两市的超级大牛股。

散户操作方法：由于这种方式的波浪起伏比较明显，运行规律容易被散户掌握，高抛低吸比较容易。在股价出现放量冲高回落，收出长上影线的阴线、黄昏十字星等，可以考虑卖出；在股价经过充分整理后，出现明显的止跌信号时，如放量大阳线、早晨十字星等，可以考虑买入。通常，后一个波浪的涨幅，等长于前一个波浪的涨幅，相差一般在 5% 以内，可以相互参考。

一般情况下，波与波之间的调整方式有三种：向下调整、横向（水平）调整、向上调整。在实盘中，有的个股采取单一的调整方式，而有的个股采取混合式的调整方式，即向下调整、横向（水平）调整、向上调整都有可能在同一个股中出现。而且，调整结束后的上涨幅度也不等，小波浪在 20%～30%，大波浪超过 80%。

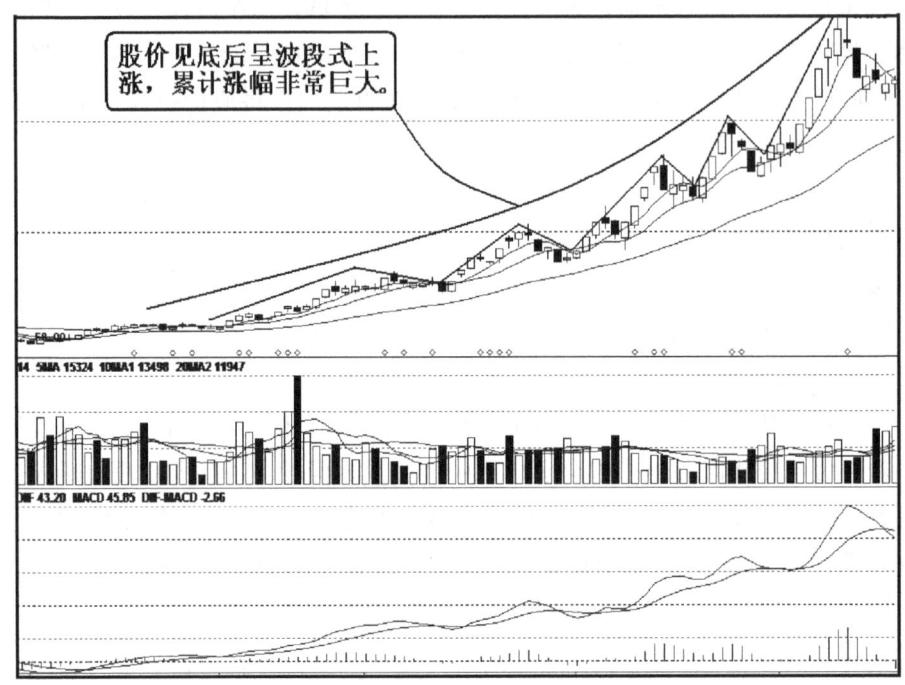

图 4-16 安硕信息（300380）日 K 线图

图 4-17，华谊兄弟（300027）：实力强大的庄家入驻该股后，在长时间的盘整过程中顺利地完成了建仓计划，然后股价逐波上涨，股价每拉完一波行情后，庄家主动展开洗盘整理走势。在洗盘整理时，既有向下调整，又有向上调整，洗盘结束均出现不同幅度的上涨行情，股价累计上涨幅度非常巨大。

据实盘经验总结，前面 3 波的浪形规律性较强，准确率较高，4 波以后的浪形其准确率较低，可能会出现变盘，应谨慎操作。通常，一个完整的中级循环浪的涨幅在 30% 左右，所需时间在 40 日左右，但不同风格的庄家，不同类型的个股，其拉高幅度和所需时间也不相同。需要说明的是，这里的波浪浪形不是艾略特波浪理论中的浪形，而是自然的循环浪，两者应严加区别。

图 4-18，东方财富（300059）：该股上市后逐波走低，成功探明底部后，股价渐渐向上走牛。在牛市拉升过程中，股价逐波上涨，经过 4 个波段的拉升后，基本完成了主升浪行情，此后股价渐渐走弱，构筑阶段性头部形态。

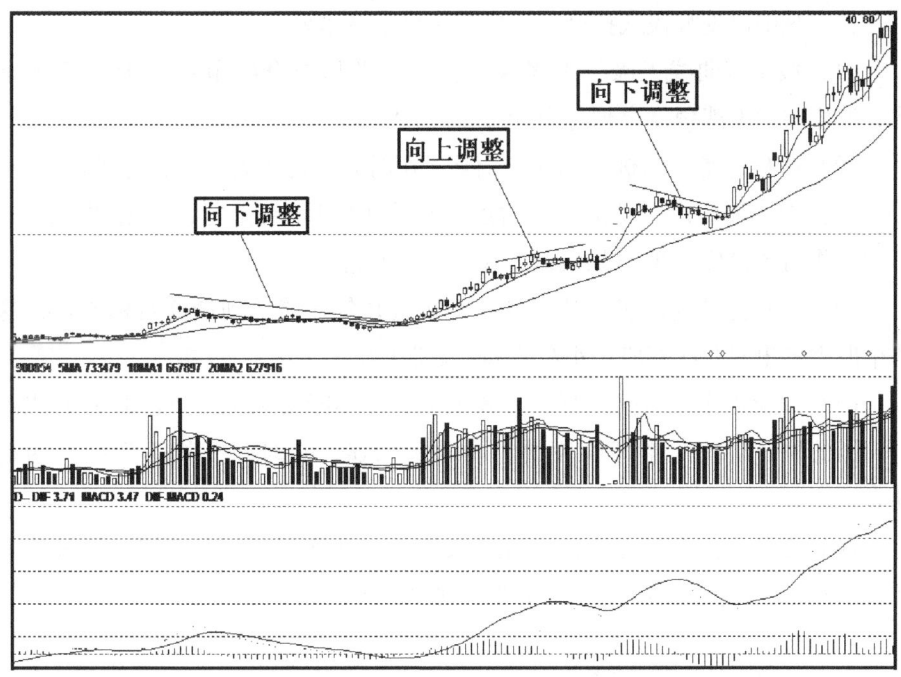

图 4-17 华谊兄弟（300027）日 K 线图

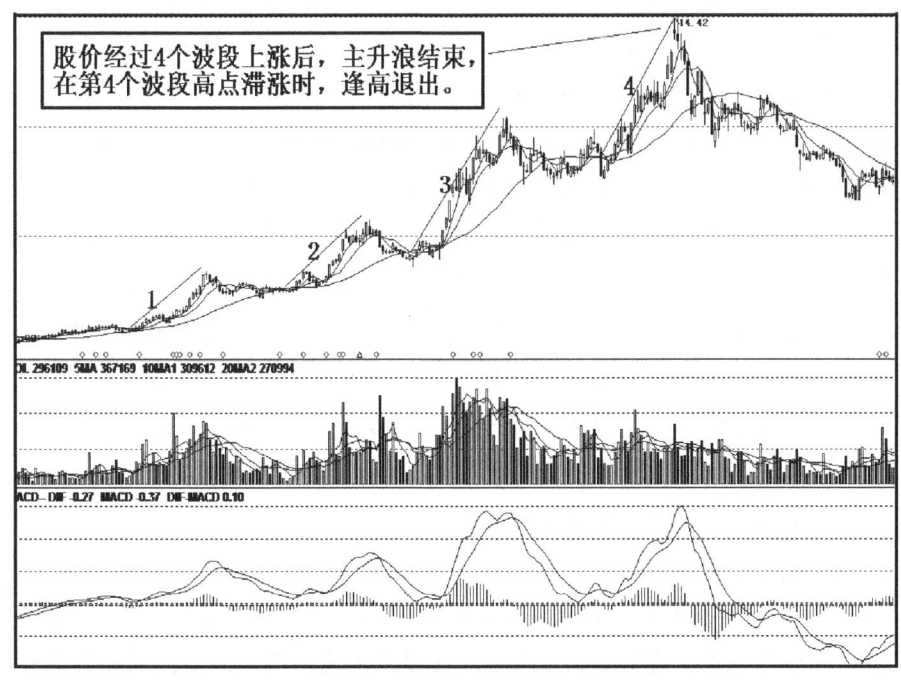

图 4-18 东方财富（300059）日 K 线图

在实盘中出现波段式拉升时，应掌握以下技术要点：

（1）股价呈曲线上涨，压缩K线图股价总体拉升的角度呈45~65度走势，波段内的上涨角度会超过75度。

（2）股价总是不断进行调整，调整所用时间接近或大于上涨时间。

（3）在小波段内，股价走势贴近5日或10日均线上行，波段调整以30日均线作为支撑位，30日均线基本保持上行状态。

（4）股价上涨速度慢，几个月甚至将近几年才能达到最高目标价位，这类个股大多出现在次新股、小盘股和控盘股中。

（5）股价以不断震荡上行的方式上涨，在不断整理中股价已隐藏完成拉升，因此拉升阶段与整理阶段的界限并不明显，有时几乎找不到拉升的启动点。

（6）在整个拉升过程中，呈波段式放量，量价配合具有韵律，经过几个波段上涨后，在高位出现量价背离时，股价不久可能就要见顶。

三、震荡式拉升方式

庄家完成建仓计划后，股价渐渐脱离底部区域，不断向上震荡攀高。盘面特点就是通过上下震荡的方式向上推高股价，没有明显的拉高和砸盘动作，波峰浪谷不清，也没有集中性的放量过程，一切在边拉高、边洗盘、边整理中进行，盘面走势非常温柔，很少有惊心动魄的场面，股价在不知不觉中走高。在这种盘面走势中，庄家沿着一定的斜率向上拉高股价，在当日分时走势图上，表现为下方有大量买单出现，以显示庄家实力强大，避免股价出现下跌，然后将股价不断向上推高，有时拉升一段时间后，还常常故意打压一下，凶猛的庄家还出现"跳水"式的打压，以吸引买盘去逢低接纳，然后又将股价拉上去。在日K线图上，小阴大阳，进二退一，股价震荡上行。采用此法拉升的庄家实力一般较强，控筹程度比较高，上涨行情往往持续时间较长，股价累计涨幅也比较大，出货时往往还会有上市公司题材配合。其坐庄优点就是来时悄无声息，去时无影无踪。

这种盘面大致有两种现象：一种是直进式震荡，股价上下震荡频繁，回落幅度不深，持续时间也不长，看不出明显的波形；另一种是波段式震荡，股价走势与直进式震荡相反，盘面出现波段式震荡走势，股价回落幅度较深，持续时间也较长，波峰浪谷清晰。

庄家阴谋就是在拉升过程中，不断出现上下震荡走势，一般散户很难坚定持股信心，容易把获利筹码清理出局，同时又让持币者介入，这样筹码完成一进一出，得到充分交换，同时锁定长线筹码，为庄家日后大幅拉升股价减轻压力。散户在这种盘面中操作难度较大，特别是激进者机会更少，很难把握股价运行节奏，也很难预测股价的顶部，当你追高买入时，容易遭受短线回调套牢，当你等待低点出现时，却没有明显的回落低点形成，股价又重新上涨，买入机会稍纵即逝。在这种盘面中散户很难做一波完整的行情，一旦不慎操作效果和投资心态就会很糟糕。

图4-19，大富科技（300134）：这是一个直进式震荡上涨的例子。在股价长时间的下跌过程中，庄家收集了大量的低价筹码，然后股价向上爬高脱离底部区域，经过成功的洗盘整理后，开始出现一波升幅较大的上涨行情。在上涨过程中，股价时涨时跌，看起来上攻力度不强，但股价大涨小回，盘面张弛有序，K线阴阳交错，形态坚挺有力，量价配合默契，基本沿着一个固定的角度向上拉高，中间没有出现明显的大幅回调走势，但也不是一步到位的"井喷"式飙升走势，而是经过一两天的快速整理后，股价强势上行，走势十分稳健，股价累计涨幅较大。

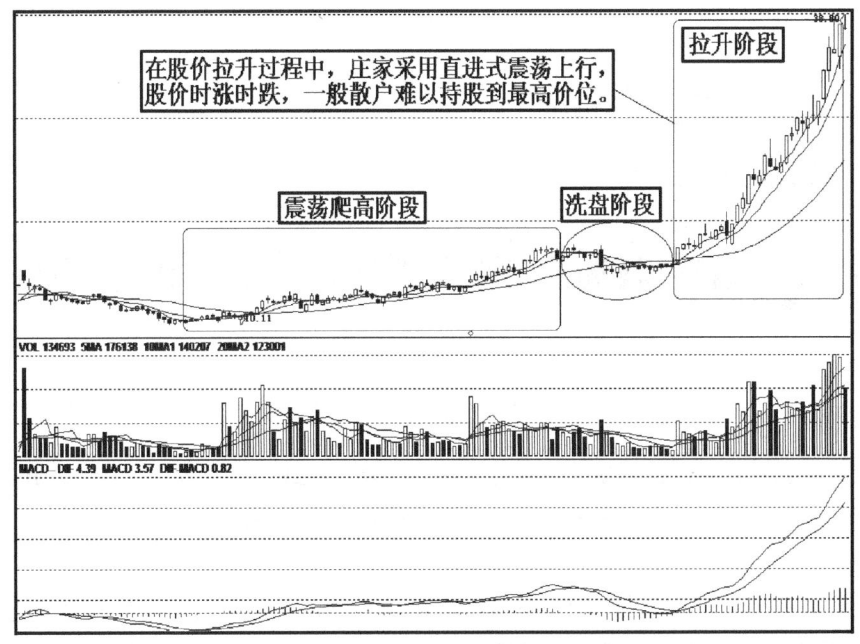

图4-19　大富科技（300134）日K线图

在这种盘面走势中,庄家阴谋就是不让盘中散户快速获利,而是通过震荡上涨让胆小的散户提早离场,同时又给场外散户一个介入机会,一般散户在这样的个股中没有坚强的毅力很难与庄共舞到底。散户遇到这种情形时要保持良好的心态,不要频繁操作,上涨过程中出现的小幅震荡是正常的盘面现象,只要盘面没有出现异常波动,上涨行情就不会结束。当股价出现冲高回落,形成见顶K线形态或出现异常的成交量时,应该引起注意。

图4-20,欧菲科技(002456):该股的走势就是采用震荡洗盘式拉升,庄家边拉升、边洗盘、边整理,将股价逐波向上推高。从图中可以看出,从2017年1月开始步入上升通道后,30日均线坚挺有力,不断支撑股价向上走高,每次股价回落到30日均线附近,均获得有效支撑而回升,股价累计涨幅较大。投资者遇到这种盘面走势时,可以在30日均线附近逢低介入。

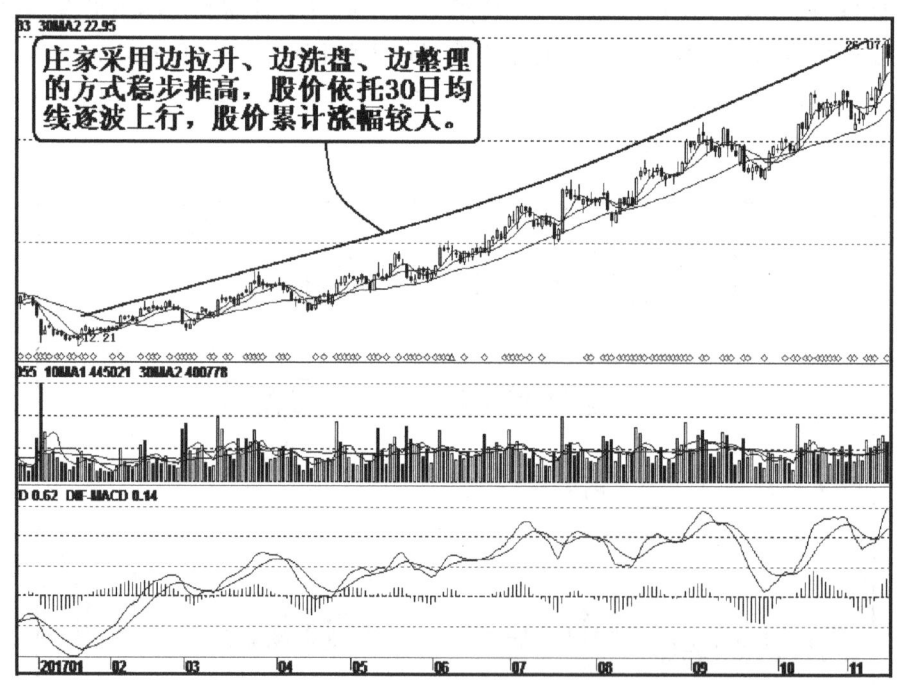

图4-20 欧菲科技(002456)日K线图

这类股票在拉高过程中,盘面出现大幅震荡走势,庄家在震荡中实现自己的阴谋。从图中可以看出,在股价大幅震荡过程中,散户一会儿看涨一会儿又看空,投资思路出现摇摆不定现象,以致造成对后市的误判,散户难以坚持得住，最终选择离场操作。同时，场外一些散户发现盘面异动后，有短线差价机会而逢低入场做多，经过几个回合的上下震荡后，市场平均持仓成本大大提高，所以股价不断向上拉高，而散户却很难获利。由于散户的持仓成本比庄家高，后市拉高股价时就不会有太大的风险，庄家阴谋也就轻易得逞。

散户的操作策略：这种盘面走势正是短线高手大显身手的最好时机，进行高抛低吸，波段操作，收益更丰。中长线投资者可以参考 30 日均线，只要 30 日均线保持完好，应一路持股不动，不必理会 30 日均线之上的任何震荡现象，这是对付庄家的最好策略。

在实盘中出现震荡式拉升时，应掌握以下技术要点：

（1）股价斜线上涨，压缩 K 线图股价拉升角度呈 45 度左右走势。

（2）上涨时虽然有剧烈的震荡整理，但整理的幅度和整理的时间都不会太长，一般以强势震荡为主。

（3）股价走势分两类：一类以连续小涨为主，间隙配合大涨，其间的调整幅度也小。另一类以大幅上涨为主，其间配合大幅调整或者时间较长一点的调整。

（4）股价贴近 10 日均线上行，小幅调整依托 20 日均线上行，较大的小波段调整依托 30 日或 60 日均线上行。

（5）股价上涨速度较慢，但持续时间往往较长，累计上涨幅度也较大。

（6）拉升期间成交量以温和放量为主，如果股价大幅上涨则成交量会大幅增加，但随后的短期调整不可避免。股价上涨幅度很大后，如果成交量持续数日放大且股价滞涨，则股价即将见顶。

第三节　主升浪调整的基本规律

一、同一波之内的调整方向

在同一波主升浪中，除了极少数一步到顶的"一"字形飙升式主升浪中途没有调整外，绝大多数主升浪中途会出现调整走势，甚至以分时调整代替大调整，而且，有的个股仅出现一次调整，有的个股则多次调整。从调整方向上可以将其划分为：向下调整、横向调整、向上调整这三类，呈递强之势。

为了便于理解，可以将同一波主升浪分解为两个或多个上涨阶段，如图 4-21 所示。

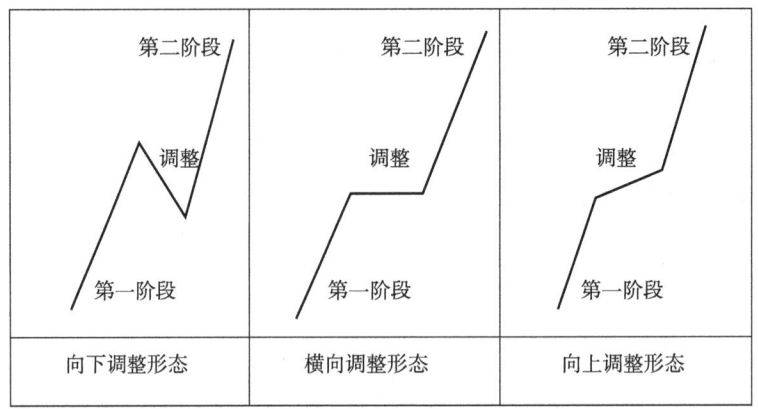

图 4-21　同一波之内的调整方式示意图

从图 4-21 中可以看出，这三类调整方式的强度是由向下调整、横向调整、向上调整呈递强之势。对于横盘调整可以这样解释，正常的调整应该是向下的，但由于股价走势太强，股价不肯下跌，就只好以横盘代替下跌。而走势最强的盘面，其股价甚至是以一段微向上的慢牛走势代替原本的向下调整或者横向调整，因此这种调整形态强度最强。

1. 向下调整方式

这种情况比较少见，因为股价一旦进入主升浪后，就开弓没有回头箭了，摆在庄家面前的只有继续向上拉高，没有太多的回旋余地，否则容易导致功亏一篑。向下调整形态的回落幅度一般也不会太大，往往快速回调。这种方式主要把握两个关键点：一是 30 日均线附近；二是 0.5 的黄金分割位附近。投资者可以将这两个点作为买卖参考价位进行短线操作。

这种调整方式在主升浪的初期比较多见，大多发生在慢牛式盘升类个股或庄家难以控盘的大盘股之中，也经常发生在一些基本面不太好的个股或反弹类个股之中，同时也反映庄家实力弱小的一面。

图 4-22，西藏旅游（600749）：该股因基本面因素影响，股价经过大幅下跌后，2019 年 3 月 5 日开始连收两根中阳线，股价出现突破走势，然后回抽确认有效，股价再次上涨形成主升浪行情。短期连续拉高后，出现快速回落调整，回调的幅度在 0.618 黄金分割位附近，洗盘结束后展开第二阶段的

上攻走势。

这类个股的短线期望值不要太大,可以参考以下几方面选择短线卖点:一是第二阶段的涨幅接近第一阶段的涨幅时,如果出现滞涨现象可以考虑减仓。假如第一阶段涨幅较大,可能会限制第二阶段的涨幅,这一因素应考虑进去。二是出现第二次放量时,预示短线有见顶迹象。三是高位出现滞涨K线形态时,择高退出观望。

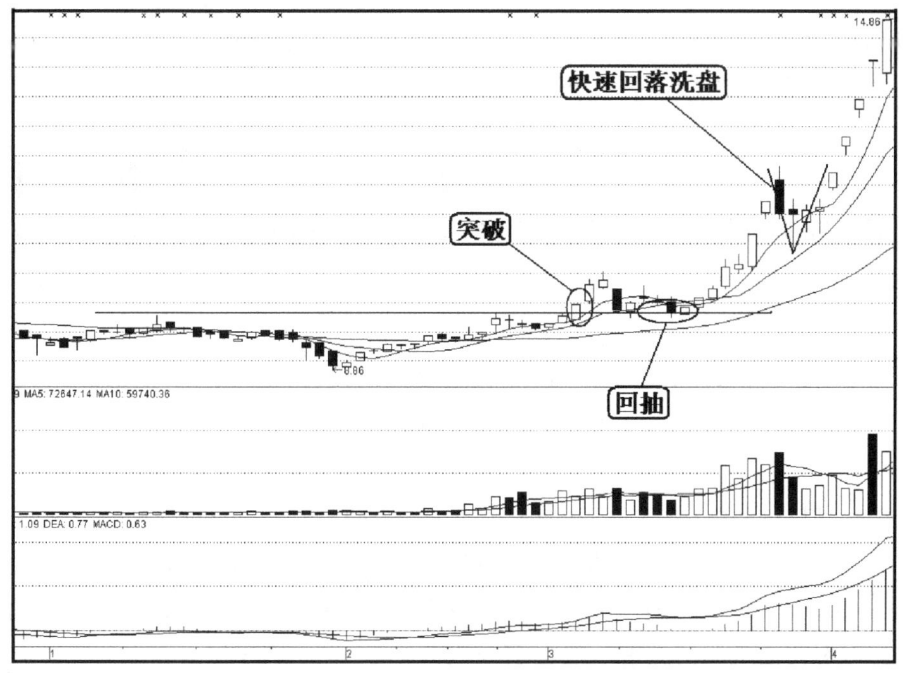

图 4-22　西藏旅游(600749)日 K 线图

图 4-23,民和股份(002234):该股走势非常清晰,在主升浪拉升过程中,完成第一阶段的拉高后,出现回落整理,股价出现跌停,整理效果很好。经过 2 个交易日的整理后,2019 年 3 月 1 日恢复上涨势头,产生第二阶段的拉高走势。

这类个股参考上述三个卖点,就可以把握波段的节奏。从图中可以看出,在股价第二阶段上涨到与第一阶段涨幅接近时,在高位收出大阴线,此时投资者应逢高减仓或退出。

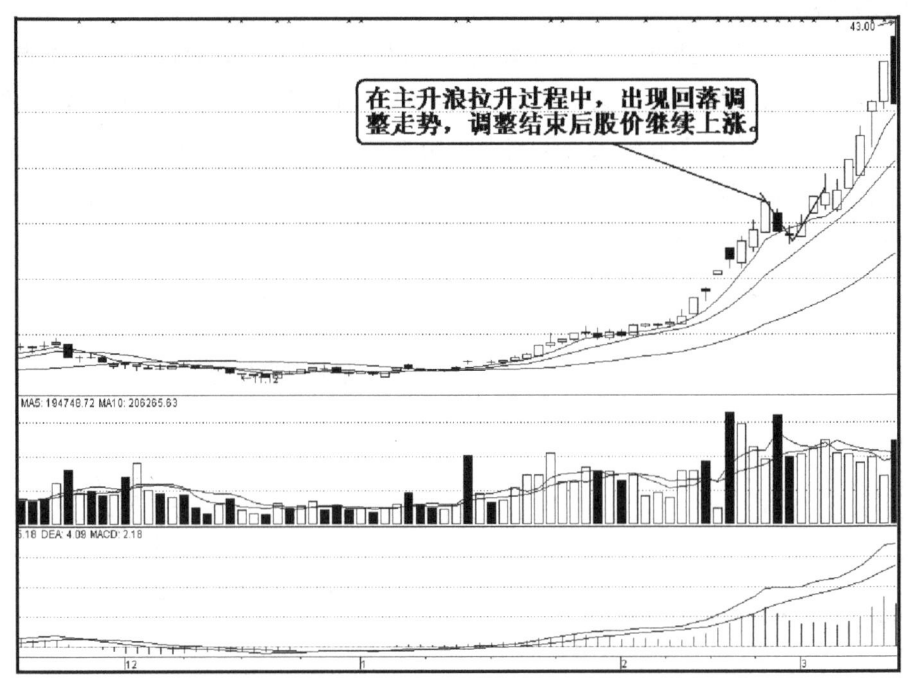

图 4-23　民和股份（002234）日 K 线图

2. 横向调整方式

在同一波主升浪中的调整，大多数属于这种调整方式，约占主升浪调整的一半以上。横向调整并非绝对的横盘走向，一般呈微向下倾斜，但幅度不大。这种形态的回落幅度一般在 10% 以内，且 10 日均线作为调整的支撑点，因此投资者可以 10 日均线作为买卖参考价位进行短线操作。

图 4-24，雷柏科技（002577）：该股上市后一路震荡走低，庄家吸纳了大量的低价筹码，然后股价渐渐企稳爬高，在主升浪启动前经过挖坑打压后，开始向上进入主升浪行情，连续拉出 4 个涨停板。接着，庄家开始洗盘换手，第一阶段拉高结束，在洗盘时庄家又不愿让股价出现回落走势。庄家这样做的目的，一来防止丢失低价筹码，二来避免造成对上涨势头的破坏，所以，股价形成了横盘整理走势。经过短暂的横向调整后，股价得到 10 日均线的有力支撑，股价开始出现第二阶段的主升浪，从而完成了整波主升浪走势。主升浪结束后在高位出现"乌云盖顶"形态，股价进入中期调整。

图 4-25，罗平锌电（002114）：该股见底企稳后，进入震荡筑底走势，庄家大举吸纳低价筹码。不久，股价放量涨停，向上脱离底部区域，均线系

第四章 主升浪的运作规律

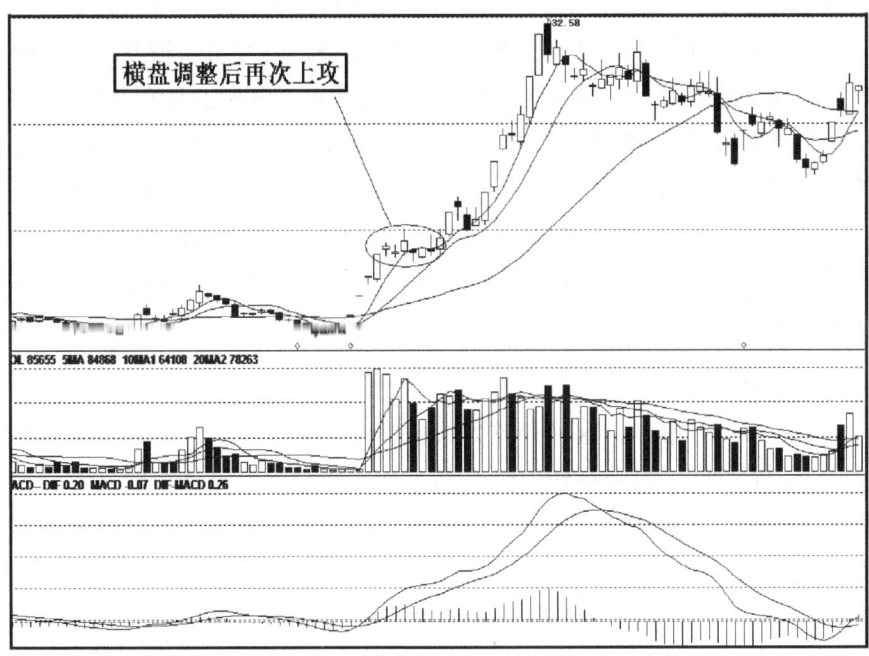

图 4-24 雷柏科技（002577）日 K 线图

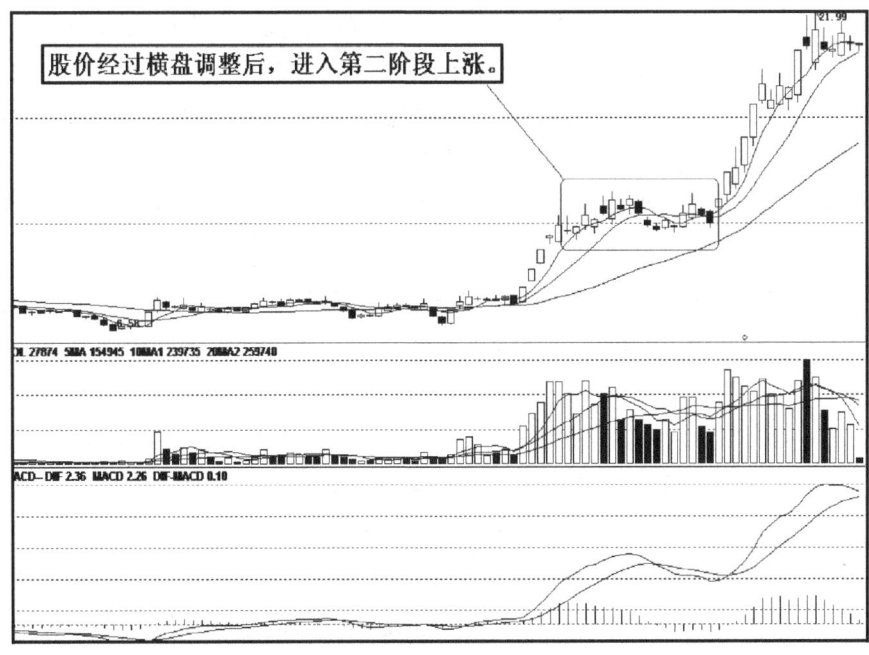

图 4-25 罗平锌电（002114）日 K 线图

统继续多头发散，从而展开主升浪行情。经过快速拉高后，庄家开始洗盘整理，股价回落幅度较小，基本呈现横向震荡走势，成交量渐渐萎缩。经过一段时间的蓄势整理后，股价再次放量涨停，形成第二阶段主升浪攻势。

该股虽然中途调整时间较长，但没有超过 20 个交易日，回调幅度也没有大于 20%，所以仍然属同一波主升浪。投资者遇到这类个股时，可以选择 10 日或 30 日均线作为入场参考点位，在高位出现放量滞涨时退出。该股不久在高位出现放量滞涨现象时，可以不考虑后面的走势，应短线离场操作。

3. 向上调整方式

在同一波主升浪中，这种调整方式也非常多见，是最强劲的一种调整方式。向上调整期间一般涨幅在 10% 左右，当股价放量突破这个幅度时，说明盘面十分强势，预示将展开第二阶段的主升浪攻势，如果第一阶段涨幅不是很大，此时可以大胆跟进。

图 4-26，川润股份（002272）：该股经过长时间的下跌调整后渐渐企稳，股价开始向上突破底部盘区，经过一波快速拉高后，上涨速度放缓，股价出现震荡调整走势。但整个调整过程中，股价不但没有回落，反而重心渐渐向上抬高，说明庄家做多意愿非常强烈，控盘程度较高。这期间大多数获利散户会选择离场操作，而一些长线看好的投资者也在此逢低介入，这样庄家就达到了洗盘的目的。然后，股价再次放量涨停，展开第二阶段的主升浪拉升。经过两个阶段的拉高后，在这波主升浪中股价涨幅超过 150%。

这类走势有时很难分出第一阶段和第二阶段的界限，但只要一波主升浪尚在延续之中，就可以继续持股不动，且在实盘中可灵活掌握。

这种调整方式，很多时候出现一个缓慢上移的小通道，股价在小通道内稳步走高，最后向上突破小通道的上轨线压力，股价进入最后的主升浪拉升阶段。

图 4-27，三全食品（002216）：该股经过调整后进入慢牛式主升浪走势，股价沿着小的通道重心缓慢上移，说明庄家控盘程度非常高，股价正在有节奏地上升。参与这类个股时，应明白一个道理："会涨的股票不会跌，会跌的股票不会涨。"这类个股大多数在结束主升浪之前，会有一波疯狂的放量拉高动作，这时投资者应注意的是：在高位出现持续的快速放量拉高时应做好离场准备。

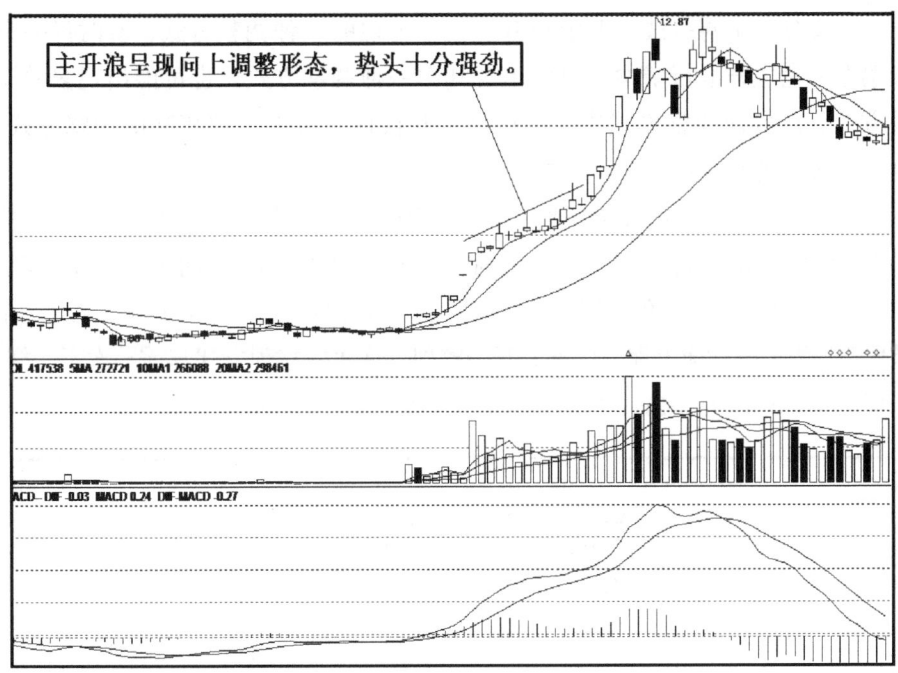

图 4-26 川润股份（002272）日 K 线图

图 4-27 三全食品（002216）日 K 线图

上文分析了同一波主升浪拉升过程中出现的三种调整方式,有时候一只股票在一轮主升浪行情中,可能出现其中一种调整方式,也可能出现多种调整方式。在多种调整方式中,往往具有互换性,很少出现相同的调整方式,这需要投资者在实盘中灵活把握。

图4-28,嘉应制药(002198):该股在2019年1月31日成功探明底部后,股价出现强劲上涨走势,当股价上涨到前期盘区附近时,遇到了明显的压力,庄家主动展开调整走势。股价出现向下回落调整,然后股价继续向上突破。拉升一个波段后,为了更好地上涨,庄家又开始整理,这次的整理方式与前一次不一样,采用横向震荡整理。之后,股价再次形成突破走势,出现新的上涨行情。

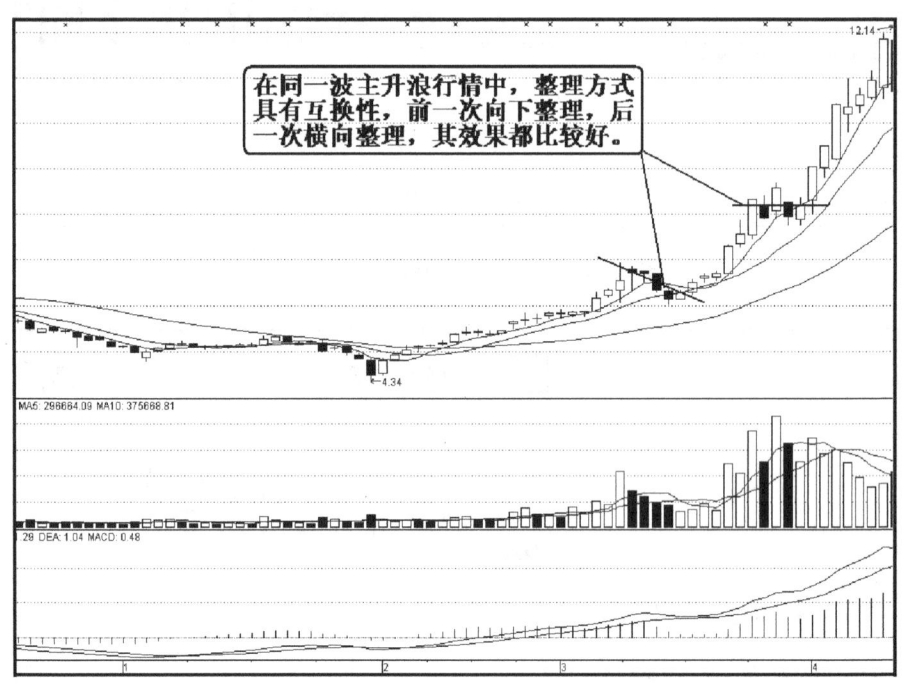

图 4-28　嘉应制药(002198)日 K 线图

二、同一波之内的调整速度

在同一波主升浪中,由于庄家的拉升手法不同,那么调整的速度也不相同,最快的可以在当天的分时走势中就能完成调整,在日 K 线上并没有留下什么明显的调整痕迹,最慢的可能要用 20 多个交易日进行调整蓄势。所以,从时间快慢上可以将其划分为:快速调整和慢速调整两种。

1. 快速调整方式

这种调整方式大多出现在暴涨式主升浪中，一方面庄家进入主升浪后，乘胜而上，一鼓作气，将股价拉到目标价位；另一方面由于题材的重大，受到市场的热捧，股价出现持续性的飙升走势。不少主升浪个股的快速调整时间在日内即可完成，即通过当天分时震荡走势完成整理。在日线级别中可能出现单日调整或多日整理，一般快速调整时间为1~5个交易日，这样股价上涨势头不受到任何影响，其间成交量会有所萎缩，随后再次上攻，成交量也同步放大。

图4-29，人民网（603000）：该股在长时间的底部震荡过程中，庄家吸纳了大量的低价筹码。2019年1月25日，股价放量突破，然后进入主升浪。在拉升过程中，并没有出现过长的调整，三次单日完成调整后，股价均出现强势上涨。投资者可在股价创出调整日的新高时，积极介入做多，但"事不过三"，经过三次整理后的新高，要防范高位风险意识。

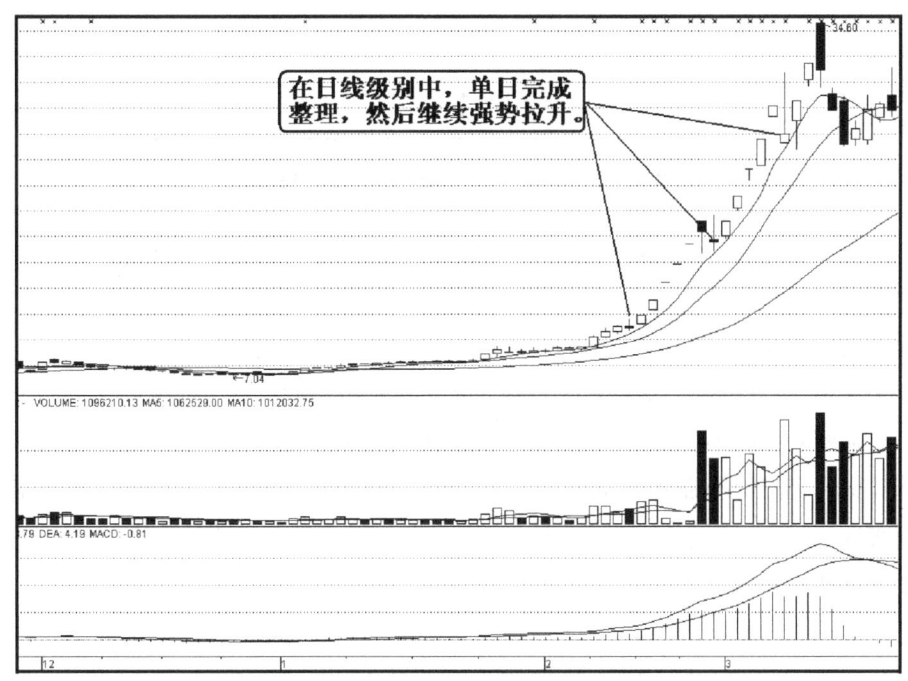

图4-29　人民网（603000）日K线图

图4-30，网宿科技（300017）：该股庄家在低位成功地完成了建仓计划后，2019年2月21日放量向上突破底部盘区，开启一轮主升浪行情。在主升浪拉升过程中，仅仅出现3个交易日的整理，随后股价再次大幅快速拉高，

股价短期涨幅巨大。

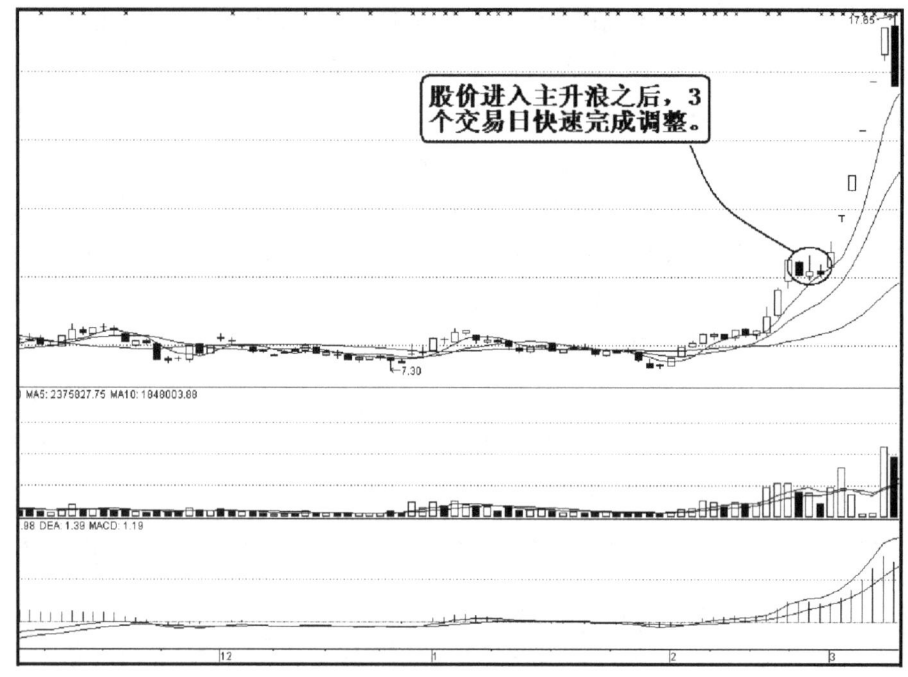

图 4-30　网宿科技（300017）日 K 线图

图 4-31，成飞集成（002190）：该股长时间在底部震荡，庄家成功完成建仓计划后，借助公司资产重组利好消息发动主升浪行情，股价出现"井喷"式上涨。在拉升过程中，先后出现 3 次较明显的快速调整走势，调整时间分别为 4 个、3 个、2 个交易日，当然，其中还有更小的单日或分时调整走势。

从图 4-31 中可以看出，尽管盘面出现一些调整走势，但并不影响股价上涨势头，仍然保持强盛的盘面，股价沿着 10 日均线迅速拉高，同时在股价回调时成交量也出现相应缩小。可见，庄家实力非常强大，做多意愿十分坚决，且也反映题材的重大。

2. 慢速调整方式

这种调整方式大多出现在慢牛式主升浪中，洗盘与拉升相结合，盘面整理比较到位，股价走势也相当稳健。慢速调整时间一般为 6~20 个交易日，调整幅度以 30 日均线作为支撑位，股价依然保持强势状态，其间成交量明显萎缩，随后在股价再次上攻时，成交量也配合放大。如果 20 个交易日股价仍不能创出新高，说明这一波主升浪已经基本结束，随后可能会延长调整时间和

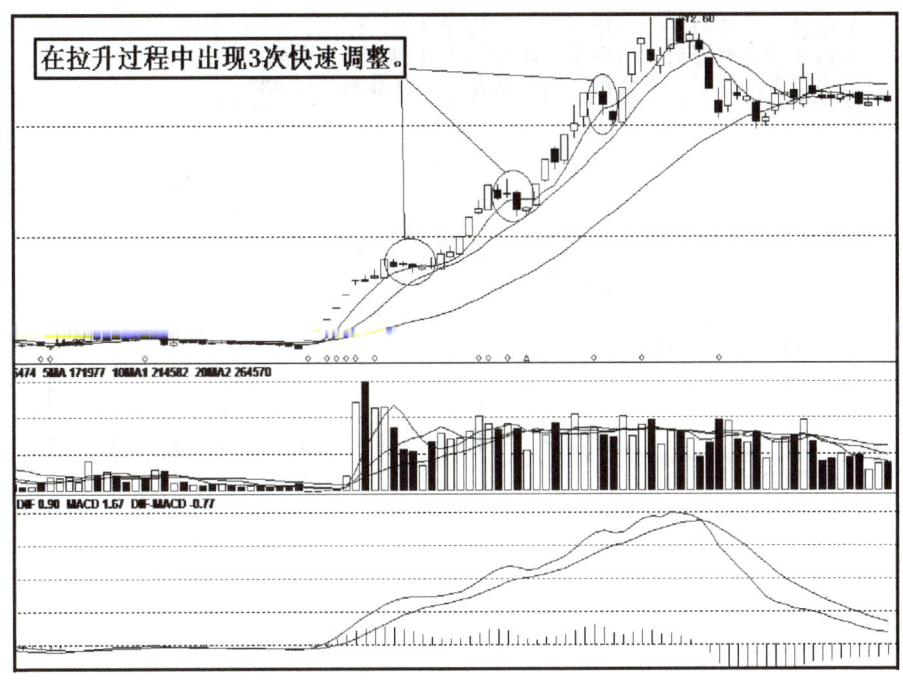

图 4-31 成飞集成（002190）日 K 线图

调整幅度，股价面临回落风险。

图 4-32，奥飞娱乐（002292）：该股经过小幅反弹后，再次回落到前期低点附近，然后企稳上涨形成双重底形态，股价形成主升浪走势。经过一波拉高后，遇到前期成交密集区域的阻力，股价出现调整走势，但股价回落幅度并不大，依然处于强势状态，并得到 30 日均线的支撑，且 30 日均线继续呈现上行走势，经过 17 个交易日的蓄势整理后，股价再次上涨，形成第二阶段主升浪，直到高位拉出大阴线时，主升浪才渐渐收尾，股价累计涨幅超过 200%。

图 4-33，联建光电（300269）：该股脱离底部后，渐渐进入慢牛式主升浪，庄家在拉升过程中出现了两次慢速调整走势，采用"拉洗并举"的做盘手法，使股价始终保持强势状态，30 日均线坚挺地上行，盘面走势相当稳健，在调整过程中成交量明显萎缩，量价配合颇具韵律，股价台阶式上行，牛市行情持续 7 个多月，体现了强庄股的风范，股价累计涨幅超过 400%。

散户遇到这种盘面时，应持股不动，尽量减少操作频率，以免陷入被动局面。庄家整理是考验散户耐性的时候，持币者在股价放量向上有效突破时跟进做多。

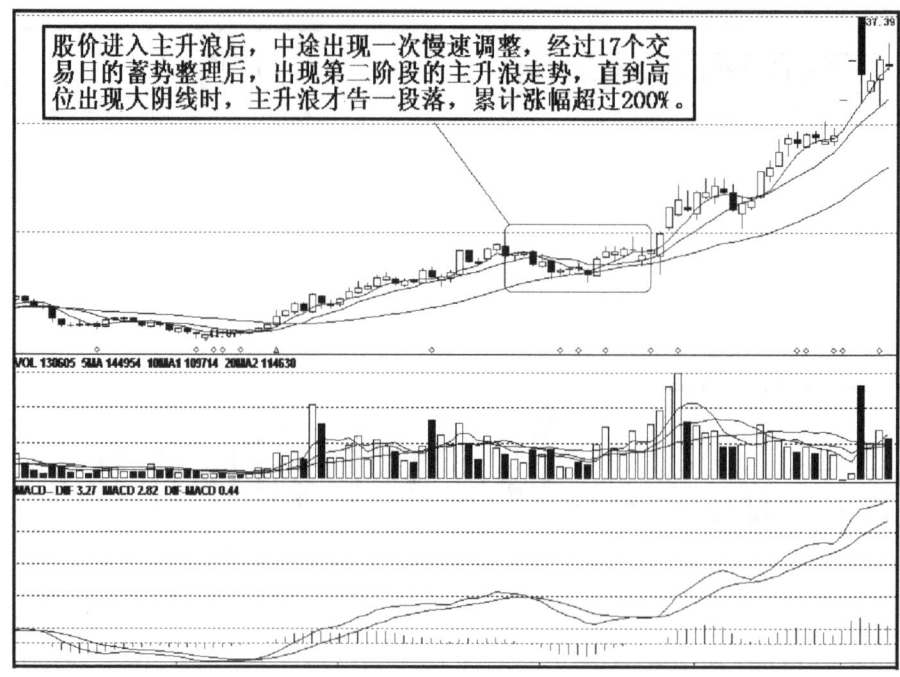

图 4-32 奥飞娱乐（002292）日 K 线图

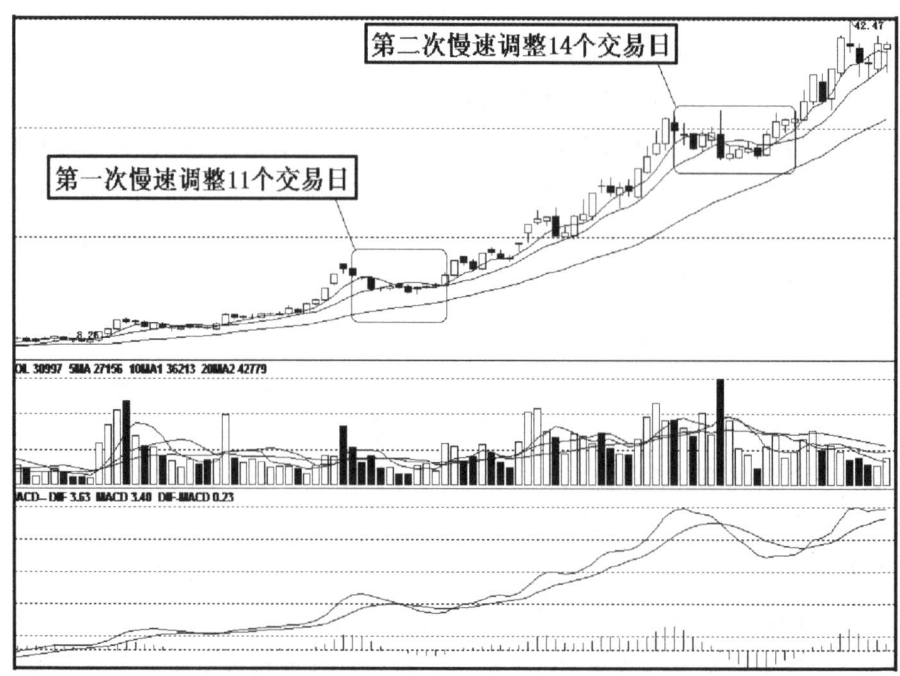

图 4-33 联建光电（300269）日 K 线图

三、波与波之间的调整形态

1. 第2浪的调整方式

第2浪的调整方式是捕捉黑马的关键，第2浪是对第1浪升幅的调整，也是对底部的二次确认，从整体上第2浪还属于底部的一部分，其调整方式有"之"字形、三角形、复合形和平坦形四种基本形式，此外还有一种较少见的顺势调整浪。

其中，"之"字形、三角形和复合形的出现，均是对第1浪升幅的主动调整，即等待上市公司基本面的好转或者消息的配合，其调整时间不可预测，并往往会使投资者在漫长的等待中失去耐心而退出观望。但是平坦形调整浪和顺势调整浪却不是这样的，这两种浪形均是黑马股诞生的基础。这两种形态的调整和其他形态调整的区别是：其他形态是主动调整，而平坦形调整浪和顺势调整浪却是被动调整的。

顺势调整浪的特征是第2浪中的A浪短暂调整后，B浪大幅反弹超越第1浪高点，而回调C浪的低点高于第1浪顶点。也就是说，顺势调整浪会创出第1浪高点，并在第1浪高点之上蓄势，等待第3浪突破。更直观地说，顺势调整浪就是向上调整，震荡攀升的调整，极为罕见，后市上涨力度较大。所以，平坦形调整浪和顺势调整浪比"之"字形、三角形、复合形的形态更强势，选股更应该配合基本面优先选择。

第2波是研判后市强弱的关键，是对第1浪升幅的调整，为后市的发展积蓄能量。第2波经常把第1波的涨幅跌掉一大半，甚至接近全部跌光，但不管第2波的跌幅如何，第2波的最低点不能比第1波的低点还低，由于第2波的跌幅较大，市场人士经常误以为空头市场尚未结束，但这时做空的能量，一般比第1波略微减少。

第2波的调整幅度通常是第1波的0.382倍、0.5倍、0.618倍，有时甚至接近于1倍。第2波以震荡的情形出现，成交量大幅萎缩，庄家诱空迹象明显，所以，第2波的调整走势直接决定后市的强弱。

图4-34，飞利信（300287）：该股第1浪结束后，开始第2浪修正，也是对底部的再次确认。在第2浪调整中，以简单的A、B、C三浪出现，C浪的低点略低于A浪的低点，说明空方打压力度有限，预示后市股价上涨潜力较大（注：该图为完整浪形的一部分）。

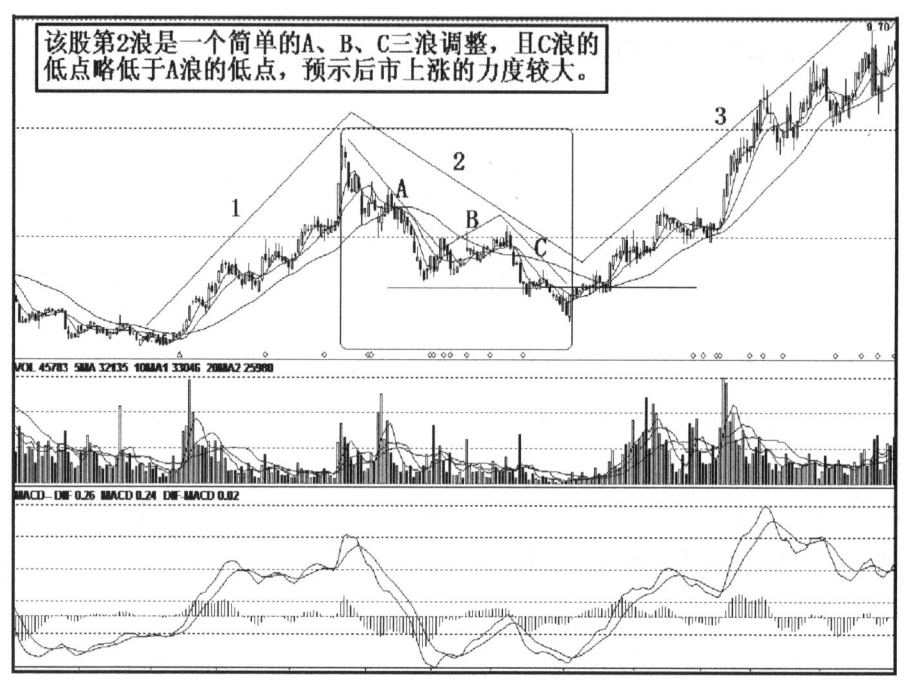

图 4-34　飞利信（300287）日 K 线图

第 2 浪的调整方式是捕捉黑马的关键，所以实盘中必须掌握以下两个问题。

第一，第 2 浪回调通常有以下两种常见形态：

（1）平坦形回调。在第 1 浪上涨之后出现回调，由于第 1 浪上涨的幅度有限，第 2 浪的回调便以相对比较温和的平坦形态展开。平坦形是由经典的下跌三浪组成，只是 A 浪和 C 浪呈现出平行的形态特征，庄家通过这样的回调确认了前期形成的底部有效。

从第 2 浪进行回调的成交量来判断，成交量放大，说明市场交易较为活跃，流动性比较强，市场关注度较高，因而可以判断庄家的吸筹行为。正是由于在这期间成交量放大，洗去了市场大多数浮筹，庄家掌握的筹码集中，因此之后第 3 浪出现向上稳步拉升。

（2）凶狠的单浪下跌。这种形态是最简单的，但是往往也是极为凶狠的下跌走势，常常是由于第 1 浪上涨幅度比较大，庄家才会采取比较凶狠的洗盘手法。这种单浪的下跌幅度接近第 1 浪的底部位置，进一步确定第 1 浪的底部。这种洗盘行为也是有必要的，它为后市打开了一片更为广阔的天空。

但是不管第 2 浪以什么方式进行回调，有一个大前提必须遵守，即第 2 浪的回调不能击穿第 1 浪的底部，这是波浪理论的铁律。

第二，第 2 浪回调的选股方法有以下三种：

（1）根据第 2 浪的回调形态分析。第 2 浪的回调是典型的下跌走势，由次一级的 A、B、C 三浪构成，这里所说的形态分析就是指在次一级 C 浪完成后，就是绝佳的入场机会，也就是发生在次一级 C 浪的末端，在这里建仓布局等待后市的上涨，结果必然获得良好的收益。

（2）从第 2 浪底部 K 线走势判断是否调整结束。K 线走势和第 2 浪的有机结合也能准确地判断第 2 浪的结束，如在第 1 浪低点附近出现止跌性 K 线（从单根 K 线或组合 K 线进行判断），那么就意味着第 2 浪调整结束，将进入第 3 浪拉升走势，此时可以积极介入做多。

（3）利用回调比率进行分析。把握好第 2 浪的回调位置，也就能正确判断第 2 浪的结束位置。大家知道，第 2 浪有可能在第 1 浪涨幅的 0.382 倍、0.5 倍、0.618 倍和接近 1 倍处，这就为实盘操作提供了参考依据。

2. 第 4 浪的调整方式

第 4 浪是多空双方争斗最激烈的一波，也是最复杂的一段，这时的股价形态，以出现三角形为最多，因此如果股价已经上涨一大段以后，出现三角形形态时，投资者大部分都可以猜到此时大概是第 4 浪了。另外，除了楔形形态以外，第 4 浪的最低点绝对不能低于第 1 波的最高点，此为第 4 浪的主要特征。

部分比较弱势的个股，经常在第 4 浪中达到最高点，并开始转涨为跌，此时做空会有略微减少的现象，但减少的幅度不会太大，而部分做空者已经开始跃跃欲试了。第 4 浪的调整幅度通常是第 3 浪升幅的 0.382 倍，且第 4 浪的底必定高于第 1 浪的顶。由于受第 3 浪大幅上涨的诱惑或刺激，庄家在第 4 浪调整时多数是诱发市场做多，但也有诱发市场做空的。第 4 浪通常多以单浪下跌走势、平台形走势和复杂三角形形态出现。

第 4 浪和第 2 浪有很强的互换性，如果第 2 浪以简单的形态出现，第 4 浪调整则以复杂的形态出现，反之则相反；时间也是这样，若第 2 浪调整时间过长，则第 4 浪调整时间就比较短。在实盘中，投资者可以根据两者具有互换性的特点，进行买卖参考。

图 4-35，阳光电源（300274）：该股在企稳上行过程中，第 1 浪出现延

长走势,所以第3浪和第5浪再次出现延长的可能非常小,这为后市研判提供重要的参考依据。第2浪是一个顺势调整浪,即呈现向上调整走势,预示第3浪上涨比较有力,这也暗示主升浪有可能就发生在第3浪。由于第2浪以复杂的形式出现,所以第4浪调整比较简单,这是两者的互换性所致。而且,因为第1浪是延长浪,第3浪又是主升浪,股价已经处于高位,先知先觉者获利丰厚而离场,此时多空双方出现较大分歧,所以也就限制了第5浪的上涨幅度,投资者对此应做好出局的准备。

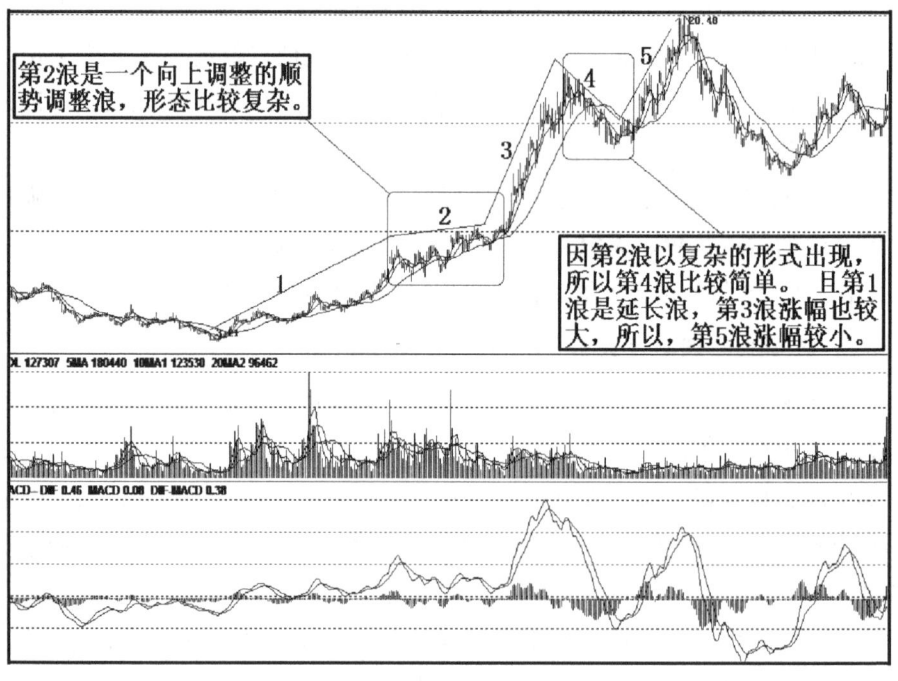

图4-35 阳光电源(300274)日K线图

第4浪是5个推动浪中的第二次调整,也是最后一个调整浪。为了确保此前获得的利润不缩减,那么必须了解第4浪的运行特征,并且做到尽量回避第4浪调整,也就是在第4浪到来之前出货离场。根据第4浪的一般形态特征,可以预测第4浪的发展方向,也就是预测出潜在的巨大风险。第4浪的基本特征如下:

(1)单浪下跌走势。如果第3浪涨幅较大,或第1浪和第3浪累计涨幅较大,在K线方面收出见顶信号时,预示上涨势头遭到打击,那么可以在第4浪正式开始时,就果断地出售手中持有的筹码,尽快回避第4浪带来的下跌风险。

（2）平台形走势。如果第 4 浪是以平台形式出现，这时可以观察前面第 3 浪的涨幅情况，若涨幅较大，则可以在 B 浪反弹中出货，达到规避风险的目的。

（3）三角形走势。第 4 浪经常出现三角形整理形态，这种走势中间会出现几次适度的反弹，投资者可以抓住这些反弹的相对高位出货离场，使自己避免遭受更大的损失。但是，这种三角形的调整更具有可期待性，也就是说不必全部清仓，可保留一定的仓位。这样做不仅可以在一定程度上避免出现的风险，而且可以为第 5 浪的上涨早做准备，一旦发现有上涨的趋势，应该进行建仓操作，尽可能多地收集低价筹码来获取平均成本价格的走低，抵销前面未出货的损失。

第四节　主升浪调整的基本类型

一、低位建仓型调整

目前，我国股市没有卖空机制，只有买多，不能卖空；只有买股，才能卖股。在主升浪之前庄家必须有一个买股——吸筹过程。建仓大致可分为三个阶段：初仓阶段、主仓阶段（集中建仓）、加仓阶段（补仓）。庄家建仓要具备时间、价格、数量三大要素。时间，要符合天时、地利、人和；价格，要获得尽可能低廉的筹码；数量，要拿到尽可能多的筹码。在主升浪启动前的低位建仓调整，通常有以下三种类型。

1. 底部要有一个筑底过程

底部吸筹价位较低，但需要较长时间，短的需要两三个月，长的需要半年以上，并且要悄悄地进行，一旦泄密，为广大散户知悉，跟着庄家在底部吸筹，就会打乱坐庄计划。一般而言，在较长的建仓过程中股价在低位呈现盘整或窄幅箱体震荡走势，其后放量向上突破，开启主升浪行情。

图 4-36，新疆浩源（002700）：该股经过长期下跌调整后，在低位再次遭到庄家的诱空式打压，然后在低位呈现横盘震荡，成交量大幅萎缩，维持盘局 1 个多月时间。在这段时间里，盘中不少散户选择离场操作，庄家却一一将筹码收于囊中。当庄家完成建仓计划后，股价慢慢回升，底部向上抬高，

并有效站于均线系统之上。股价在 30 日均线上方作拉升前的预演后，2018 年 8 月 2 日股价拔地而起，发力向上脱离底部盘区，股价连续拉出 6 个涨停。

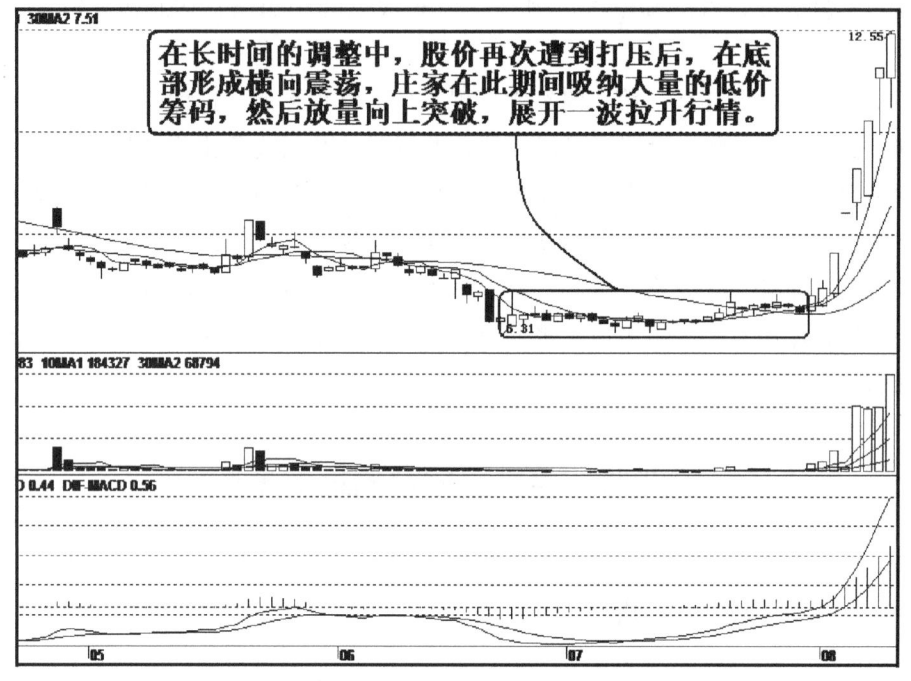

图 4-36　新疆浩源（002700）日 K 线图

2. 底部有明显的成交量堆积

成交量堆积意味着有大量的资金流入该股，庄家动用大量的资金购买并持有该股的流通筹码后，使市场中的流通筹码随之减少，渐渐达到控盘程度，此后的成交量会逐渐缩小。从日 K 线上看，成交量突破 60 日均线后，不久再次回落到 60 日均线下方洗盘整理，成交量始终处于较大状态，当股价再次返回到 60 日均线上方时，标志着庄家建仓和洗盘的基本完成，主升浪由此展开。

图 4-37，江特电机（002176）：该股在长时间的震荡整理过程中，底部渐渐向上抬高，随后股价放量突破 60 日均线，成交量持续放大，表明庄家大规模建仓，然后股价再次回落到 60 日均线之下洗盘整理。不久，股价重返 60 日均线之上，说明庄家建仓和洗盘结束，从而开启主升浪行情。

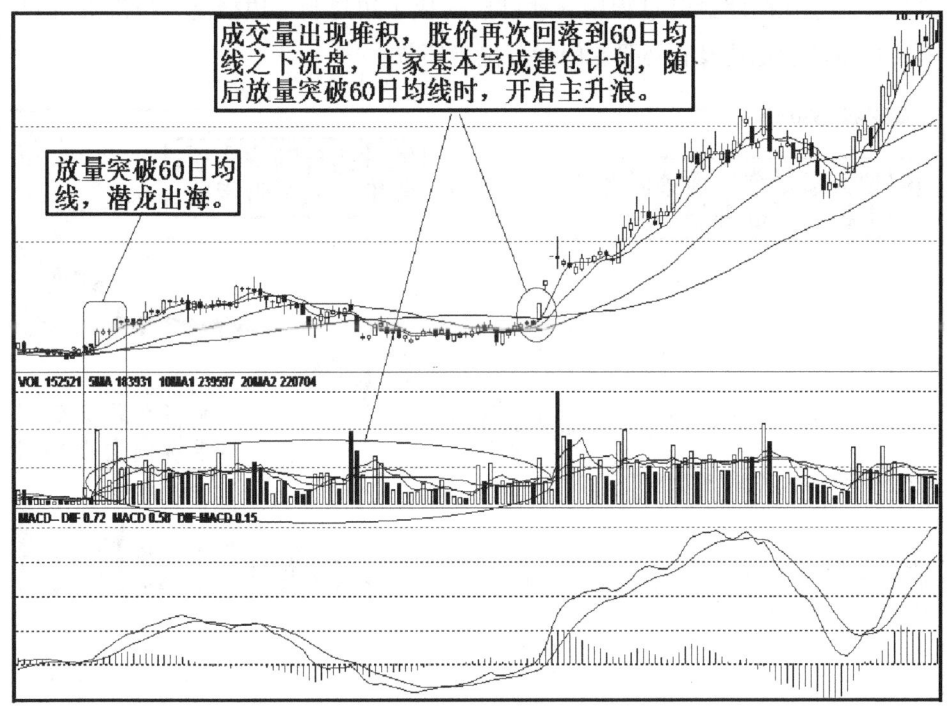

图 4-37 江特电机（002176）日 K 线图

3. K 线走势中底部不断抬高

从日 K 线上看，阳线多、阴线少，股价走势忽高忽低，起伏不定，但底部在不断抬高。当一根放量大阳线突破前期高点，就标志着庄家建仓完毕。若股价涨停，成交量却很少，表明大量的流通筹码已经被庄家锁定。

建仓完毕后，股价走势通常不理会大盘的走势，会走出独立的行情。大盘涨个股大涨，大盘跌个股不跌或反涨，表明盘中庄家已经高度控盘，这时候的下跌只是盘中洗盘而已。

图 4-38，方大炭素（600516）：2017 年 4—5 月，该股在此期间却不受大盘下跌影响，不断向上走高，股价重心渐渐上移，走势明显强于大盘，为典型的逆大势而行的盘面表现。说明庄家在此期间吸纳了大量的筹码，等待大盘企稳回升。

5 月 11 日，大盘探底成功后，该股立即出现快速上涨行情，借助去产能（涨价概念）利好，股价向上突破，出现主升浪行情，成为两市的妖股。该股庄家完成建仓计划后，没有出现明显的回落洗盘走势，直接进入主升浪行情。

其实，庄家在前期盘升过程中，就已经完成了边建仓、边推高、边洗盘的过程，所以此后也就没有必要专门展开洗盘环节。

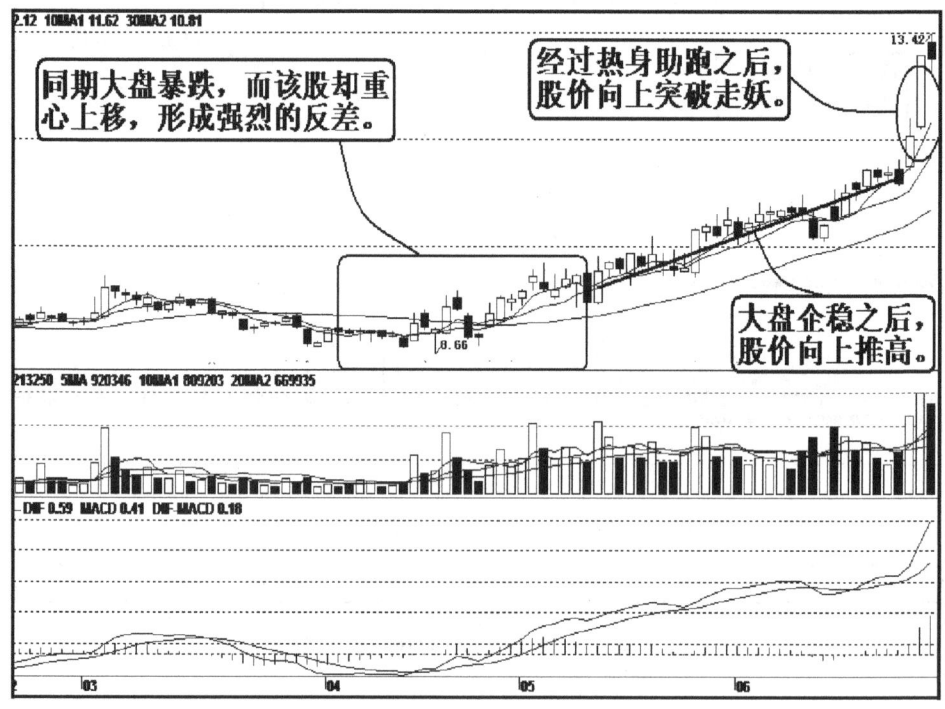

图 4-38　方大炭素（600516）日 K 线图

二、中位蓄势型调整

中位蓄势也叫中继整理，庄家在底部收集到一定数量的低价筹码后，股价向上拉高一段距离，庄家展开洗盘或加仓操作，使股价停止上涨步伐，但又不敢把股价压下来而丢失筹码，从而形成中位蓄势形态，使散户误以为上涨行情结束而退出，当庄家消除后市上涨的阻力后，股价展开大幅上涨行情。通常一个蓄势型调整形态需要 1~2 个月时间，成交量也会出现萎缩现象，但有时也出现大换手，然后再次缩量，一旦放量向上突破中继横盘，其上涨力量和幅度相当惊人。

散户遇到这种盘面走势时，在先前底部介入者，不妨逢高先行退出，等待股价回调低点再介入，可以获得小幅差价，或者干脆与庄家告别，而另觅他股。持币者可以在横向盘整的后期，盘面出现异动时择机介入，

图 4-39，新国都（300130）：该股见底后企稳回升，经过一波缓慢的小

幅上涨行情后，股价出现滞涨现象，形成中位蓄势型整理形态，成交量出现堆量现象（这种情况符合前面所讲的建仓型整理走势），这时先期介入的散户，纷纷获利出局。由于庄家筹码锁定性好，加上有良好的题材支持，庄家在此继续吸纳了大量的筹码。不久，在利好消息的刺激下，出现"井喷"式主升浪，股价连拉10个"一"字形涨停板。

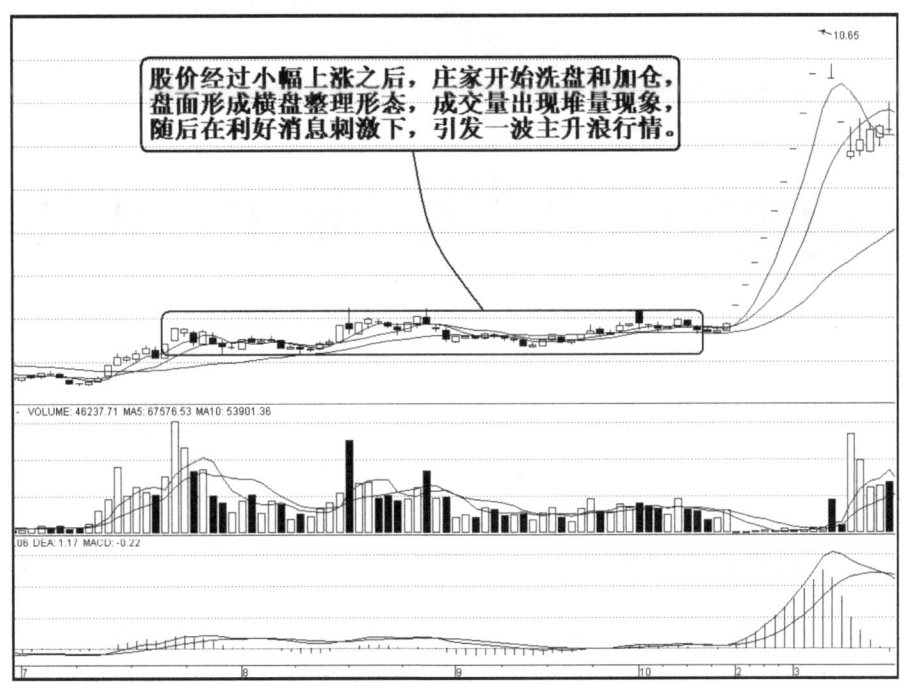

图4-39　新国都（300130）日K线图

图4-40，中青宝（300052）：该股见底后企稳回升，股价一路小跑走高，底部渐渐向上抬高，随后上涨速度开始加快。经过一波快速上涨后，股价出现滞涨现象，形成中位蓄势型整理形态，当股价回调到30日均线附近时，得到了强大的技术支撑而再次走强，此时30日均线我行我素地上行，支持股价进一步走高，随后股价展开第二阶段的主升浪行情，整波主升浪涨幅非常巨大，累计涨幅接近9倍，成为两市不可多见的大牛股。

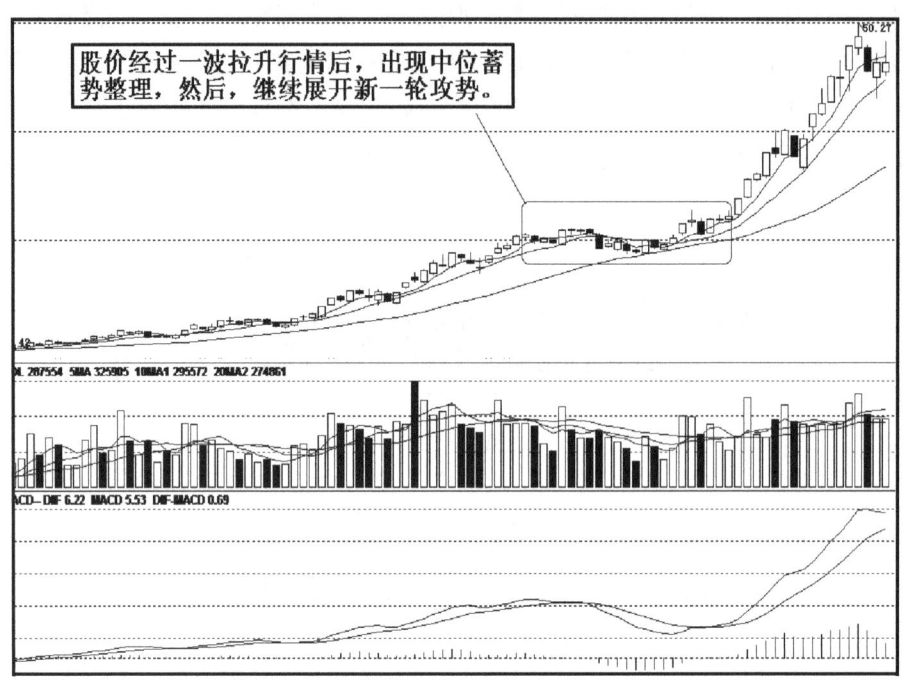

图 4-40　中青宝（300052）日 K 线图

三、高位派发型调整

高位派发型调整大多是庄家完全控盘的强庄所为，经过大幅炒作后股价高高在上，庄家获利非常丰厚，此时庄家需要兑现实际盈利，但庄家出货需要一个过程，大致要经历高位减仓、集中出仓、低点加仓、拉高再出和全面清仓这五个阶段，而高位派发型调整正是贯穿于整个出货阶段的一种盘面现象，散户遇到这种盘面现象时，如果股价处在大幅炒作后的高位，或经过三波行情后所形成的横盘走势，则要防止庄家出货。通常三波以上的行情属于涨后余波，大多为庄家诱多行为，此时稳健的投资者不论后市走势如何，千万别碰，晚餐虽美但不好吃。

图 4-41，长城影视（002071）：股价经过长时间的调整后，在低位企稳震荡，构筑了一个双重底形态。然后，股价放量突破双重底颈线位，并借助利好消息大幅向上拉高，连续拉出 12 个涨停板，短期涨幅十分巨大，庄家获利非常丰厚。当股价打开涨停板后，庄家在此竭力护盘，在高位区域出现派发型震荡走势。最后，庄家进行诱多拉高，形成新一轮上涨行情，此时庄家

暗中出货,股价渐渐下跌。

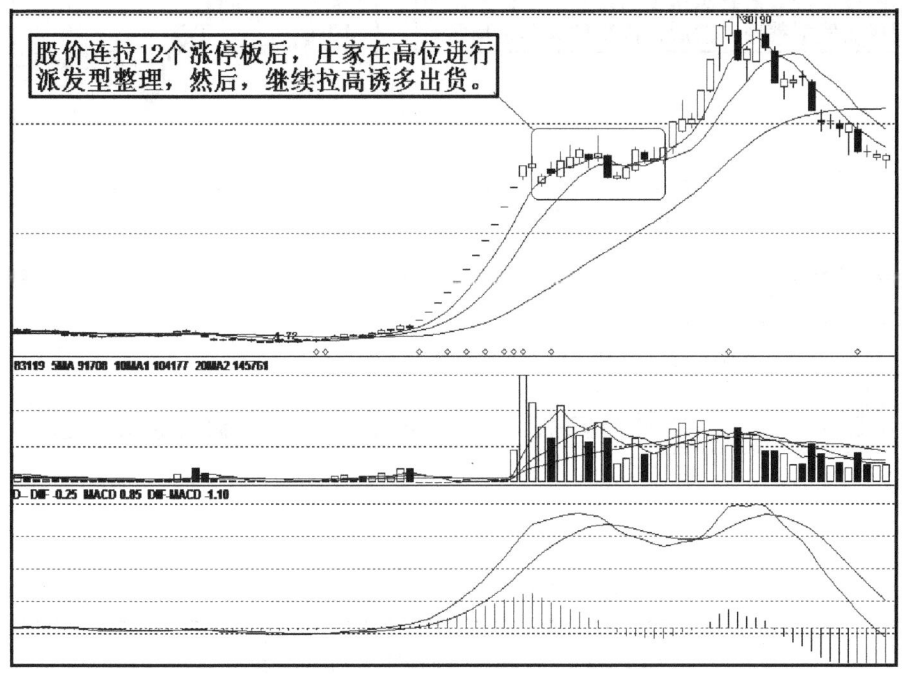

图 4-41　长城影视（002071）日 K 线图

图 4-42,宝鹰股份（002047）:庄家在低位成功完成建仓和洗盘后,股价出现三波涨幅较大的主升浪走势,股价累计涨幅十分巨大。此时,庄家在高位维持派发型调整走势,从而形成平台整理形态,然后庄家向上拉高诱多出货。投资者遇到这种形态时,掌握一个原则就可以了,即已经出现三波拉高行情后,再次上涨就属于诱多动作,应果断卖出。

炒股要把握主升浪两个本质的东西:一个是庄家;另一个是题材。庄家拉升时就逢低进场,庄家烧火时就火上加油,庄家不拉时就迅速离场,这才是跟庄家做主升浪的基本要求。记住一个规律:第一个反转,突破。拉升性质的涨停板,就是一波主升浪的开始。

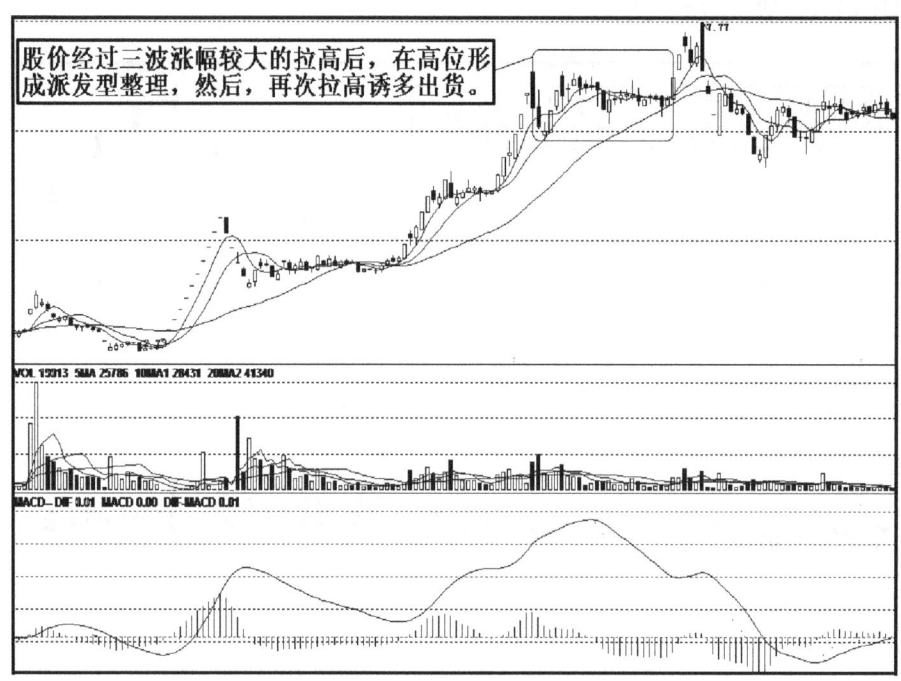

图 4-42 宝鹰股份（002047）日 K 线图

第五章　主升浪的基本结构

大家知道，主升浪是指股价涨速最快、涨幅最大的一个阶段。对于中短期主升浪来说，问题比较简单，但对中长期主升浪来说，问题就复杂了，很多长期大牛股的走势，往往经过一段主升浪后，出现较大幅度的回落调整，然后，股价又会重新顽强地上涨，展开新一轮或几轮的主升浪行情。从长期走势来看，这些大牛股的大主升浪，就是由一个个小主升浪连接而成的，这就是波浪理论中的"大浪套小浪"。

所以，为了方便理解，化繁为简，本书对主升浪结构形态进行分类。主升浪的基本形态大致可分为单波式、两波式、三波式、多波式四种结构形式。下面对这四种主升浪形态分别予以解析。

第一节　单波式主升浪的三种结构

单波式结构是指在整波主升浪的中途没有出现休整，股价呈连贯性上涨，一浪到顶。这是主升浪行情的一个最基本的形态，也是组成两波、三波和多波主升浪形态的基础结构，两波、三波和多波主升浪正是由两个或多个单波式主升浪叠加而成的。所以，通过深入分析和研究单波式主升浪结构的成因、形态、启动特点、量度涨幅、量能变化等要素，就完全可以轻易延伸到两波、三波和多波主升浪的研究中。

主升浪从上涨速度上可以分为两类：一是短期暴涨式主升浪；二是中期慢牛式主升浪。由于短期暴涨式主升浪是股市最大最快的获利机会，也是短线投资者最热衷追逐的交易品种，所以作为重点内容进行分析。短期暴涨式主升浪是指股价能够在短期内快速上涨，且在股价上涨期间，5日均线和10日均线不会出现死叉的现象。

从K线形态上看，短期暴涨式主升浪可从强到弱分为三种形态：一是连续涨停式结构；二是连续大阳式结构；三是阴阳组合式结构。下面就这几种类型主升浪进行分析研究。

一、连续涨停式主升浪结构

这种主升浪形态，大多以涨停板的形式拉升，一般会出现连续5个以上的涨停板走势，从而形成暴涨式主升浪行情。其中，又可以细分为三种类型：一是连续"一"字形涨停式；二是"一字形+涨停板"式；三是连续大阳线涨停式。

1. 连续"一"字形涨停式

这种盘面形式是指连续在5个以上的交易日里，股价从涨停板价位开盘，且全天封盘不动，所有的成交均是在涨停板位置上，从而形成连续的"一"字形涨停式的K线形态。毫无疑问，连续"一"字形涨停式主升浪是所有主升浪中涨势最强烈的一种形态。

那么，这种主升浪形态是怎么形成的呢？从表面看，是由巨量买盘追高造成的，在涨停板上排队的巨大买盘将卖盘全部吃光。由于涨停板上的买盘巨大，在前3~4个涨停板时，卖盘稀少，从而导致在涨停板上成交稀少，形成无量空涨现象。但实质上这种主升浪的真正原因：一是由个股突发性的特大利好造成。二是资金推动的强庄蛮横行为。通常形成特大利好的有重大资产重组和重大资产注入两类，但不管是哪种利好，必须是属于股市当下最热门概念的资产，或者是能够给上市公司带来巨大现实利润的资产。

图5-1，置信电气（600517）：2019年4月1日，带着重大资产重组的消息复牌后，股价连续拉出9个"一"字形涨停，盘面形成一浪到顶的主升浪走势，中间没有停顿和休整，这类个股打开"一"字板就是阶段性顶部，应逢高及时离场。

图5-2，盛和资源（600392）：该股是在资金推动下形成的单波式主升浪行情，也是一波超跌反弹行情，股价上涨并没有受到某种突发的、公开的利好刺激（当然背后可能隐藏某种中长期利好），完全是由庄家主导的主升浪行情。股价连拉7个"一"字形涨停板后，继续大幅上涨，一浪到顶，完成了单波式上涨主升浪行情。

近年来A股市场中，完全由庄家资金推动而连续出现多个"一"字形涨停的股票已经不多见了，这种方式将渐渐地淡出市场，而更多的是得到利好的支撑而形成的飙涨行情，所以投资者在注重技术面分析的同时，应多关注基本面的变化所引发的暴涨机会。

第五章 主升浪的基本结构

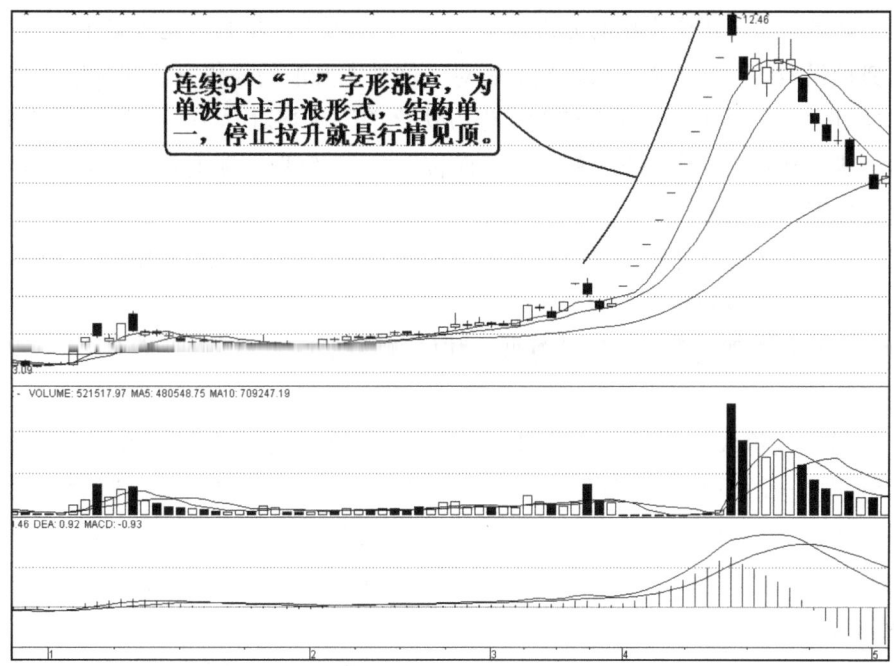

图 5-1 置信电气（600517）日 K 线图

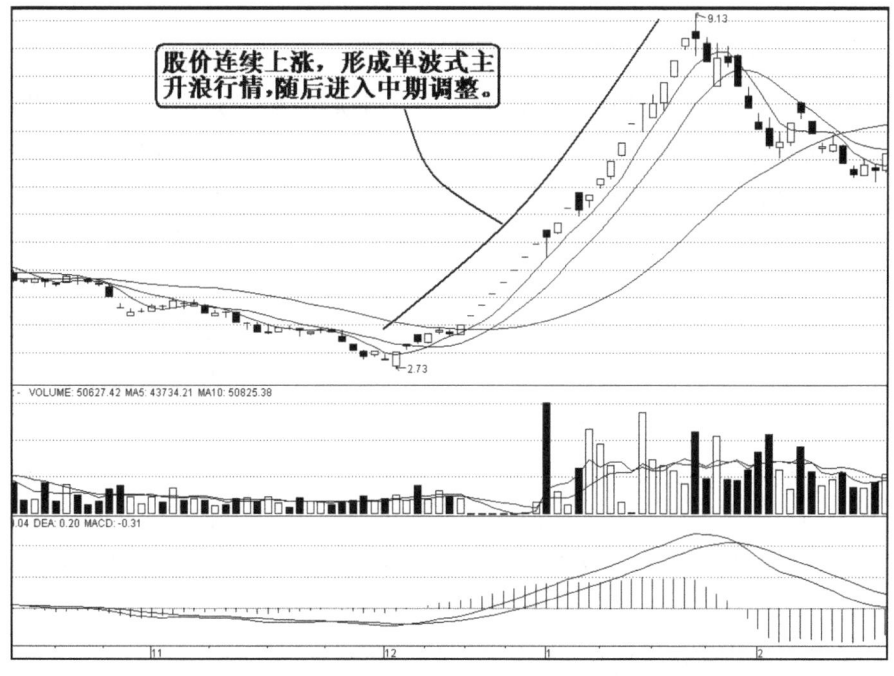

图 5-2 盛和资源（600392）日 K 线图

173

通过对以上两个实例的分析表明,"一"字形上涨主升浪是所有主升浪中涨势最强烈的一种走势,很多投资者对于这种主升浪的操作方法非常感兴趣。在探讨"一"字形上涨主升浪的操作方法之前,应当对"一"字形上涨主升浪形成的必要条件作一下了解。一般而言,"一"字形上涨主升浪的形成需要满足以下四个条件:

(1) 要有重大利好。这是"一"字形上涨主升浪形成的内因,利好越大,股价上涨空间越大,力度越强。

(2) 绝对股价要低。股价越低,前期调整越充分,后市股价上涨的潜在空间就越大。

(3) 比价效应要大。比价效应(或叫股价差值)是指个股股价要远远低于同板块里其他股票的平均股价,为了达到或接近同板块其他股票的平均股价,个股股价就有较大的上涨空间。股价差值=同板块其他股票平均股价-该股股价。股价差值越大,表示比价效应越大,股价的潜在涨幅就越大。

(4) 前期涨幅不应太大。一般来说,在主升浪启动前的股价涨幅越小或者处于盘整的股票,在其利好公告后,形成多个"一"字形的概率越高;反之则越低。

投资者掌握了这四个必要条件后,就可以大致估计利好公布后能走出多少个"一"字形涨停板,这对于"一"字形上涨主升浪的预测与操作有着较好的指导作用。其实,预测与操作是密不可分的,是理论与实践的统一。当预测的股价还会上涨时,就可以继续买入或持股,甚至会在涨停板上排队买入;相反,当预测的股价还会下跌时,就要及时卖出,甚至会在跌停板排队卖出。由于"一"字形上涨主升浪来势汹涌,股价往往呈现暴涨暴跌的走势,预测显得更为关键。若预测准确而买入,很可能会获得短期暴利;而若预测错误而买入,则立即会被套牢,甚至会被深套。

从整体来看,以上所讲的"一"字形上涨主升浪形成的四个条件还只是停留在战术层面,从更高的战略层面来看,"一"字形主升浪的形成其实就是由两个因素决定:一是估值,二是比价效应。不只是"一"字形上涨主升浪,其他任何主升浪或股价波动,从本质上讲也都是由这两个因素所决定的。

2. "一字形+涨停板"式

这种主升浪形态的盘面现象,先拉出2~3个"一"字形涨停后,再拉出3个以上的大阳线涨停板。其特点是：股价先启动2~3个"一"字形，但在其后的几个交易日，股价没有能力继续保持"一"字形上涨，但还是能够在高开后以涨停板收盘（后面的涨停板不一定要求连续出现，中间可以夹杂小阴小阳K线），这种主升浪也可以走出总计5个以上的涨停板。

这种形式的主升浪是"一"字形上涨主升浪的变体，两者有异同之处。其相同之处有两点：一是成因相同，两者大多是因突发性利好而启动的一轮主升浪；二是两者前面的2~3个"一"字形的走势完全相同。其不同之处也有两点：一是主升浪的后期形态不同。"一"字形上涨主升浪能够连续走出5个以上的"一"字形，而该形式的主升浪一般只能走出2~3个"一"字形，其后只能走出高开涨停板。二是放量情况不同。"一"字形上涨主升浪放一次量，一般是在最后一个"一"字形打开时放出巨量，甚至是天量，同时股价也到短期的最高点，呈现较为标准的"天量天价"形态。但"一字形+涨停板"式形态的主升浪一般有两次放量，第一次放量通常是在第4个高开涨停板那天，第二次放量是在主升浪最高点那天。"一"字形上涨主升浪是所有主升浪行情的最强形态，而"一字形+涨停板"式的主升浪则是次强形态。

图5-3，鲁信创投（600783）：该股经过向下打压诱空后，2018年11月5日以大阳线形成向上突破，接着收出两个"一"字形涨停，第4天出现高开高走阳线，成交量大幅放大（第一次放量）。这种现象可以认为股价上涨模式将从"一"字形转为高开涨停方式，这也意味着盘面将出现一定震荡幅度。随后，经过3个交易日强势震荡后，股价再次连续拉出4个涨停板。11月20日，股价高开后，在上涨惯性的作用下出现上冲走势，由于上方抛压加重，股价出现冲高回落走势，当天收出一根带长上影线K线，盘面呈现"天量天价"现象（第二次放量）。

该股出现"一"字涨停开板放量，改变了"一"字形的上涨模式，为什么还能走出包括两个"一"字形在内的共计8个涨停板的强势呢？主要是因为：一是受"创投概念"利好消息发酵；二是该股股价处于底部区域，前期调整非常充分，股价有一定的上涨潜力；三是该股有实力强大的庄家在其中运作，庄家凭借实力进行短炒套利。

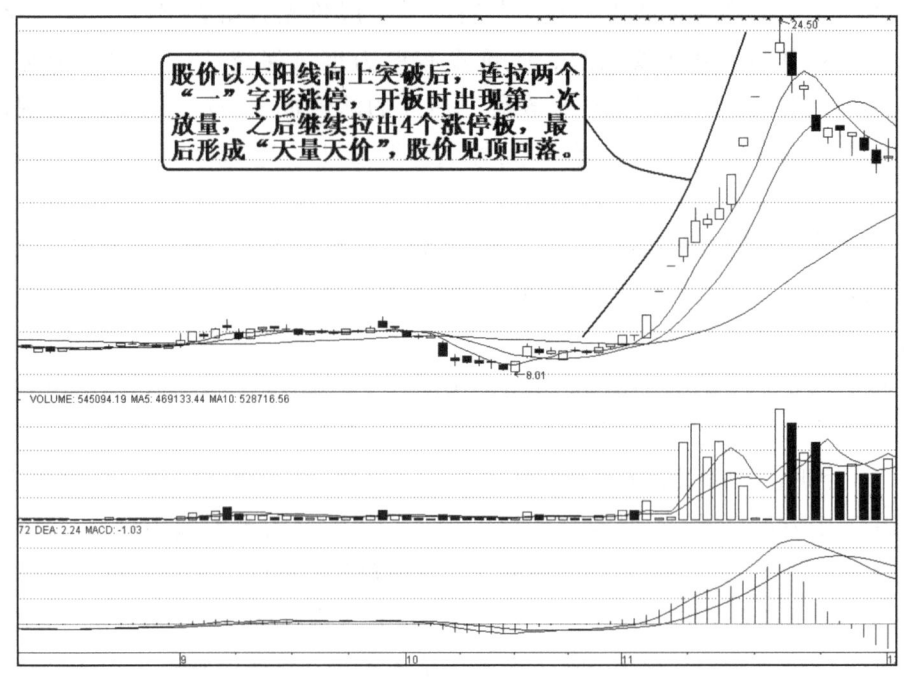

图 5-3 鲁信创投（600783）日 K 线图

图 5-4，成飞集成（002190）：2014 年 5 月 19 日，因公司发布关于发行股份购买资产并募集配套资金消息，从而使该股启动了一轮"一字形+涨停板"式主升浪。该股先是连续收出 5 个缩量的"一"字形涨停板，5 月 26 日从涨停板价位开盘后，出现了震荡走势，当天收出"T"字形涨停 K 线，随后进行短期的强势整理，再度开始向上攻势，期间收出多个高开涨停板，形成一波主升浪行情。整个走势符合"一字形+涨停板"式主升浪，启动主升浪的原因是利好消息刺激，而且启动前期股价调整充分，属于有上涨潜力的低价股。不能连续形成"一"字形上涨的原因是利好消息并不能使公司短期产生利润，但又存在长期性利好，所以打开"一"字形后股价仍将继续上涨。

从图 5-4 中可以看出，该股从第 6 个涨停板开始，股价上涨模式发生了变化，由"一"字形改变为高开涨停式上涨。这类个股中的操作方法是等待股价缩量回调到 10 日均线附近，然后再次放量上攻时介入，当盘中出现放量滞涨时退出。在技术方面应注意四点：一是缩量回调，说明股价打开"一"字形涨停时，释放了大量的短线浮动筹码，然后盘面很快被庄家掌控，表明庄家筹码没有大规模出逃。二是在 10 日均线附近企稳，说明盘面强势依旧，股价仍有上攻动力,一旦击穿 10 日均线支撑而不能很快恢复,那么多头士气必将遭到重挫,上涨势头大打折扣。三是再次温和放量上涨,说明有新的资金介入,盘面出现正常的上涨走势,如果出现快速的放量上涨,小心阶段性头部形成。四是放量滞涨时退出,这里包含两层意思,即放量和滞涨。一般而言,放量但不滞涨,可以继续持有;滞涨但不放量,也可以谨慎持有。当两者同时出现时,见顶的概率就大增,当然这是一般规律,具体还要视个股而定。

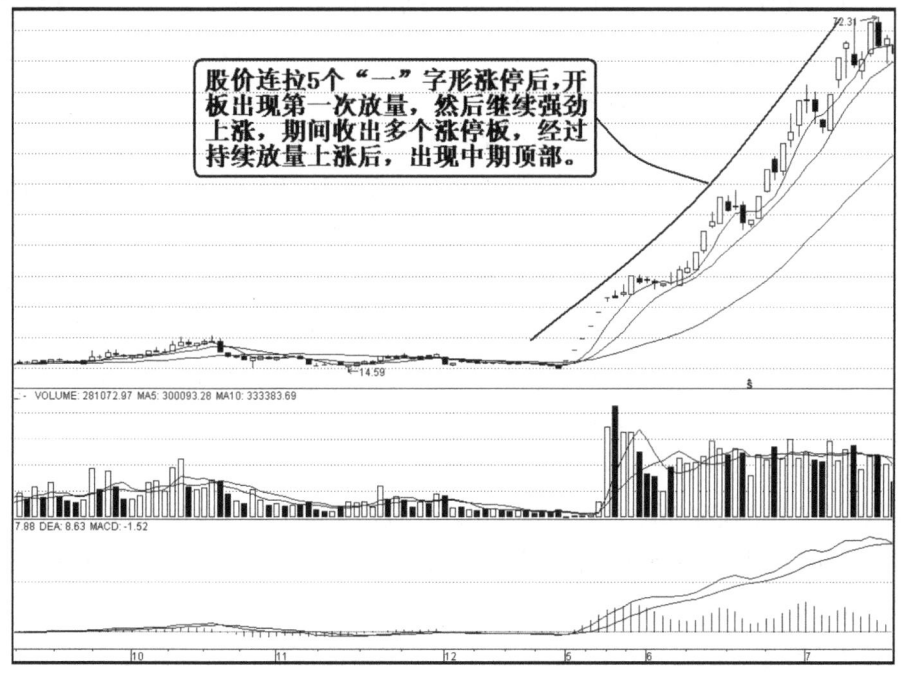

图 5-4　成飞集成（002190）日 K 线图

3. 连续大阳线涨停式

这种主升浪形态的盘面现象,以一个涨停板为主升浪的开端,在主升浪上涨过程中,能够出现 2 组以上的 2~3 个涨停板的组合,总计能够出现 5 个以上的涨停板。这种主升浪形态有时也会出现一个"一"字形,但不会连续出现多个"一"字形,要是出现连续的"一"字形,那就归类为连续"一"字形主升浪了。而且,这种形式出现的"一"字形,有可能出现在第一个涨停板,也有可能出现在第二个涨停板。另外,这种形式的主升浪也有几种变体,比如,可以在涨停板中夹带几根非涨停板的 K 线,但不管其出现多少种变化，其基本形态是连续涨停板，且股价在主升浪过程中绝不会出现跌破 10 日均线的情况。

通常在实盘中，第 3 个和第 4 个涨停板的走势和成交量情况，往往决定着该股后市能否继续上涨。从近几年的股市实盘分析可知，出现第 3 个和第 4 个涨停板后，就短期见顶的股票占了 80%～90%，而能够继续上涨展开主升浪的，只占 10%～20%。因此，更应深入研究一下连续涨停板式主升浪的成因、形态和特点，以提高捕捉主升浪的成功率。

形成这种主升浪一般有 5 个因素：一是股价超跌反弹；二是有突发性利好（甚至朦胧消息）；三是比价效应明显；四是技术面突破（各种技术意义上的突破）；五是庄家资金推动行为。

一般而言，庄家要想借助一个朦胧的题材，发动一轮连续涨停板的主升浪，那么就必须做好启动前三个涨停板的准备，如果大盘配合、题材受到市场认可，那么庄家可以继续挺进，在跟风盘的协助下，再拉出几个涨停板，打一个漂亮的"短平快"主升浪之战；若大盘不配合，或者题材没有受到市场认可，那么庄家就可能成为孤家寡人，在多数情况下，只好收手撤退。

图 5-5，恒立实业（000622）：该股庄家完成建仓计划后，2018 年 10 月 22 日以"一"字形涨停启动，股价出现持续拉升行情，多头技术特征明显。股价紧贴 5 日均线强势上行，上涨角度非常陡峭。在 K 线形态上，以"一"字线、"T"字线和涨停大阳线方式出现，且伴有多个向上的跳空缺口。这时投资者可以一路持有待涨，直到股价在高位滞涨后，2018 年 11 月 20 日大阴线击穿 5 日均线时，逢高及时离场。

从走势中可以看出，该股出现"一"字形涨停后，次日接着出现"T"字形涨停，随后以高开大阳线涨停的方式上涨，为什么庄家连拉多个涨停，突破盘区压力，说明庄家做多意愿强烈，这样的走势一般短期上攻力度都非常大，往往出现凌厉的主升浪行情。投资者遇到这类个股时，应大胆介入，在高位出现滞涨信号时，应果断了结，获取主升浪的丰厚利润。

图 5-6，德新交运（603032）：该股大幅下跌后在低位出现震荡，庄家逢低吸纳大量低价筹码。2018 年 8 月 20 日，收出涨停大阳线，从而产生一轮超跌反弹拉升行情，15 个交易日中拉出 12 根涨停大阳线。在高位经过反复震荡后，从 2019 年 2 月 28 日开始出现新一轮拉升行情，连续拉出 6 根涨停大阳线。这样的个股只要出现调整就是买入点，特别是第一次出现调整的时候，后面大多有不俗的表现，出现多次调整时就要注意短期风险了。

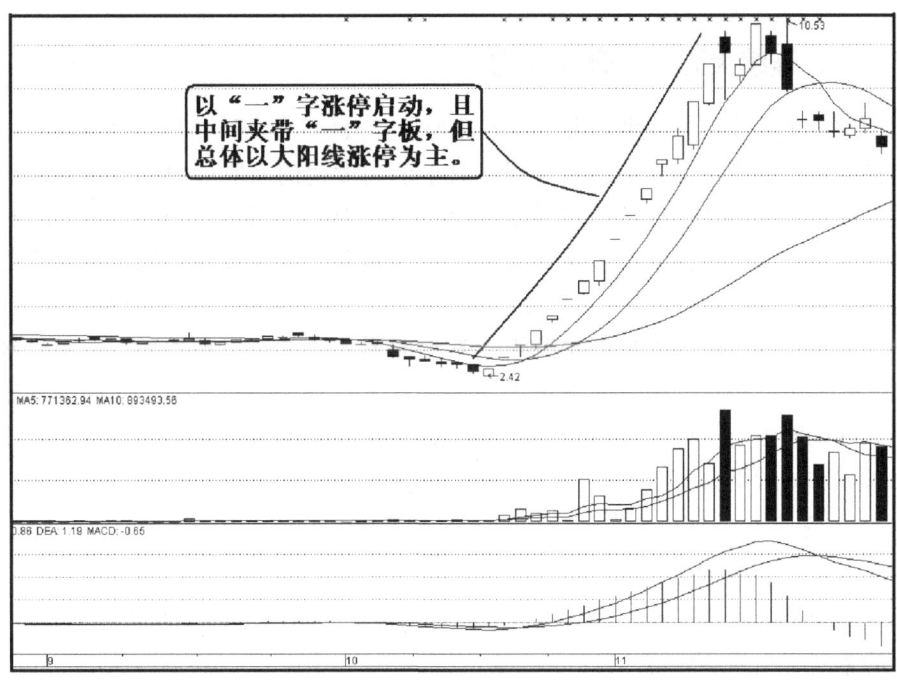

图 5-5 恒立实业（000622）日 K 线图

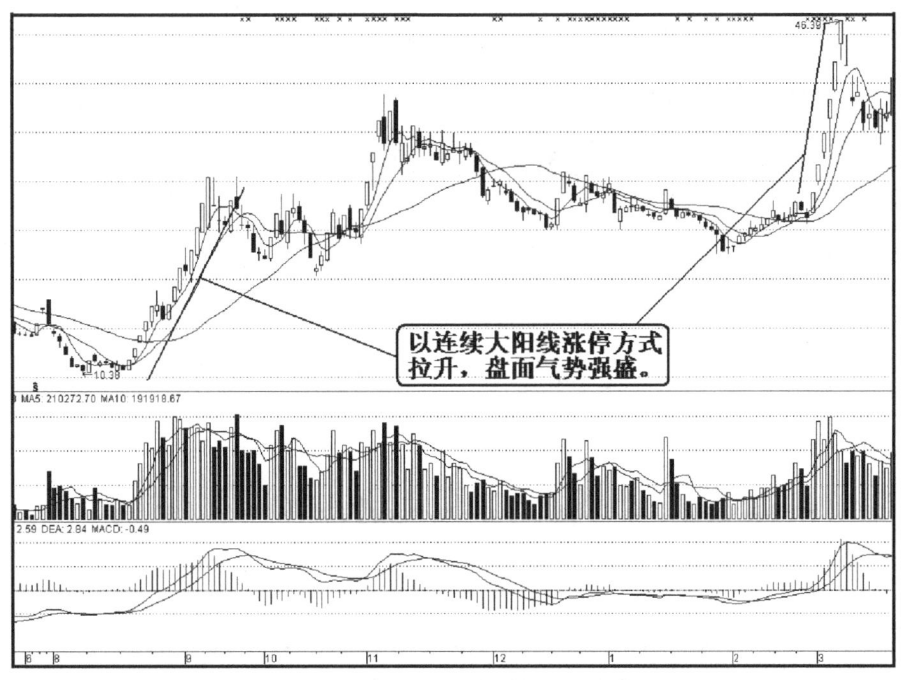

图 5-6 德新交运（603032）日 K 线图

二、连续大阳式主升浪结构

这种主升浪形态大多以大阳线上涨为主（或中间出现一两个涨停板），中间夹带一些小阴小阳或十字星K线，其上涨力度比前面所讲的"连续涨停式主升浪"要弱得多，但上涨势头仍不可低估，因此也是主升浪捕捉的重点。这种主升浪产生的原因同上文所述一样：一是股价超跌反弹；二是有突发性利好；三是比价效应明显；四是技术面突破；五是庄家资金推动行为。

无论是什么原因引发的主升浪，其盘面形式通常有三种类型：一是连续大阳线攻击形态；二是中间夹带小阴小阳或十字星形态；三是中间出现短暂停顿的调整形态。但无论属于何种类型，中间都会出现一两个涨停板，且上涨过程中一般不会有效击穿10日均线的支撑。

1. 连续大阳线攻击形态

这种主升浪是指股价连续出现5根以上的上涨大阳线，盘面出现逼空行情，分时走势逐波上涨，阳线的上下影线大都比较短小或是光头光脚的K线，期间不时也出现涨停板形态。

图5-7，联创互联（300343）：该股被实力强大的庄家相中，庄家成功地完成建仓计划后，出现一波涨幅较大的主升浪行情。在盘中连续收出19根上涨阳线，以上涨大阳线为主，期间出现了5根涨停大阳线，形成逼空行情。

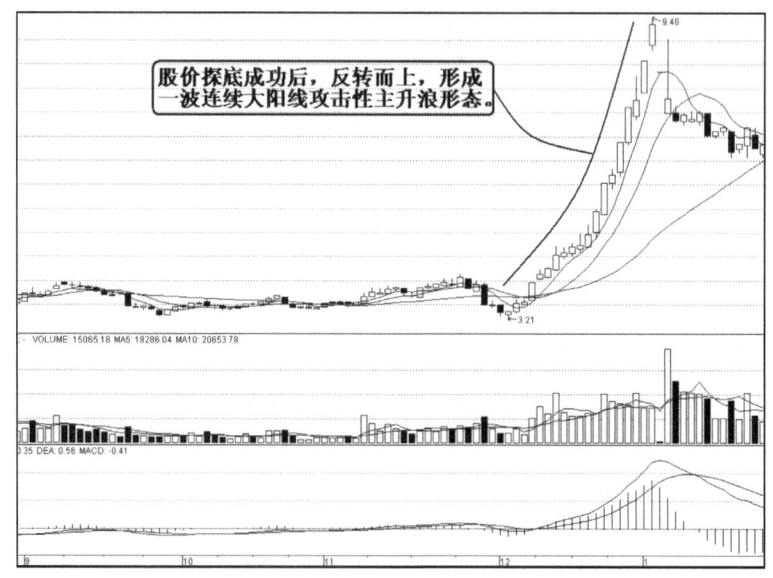

图5-7 联创互联（300343）日K线图

这种走势既有技术因素,又有庄家因素。技术方面就是股价突破了上市4个多月以来的新高,上涨空间被有效打开。庄家方面就是在短时间内完成了建仓、洗盘、拉高计划,说明庄家实力强大,做盘手法蛮横,同时反映出庄家急躁的一面。这类个股的买入点就是股价突破压力创出新高之时,一旦买入失误,可以在股价有效跌破30日均线时卖出。

2. 中间夹带小阴小阳或十字星形态

在这种主升浪中,大阳线之间夹带一些较小的K线,这些小K线并不影响股价的上涨势头,反而有利于股价的加速上涨,因为通过小K线的震荡洗盘后,盘面会更加清爽,股价上涨更加稳健。在上涨过程中,经常出现高开低走的假阴线(实际股价仍上涨),以此达到洗盘效果,又能使盘面保持强势状态。在上涨过程中,以大阳线为主,上下影线较短小或是光头光脚的K线,不时伴随着涨停板K线,一般股价不会有效跌破10日均线的支撑。

图5-8,美锦能源(000723):该股见顶后逐波下跌,然后进入震荡筑底阶段,庄家在此期间吸纳了大量的低价筹码。2019年1月14日,股价放量涨停,开启一波主升浪行情。从图中可以看出,在拉升过程中夹带一些小阴小阳K线,使浮动筹码及时离场,然后股价一气呵成,一浪到顶,盘面清爽稳健,股价坚挺有力,每一次调整都是介入的好机会。

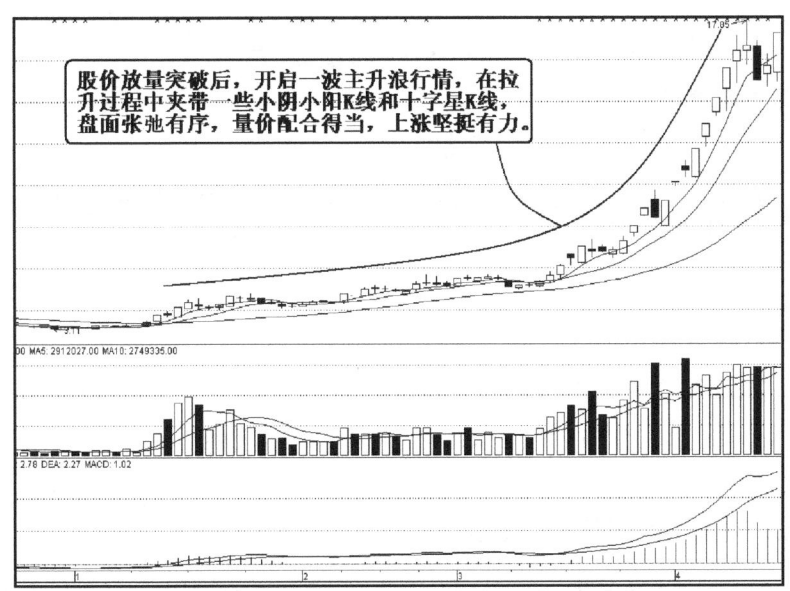

图5-8 美锦能源(000723)日K线图

3. 中间出现短暂停顿的调整形态

这种主升浪形态与前面两种形态基本相同，不同之处就是该形态中偶尔出现短暂的调整走势，但这种调整不会对上涨势头构成破坏，盘面依然保持强势调整状态，这是主升浪中的正常"小憩"，经过"小憩"后更有利于主升浪的向上发展，而且不会有效跌破 10 日均线支撑。

图 5-9，冠豪高新（600433）：该股见底后渐渐向上走高，股价成功脱离底部区域，紧贴 10 日均线向上拉高，出现一波以大阳线为主的主升浪行情，在涨幅超过 300% 的行情中只出现 2 个涨停板，可见庄家实力之大、控盘之高。在整个走势过程中，中间出现几次停顿现象，虽然停顿但没有明显下跌，更没有跌破 10 日均线，说明主升浪依然强势持续中。在这类个股中，持币者应坚定持股与庄共舞到底，持币者可以在 10 日均线附近做多。

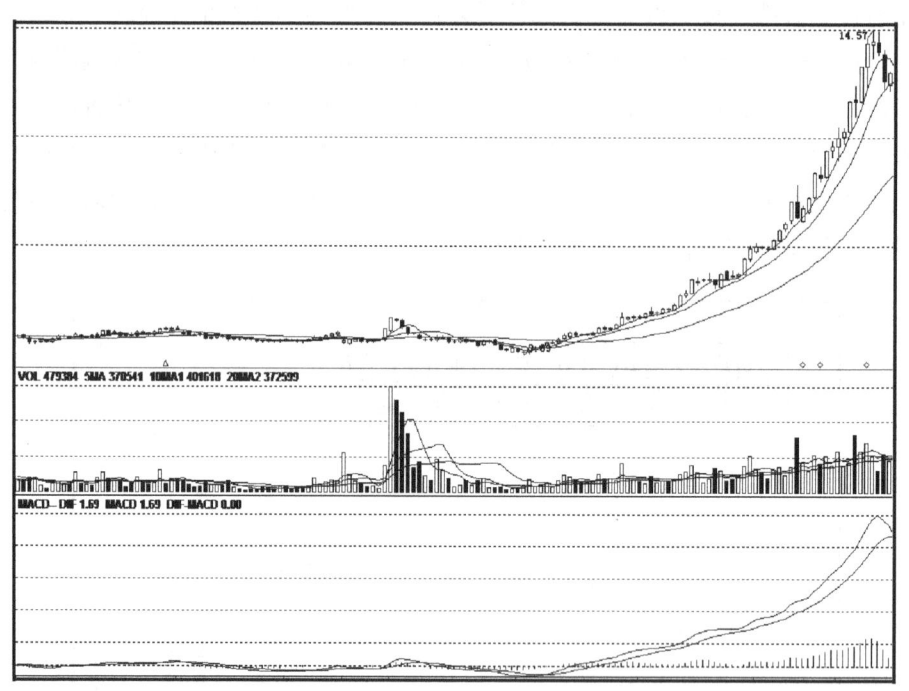

图 5-9　冠豪高新（600433）日 K 线图

三、阴阳组合式主升浪结构

阴阳组合式主升浪是指在主升浪形态中，会出现一些小幅调整走势，股价有时会跌坡 10 日均线，但不会构成有效突破，很快返回到 10 日均线之上，在实盘中是以大阳小阴为主的K线组合形态。因此，就盘面攻击力而言，连续涨停板式主升浪最强，连续大阳线式主升浪次之，而大阳小阴组合式主升浪最弱。虽然这种主升浪看起来属于最弱的一种，但其上涨力度依然势不可当，累计涨幅也不会低，有时甚至超过前面两种的涨幅，因为这种走势属于慢牛性质的主升浪，盘中浮动筹码比较少，所以持续时间往往比较长，累计涨幅也比较大，这是该种形态的一大特点。

前面说过，单波上涨式主升浪是指在整波主升浪中中途没有休整，股价呈连贯性上涨，一浪到顶。"中途没有休整"包含两层意思：一是指股价短暂的小调整，主升浪并没有结束，在调整后股价又可继续创出新高，展开第二阶段的主升浪走势；二是指股价出现中长期的大调整，一波主升浪彻底结束，在调整后股价一两年内一般很难再创新高。那么，股价到底回落多少以及回落多少天，才可算是"休整"呢？

主升浪可以分为两类：一是短期暴涨式主升浪；二是中期慢牛式主升浪。两者的主要区别：第一，K线形态不同。短期暴涨式主升浪呈现的是连续的大阳线或连续的大阳小阴组合形态；而中期慢牛式主升浪呈现的是阳线与阴线交错的组合形态。第二，依托的均线系统不同。短期暴涨式主升浪基本在5日均线之上运行，受到5日均线的支撑；而中期慢牛式主升浪则一般在30日均线之上运行，受到的是30日均线的支撑。所以，对于以上两类不同性质的主升浪，就需要用不同的方法来界定"休整"含义。

关于短期暴涨式主升浪的"休整"问题。通常，这类主升浪是否进入"休整"，可以用5日均线和10日均线是否构成死叉作为界定标准。若股价在上涨后，出现回落或者横盘，只要5日均线和10日均线没有出现高位死叉，其后继续上涨，那么之前的回落或横盘，就不算是"休整"，只能算是上涨的一个短暂的中继形态，可认定该轮主升浪在继续，直至出现5日均线和10日均线高位死叉为止；若股价在上涨后，出现回落或横盘，5日均线和10日均线出现高位死叉，那么之前的回落或横盘就是属于"休整"，该轮主升浪就宣告结束。

关于中期慢牛式主升浪的"休整"问题。一般而言，在一轮主升浪行情中，若股价自最高点回落不超过20%，且股价在自最高点回落后的20个交易日又创出新高，则可以认为该轮主升浪还没有进入"休整"；若股价自高点回落已经超过20%，或者虽然股价自最高点回落没有超过20%，但股价在自最高点回落后的20个交易日内不能够创出新高，则可以认为该轮主升浪已经进入"休整"。

图5-10，上海新阳（300236）：该股放量涨停，突破盘区新高，股价上涨空间被有效打开，此后产生一波主升浪行情。从图中可以看出，股价基本呈现大阳小阴的形式上行，在上涨过程中曾经两次出现明显的调整，但没有构成有效突破条件，即突破幅度3%和时间3天的要求，股价依托10日均线上涨。在主升浪行情的后期，成交量大幅萎缩，说明多头信心不足，最后在10月22日股价出现跌停，一波主升浪行情告一段落。可见，虽然这种主升浪属于短期暴涨式主升浪中最弱的一种形态，但上涨过程依然保持强势状态，一般不会有效击穿10日均线的支撑。

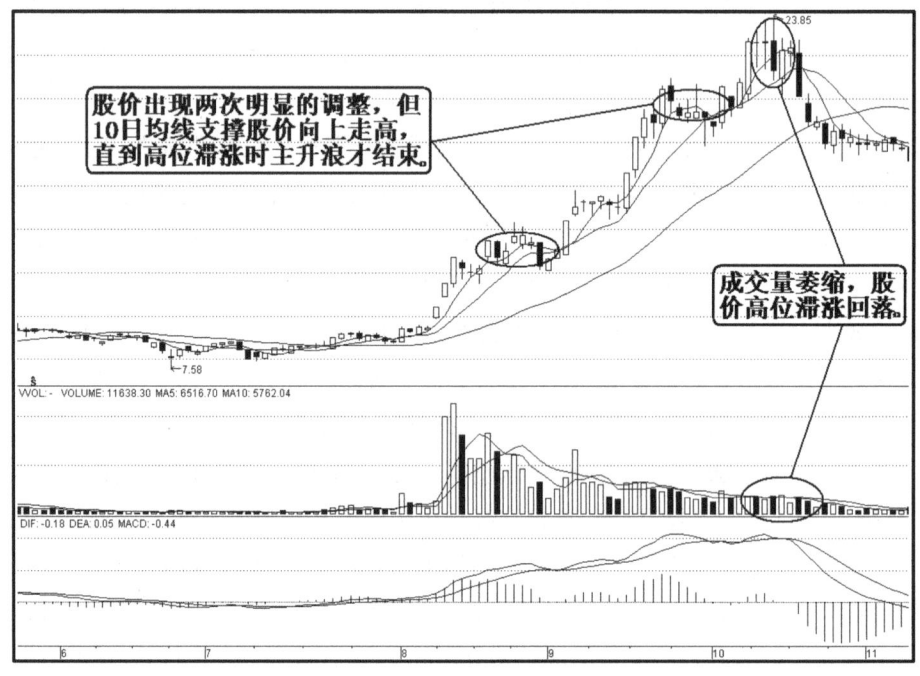

图5-10　上海新阳（300236）日K线图

图5-11，深天马A（000050）：该股在放量涨停，向上脱离底部盘整区域，从而产生一波主升浪行情。在主升浪发展过程中，盘面是以大阳小阴为主的K线组合形态，每次出现回调走势时，股价考验10日均线的支撑力度，然后再次向上拉高涨停，说明尽管短线出现回调走势，但不改股价上涨势头，仍然运行在主升浪之中。所以，遇到这种走势时只要5日和10日均线保持完好，就可以坚定地持股做多，不必为中途的小调整所困扰而作出错误的判断。

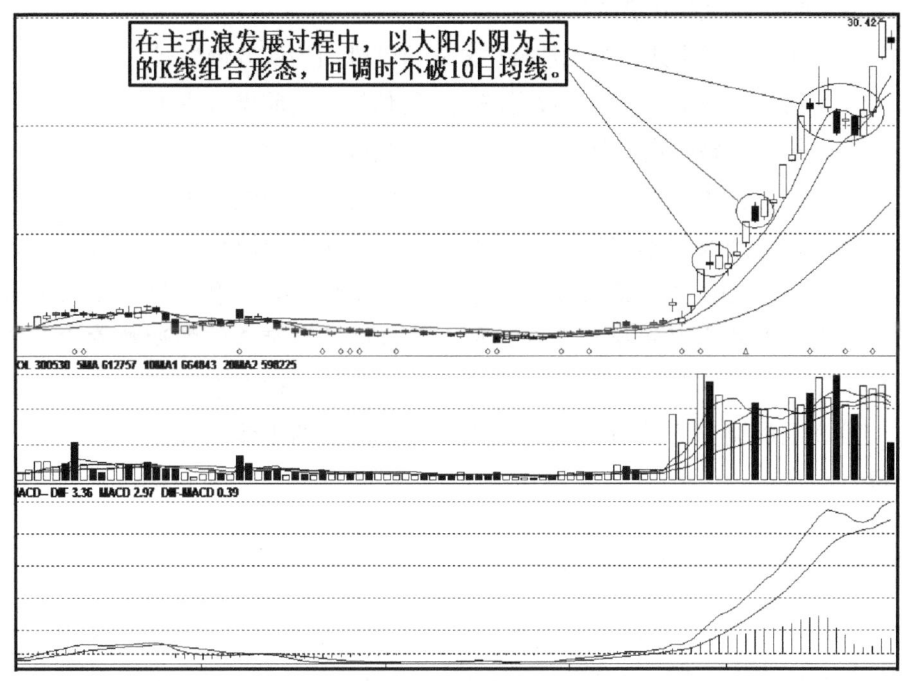

图 5-11 深天马 A（000050）日 K 线图

第二节 两波式主升浪的四种结构

两波式主升浪结构是指庄家在完成第一波主升浪后，经过短暂的调整或者中期调整蓄势，然后股价又继续创出新高，展开第二波拉升的主升浪。如果说第一波主升浪是造就黑马股，那么第二波主升浪是成就大牛股。

一般情况下，当市场中有较多的个股出现第二波行情时，说明市场处于强势之中；反之，假如市场中很少有出现第二波行情的个股，只出现单波行情的短线黑马股，则说明市场并不强势，大多属于弱势反弹行情。所以，个股能不能走出第二波主升浪，通常取决于市场强弱，人气冷热，市场有没有推升股价走出第二波主升浪的能力。如果市场强盛，人气高涨，那么就有推升股价走出第二波主升浪能力，否则，就很难走出第二波主升浪行情，这是因为市场缺乏人气，没有继续将其托举起来的力量。

从短期和中期主升浪来看，主升浪最常见的形态就是单波式结构和两波式结构。如果将单波式主升浪结构的基础形态分为慢牛式和暴涨式两种，那么，两波式主升浪结构就因其第一波和第二波主升浪形态的不同，可以组合成 4 种不同类型的主升浪结构：

（1）第一波慢牛式，第二波慢牛式，行情性质为两波慢牛式。

（2）第一波慢牛式，第二波暴涨式，行情性质为前慢后快式。

（3）第一波暴涨式，第二波慢牛式，行情性质为前快后慢式。

（4）第一波暴涨式，第二波暴涨式，行情性质为两波快速式。

两波式主升浪基本结构，就是由 1、2、3 这三个浪组成的。其中，第 1 浪就是第一波的主升浪，第 2 浪是一个调整浪，第 3 浪是第二波的主升浪。由于两波式主升浪呈现第 3 浪形态，这就涉及第 2 浪的调整方式，第 2 浪有向下调整、横盘（水平）调整、向上调整三种形态，呈依次增强态势，第 2 浪的调整方式有时也决定第二波主升浪的走势，即影响第二波的高度和力度。

一、两波慢牛式主升浪结构

这种拉升方式就是前后两波都呈现慢牛式上涨走势。在当前市场中，出现的慢牛式主升浪个股行情，通常有以下四种类型：一是稳定增长股；二是非主流股；三是超跌低价股；四是长庄、强庄股。

在这类牛股的盘面运行过程中，主力不慌不忙，以进二退一或进三退一的方式稳步向上推升股价，K 线形态中以小阳小阴或大阳小阴为主，中间很少出现涨停现象，成交量处于温和放大状态。慢牛股短线不会出现特别快的拉升，但一段时间以后股价已经高高在上，累计涨幅也很可观，跟随这类个股考验的是耐心，不要怀着暴富的急切心理。

1. 稳定增长股

这类个股随着业绩的持续增长，个股的价格也是同步地、很有韧性地持续上涨。这样的成长股是很多的，如近年的银行股、保险股、白酒股等大盘蓝筹股，但这类个股通常盘子大，主升浪几年难得一见，一旦主升浪形成往往行情持续几个月甚至几年之久。

图 5-12，中国平安（601318）：该股是总股本有 182.80 亿股的大盘蓝筹股，公司主营保险业，基本面良好，业绩稳定增长，在二级市场一直受到机构、庄家、大户等大资金的关照，股价缓缓上行。特别是在 2017 年 4—11 月，走出两波涨幅较大的慢牛式主升浪行情，股价从 35 元左右开始上涨，最高接近 80 元，累计涨幅非常巨大。这类个股在操作上，以 30 日均线作为买

卖参考点，在此得到支撑走强时跟进，相反，一旦有效击穿 30 日均线时，应果断离场。

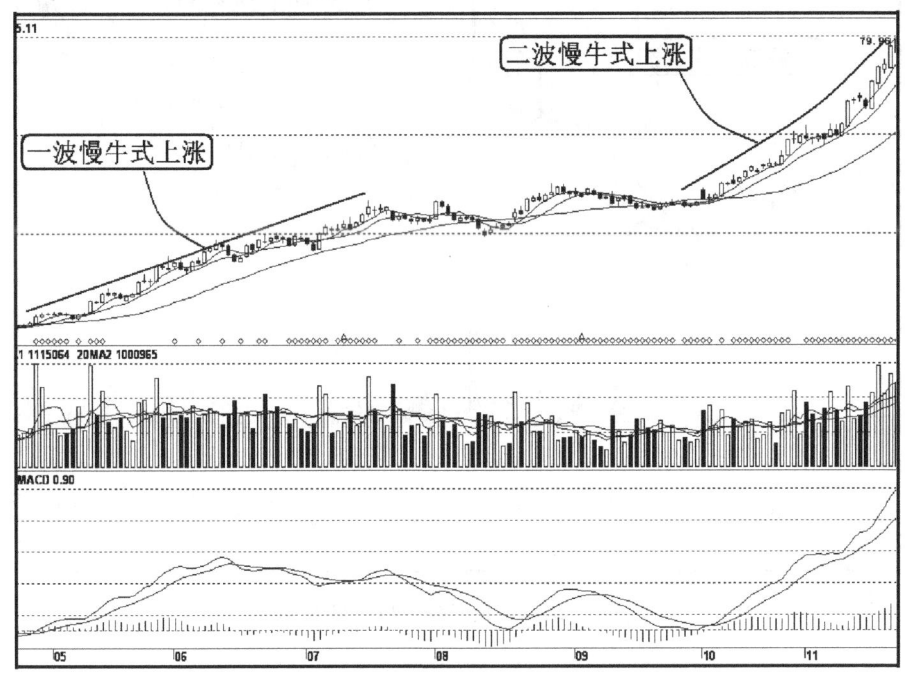

图 5-12　中国平安（601318）日 K 线图

2. 非主流股

非主流股就是不属于市场的热门股，一般不会被爆炒，因而很少出现暴涨式主升浪，但或多或少地沾一些主流股的光，这类个股受到部分非主流资金的青睐，股价只能缓慢上涨。当大盘狂热时，这类个股也会爆出冷门，形成暴涨式主升浪。

图 5-13，宏盛科技（600817）：该股归属于多元金融板块，在近几年来市场中多元金融板块纷纷走强时，该股只是充当随从者，盘面缺乏庄家资金的关照，一直受到市场冷落。当然，也借助多元金融板块的走强而沾了喜气，2018 年 10 月以来出现了两波慢牛式主升浪行情。这类个股也以 10 日或 30 日均线作为买卖参考点，在此得到支撑走强时跟进。相反，一旦有效击穿 10 日或 30 日均线时，应果断离场。

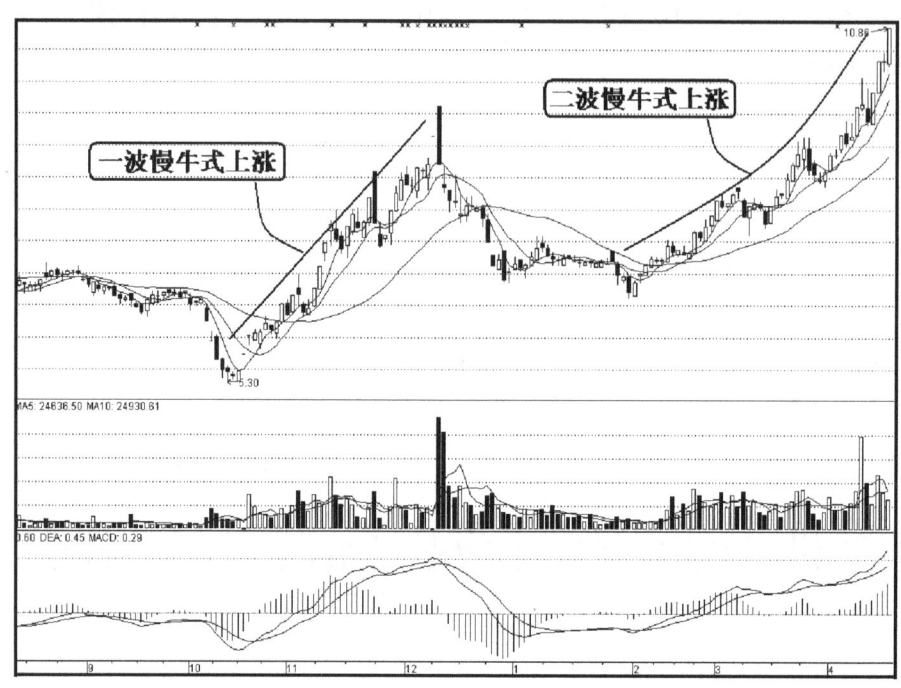

图 5-13 宏盛科技（600817）日 K 线图

3. 超跌低价股

这类个股因股价超跌而具有投机价值，也往往会被某些短线庄家看重而炒作一把，但因这些个股基本面缺乏亮点，且缺乏热门题材，难以成为暴涨式大牛股。

图 5-14，一心堂（002727）：该股随大盘调整而逐波下跌，在底部企稳后又缺乏庄家资金的关照，行情难以形成暴涨式走势，因而出现两波慢牛式反弹主升浪。那么，为什么这类个股又产生两波反弹行情？主要原因大致有：一是股价超跌严重，投资价值显现；二是板块或大盘带动，出现随波逐流的反弹走势；三是基本面没有出现不利因素，业绩基本稳定；四是庄家实力弱小，"低调"小炒而为。这类个股的操作方法，同样以 30 日均线作为买卖参考点，股价向上突破 30 日均线压力或得到 30 日均线支撑时介入，相反，股价向下突破 30 日均线支撑或遇到 30 日均线压力时，应及时离场。

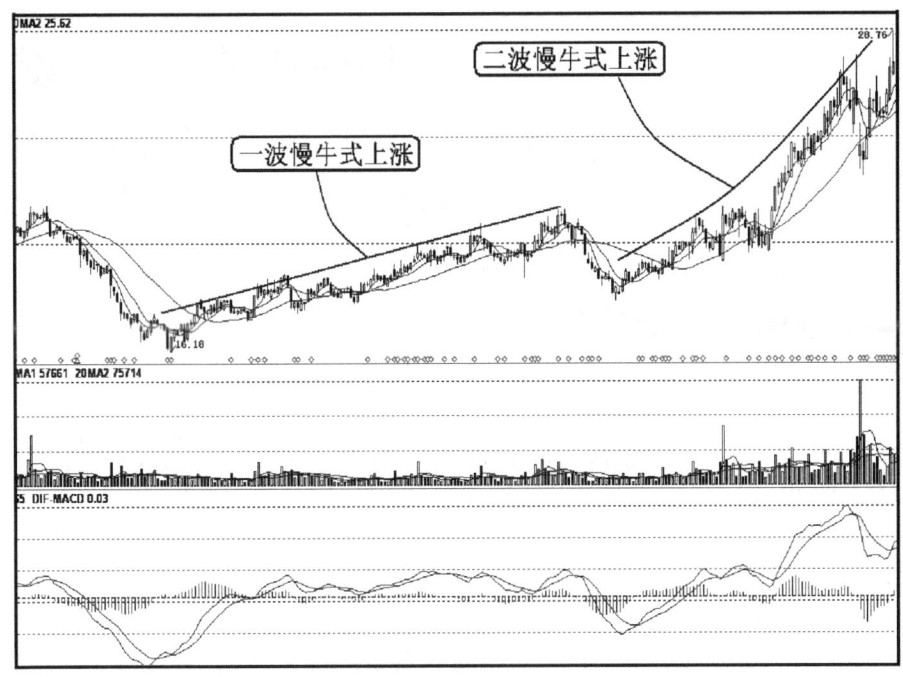

图 5-14 一心堂（002727）日 K 线图

4. 长庄、强庄股

庄家一直在里面运作，不急不慌，稳扎稳打，运作时间可以长达1年或几年之久，一般都会出现两波或两波以上的主升浪行情，股价累计涨幅非常之大。

图 5-15，青岛海尔（600690）：该股长期以来都有实力强大的庄家驻扎其中，庄家在底部震荡筑底期间，成功完成了建仓计划。从 2017 年 2 月开始股价步入缓慢的上升通道，6 月初股价到达前期高点附近时，股价出现了震荡，构筑一个小双顶形态后出现调整走势。8 月下旬，股价调整结束，形成新的第二波慢牛式上升通道，庄家稳扎稳打，股价缓缓上行，创出了历史新高，上涨空间被成功打开，股价累计涨幅非常之大。

一般来说，当市场处于牛市或一轮大反弹行情时，慢牛股的数量占牛股数量的多数，也就是说，慢牛股是最常见的牛股类型。但是，占牛股多数的慢牛股却是最难抓的一类个股，无论是用什么手段进行分析，发现和捕捉并捂住慢牛股都是一件不容易的事。

在慢牛股里，最有操作价值的应该属于成长股，因为在慢牛股里，成长

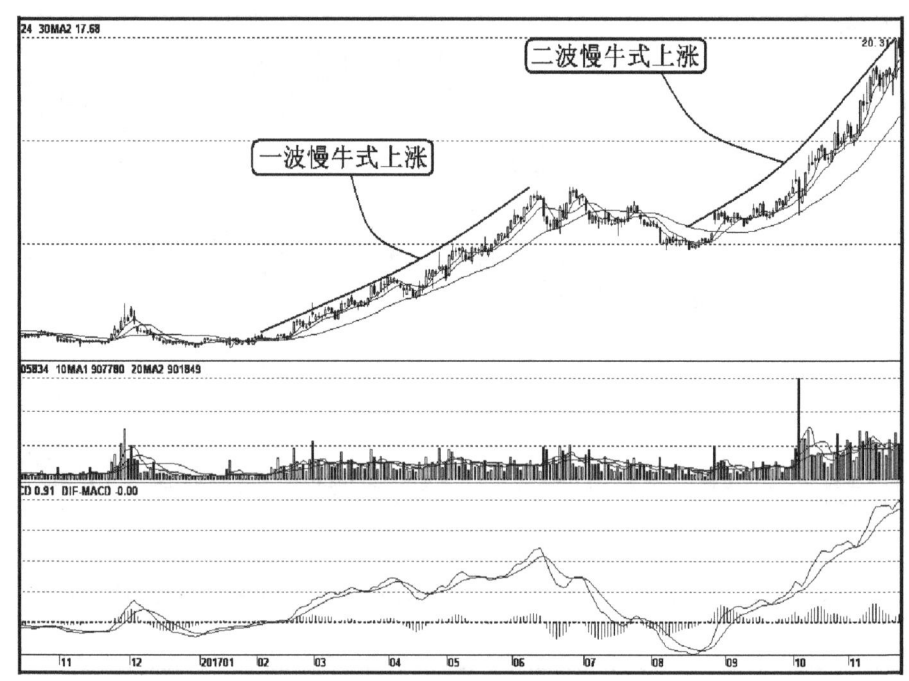

图 5-15 青岛海尔（600690）日 K 线图

股还算是有迹可循的。所以，无论是从投资还是投机的角度看，若要提高发现和抓住慢牛股的概率，获得较高的投资收益，就应该尽量在慢牛股里选择成长股作为投资目标。

大多数成长股的第一波主升浪是慢牛式的，短期暴涨式的较少见。这是由成长股的性质决定的，成长股的价格变动与其业绩的关联度很高，当成长股的业绩持续增长时，股价也会同步持续上涨，而当成长股的业绩增长减缓或者开始衰退时，其股价也会出现较大幅的下跌，主升浪行情甚至很可能就此完结。

一般说来，成长股的第一波行情与业绩增长之间大致有两种互动的关系：第一，业绩先增长，股价后上涨。第二，股价先上涨，业绩再跟进。

慢牛股发现不易，要抓住它更难，这是因为这类个股行情在启动时，没有任何强势信号，是悄无声息地慢慢启动的，在其上涨过程中也几乎没有出现过涨停板，在每天的涨幅榜里面根本找不到它们的踪迹，那些善于追逐热门强势股的短线投资者很难发现它们。以慢牛式成长股为例，就有三个难点：一是这类个股主升浪的 K 线形态一般是小阴小阳交替出现，没有明显的技术性买点；二是这类个股主升浪的上涨完全依赖成长股的基本面，在大多数情况下，其股价大致反映了其基本面的情况，股价在整个主升浪发展过程中，很少出现明显低估的情况，所以，这类慢牛股也没有明显的价值低估的基本面买点；三是这类个股一直处于慢牛式主升浪之中，根本没有低吸的机会，要买就只能追高买入，当投资者难以判断这类个股的基本面会不会发生不利变化时，追高是有风险的，投资者担心这些股票会突然转势，这就给投资者的操作带来了很大的难度。

对于慢牛股，最佳投资策略就是在股价低位买入后持有，直至主升浪结束，假如真的这样做了，一定会获得丰厚的投资回报。但如何能够在这些慢牛股刚启动时，就准确判断出这些股票是未来的慢牛股，这确实是一件非常困难的事情。所以，在慢牛式个股里，挖掘成长股是最靠谱的，但这需要提前预判出何种股票能够成为慢牛式成长股。

二、前慢后快式主升浪结构

这类股票主升浪的盘面特点是，第一波是一轮慢牛式的，第二波却是一轮加速暴涨式的。由于任何暴涨式行情都是由基本面或市场面的原因所引起的，绝不是随随便便地自然形成的，所以，可以据此推测出现第二波暴涨式行情时，个股大多发生了重大的基本面变化。那么，什么样的股票会出现这样的走势呢？一般说来，有成长股、题材股、热门股、补涨股和强庄股等种类股票。

1. 成长股

当成长股的业绩开始增长时，由于投资者还未能认识到其价值，所以第一波行情大多是慢牛式，但是，当这类股票的业绩持续增长，甚至加速增长后，投资者对这些股票的业绩增长能力就有了更高的预期，一旦这种预期转化为积极的买盘，主升浪就会开始加速，上涨斜率变陡，从而形成了第二波暴涨式行情。第二波行情的加速，其根本原因是在投资价值提升的同时，投资者又因更高预期而给该类股票注入了新的投机价值，其最终结果就是将该类股票的市盈率提升到更高的水平，若该类股票的每股收益和市盈率双双得以提高，这就形成了叠加效应。

图5-16，鼎捷软件（300378）：该股是一只小盘股，总股本才2.65亿股，有壳资源优势，涉足多个领域，未来成长性较好。实力强大的庄家入驻后，在底部吸纳了大量的低价筹码。股价从2019年2月1日开始启动后，由

于基本面的成长并未形成市场的共识，第一波以慢牛式上涨展开，股价从 10 元下方上涨到 16 元之上，耗时近一个半月，涨幅接近 60%。

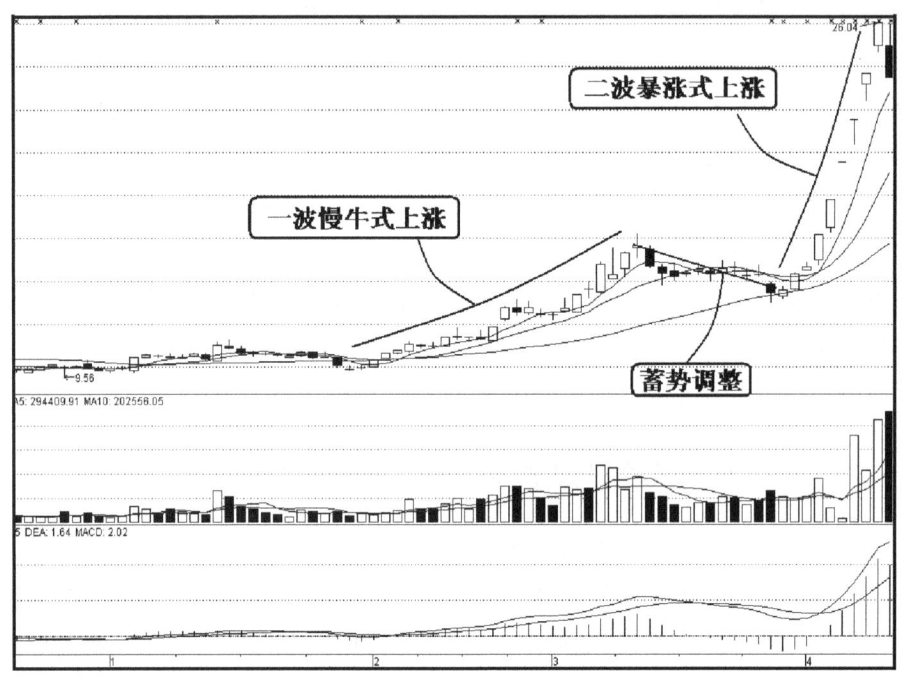

图 5-16　鼎捷软件（300378）日 K 线图

经过一段时间的洗盘整理后，从 3 月 29 日开始展开第二波拉升行情，股价从 14 元下方上涨到 26 元之上，仅用了 8 个交易日，涨幅超过 90%。可见，第二波的涨幅大于第一波的涨幅，而第二波的拉升时间仅为第一波的 1/4，显然属于快速拉升式上涨，其原因就是基本面的成长性给股价上涨注入了新的动力。

对于这类"前慢后快式"两波行情的成长股，其第一波慢牛式行情是较难操作的，但第二波暴涨式行情的操作相对容易一些。这是因为有了该类股票的第一波行情后，投资者就会发现并锁定这些牛股，一旦这些股票在经过调整后，股价再次启动时，投资者就不会像第一波行情启动时那样犹豫不决了。只要能够发现，且知道股价上涨的原因，那么如何操作心理就有谱了。炒股怕的就是发现不了牛股，不知道一只股票到底是因何上涨的，那样就很难获得利润。

2. 题材股

很多个股经过长期的下跌调整后，会跟随大盘反弹而走出第一波慢牛式行情，这波反弹行情没有任何基本面的原因，纯粹是超跌反弹所致。由于股价在反弹后也不算高，还属于低价股范畴，若控股股东感觉股价跌不下去，就想趁股价低时整点事情，搞个资产重组的题材，制造市场热点，引导投资大众投其所好，这样股价就会出现第二波爆发式行情。

图 5-17，航锦科技（000818）：该股走势就是典型的前慢后快式主升浪形态。第一波上涨是随着股价的调整企稳而出现的盘升走势，庄家在其中悄然运作，盘面节奏十分稳健，而第二波暴涨式主升浪是因为该股具有化工原材料涨价题材，这在当时市场环境中是一大利好。于是，庄家抓住天时、地利、人和的时机大炒一把，将股价从 6 元下方快速拉升到 15 元上方，20 多个交易日股价涨幅超过 150%。时间短、涨幅大，这是暴涨式主升浪的特点。

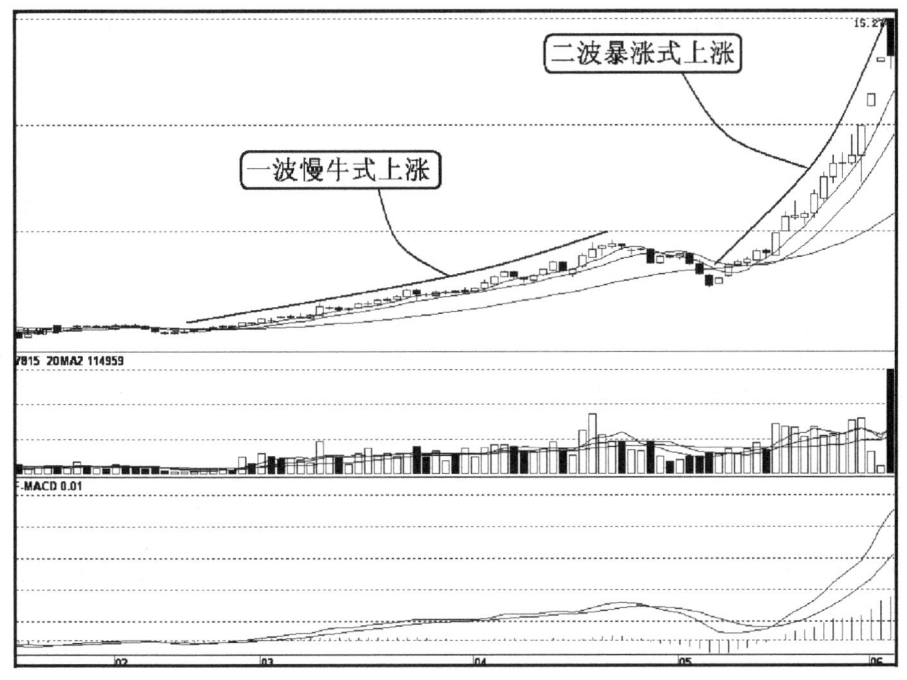

图 5-17　航锦科技（000818）日 K 线图

对于这类"前慢后快式"两波行情的题材股，操作难度也是很大的。第一波慢牛式行情大多是自然出现的，无迹可寻，难以发现和抓住；第二波暴涨式行情，又往往是连续拉升式的，根本没有回调进货的机会。但总体来看，参与这类题材股，机会还在第二波行情中，这就要求投资者眼快手疾，当机立断。机会稍纵即逝，待到股价大幅上涨后，风险也就悄然降临了。

3. 热门股

热门股是指在当前市场热炒的板块或行业里，成为大家追捧的热门概念股。在股市中当某些股票成为热门的时候，这些热门概念对于股价起助涨作用，与此相关的个股也会成为炒作对象，往往会引发股价出现暴涨式主升浪，这些概念股也就成了大牛股。

图 5-18，顶点软件（603383）：在长期的底部震荡过程中，主力成功地吸纳了大量的低价筹码。2018 年 2 月 7 日，股价最低下探到 36.78 元，然后探底回升形成第一波慢牛式上涨，当股价回升到前期小高点附近时，主力主动展开洗盘整理走势。浮动筹码得到充分换手后，出现第二波暴涨式拉升，股价连拉 4 个涨停板。该股的走势属于"前慢后快式"两波主升浪形态，而第二波暴涨式主升浪，完全与当时的次新股热炒有关，受到短线资金的追捧，加之庄家的借机炒作，使股价出现快速拉升。

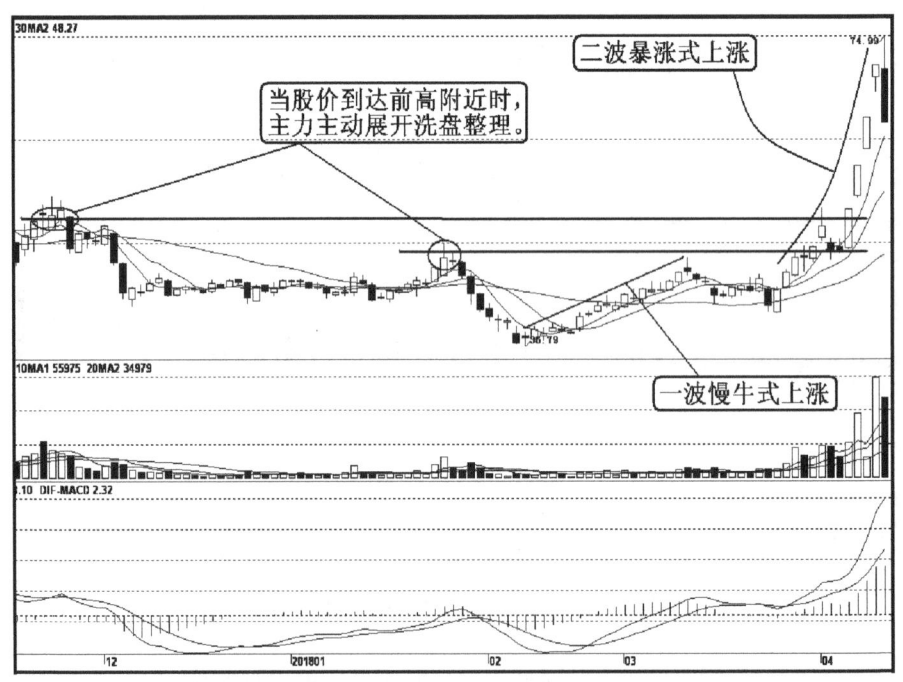

图 5-18　顶点软件（603383）日 K 线图

在实盘操作中，遇到这类股票时，应该把握以下技术要点：

（1）要在第一时间搞清楚市场出现的新的炒作概念。目前，市场中主流概念主要来自四个方面：

第一，来源于重大政策。重大政策往往会引发板块、行业或者股市出现概念性行情。比如，2019年以来的5G概念、创投概念、工业大麻概念等。

第二，来源于新兴行业。新兴行业的发展空间很大，又无法准确估值，这就给参与者提供了很大的想象空间。比如，新能源汽车、石墨烯、独角兽等。

第三，来源于被成功炒作的、涨幅巨大的龙头股。当某些个股因行业景气而业绩暴增后，股价被爆炒，涨幅巨大。在这些龙头股的示范作用下，与此相关的所属板块就会成为炒作的热点。

第四，来源于国外的热门概念。多年来，我国出现的很多新兴行业的热门概念，并非来自本土，而是嫁接于大洋彼岸的美国市场，因为美国引领着全球产业的创新浪潮。比如，网络概念、IT概念、石墨烯概念、页岩气概念等，都因受到美国市场的影响而成为热点。一般来说，当美国市场出现了一个很热门的炒作概念后，我国股市也会跟风炒作。

（2）要抓龙头股。每一个热门概念，一般只有一两只龙头股，还是很好辨别的。辨别龙头股有两种方法：一是看行业地位，行业龙头股往往就是市场龙头股；二是看股价涨势，涨得最猛的就是市场选择的龙头股。抓龙头股的好处是，由于龙头股率先上涨，且涨幅最大，即使追涨买入，也会获利不菲。

（3）要在龙头股启动的前3个涨停板之内买进，这属于"黄金买点"，买进越早越好。由于概念股与题材股是不同的，题材股因重大利好的突发性而往往使其股价连续"一"字形暴涨，而概念股绝大多数是连续大阳线涨停板。既然是大阳线涨停板，那么在每一个交易日中，就会有较为充分的换手以及还有充分的买进机会，只要眼疾手快，还是能够抓得住的。

4. 补涨股

补涨股就是比价优势股，比价关系是指同板块、同概念的股票之间，存在一个潜在的定价体系。在通常情况下，这个定价体系是稳定的，但当其中的某些股票因种种原因出现大涨后，就打破了原有定价体系的平衡，造成了体系的不稳定，为了使定价体系得到新的平衡，要么那些涨上去的股票再跌回来，要么那些没有上涨的股票很快跟着涨，补涨上去。

短线投资者一定要搞清楚定价体系和比价关系，因为这是对于股票的投机价值进行估值的唯一依据。利用定价体系和比价关系可以挖掘市场大牛股，其要旨就是发现那些有比价优势的股票，这些股票往往会成为补涨股。补涨股在补涨的时候，其上涨力度有时候也是非常惊人的，一般龙头股的涨幅越大，补涨股的涨幅也越大。而且，在补涨的同时往往会启动一轮暴涨式主升浪，在绝大多数情况下是一浪到顶，简单明快，酣畅淋漓。

图 5-19，迪威讯（300167）：该股与卫宁健康（300253）同属软件和信息技术服务业，上市时间差不多，股本也差不多，但相比之下迪威讯更具有优势，两股几乎同时启动第二波行情，而迪威讯的上涨速度要比卫宇软件快得多。

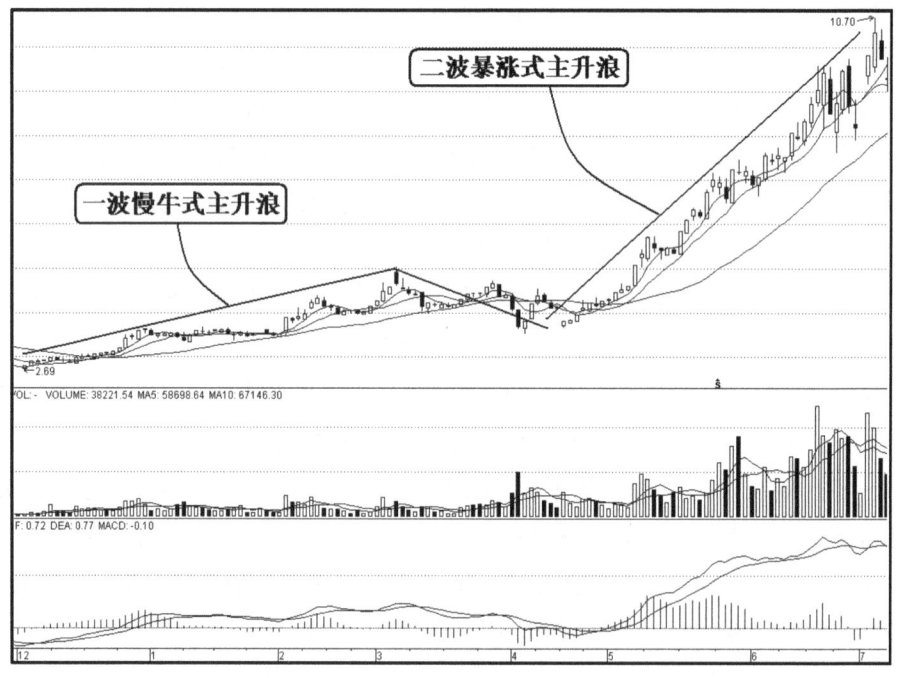

图 5-19　迪威讯（300167）日 K 线图

在股市中，只要出现大的市场热点，就会出现涨幅巨大的龙头股，有龙头股就必定会有补涨股。所以，紧跟市场大的热点炒作，就一定会赚到钱，因为市场会给你两次赚钱的机会，一是抓龙头股，二是错过了龙头股，还有补涨股等着你抓，这是一个相对简单的盈利模式。能抓龙头股的一定是绝顶高手，能抓补涨股的也算是高手，若这两个都不会抓的，那就是新手了。

5. 强庄股

尽管当前管理层大力打击主力操纵股价行为，但庄家行为一时还很难绝迹，只不过坐庄手法更为隐蔽而已。一般庄股有几个特点：一是控盘程度高；二是盘面走势独立；三是操作手法蛮横；四是运作时间较长。

一般而言，强庄股在进入主升浪之前，要经过试盘、爬高、洗盘等几个阶段，然后进行拉高突破，出现主升浪行情。庄家对某只股票控盘后，不管属于何种股票，一旦进入主升浪，就能让股价飞起来，而且不讲什么章法，涨得让你不敢相信，因此这类股票也是投资者追逐的主要对象。

图5-20，大富科技（300134）：该股在下跌过程中庄家不断加大建仓计划，成功吸纳了大量的低价筹码，然后渐渐企稳向上盘升，进入爬升阶段，即形成了第一波慢牛式上涨行情，该阶段属于坐庄过程中的热身阶段。然后，进行洗盘整理，对盘中浮动筹码进行清理，把不利于后期坐庄的市场因素清理出局，同时提高市场平均持仓成本。不久，股价向上突破上方压力位，但突破后并不立即展开升势，而是让股价重新回落到突破位置附近，以检验其突破是否有效。当股价回落到突破位置附近时，买盘再次加强，表明该位置已由原先的压力作用转化为现在的支撑作用，随后股价出现主升浪行情。从该股走势中可以看出，庄家基本经过了从建仓到拉高的整个流程，投资者可以根据庄家的脉络恰到好处地进行跟庄，在拉升的时候及时介入，既可以避免建仓、洗盘时的折腾，又可以快速获得拉高的暴利。该股的理想买入点：一是在突破时适量跟进；二是在股价回抽确认其突破有效时介入。

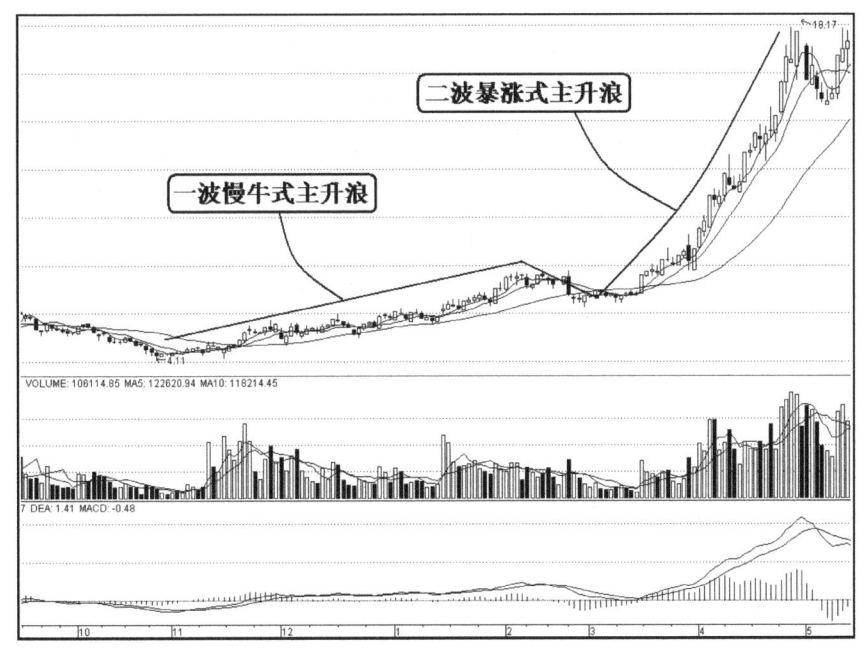

图5-20　大富科技（300134）日K线图

三、前快后慢式主升浪结构

这类主升浪的特点是，第一波主升浪是一轮暴涨式的，第二波主升浪却是一轮慢牛式的。股价在第一波暴涨式主升浪后，行情并未完全结束，经过调整后还能够继续上涨，走出第二波慢牛式主升浪，且股价上涨的动力也是很强。这类股票包括基本面转型股和技术面控盘股两种情形。

1. 基本面转型股

这类个股由于原先基本面原因股价表现平平，后因基本面突发性重大利好，使股价走出第一波暴涨式主升浪。由于第一波涨势太猛，股价几乎一步到位，在第一波主升浪结束后，短线投机者获利退出，股价出现调整走势。此时，市场短期很容易出现不理智的上涨和不理智的下跌走势。经过一阵狂风暴雨后，市场重归平静，投资者重新评估和定位价值优势，基本面得到合理的定位，投资者再度逢低介入，推动股价出现稳健的慢牛式上涨行情，走出牛股"第二春"的主升浪。

图 5-21，宝鹰股份（002047）：该股经过脱胎换骨的资产重组后，由原先的"金属制品业"过渡为"建筑装饰和其他建筑业"，公司基本面发生了明显的改观，业绩稳定增长有了根本保证，公司顺利实现"华丽转身"。股票复牌后，连拉 11 个"一"字涨停（因为是 ST 股，涨停板限制为 5%），出现一波暴涨性主升浪。然后回落蓄势调整，经过一段时间的修整后股价再次展开上攻行情，但却无能力出现暴涨式行情，而只能是以慢牛式上涨。该股就属于重大题材引起的前快后慢式主升浪。

图 5-22，张江高科（600895）：该股庄家在长时间的底部震荡过程中，成功吸纳了大量的低价筹码。由于受上海自贸区利好消息影响，在 2018 年 11 月出现一波暴涨式拉升行情。由于投资者对该股基本面非常看好，而且盘子适中，股价易于炒作和控盘，使得该股仍具上涨动力。但由于股价在第一波行情中涨幅过大、速度过快。所以，经过调整后在 2019 年 2 月出现第二波上涨行情，股价盘升上涨，形成慢牛式行情，总体涨幅也非常之大。

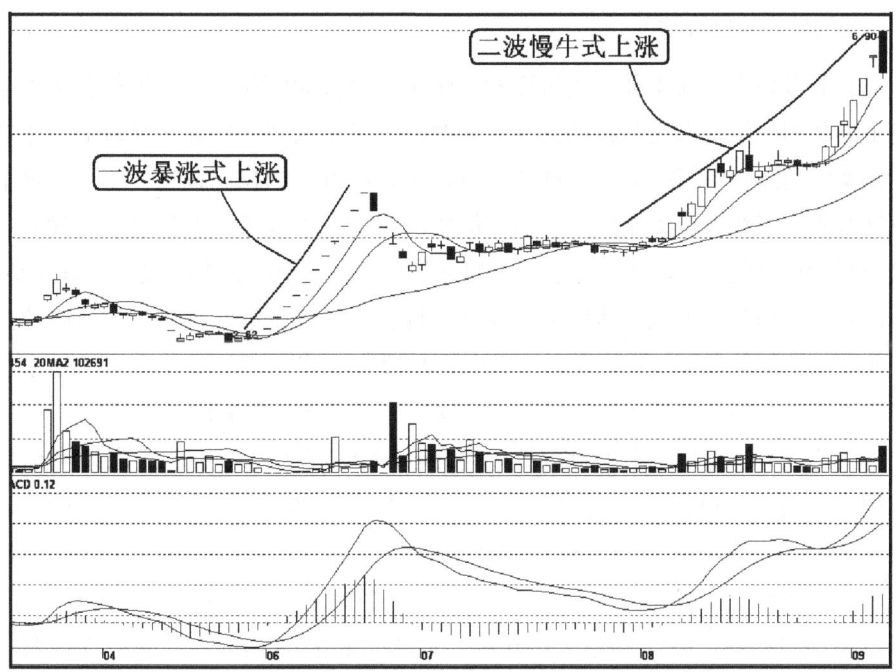

图 5-21 宝鹰股份（002047）日 K 线图

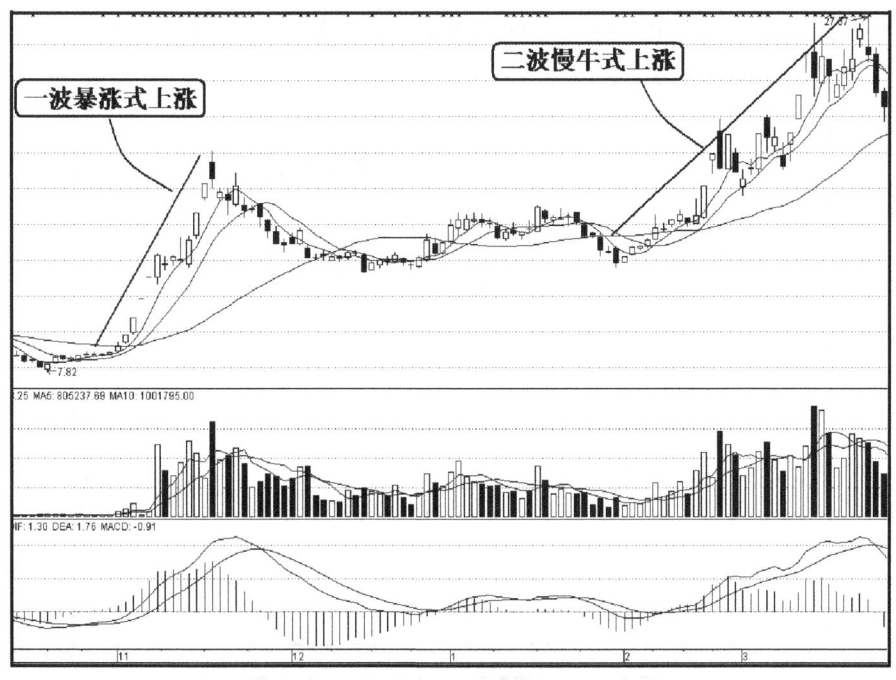

图 5-22 张江高科（600895）日 K 线图

2. 技术面控盘股

这类股票大多属于强庄或长庄股,庄家将股价大幅拉高后,虽然获得了账户上的暴利,但并未完全转换为实际利润,只有将获利筹码完全兑现后,才能达到实际利润。庄家出货是一件非常难的事,股价大幅拉高以后,不可能马上兑现筹码,毕竟高位接盘的人不多,但庄家花了大本钱拉高股价后,在没有完成出货计划之前,一般不会让股价大幅下跌,唯一的做法只有将股价继续拉高,让散户失去理智或警觉,然后暗中慢慢出货。有时候庄家不得不自拉自唱拉高股价,维持强势盘面走势。所以,强庄控盘股也会走出两波拉升行情,庄家在第二波慢牛行情中悄悄出货,因此第二波行情也叫出货波或涨后余波。

图 5-23,张江高科(600895):在该股长时间的调整中,庄家顺利地完成建仓计划,经过打压后成功构筑一个空头陷阱。2018 年 11 月 5 日,股价放量突破底部盘区后,出现一轮暴涨式主升浪。股价一浪到顶后,庄家在高位进行减仓操作,股价渐渐回落,为下波行情腾出足够的上涨空间。凑巧的是,股价正好回落到"一"字形涨停开板"放水"位置附近,在此获得支撑后小幅拉起,不久又一次回落到该位置,同样遇到较强支撑。此时庄家意识到新的拉升时机已经具备,所以在 2019 年 2 月展开第二波攻势。由于股价前期涨幅已大,加之上方存在一些套牢盘,所以,第二波出现慢牛式上涨行情。

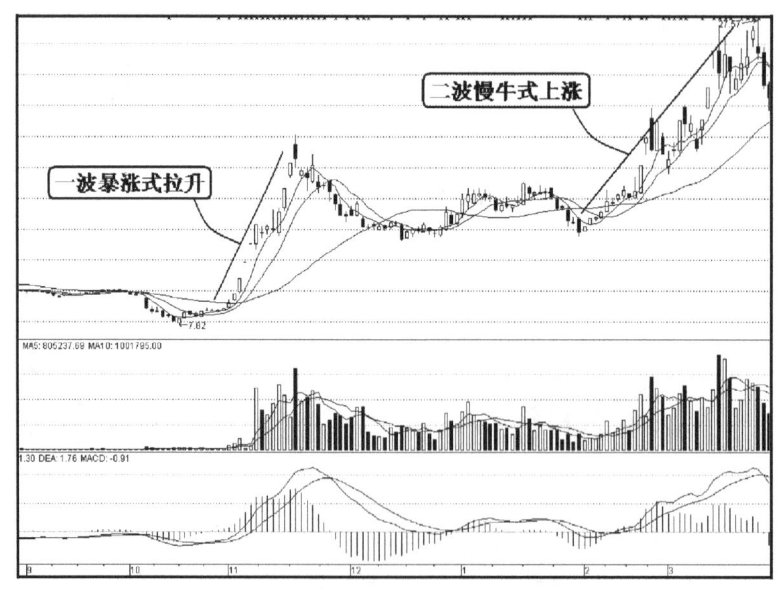

图 5-23 张江高科(600895)日 K 线图

从走势图中可以看出，该股出现明显的庄家行为，也是非常"巧合"的现象。在第二波行情启动前的调整过程中，股价两次回落到"一"字形涨停开板"放水"位置附近，这既有技术面原因，也有庄家行为因素，这是投资者非常难得的买入机会，因为这个位置本身就具有非常重要的技术意义。

图5-24，威华股份（002240）：该股与前一个实例有着相似之处，庄家在低位完成建仓计划后，向上突破长达8个多月的盘整区域，然后进行回抽确认，当股价回落到突破位置附近时，因公司发布资产重组公告而停牌。当股票复牌后，连续拉出11个"一"字涨停板，第12天开板后收出一个"T"字形涨停K线，经过一天的调整后，又连拉2个涨停板，此后股价还依然坚挺地向上攀高，期间再次拉出3个涨停板，其强劲势头不言而喻，累计涨幅达到442%，呈现暴涨式主升浪。

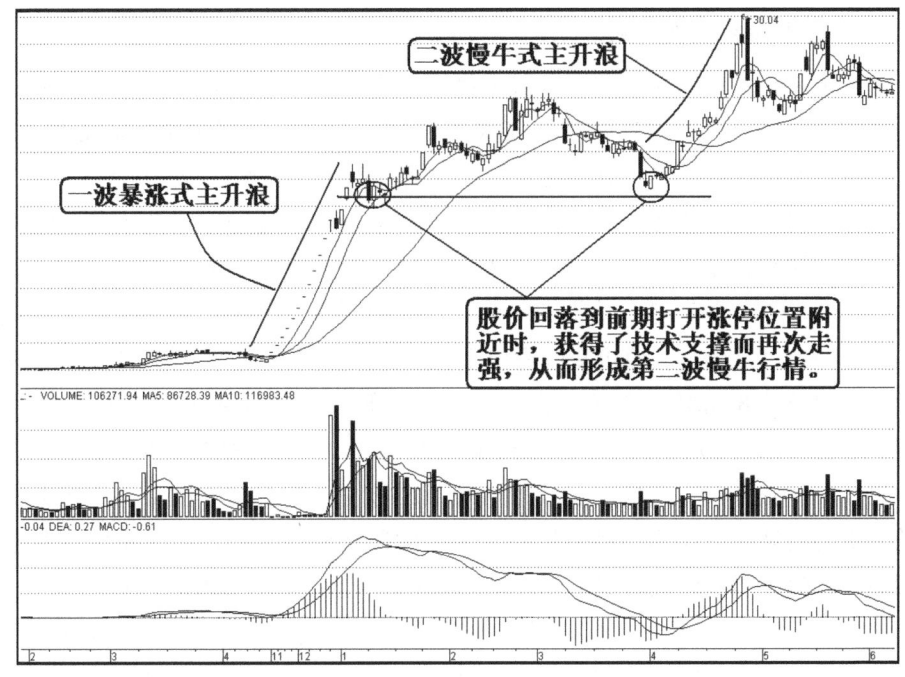

图5-24　威华股份（002240）日K线图

一般来说，股价大幅拉高并坚守在高位，这绝非一般散户所为。那么，真的是资产重组让股价飞起来的吗？未必如此，少有这样的闪电效果。那么，是谁创造了这波飙升的行情呢？当然是强庄所为。庄家在低位吸足低价筹码后，借助资产重组利好大幅炒高股价，然后在高位维持强势走势，从而达到在高位暗中出货的目的。可是，出货并非一蹴而就，有一个反复的过程，所以,在股价出现破位之势时,又被一股神奇的力量重新拉起,从而形成第二波上涨行情,但第二波的上涨力度和幅度均不如第一波,因而成为庄家的出货波,此时投资者应抓住机会逢高退出。

四、前快后快式主升浪结构

这类个股主升浪的盘面特点是：第一波主升浪是一轮暴涨式的,而第二波主升浪也是一轮暴涨式的,形成"前快后快式"主升浪走势,它是最强的两波主升浪结构形态。

引发两波暴涨式主升浪的个股,主要有两种因素：基本面因素和庄家面因素。抓住庄股的主升浪是短中期投资者孜孜以求的。如果将基本面与庄家面（或技术面）结合起来进行综合分析,无疑是最好最有效的操作方法。

1. 基本面重大变化股

这主要包括长期成长股,以及业绩暴增股和题材股。其中,在题材股中能够催生主升浪,特别是两波暴涨式主升浪的题材一定属于重大利好题材,比如资产暴增题材、热点概念题材、资产重组题材、资产注入题材等。

图5-25,潜能恒信（300191）：该股上市以后呈现箱体震荡走势,庄家在此期间顺利地完成建仓计划。不久,因公司发布海外全资子公司"智慧石油"与"中国海油"签订为期30年的产品分成合同的消息,给公司带来长期利好,受此利好影响,股价复牌后出现一波拉升行情,在短短的10多个交易日里,股价从8元附近拉高到了31元上方,形成一波暴涨式主升浪。然后,股价快速回落到19元附近,也是30日均线位置,同时还是0.5的黄金分割位附近,在此获得较强支撑后,股价出现第二波主升浪行情。但第二波主升浪的上涨力度和高度均不如第一波强大,以大阳线涨停为主,中间也没有跳空现象。此时,当股价在高位出现放量滞涨时,应及时离场观望。

图5-26,贵州燃气（600903）：该股受基本面利好影响,股价打开一字涨停后,经过短暂的调整洗盘,展开新一轮暴涨式拉升行情,股价从8元左右上涨到35元之上,波段涨幅非常之大。随后出现较大幅的回调,2018年2月22企稳后再次出现暴涨式拉升走势,只是第二波拉升幅度小于第一波上涨幅度,这是由于投资价值基本已经被挖掘,短期上涨空间已经不大,同时缺乏市场跟风能力,主力也不敢贸然拉升股价,所以第二波的涨幅小于第一波的涨幅。

第五章 主升浪的基本结构

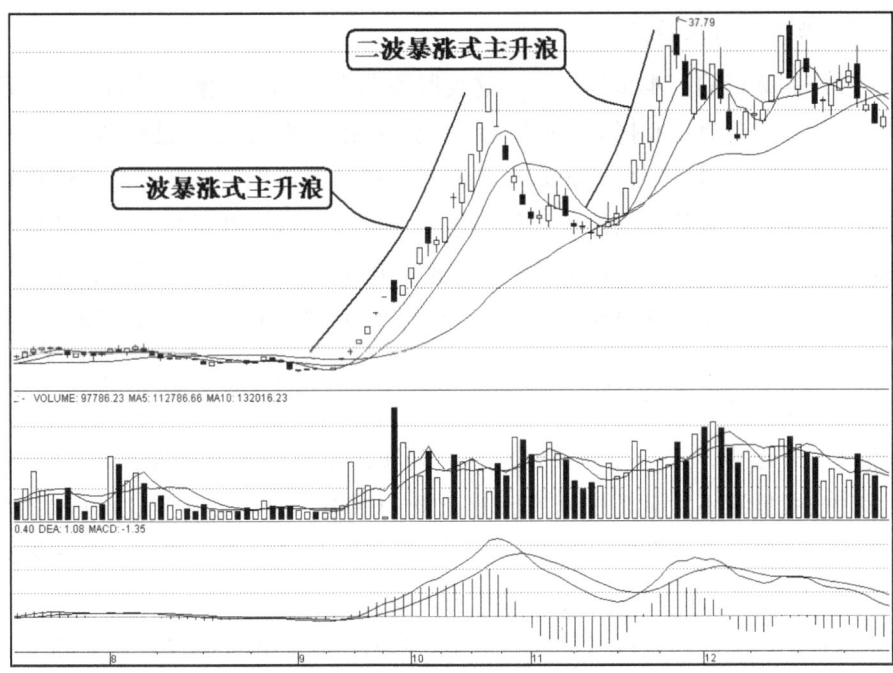

图 5-25 潜能恒信（300191）日 K 线图

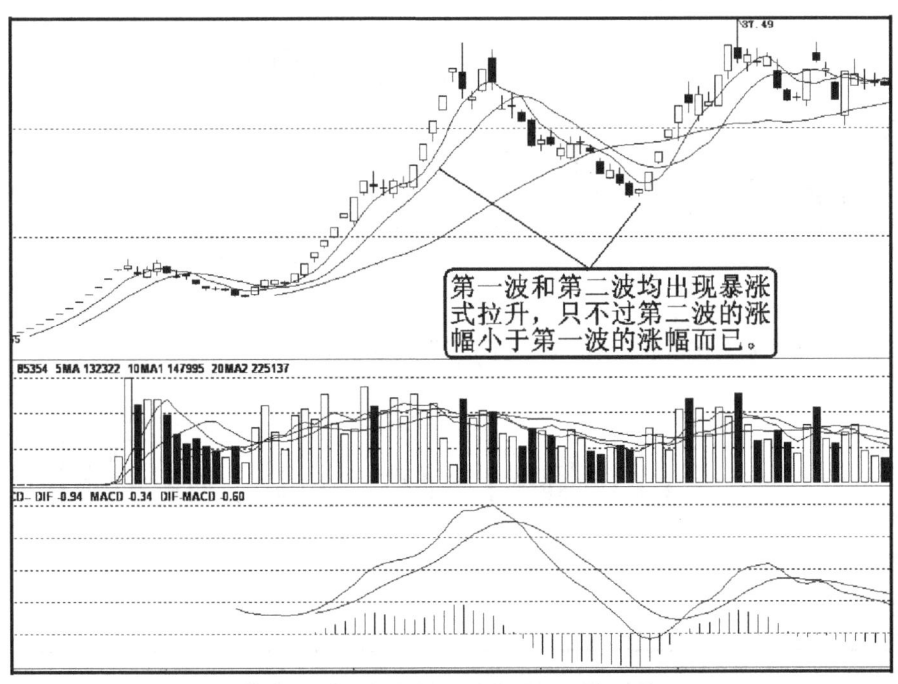

图 5-26 贵州燃气（600903）日 K 线图

203

2. 强庄或长庄控盘股

在庄家盛行的资本市场初期，这类股票非常多见，庄家经过第一波的预演后，第二波走势更有把握，所以会再次走出第二波主升浪暴涨行情。

图 5-27，万向钱潮（000559）：该股反弹结束再次下跌，然后渐渐企稳盘整。不久，一根放量涨停大阳线一举向上突破均线系统的压制，由此爆发一波暴涨式主升浪，股价从 4 元左右迅速拉升到了 11 元上方。此后，庄家在高位渐渐减仓，兑现部分获利筹码，股价出现 A、B、C 三浪调整，调整幅度达到前期涨幅的 50% 左右，即 0.5 的黄金分割位附近，股价渐渐企稳盘整。经过一段时间的调整后，股价开始出现第二波暴涨式主升浪。该股前后两波暴涨式主升浪中，没有任何突发性利好刺激，完全是庄家行为所致，所以，很多时候股价涨不涨就看庄家有没有拉升的兴趣。投资者遇到这类股票时，在盘面上还是有迹可循的，首先要有一个标志性 K 线出现，然后判断这根标志性 K 线是否有效，继而决定买卖行为，该股的买入信号非常清晰，卖出信号也一目了然，即高位放量滞涨时退出。这种方法即使卖错了，后面的上涨也是涨后余波行情，幅度也不会很大，完全不必为此感到惋惜。

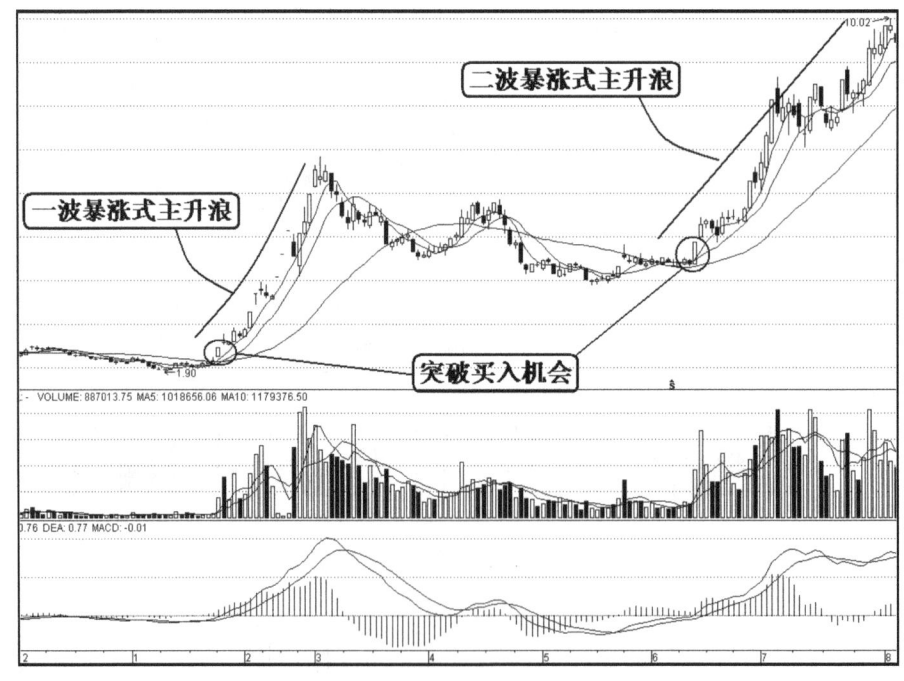

图 5-27 万向钱潮（000559）日 K 线图

图 5-28，风范股份（601700）：该股实力强大的庄家入驻后，在底部出现长时间盘整，庄家成功地吸纳了大量的低价筹码。2018 年 12 月 26 日，当股价下探到前期低点附近时得到支撑，股价放量向上突破，形成双重底形态。从此开启一轮主升浪拉升行情，股价连续拉出 10 个涨停板，短线涨幅超过 160%。之后，股价出现回落洗盘走势，当回落到 30 日均线附近时，股价出现企稳。从 2019 年 2 月 14 日开始，展开第二波暴涨式主升浪。

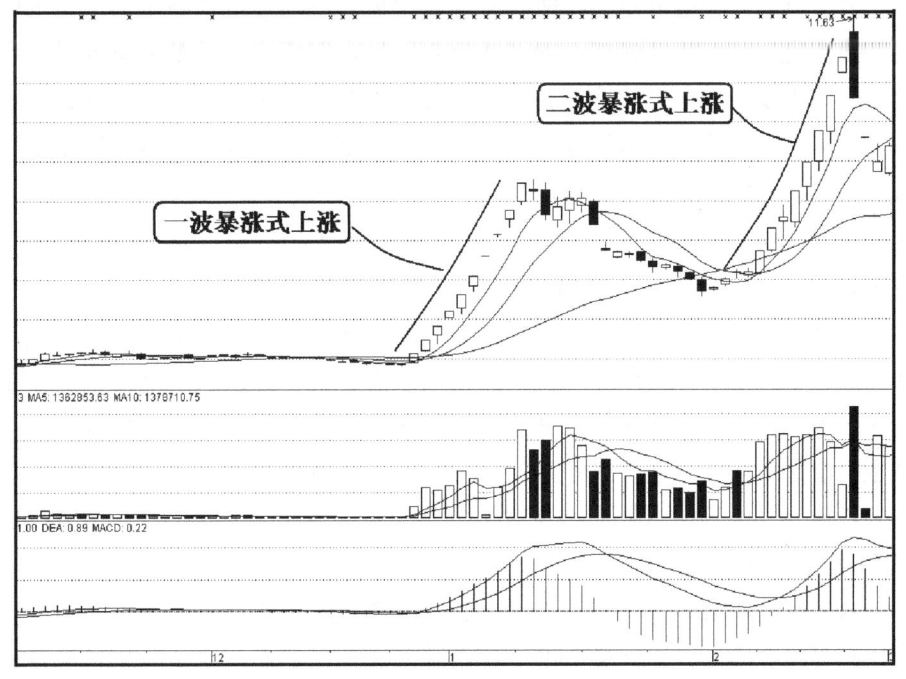

图 5-28　风范股份（601700）日 K 线图

该股的这两波暴涨式主升浪除基本面因素外（"混改"利好，带动特高压概念股走强），更重要的是在庄家主导下的强势拉高走势，这就是强庄股带来的暴利机会。

第三节　两波行情之间的逻辑结构

一、两波行情间的关系

在实盘操作中，出现两波主升浪的股票非常多见，投资者只要抓住两波行情的盘面特点,就可以获得大赢,很多时候股票出现第一波行情时,不见得就能抓得住,这时大可不必为此感到惋惜,完全可以逮住第二波行情。其实,很多股票第一波行情只是上涨的一个信号,后面还有更为壮观的第二波行情,因此当出现第一波行情后就可以密切关注它,一旦第二波主升浪启动就应立即介入。在此,为了更好地捕捉主升浪行情,研究一下第一波行情和第二波行情之间的关系。

从实盘经验总结可知,在两波主升浪中第一波的强度要高于第二波的强度,或者说,第二波的强度一般不会比第一波的强度高。需要注意的是,在这里说的强度是指主升浪的形态强度,而不是指主升浪的涨幅。比如,第一波主升浪是最强的"连续涨停式"主升浪,那么,第二波主升浪可以是暴涨式主升浪中的任何一种(连续涨停板式、连续大阳线式、大阳小阴组合式),这并不是违反"第二波的强度一般不会比第一波的强度高"这个原则,第二波主升浪的涨幅可以高于第一波主升浪,这也不违反原则。

既然如此,那主升浪的形态强度有何意义呢?其意义在于,当出现第一波暴涨式主升浪后,根据这一波主升浪的形态,就可以大致推测出第二波主升浪的形态,这对于抓住第二波主升浪是很有实盘指导意义的。比如,第一波主升浪是最强的"连续涨停式",那么,第二波主升浪可以是上述三种形态中的任何一种,当然,从大概率来看,第二波主升浪再走出"连续涨停式"主升浪的可能性只占1/4。

这实际上作出一个重要的推论,那就是任何走出两波暴涨式主升浪的个股,都很难在第二波主升浪走出"连续涨停式"的形态。这实际上已经告诉了大家一个捕捉第二波主升浪的方法。由于第二波主升浪一般不是"连续涨停式"形态,这也就意味着不会在第二波主升浪启动时,因股价突然以"连续涨停式"暴涨再次让投资者彻底踏空。从大概率来看,第二波主升浪的启动方式,应该是以连续大阳线式或大阳小阴式启动的,这就有足够的介入机会。此外,为什么两波暴涨式主升浪,第二波的强度一般不会比第一波的强度高呢?

这可以从催生主升浪的原动力进行解释。对于题材股来说,当上市公司公告了一个重大利好题材后,引发了股价的两波暴涨式主升浪,两波主升浪的成因是相同的,是一个成因催生出了两波主升浪。也就是说,利好题材就是催生主升浪的原动力。原动力就是第一推动力,因这个第一推动力,股价原有的运动模式被打破,形成新的运动模式,并具有新的运动惯性。可以说,因题材这个原动力的推动，股价走出了第一波暴涨式主升浪，这轮主升浪是动力最充沛的，属于价值发现式，或者说是价值重估式，股价的上涨是很健康的，也是无可阻挡的，常常能以最强势的"一"字形连续涨停的形态展现。但第二波主升浪出现时，股价并没有增加新的推动力，因此第二波暴涨式主升浪本质上属于在原动力推动下的惯性上涨。这个惯性上涨从能量上看应该是不断衰减的，它并非无可阻挡。当市场背景允许时，第二波主升浪会走出来；当市场背景不允许时，第二波主升浪往往会走不出来，出现所谓失败的第二波主升浪。

根据长期观察可知，有很多重大题材股在题材公告后，会走出第一波暴涨式主升浪，能够走出第二波主升浪的只是少数个股，大多数个股走不出第二波主升浪，所以，题材股的第二波主升浪基本上是泡沫式的，或者说是涨后余波行情。从长期走势来看，绝大多数个股在完成第二波主升浪后，股价又回落到第二波主升浪的起点位置。这就引出了一个重要问题，该怎样看待投资泡沫？是否参与这种泡沫化的第二波主升浪？这就要考验投资者的研判能力了。

但是，庄股的第二波主升浪往往与上述情况相反，即第二波的强度要高于第一波的强度，或者说，第一波的强度不一定就比第二波的强度高。这是因为第一波主升浪大多是庄家真正拉升前的预演或热身运动，在理论上称为爬高阶段或初升阶段，也是股价脱离底部的第一阶段，然后，经过调整洗盘蓄势后，展开一波更为猛烈的上涨行情。因此，投资者对主升浪的成因以及盘面走势一定要认真研判，然后对第二波主升浪进行定性，这样可以提高实战效果。

二、两波行情的互换性

在实盘操作中，两波主升浪之间有互换性，主要包括两个问题：一是结构形态的互换性；二是股价涨幅的互换性。

1. 结构形态的互换性

在实盘操作中，出现两波行情的个股非常多见，但两波完全相同的行情并不多，也就是说，两波行情具有一定的互换性，如果第一波行情是以"快速式"上涨的，那么，第二波行情大多会以"慢速式"上涨，如前面所讲的"前快后慢"式就属于这种类型。反之，如果第一波行情是以"慢速式"上涨的，那么，第二波行情有可能就是"快速式"上涨，如前面所讲的"前慢后快"式就属于这种类型，因此投资者对这个问题的了解和掌握，对研判第二波行情走势很有帮助。

根据两波行情的互换性特点，还可以把这个问题延伸到同一波行情的不同形态之中。前面说过，短期暴涨式行情有三种形态：连续涨停式、连续大阳式、大阳小阴组合式。从主升浪形态的强度来看，这三种形态的强度是从强到弱呈现递减趋势。从理论上说，第二波短期暴涨式行情形态也应该有以上三种形态。若将这两波行情各三种形态进行组合，那么，两波暴涨式行情应该可以组合出九种形态。比如，如果第一波行情是"连续涨停式"出现的，那么，第二波行情有可能就是以"连续大阳式"或"大阳小阴式"出现。

（1）速率分型图。把两波的上涨速度分出形态来，以给投资者明确的操作思路，叫作速率分型图。急速行情和缓速行情的后续市场行为通常都是有规律的，为了方便大家记忆，口诀是八个字："急缓互补，涨跌呼应"。

通常有四大对应关系：

①急涨——缓跌；②缓涨——急跌；③急跌——缓涨；④缓跌——急涨。如图5-29所示。

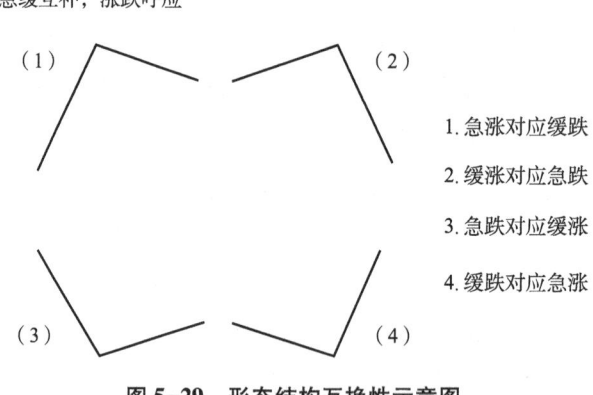

图5-29 形态结构互换性示意图

由于急速行情和缓速行情所对应的后续行情的速度有所不同，所以应用于急速行情和缓速行情的策略是不一样的。

（2）缓速行情对应操作策略。因为缓涨对应急跌，缓跌对应急涨，面对缓速行情的操作策略应该是逆势而为，而非顺势操作。

第一，缓涨行情对应的操作策略：因为缓涨之后大多都是急跌，所以缓涨期间的做多利润很小，一旦上涨周期结束，多半会引发短而急的下跌。这样的下跌由于空间较大，所以具备一定的杀伤力。在操作时面对缓涨的行情时，应尽量在行情的末端逆势做空，而非顺势做多。如图5-30所示。

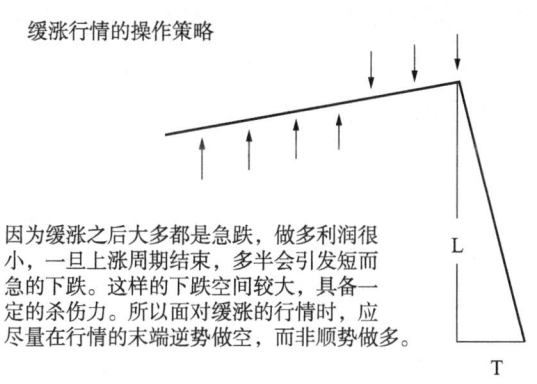

图 5-30　缓涨形行情示意图

第二，缓跌行情对应的操作策略：因为缓跌之后大多都是急涨，所以缓跌期间的做空利润很小，一旦下跌周期结束，多半会引发短而急的上涨。这样的上涨短期空间巨大，利润增长速度最高。所以面对缓跌的行情时，很多人不喜欢这样的行情，认为行情走得太慢、太黏。其实这样的行情对应的后续行情，大多是"井喷"式行情。所以应尽量在行情的末端逆势做多，而非顺势做空。如图5-31所示。

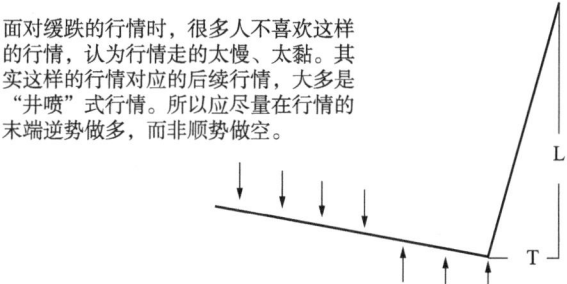

图 5-31　缓跌形行情示意图

第三，速度的变化。如果按照速度的对应规律，比如急涨对应缓跌，缓跌又对应急涨，那么一直延续的上升趋势不就永无休止了吗？但实际上没有任何一个趋势是永不休止的，趋势不会没有尽头。所以速度的对应变化会在特定的情况下发生变化，通常发生在趋势的末端。正常的是急对缓或缓对急，变化时分为两种情况，即急对急或缓对缓。

急对急：如图5-32所示。一轮行情如果是急速的上涨，通常对应的是缓速的下跌（左图中虚线部分），但如果对应急速下跌，则代表速度的变化。同理，一轮行情如果是急速的下跌，通常对应的是缓速的上涨（右图中虚线部分），但如果对应急速上涨，则代表速度的变化。

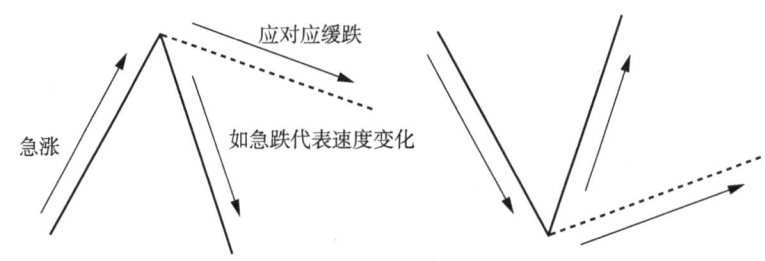

图5-32　急对急速度变换示意图

缓对缓：如图5-33所示。一轮行情如果是缓速的上涨，通常对应的是急速的下跌（左图中虚线部分），但如果对应缓速下跌，则代表速度的变化。同理，一轮行情如果是缓速的下跌，通常对应的是急速的上涨（右图中虚线部分），但如果对应缓速上涨，则代表速度的变化。

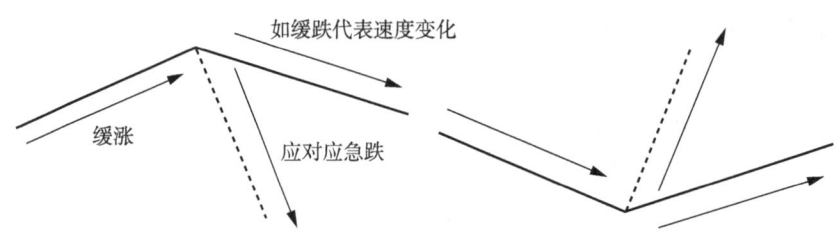

图5-33　缓对缓速度变换示意图

2. 股价涨幅的互换性

两波行情之间的涨幅有一定的互换性，同样包括两波行情的上涨幅度，也就是说，如果第一波行情上涨幅度较大，且以"快速式"上涨，那么，第二波行情的上涨幅度相对较小，最大涨幅一般只有第一波行情的80%左右，很少有超过100%的。如图5-26列举的贵州燃气（600903），第一波行情的涨幅超过300%，涨幅较大，且以"快速式"上涨，而第二波行情的涨幅不到

100%，相对涨速也没有第一波那么快速了。

但是，如果第二波行情也是以"快速式"上涨的，其涨幅有可能会达到或超过这个幅度，此时投资者对第二波行情的定性非常重要。

图 5-34，中毅达（600610）：该股第一波超跌反弹行情是以"快速式"拉升展开的，涨幅在 135% 左右，而第二波主升浪行情也是以"快速式"上涨出现的，其涨幅也在 140% 左右，跟第一波主升浪的涨幅非常接近。

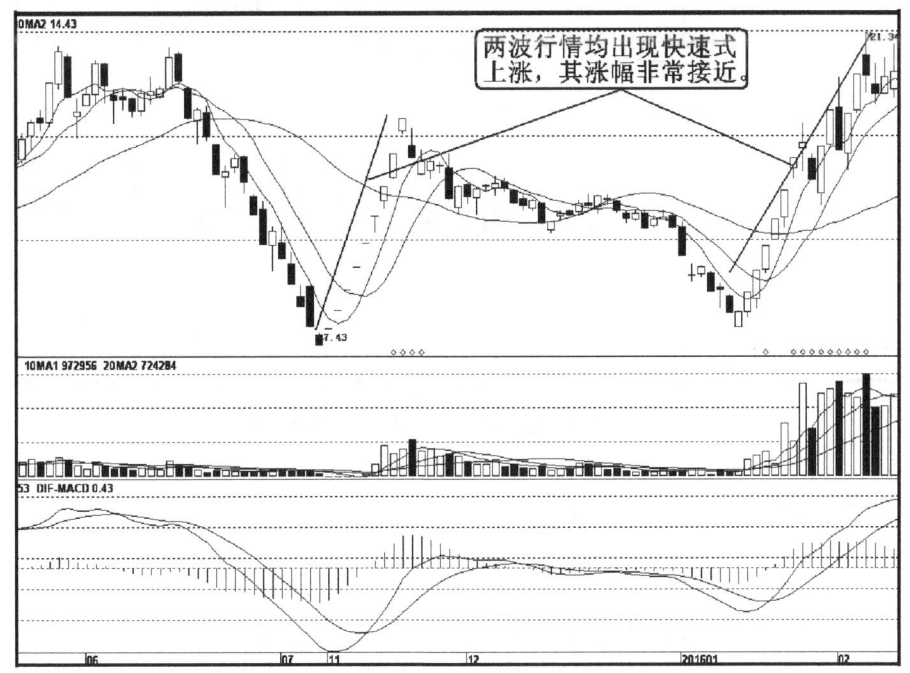

图 5-34　中毅达（600610）日 K 线图

相反，如果第一波行情上涨幅度较小，且以"慢速式"上涨，那么，第二波行情的上涨幅度相对会大些，可能达到第一波行情涨幅的 1.5 倍以上，且第二波所需的时间将会比第一波的时间要短。

图 5-35，东信和平（002107）：该股从 2018 年 10 月见底回升，产生第一波上涨行情，涨幅在 100% 左右，幅度并不大，且以"慢速式"上涨，持续时间 3 个月左右。经过回调整理后，从 2019 年 2 月开始产生第二波拉升行情，涨幅达到 190%，呈"快速式"上涨，持续时间只有 15 个交易日。如果第二波行情也是以"慢速式"上涨，其涨幅可能会有所降低。

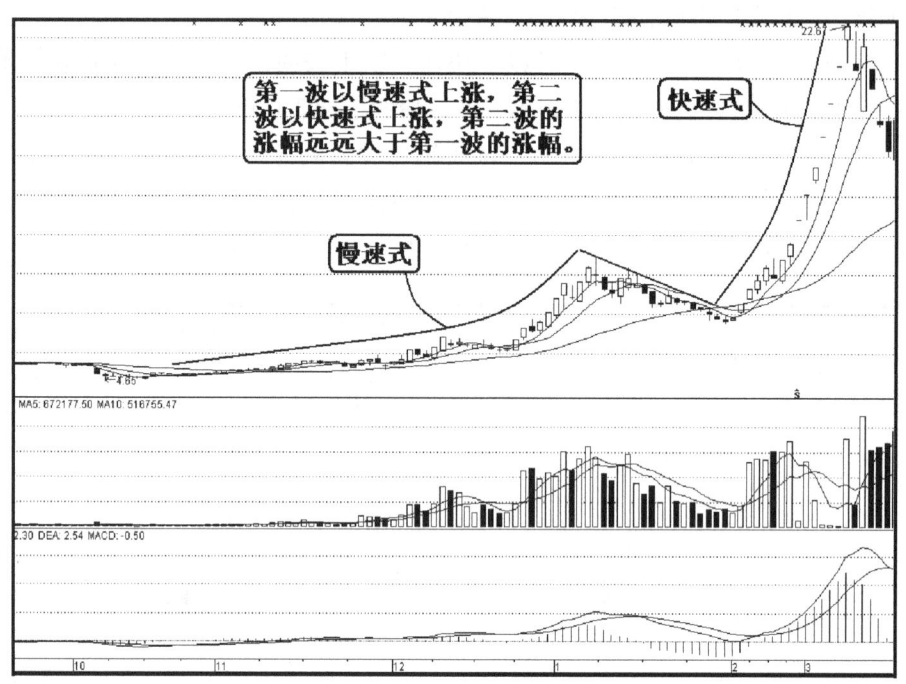

图 5-35　东信和平（002107）日 K 线图

三、调整的时间和幅度

1. 两波之间的调整时间

一般而言，向下调整形态的时间最短，大多经过 20~30 个交易日就会结束调整走势，紧跟其后展开第二波主升浪。而向上调整形态的时间一般也不会很长，因为在股价震荡盘高过程中，做多能量渐渐堆积，有一种喷薄欲出的势头。而横向调整形态的时间最长，它起码需要等待 30 日均线跟上之后，才能出现第二波主升浪，很多时候当 30 日均线跟上之后，股价还难有起色，最终形成长时间的盘整走势，持续时间长达几个月甚至半年以上，对于这种走势的盘面把握，只能从股价是否突破某一个有意义的技术位置，来考量第二波主升浪是否启动。

2. 两波之间的调整幅度

两波行情的形态由三个基本浪形组成的，即第 1 浪、2 浪、3 浪，其中第 1 浪为第一波主升浪，第 2 浪为调整浪，第 3 浪是第二波主升浪。在实盘中，第 2 浪的调整一般有三种方式：向下调整、横向（水平）调整、向上调整三种形态，呈递强之势。

向下调整形态的回落幅度最大，它是以"空间换时间"的方式，对股价进行快速回调。这种方式主要把握两个关键点：一是 30 日均线附近；二是 0.5 的黄金分割位附近。投资者可以将这两个点作为买卖参考价位进行短线操作。

横向调整形态是以"时间换空间"的方式进行调整，一般回落幅度在 20%左右，并以箱体整理居多，以 30 日均线作为买卖参考价位进行短线操作。对于横盘调整可以这样解释，正常的调整应该是向下的，但由于股价走势太强，股价不肯下跌，就只好以横盘代替下跌。

向上调整形态一般涨幅在 10%左右，当股价放量超过这个幅度时，说明盘面十分强势，预示着第二波主升浪将要开始，如果第一波涨幅不是很大，此时可以考虑跟多。

第四节　多波主升浪的形态结构

一、三波主升浪形态结构

在实盘操作中，出现三波主升浪的个股也并不少见，这种形态是指在一个大型的主升浪行情中出现三个明显的上涨阶段，中间出现两次明显的调整走势。从形态上看，三波主升浪与艾略特波浪理论中的 5 个推动浪相似，第 1 浪、3 浪、5 浪为推动浪，第 2 浪、4 浪为调整浪。波浪理论受以下几个不可违背的数浪定律限制：

（1）在第 1、3、5 三个浪中，第 3 浪绝对不是最短的浪，而往往都是最长的浪，且成交量大增。

（2）第 2 浪的低点不能低于第 1 浪的起点。

（3）第 4 浪的底不能与第 1 浪的顶重叠。但出现在倾斜三角形中的第 5 浪中的次一级（4）可以低于（1）浪顶，这是波浪理论的唯一特例。

（4）调整浪中的 C 浪必定可细分为五个次一级的浪，即 C 浪必须以 5 个子浪运行，且 C 浪运行有相当的破坏性。

（5）第 4 浪大都以盘整形态出现，呈现出三角形和矩形整理等。

(6) 无论上升还是下跌趋势，第 5 浪的上涨幅度通常比第 3 浪小，且其上涨速度是最快的。但当第 5 浪为延伸浪时，其上涨幅度则是最长的。

但是，在这里分析主升浪时，可以跳出上述波浪天条的限制，完全可以用简单的或以独立的浪形进行分析，这与艾略特波浪理论并不矛盾，投资者在分析时不要被波浪理论所困，但如果走出既符合艾略特波浪理论的浪形，又满足普通主升浪浪形特征时，其准确率将大大提高。

图 5-36，翰宇药业（300199）：该股见底企稳后，走出三波主升浪行情，股价从 6 元下方启动，涨到 25 元之上（复权价），整个上涨过程也符合艾略特波浪理论的 5 个推动浪。

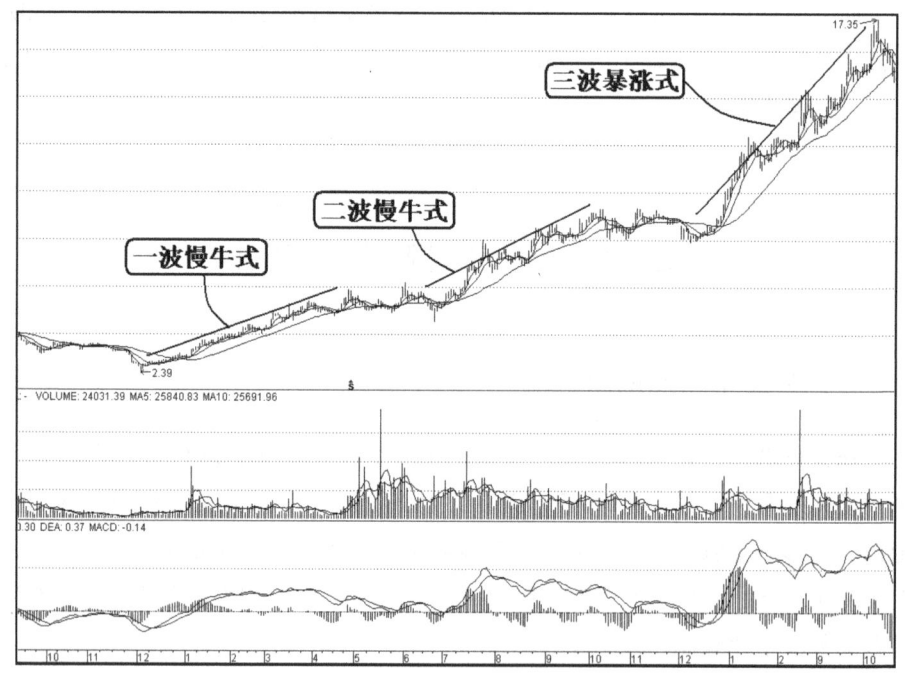

图 5-36　翰宇药业（300199）日 K 线图

因此可见，将主升浪与波浪理论结合在一起分析，有时也会达到意想不到的效果。但下面这个例子就不能用艾略特波浪理论进行分析了。

图 5-37，海伦钢琴（300329）：该股先出现了两波小拉升后，再产生第三波较大的主升浪。该股如果用艾略特波浪理论去分析，那么第三波较大的主升浪就会失之交臂，因为，该股至少违反了艾略特波浪理论中的两条"铁律"。首先，"第 3 浪绝对不是最短的浪"，这就限制了第 5 浪的预期；其次，"第 4 浪的

底不能与第1浪的顶重叠",该股第4浪调整时,股价回落到第2浪的低点附近,也就是说,第4浪的底已经与第1浪的顶重叠了。但是,如果用普通的主升浪特征进行分析,那么,第三波暴涨式主升浪是可以抓得住的,因为,股价回调时得到了第2浪调整的低点支撑,同时成交量开始明显放大,显示场外资金积极介入,且股价重返均线系统之上,这些都是主升浪即将启动的征兆,读懂了这些盘面信息后,第三波主升浪将为你带来丰硕的收获。

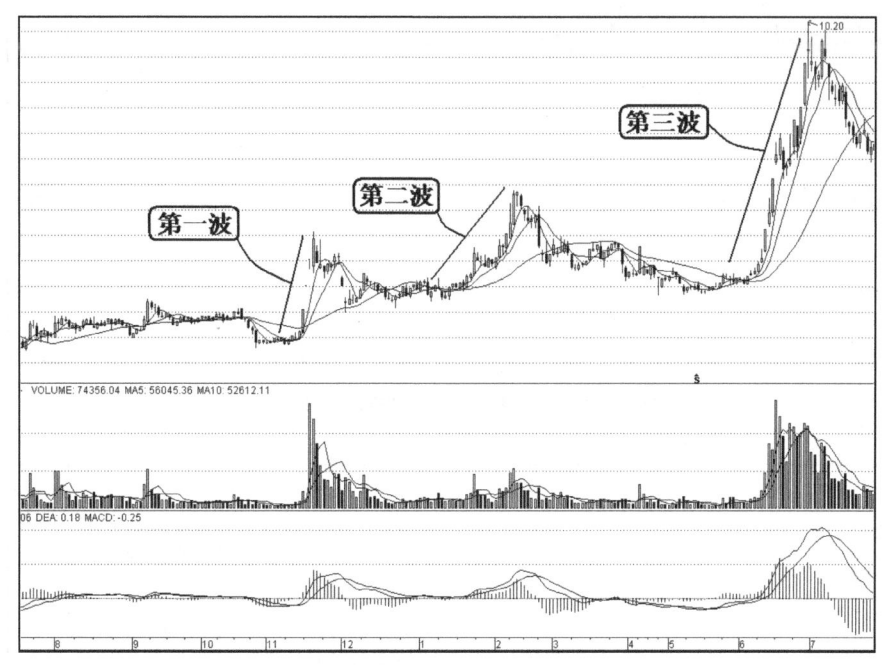

图 5-37　海伦钢琴（300329）日 K 线图

二、三波以上主升浪形态

多波上涨式是指股价出现多个明显的上涨阶段,在每一波拉升结束后,股价都会下跌或横盘调整一段时间,然后股价继续上涨,展开三波以上的拉升,这类个股持续时间比较长,总体构成一个大的主升浪结构。

图 5-38,国瓷材料（300285）：该股见底后走出了四波拉升行情,股价从 12 元左右开始逐波上涨,突破了 40 元,整个上涨过程呈现四波拉升形态,每一波的涨幅也都比较大,持续时间长达两年多。

图 5-39,蓝英装备（300293）：该股成功完成了探底后,出现向上爬升走势,形成四波小浪上涨,而且第二波和第四波还呈暴涨式上涨。

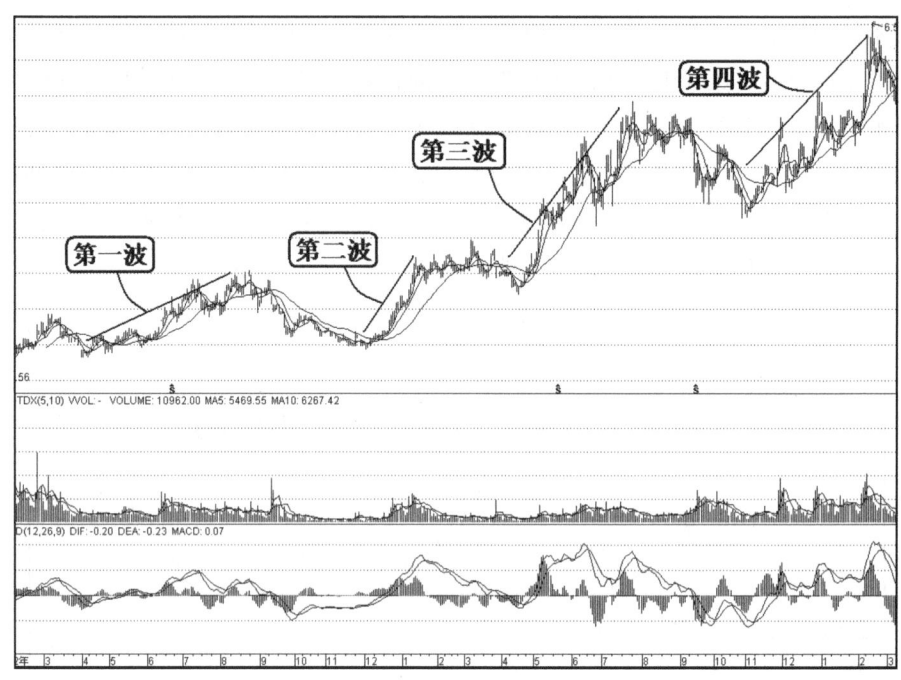

图 5-38　国瓷材料（300285）日 K 线图

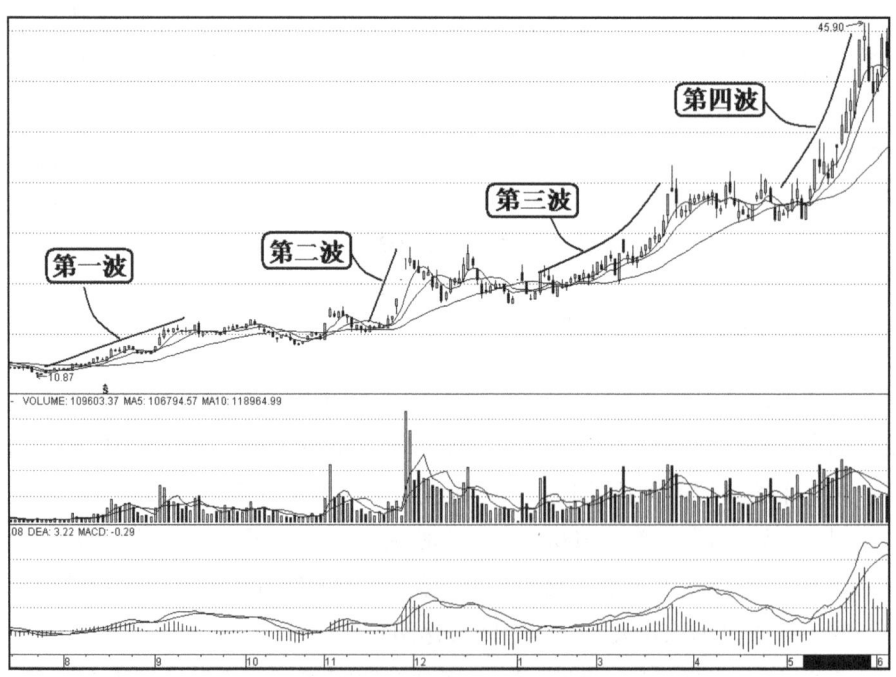

图 5-39　蓝英装备（300293）日 K 线图

但是，需要提醒的是，在实盘中多波上涨的行情并不多见，而且股价多波上涨后，市场面临较大的回调风险，因此不做详细分析，也不提倡捕捉这样的行情，在此仅点到为止。实盘中如何处置，见仁见智，投资者自寻乐趣。

第六章　主升浪的盘面气势

第一节　支撑与压力

一、支撑与压力的作用

支撑线又称为抵抗线，是指当股价下跌至某一低位时，买气转旺而卖气渐弱，从而使股价停止继续下跌，或出现回升走势，这是因为多方在这个位置买入或持股者惜售造成的。支撑线起到了阻止价格继续下跌的作用，如果在实战中能够比较准确地判断出支撑线所在的位置，也就把握了一次较好的买入时机。

压力线又称为阻力线，是指当股价上涨到某一高度时，有大量的卖盘供应或是买盘接手薄弱，从而使股价继续上涨，或出现回落走势。阻力线起到了阻止价格继续上升的作用。这个起着阻止股价继续上升的价位就是压力线所在的位置。

支撑线和压力线的共同作用就是阻止或暂时阻止股价向一个方向继续运动。一般来说，若股价在某个区域内上下波动，并且在该区域内累积成交量极大，那么如果股价冲过或跌破此区域，它便自然成为支撑线或阻力线。这些曾经有过大成交量的价格时常由阻力线变为支撑线或由支撑线变为阻力线。阻力线一旦被冲过，便会成为下一个跌势的支撑线，而支撑线一经跌破，将会成为下一个涨势的阻力线。

不要产生这样的误解，认为只有在下跌行情中才有支撑线，只有在上升行情中才有压力线。其实，在下跌行情中也有压力线，在上升行情中也有支撑线。但是由于在下跌行情中人们最关注的是跌到什么地方才能结束，关心支撑线就多一些；在上升行情中人们更关注涨到什么价位股价会回调，所以关心压力线多一些。

最初的支撑和压力就是简单地指出价格位置，后来发展了支撑线和压力线的概念，最后支撑和压力又扩大成了一个区域。常用的选择支撑线和压力线的方法是前期的高点和低点或成交密集区。

股市有句谚语"熊市找压力，牛市找支撑"，这与"熊市不言底，牛市不言顶"是有所对称的。这句话告诉大家：熊市要少关注哪里是底，多关注压力位的强大作用，卖要卖在压力位上；牛市要少关注哪里是顶，而是要注重支撑位的作用，买要买在支撑位上。同时也告诉大家大的级别有大的支撑位与阻力位，小级别有小级别的支撑位与压力位，不管何时何市，操作都要关注阻力位和支撑位的变化，要学会在阻力位上止盈，支撑位上逢低布局。但在上升行情中，人们关心的是行情将涨升到什么位置，因而对阻力关注得多一些，而轻视了支撑的作用。在下跌行情中，人们更关心的是股价跌到什么位置，因而对支撑关注得多一些，而轻视了压力的存在。所以，在很多时候投资者一买就被套、一卖就踏空，其实就是没有同时关注阻力位和支撑位的作用。

二、压力与支撑的八个位置

1. 关于压力位

什么位置是压力位呢？压力位经常出现在以下 8 个位置：

（1）均线位置：主要指 5 日、10 日、20 日、30 日、60 日、90 日、120 日、250 日等均线对股价的压力。均线的含义就不多说了，股价上穿均线都需要成交量放大配合，其中以 30 日、60 日、120 日、250 日均线对股价的压力尤为重要，因此要特别关注这几条均线对股价的压力。

（2）高点（波峰）位置：前期两个以上高点（波峰）的连线构成高点阻力位。股价突破此连线也需成交量放大的配合。

（3）低点（波谷）位置：股价跌破前期两个以上低点（浪谷）连线后，如果反弹时，这条连线对股价将产生压力，这条连线就叫低点压力位。

（4）平台（整理）位置：股价在平台（或一定幅度内）横盘整理，然后跌破整理区，当股价再次上涨时，平台整理区域对股价有压力。

（5）颈线位：双底（顶）、头肩底（顶）等技术形态的颈线对股价上涨或反弹都有压力。

（6）轨道线位置：上升或下跌轨道的中轨、上轨；BOLL 线的中轨、上轨对股价也有压力。

（7）趋势线位置：下降趋势线（空头市场各反弹高点的连线）对股价上涨有压力。

（8）X线压力位：X线对股价的压力是所有压力位中最重的。什么是X线？X线是股价下跌到一定价位，在此价位形成两次以上反弹，各次反弹的波谷连线本来已经成为股价的支撑位，可后来又跌破这一波谷连线，股价在这一连线下方又经过两次以上反弹，反弹高点又在此连线延长线上，这一条由两次以上低点和两次以上反弹高点形成的连线就叫作股票的X线（其实就是前一波谷连线的延伸线）。X线是股票的成交密集区，对股价的压力更胜于其他压力位。

股价原先跌破一个较大的技术形态以后再反弹时，这个形态的密集成交区域附近有压力，庄家既定的目标出货区域也有压力。重要的整数点位附近（如个股整数价格10元、15元等，或指数的整数位置2000点、3000点等），黄金分割线位置（如0.382、0.618、0.5等），技术指标发出的买卖信号点（如金叉、死叉、顶背离、底背离等），也都具有一定的阻力和支撑作用。近期（3个月左右）形成的成交密集区，也是较重要的阻力点、支撑位。重要的时间之窗（如8、13、21、34等）或者长假期（五一、国庆、春节）前后，也都具有一定的阻力和支撑作用。但是，当庄家吸足筹码后，真正进入主升浪时，可以说股价几乎没有任何压力，在真正的熊市调整过程中，也没有任何的技术支撑。

2. 关于支撑位

支撑位也有与压力位所对应的8种类型，这里仅对均线支撑位、趋势线支撑位和轨道支撑位进行简要提示。其他的支撑位也就是股价突破相应的阻力位后，原先的阻力位变成了相应的支撑位。

（1）均线位置：股价上穿均线后，原来的压力位就变成了支撑位。短线操作关注5日、10日均线支撑，中长线操作关注60日、120日、250日均线的支撑。

（2）趋势线位置：主要指上升趋势线（多头市场各回调低点连线）对股价的支撑。

（3）轨道线位置：上升或下跌轨道的中轨、下轨；BOLL线的中轨、下轨对股价有支撑作用。

庄家的持仓成本或者平均成本附近有支撑；股价原先突破一个较大的技术形态以后再回档时，这个形态的密集成交区域附近有支撑；庄家正在出货和出货没有完毕以前，在庄家预定的出货区域附近有支撑。从未炒作过的股票，如果市场定位合理，在密集成交区域附近股价也有较强的支撑。在大多数情况下股价在底部区域震荡，是有一定支撑的，如果庄家需要击破包括技术派在内所有看好者的信心而进行凶狠洗盘时，各种形式的破位就是在所难免的，这时可以说股价几乎没有支撑。

三、压力位的理解和认识

1. 压力位要弹性理解

在实盘操作中，受一些"理论"或股评的影响，有的人对压力的理解已经出现一些偏差，甚至有些已经成为一种"固定思维"，这样容易被庄家利用并影到实战结果。根据实盘经验得出，实战中需要注意以下几个原则：

（1）压力是根据大势市道状况来决定的，大势较好时，压力则又少又小；大势不好时压力则又多又大；来了大行情时，几乎什么压力也没有。

（2）个股所处位置和阶段也决定压力的大小，股价盘整时"压力"当然大，股价上涨时压力就会小，股价拉升压力就更小；股价位置高压力当然大，股价位置低压力当然小。

（3）个股的基本面对压力也有制约，基本面很差又没有根本改观的个股，上涨或反弹的压力都大；基本面很好或者有根本改观的个股，股价上涨或拉升时压力就小。

2. 走出压力的认识误区

在掌握了以上原则内容的同时，还需要注意以下几个方面：

（1）压力是相对的，不是绝对的，对压力不能形而上学地理解，需要根据市道状况、个股状况，特别是庄家状况来决定。没有庄家的股票，庄家不想做的股票和已经出了货的股票，什么时候、什么价位都可能是压力。股价在整理和洗盘时处处有压力，股价回落中处处有压力，回落阶段的反弹真正有压力。

（2）股价如果多次上摸某一压力区域，则压力不是越来越大而是越来越小。庄家控盘的强庄股一旦完成在底部区域吸货、震荡、洗盘后，向上突破时是没有任何压力的，庄家为了派发而进行拉升时也是没有压力的。如果有压力,那只有庄家实力不够的压力。总之,庄家想要涨,庄家想要拉,是不存在什么压力的。

(3)"压力"也容易被庄家所利用,到了关键的时候和关键的价位,无须庄家"指点",就会有人站出来"点评"股价压力,加之大家头脑中已形成固定的"压力"概念,到时候也会以条件反射的形式反映出来,当我们因"压力"抛出筹码并暗暗庆幸自己的时候,突然反转向上的股价却没有了压力,经常被气得直瞪眼。

(4)压力也可以是人为"制造"出来的,庄家要做一只股票,可以在某一区域"制造"密集成交量,然后让股价震荡回落,日后当股价再运行至这一区域时,密集成交的"压力"就会"显现"出来,不少被套的、割肉的、获利的就会在此价位附近主动跑出来,这时候庄家吸货、震荡、整理和洗盘的目的就都可以达到了。

四、支撑和阻力的运用法则

支撑和阻力只在一定时期内起作用。在下跌趋势中,支撑只能阻挡跌势暂时放缓,但无法永久阻挡,在以后价格运动中,还会向下突破支撑。同样,在上升趋势中,阻力只能阻挡涨势暂时回落,但无法永久阻挡,在以后价格运动中,还会向上突破压力。支撑和阻力的运用法则如下:

(1)由于支撑线与阻力线之间相互转化的特征,因而当股价向上超越前次波段行情的高点之时,阻力线被有效突破,则这条阻力线将成为日后行情回档的支撑线,尤其是在多头上升中,回落之机就是买进之机。同样,当股价向下跌破上次波段行情的低点之时,支撑线被有效击穿,则这条支撑线将成为日后行情反弹的阻力线,尤其是在大空头市场中,每次反弹到阻力线位置都是最佳的出货时机。"牛市中每次回落都应买进,熊市中每次反弹都应卖出"就是这个道理。

(2)低点成交量的大小:在波段行情的低点,当股价向下击穿支撑线,同时伴随着成交量的显著放大时,说明市场在该点位套牢盘较多,对后市股价的反弹回升将产生更大的阻力作用。相反,如果成交量在跌破支撑线时并没有出现显著放大现象,说明市场反应较为平静,在这一点位的套牢盘不重,股价虽然创出新低,但其阻力作用相对较小,后市股价的反弹突破比较容易。

(3)顶点成交量的大小:在波段行情的高点,当股价向上穿越阻力线,同时伴随着成交量的积极放大时，说明市场信心大增，筹码积极换手，则该点位对后市股价的回落将产生更大的支撑作用。相反，如果成交量在突破时并未积极放大配合，说明投资者信心不足，虽然股价创出新高，但股价的上涨缺乏市场人气的支持，支撑线的作用不是十分明显，后市股价回落击穿这一点位不会受到太大的抵抗。

（4）**价格差幅的大小**：支撑价格与最近小波段最高价的差幅越大时或阻力价格与最近小波段最低点差幅越大时，所产生的支撑和阻力的效果将会越大。也就是说，在上升趋势中，当股价突破阻力线创出新高，如果这一新高点距离支撑线价位越远，幅度越大，则支撑线对股价的支撑作用将越明显。如果上升突破的高点与支撑线之间的距离不大，则产生支撑作用的效果不是十分明显，有时可以将这种突破列为假突破。

同样，在股价下降趋势中，也具有相同的技术意义。如果股价创出的新低点距离阻力位较远，则对后市反弹也将产生较大的阻力作用。如果两点之间的价差幅度不大，其阻力作用将表现得较为微弱，假突破的可能性也就相对较大。

（5）**运行时间的长短**：支撑线与阻力线形成点，距离当前行情的时间跨度越长，说明股价在这一段较长的时间内都无法形成突破，其支撑与阻力的作用将更加明显。如果发生的时间距离当前价位不是很久，除非是大幅度的突破（两者之间的差幅很大），否则股价极有可能在短期内形成反向突破。因而时间越短，点位越接近当前股价，其支撑与阻力的作用也越小。

但是，如果支撑和阻力的形成点，距离当前行情的时间太久，因场内浮动筹码逐步被消化，因而所产生的支撑和阻力的效果也将略微降低，适中的时间跨度在1个月以内较好。

（6）**市场投资气氛**：大盘处于强势多头市场时，由于股价总体趋势向上，因而行情在上涨过程中遇到的阻力迟早都会被突破，阻力作用也就显得相对较弱。而在大空头市场中，由于股价的总体趋势向下，市场人气衰退，多头买盘在低位的承接力度有限，支撑线迟早会被击穿，因而其支撑作用也就不是十分明显。

（7）**集中成交区域**：股价在某一价位出现相当大的成交量，则在此会形成密集的成交区，对股价的支撑与阻力作用将是十分明显与有效的，成交越集中，其作用也就越大。由于成交的密集反映了市场集中的平均成本，回落时买方会积极护盘，而反弹时则会解套抛售。因而股价将在一定时期内在成交密集区域上下震荡，直到最后形成有效突破。

（8）形态的作用：原始趋势线、各种技术形态的预测能力，以及尚未突破形态时的上限、下限及颈线等，其支撑与阻力的作用都要比一般平常点位大得多。

（9）二分法与三分法：当指数或个股涨升之后，如果滞涨回跌时，通常跌到这段涨幅的 1/3 或 1/2 左右时，都会分别具有支撑力量。同样，当指数或个股下跌之后，如果止跌反弹时，通常反弹到这段跌幅的 1/3 或 1/2 左右时，都会分别具有压力力量（1/3 与黄金分割率 0.382、1/2 与 0.618 相似）。

（10）靠近除权波段低点或填权价格，股价经过除权后形成的近期低点，具有支撑和阻力作用。另外，权值较大的股票，当其接近填权或刚填权时，因参与除权者已获得不少的增资配股利润，卖出自然会较积极，因此到填权价格附近无形中也会产生较大的阻力。

五、短线支撑和阻力的计算

短线支撑和阻力的计算方式有两种。

（1）计算公式：当天均价−当天最低价=X（差价）

最后买入叫价（或收盘价）−X＝第二天短线支撑价

最后卖出叫价（或收盘价）+X＝第二天短线阻力价

注：均价=（开盘价+最高价+最低价+收盘价）÷4，或成交金额÷成交数量

【例】：某一个股的当天均价为 10.50 元，当天最低价为 10 元，则 X（差价）为 0.50 元。当天收盘买入价为 10.40 元，则第二天短线支撑价为 9.90 元。当天收盘卖出价为 10.39 元，则第二天短线阻力价为 10.89 元。

（2）首先，取最近 5 日最高点和最低点，求取两者差值。然后，将差值分别乘以黄金分割数 0.618、0.5、0.382，再分别加上最低点，得出的数就是明日第一、第二、第三支撑位或阻力位（若在当日收盘点之下，则是支撑位，在收盘点之上，则是压力位）。或者，将差值乘上黄金分割数 0.618、0.5、0.382，求所得商，再从最高点减去所得商，就是明日第一、二、三压力位或支撑位（若在当日收盘点之下，则是支撑位，在收盘点之上，则是压力位）。

【例】：2019 年 3 月 15 日，上证指数收盘点为 3021.75，往前 5 日的最高点为 3093.39，最低点为 2963.58，两者差值为 129.81。将 129.81 分别乘以黄金分割数 0.618、0.5、0.382，结果为 80.22、64.91、49.59，再分别加上最低点 2963.58，分别得到 3044.22、3028.49、3013.17，这三个数就是次日的

第一、第二、第三支撑位或阻力位,其中 3044.22 和 3028.49 在当日收盘点 3021.75 之上,则为压力位,而 3013.17 在当日收盘点 3021.75 之下,则成为次日初级支撑位。

或者,从最高点 3093.39 分别减去 80.22、64.91、49.59 所得商,分别为 3013.17、3028.48、3043.8,其中 3013.17 在当时收盘点 3021.75 之下,则为支撑位,而 3028.48 和 3043.8 在当日收盘点 3021.75 之上,则为次日的第一、第二压力位。

两者所得结果比较接近,说明该位置是一个下有支撑、上有阻力的震荡区间,所以此后几天沪指继续呈现小幅震荡走势,当然这只能算个小窍门,如果结合其他指标综合测算,精确度会更高。

上述两种计算方法,第一种比第二种要简单得多,投资者可以根据自己的习惯选择计算方法,其结果见仁见智。无论阻力或支撑的大小,一旦真的被突破都会有大小不一的行情,但在许多情况下行情突破后散户一旦杀入,就会发觉股价不久又回到了原先的"阻力区"内再次徘徊不前,甚至掉头。庄家利用假突破诱多或诱空是常见的手法,就像足球场上的假动作,晃掉对方以后,才能长驱深入对方的禁区。

六、支撑和阻力的相互转化

支撑和阻力是一个相对的概念,两者角色经常互换,当支撑被相当程度的力量突破后,就会转变成下次股价回升的阻力。同样,当阻力被相当程度的力量突破后,就会转变成下次股价回落的支撑。在股价的上涨过程中,上升趋势线即为支撑线,在股价的下跌过程中,下降趋势线即为阻力线。

支撑线与阻力线最大的作用就是阻止股价持续原先趋势方向的运动。股价的波动是有趋势的,而在一个大的趋势之中又包含了许多小的趋势,有些趋势是与大方向相反的,而支撑线与阻力线就起到阻止这种趋势产生的作用。如果股价要维持原先的运行趋势,就必须对这些支撑与阻力进行突破。由此可以看出,支撑线与阻力线大多时候只是使股价在涨跌过程中暂时停顿,但不足以长期地影响股价,始终都有被突破的可能。

从支撑线与阻力线的力度上来讲,趋势运行的时间越短,所形成的支撑与阻力的作用就越弱。当股价在运行完一个大的趋势之后,多空势态已发生逆转,此时股价已无法在短期内再创出新高或新低,这时在顶部形成的阻力线或在底部形成的支撑线就显得极为重要,尤其是股价在顶部或底部反复震荡而始终无法冲破阻力线与支撑线时,通常意味着一轮大行情的结束,支撑线与阻力线发出强烈的反转信号,警告投资者应及时改变操作策略。

实际上,支撑线与阻力线作用的发挥主要是由投资者心理因素造成的。同样,两者之间地位的转化也是由投资者心理因素造成的。比如,在上升趋势中,当股价突破上档阻力线的压制时,股价表现出较强的强势特征,市场反应积极。当股价突破后再次回落到该点位时,投资者多数会认为只是对行情突破的回抽确认,多方会在这里继续加码买进,而原先并不看好后市的投资者会因为害怕踏空而在相对较低的价位积极买进,此时股价在这里受到买盘的强力支撑,股价止跌回升,原先的阻力已经转化成支撑线了。

同样,在下跌过程中,股价向下击穿支撑线创出新低,投资者信心开始动摇,市场人气衰退,当股价再度反弹到该点位附近时,原先没有及时出货的投资者会趁着股价的反弹之机尽数抛空,强大的抛售压力使股价无法超越这一点位,原先的支撑线也就转化成阻力线了。因此可以看出,支撑线与阻力线的地位并非是一成不变的,它们之间可以相互转化,条件是它必须被有效的足够强大的股价变动所突破。

支撑线与阻力线对当前股价的影响程度,主要从以下三个方面考虑:

(1) 股价在这个区域停留时间的长短。
(2) 股价在这个区域伴随的成交量的大小。
(3) 支撑点或阻力点离当前股价的远近。

一般来说,股价在这一区域逗留的时间越久,伴随的成交量越大,发生的时间越近,其支撑和阻力作用对当前行情的影响力也就越大。

七、阻力和支撑的研判技巧

从理论上讲,在上涨行情中,每一个未成交的委卖单都是阻力,在下跌行情中,每一个未成交的委买单都是支撑,只是阻力和支撑的力度大小不同而已。行情一旦突破成功,一般要惯性延续一段时间。股价的上升或下降都是需要推动力的,在行情发展过程中多少会遭遇到"阻力",只是"阻力"有时大一些,有时小一些。散户是一个不团结的群体,其心态因人而异,每个人买卖股票都有他自己的理由,在一般的价位上的成交是随机和没有规律的,但善于分析总结的人会发现在某一些点位上,散户们会不约而同地在某一个价位排队等候买卖，仿佛在盘面上形成了一道人墙，较大程度上阻止行情的上涨或下跌，这些容易形成散户"不约而同"行为的价位，就是人们津津乐道和试图努力寻找的阻力位和支撑位，当然也是操盘手画图的依据。视"不约而同"的程度，阻力位和支撑位的作用也不同。

在分析阻力和支撑时应注意以下几点：

（1）在上升趋势的回档过程中，K线之阴线较先前所出现之阳线为弱，尤其接近支撑价位时，成交量萎缩，而后阳线迅速吃掉阴线，股价再上升，这是有效的支撑。

（2）在上升趋势的回档过程中，K线频频出现阴线，空头势力增加，即使在支撑线附近略做反弹，接手乏力，股价终将跌破支撑线。

（3）在支撑线附近形成盘档，经过一段时间整理，出现长阳线，支撑线自然有效。

（4）在支撑线附近形成盘档，经过整理却出现一根长阴线，投资者为减少损失，争相出逃，股价将继续下跌一段。

（5）股价由上向下跌破支撑线，说明行情将由上升趋势转换为下降趋势。一般情况下，在上升大趋势中，出现中级下降趋势，如果行情跌破中级下降趋势的支撑线，则说明上升大趋势已结束；在中级上升趋势中，出现次级下降趋势，如果行情跌破次级下降趋势的支撑线，则说明中级上升趋势已结束，股价将依原下降大趋势继续下行。

（6）股价由上向下接触支撑线，但未能跌破而掉头回升，若有大成交量配合，则当再出现下降调整时，即可进货，以获取反弹利润。

（7）股价由上向下跌破支撑线，一旦有大成交量配合，即说明另一段跌势形成，稍有回档即应出货，避免更大损失。

（8）股价由上向下接触支撑线，虽未曾跌破，但也无成交量配合，则预示无反弹可能，应尽早出货离场。

当然在实际运行过程中，可能会因为一些市场的不确定因素或庄家机构的刻意行为，使股价对支撑线或阻力线做出短暂的突破，但之后很快又重新回到原来的范围之内，此时投资者要随时对其进行调整与修正，使其更具明显的支撑与阻力作用。

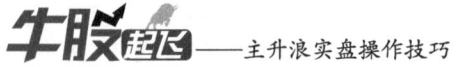

第二节 突破：主升浪的机关

一、技术终将被突破

突破是指股价成功穿越某一个重要的技术位置，从而产生新的运行格局。当股价冲破阻力线时，称为向上突破；当股价跌破支撑线时，称为向下突破。

股价在长期的运行过程中，可能会形成某些有重要意义的位置，但这些位置不可能长期存在下去，迟早有一天要被突破的。当股价成功向上跨越或脱离这些重要位置时，说明市场出现向上突破走势，股价蓄势整理结束，后市将有可能出现一段升势行情，此时投资者可以积极做多。

在实盘操作中，能够成为突破的技术位置很多，比如移动平均线、趋势线（通道）、技术整理形态、成交密集区域以及黄金分割线、整数点位和时间之窗等，当股价成功突破这些重要的技术位置后，有可能产生一波主升浪行情。

任何趋势、形态都不可能长期存在，总有一天会被打破，原来的运行格局被新的运行方式所替代。但是，突破不是一件轻而易举的事，往往要有一个过程。前面分析了阻力位和支撑位，这就为分析突破奠定了基础，也为关注突破节省了时间，只有当股价到达阻力位和支撑位附近时，才有可能形成突破走势，在其他位置运行时就不必过早为之考虑。

二、突破的基本方式

从股价运行形态上看，突破可分支撑突破、阻力突破、平台突破三种。

1. 支撑突破

股价上涨所形成的走势、形态等构成了股价总体上升走势，它反映了股价运动的趋势和方向。上升趋势是由K线、形态、均线、轨道线等构成的。这些图形或线条非常直观，一旦股价下跌破坏了原先的上升趋势，图形就会变得非常难看。通常，股价下跌到某一个重要技术位置附近时，将得到支撑而不再下跌或者抵抗下跌，甚至出现回升走势。如果股价脱离上升趋势而下跌，并击穿那些应有支撑的位置时，就会产生破位的图形，从而引发一轮跌势。

2. 阻力突破

攻破压力与击穿支撑正好形成相反走势。股价在长期的震荡走势中会形成明显的支撑或压力区（线）。通常，股价上涨到某一重要位置时，将受到压力而不再上涨或者遇阻回落。如果股价一举攻破那些应有压力的位置时，就会出现突破的图形，图形也会变得非常漂亮，一轮主升浪行情呼之欲出。

3. 平台突破

股市里平台整理是积蓄能量最强的一种形态，一旦向上或向下突破后的威力都是巨大的。股谚有"横有多长，竖有多高"之说，股价突破后的上升或下跌空间就有平台那么长。股价在一个震荡幅度不大的价格区域内横向波动，在震荡期间既不选择上涨又不选择下跌，股价似乎没有了涨跌方向，于是就形成平台形态，但这个平台迟早会被突破的。通常有两种情况：一种是在股价上升途中进行横盘，目的是让底部跟进者"下轿"。因为有的股民求富心切，恨不得自己的股票天天上涨，这样很容易产生急躁情绪，耐不住寂寞的股民，往往会卖出手中长期不涨的股票而去追别的股票。庄家就是利用人们急于暴富的急躁心情，以拖延的手法进行周旋，以此消磨别人的耐心和意志，消耗别人的时间和精力，使之丧失斗志和信心，以达到其"整理"目的。另一种是在股价下跌途中横盘，有的股票在下跌初期进行横盘，那是因为庄家手中的筹码还没有派发完毕，或者因为股价过高根本没办法派发，庄家又不甘心让股价的重心下移，只得进行护盘，由此走出了横盘的态势，这种横盘是在积蓄下跌的能量。如果是庄家基本出完货的股票，在下跌一大段以后可能进行横盘，这种情况是横盘中最为多见的。看起来似乎没有庄家在其中，所以该涨的时候不涨，又由于长期不涨且跌幅很深，股价又相对便宜，到该跌时候也没有多大跌幅，所以最终走出横盘态势。但是，一旦熊市来临，因为无人护盘，其迅速下跌之势可能很强。

一般情况下，股价长时间形成的平台一旦向下突破具有很强的杀伤力（平台持续时间越长，下跌空间越大），因此庄家常常利用突破平台的手法，制造恐慌局面，而且突破平台后，往往连续压低股价，造成极大的恐慌盘面，形成深幅下跌态势。投资者看到这种形态后，纷纷抛出手中的股票，庄家却在低位悄悄承接筹码。这种走势是庄家进行吸货、整理、洗盘时常用的一种手段。

三、突破的特征和细节

趋势分析在股市技术分析中占有非常重要的地位，尤其在转折点位置，趋势分析能够非常早地发现转折点已出现，趋势即将转变。一旦投资者能熟练掌握趋势分析，将可以在下跌趋势结束转为上升趋势时，及时买入，赢得利润；在上升趋势完结下跌趋势将开始时，及时卖出，回避风险。也就是说，股价向上有效突破下降轨道线时，表明上涨阻力已经被消除，为买入信号。相反，股价向下有效跌破上升轨道线时，表明下降支撑已经被消除，为卖出信号。

在实战操盘中，有时会出现短暂的突破趋势走势，股价很快回到原来的趋势之中，令投资者大惑不解，这就是通常所说的"假突破"，属趋势陷阱，投资者经常为突破是真是假而伤透脑筋。那么，如何看待股价的有效突破呢？为了避免这些陷阱，应掌握以下几点：

（1）在突破时成交量应有效放大，如果成交量过低突破肯定不能成立，如果成交量特别巨大股价位置又高，需提防庄家以假突破的方式出货。

成交量会随着主要趋势的变化而变化。一般而言，在多头市场中，价位上升，成交量增加；价位下跌，成交量减少。在空头市场中，当股价滑落时，成交量增加；在反弹时，成交量减少。当然，这条规则有时也有例外。只根据几天的成交量变化是很难下结论的，考察成交量的大小，应结合一个时间段进行分析，只有在根据持续一段时间的整个交易的分析中才能够作出判断，而且成交量仅仅是对一些有疑问的情况提供解释和参考。

（2）向上突破阻力位时，成交量必须有效增加，突破才能有效可靠。

但是，如果出现以下两种不放量的情况，则不能简单地列入假突破的范围：第一，股价突破当天因强势上涨封住涨停板位置，投资者惜售导致成交量未能放大时，此时只要在后面几个交易日中有补量的现象，则仍可视为有效突破。第二，股价经过长期下跌之后突然向上突破下降趋势线的阻力，此时可能由于市场人气经过股价的长期下跌，仍未得到恢复，观望情绪较重，或者是行情太过突然，投资者来不及作出反应，这时不能简单地认为是假突破。此时股价有时可能并不马上出现上涨，而是在底部逐渐震荡走稳，成交量趋于温和放大，暗示股价已经见底，随时可能反转上升。第三，在向上突破的当天成交量并未大增，但第二天仍维持强势并出现"补量"上涨，也应视为有效突破。

向下突破上升趋势线时，成交量增加与否并不重要，均可视为有效突破。但在突破趋势的关键位置时，成交量也要显著放大，随后不久股价又反弹到趋势线附近，作短暂的停留后，再次大幅下跌。这种突破后出现反弹再大幅下跌的现象，为突破后的"回抽确认"走势。下跌突破不强调成交量大小，是因为行情已有一段升幅，持股者对后市仍抱有一定的信心，而场外投资者追高心态谨慎，观望情绪较浓，导致交投并不十分活跃。但如果股价在向下突破时成交量显著放大，则说明庄家出货坚决，市场有一定承接力，突破之后通常会出现短暂的反抽，反抽高度大致在上升趋势线附近。因而在出现放量突破之后，投资者应密切留意价量的配合情况，如果股价在反抽时成交量不能继续放大配合，则应注意出货时机，此时可能是最后的逃命机会。股价在经过反抽之后其下跌的速度通常要比无量阴跌时快得多。

（3）在上升过程中，向下跌破支撑的形态各异。①起始阶段成交量增大不明显，随后继续下行，如果成交量逐渐放大，则上升趋势的反转作用成立。②起始阶段股价跌破上升趋势不远，无成交量放大，则股价重回上升趋势以上，上升趋势的反转作用不成立。③股价回头靠近上升趋势时，无大成交量配合，其后若量增价跌，则上升趋势的反转作用成立。④股价自跌破上升趋势后，虽不见成交量明显放大，但股价持续下跌，上升趋势的反转作用成立。⑤成交量伴随价位跌破上升趋势明显放大，则上升趋势的转折作用成立。

（4）幅度标准。无论向上突破还是向下突破，幅度均以超过3%为有效突破，否则为假突破。但由于市场较多短线操作行为，只要收盘价高于或低于趋势线突破点的2%，也可认定为该条件成立，在判断时应以当日的收盘价为准，如果只是在盘内一度冲破趋势，然后又快速回到原来的趋势线之中，且成交量非常低，其可靠性不高，可以认定为假突破。

（5）时间标准。一条趋势只有小小的突破，且突破时间很短暂，股价又回到原趋势之中，那么这种突破就可能是假突破，真正的突破除了要求有一定的涨跌幅、距离外，还有时间上的要求。通常，股价在趋势突破一方连续站稳3天以上，突破才算成立。但在实盘操作中，只要收盘价高于或低于趋势2天，也可以视为有效突破。

（6）突破盘局的原因。从股价总体运行趋势来看，就是涨、跌、盘（震荡整理）三种情况，上涨让人兴奋，下跌让人恐慌，而震荡整理最让人心烦。可是，股价的绝大部分时间都处于震荡整理之中，它比上涨和下跌的时间都要长。但不震荡整理是不行的,因为股价是在涨涨跌跌中运行的,不可能一味地上升,也不可能一味地下跌,多空双方都必须有一个蓄积攻击能量的过程,才得以使股价继续维持原来的运动趋势。

震荡整理之后必然有一个突破,盘局突破有向上与向下两种可能。它是股价上升或下降的中间状态,又同时往往是必由之路。故有"久盘必升"或"久盘必跌"之说。但震荡横盘之后是升是跌,向哪一个方向突破,令人颇费心思,也令人颇为犹疑。散户在震荡整理中易犯的错误,主要在假突破上。或迷信于向上假突破,陷入了多头陷阱;或屈服于向下假突破,落入了空头陷阱。

(7) 突破盘局的辨别。突破是指股价在一个相对平衡的市道里运行一段时间以后,突然单边朝一个方向运行,它经常出现在吸货或出货行情中。在吸货行情中,在盘面上大致有两种现象:一种是历经几次破位下跌后,股价在底部突然放量刻意向下压价,造成再次破位的势头,使经受深套的股民彻底绝望,这时似乎"聪明"了许多的散户,"止损"出局,可是不久股价不跌反涨,这是"悲壮"的割肉;一种是股价跌到了底部,突然股价向上急拉10%左右,给散户"反弹出局"的机会,因为场内大部分散户已吊在高楼之上,死猪不怕开水烫,再跌一次又如何,于是给散户一份安慰,但股价单边走高,这是"喜悦"的割肉。

同样,在出货行情中,在盘面上大致也有两种现象:一种是行情经过几波上扬后,股价在高位突然放量刻意向上拉升,形成再次上攻的势头,这时后知后觉者经不住诱惑而入场,可是不久股价不涨反跌,这是"贪婪"的套牢;一种是股价涨到了顶部,突然向下急跌,形成洗盘或超跌假象,给散户"逢低吸纳"的机会,可是股价单边一路走低,这是"无奈"的套牢。这两种盘面现象,都是被庄家的手法所诱。

(8) 对庄家选择突破的时机需要仔细研究,市道较好股位又不高的时候没有疑问,如果市道一般就需要结合庄家成本、股价位置、庄家类型及其控盘特点进行分析,在大势较好的时候前期走势不逆势的,在市道不好的时候突然逆势突破,提防庄家出货。

(9) 如果突破以缺口形式出现,则将是强劲有力的。股价在突破时形成盘面缺口,其可靠性比普通的突破走势的可靠性更高,而且缺口越大上涨力量越强,可靠性越高。

(10) 一个趋势的有效突破不包括股价的偶尔突破,由于有时市场会受到某些不确定的因素或突发消息的影响,引起股价产生短期异动,向上或向下突破趋势的支撑或阻力，但这种影响只是暂时的，随后不久股价又会重新回到趋势的影响范围内。特别是在庄家刻意的行为中，其时常会利用对一些重要趋势及支撑位、阻力位的突破来制造多头陷阱和空头陷阱，引诱投资者上当受骗，从而达到吸货、震仓甚至是出货的目的。

（11）观察趋势触及的次数，理论上触及点越多，趋势也越可靠。但在实盘中并非如此，大家知道，任何一个趋势不可能永久存在，也不可能长期发挥作用，迟早会改变走势。通常，在一条趋势上连续出现三个触及点，在第四次以上出现的触及点其可靠性将会降低，越往后其可靠性越低。尤其是在次级趋势中，这种情况表现更为明显。

（12）分析突破时的一些盘面细节，有利于提高判断的准确性。比如，当天的突破时间早晚，通常越早越可靠，特别是在临近尾盘的突破更应值得怀疑；观察当天的突破气势，突破时一气呵成，刚强有力，气势磅礴，可靠性就高；突破后能够坚守在高位的，可靠性就高，如果仅仅是股价在当天盘中的瞬间碰触，那么突破肯定不能成立。这些盘面细节十分重要，应当细心地进行观察分析。

（13）如果下跌趋势线维持时间较长，而且股价的跌幅较大，股价向上突破趋势线，是下跌趋势线开始反转的信号。通常应具备三个主要特征：①下跌趋势线的时间较长；②股价的跌幅较大；③股价向上突破下跌趋势线时一般都呈现出放量的状态。但在实际应用中要注意的是：所确认的反转突破点与下跌趋势线的幅度不能过大，一般不能超过5%。否则，这个突破的高度和可靠性就会降低。

（14）因受人为心理因素或趋势的惯性影响，很多时候支撑与阻力容易被"放大"或"缩小"，在上升趋势中，支撑作用似乎有神奇效果，而阻力作用却不十分明显；相反，在下降趋势中，阻力作用似乎十分奏效，而支撑作用似乎完全失效。所以，在上升行情中，股价回落到上升趋势附近获得支撑，可能反转向上；而在下跌行情中，股价反弹到下跌趋势附近将受到阻力，可能再次回落。也就是说，在上升趋势的触点附近将形成明显的支撑，而在下跌趋势的触点附近将形成明显的阻力位。

（15）股价突破趋势时，如果原来的趋势成为支撑或者压力，通常应具备三个主要特征：①只适用于上升或下降趋势，对横向趋势没有指导意义；②原来的趋势线被确认有效突破时，该法则才可以适用；③与原来的趋势作用性质形成反向对应关系，即支撑变阻力，阻力变支撑。

四、研判突破的基本方法

根据长期的实战经验得出，研判突破的基本方法有以下几点：

（1）如果处于底部吸货区域、中途整理区域、庄家成本区域附近的，若向上突破其真突破的概率较大，若向下突破其假突破的概率较大。如果处于高位派发区域、远离庄家成本区域的，若向上突破其假突破的概率较大，若向下突破其真突破的概率较大。

（2）股价突破必须建立在充分蓄势整理的基础上。包括两类：一类是人们熟悉的各类形态整理，如三角形整理、楔形整理、旗形整理、箱体整理等；另一类是庄家吸完货以后，以拖延时间作为洗盘手段，或者因等待题材或拉升时机，长期任凭股价回落下跌，股价走出了比形态整理时间更长、范围更大的整理。股价一旦突破此种整理盘面，则往往是有效突破。由于这种整理超出了形态整理的范围，因而有时候是难以察觉和辨别的。

（3）一般而言，当大盘处于调整、反弹或横向整理的阶段时，个股出现放量突破是假突破的可能性较大；而当大盘处于放量上升过程中或盘整后的突破阶段时，个股出现放量突破是真突破的可能性较大。而个股突破时板块联动同时向上，则可信度较高，这时要选择量能最大、涨幅最大的个股，这往往就是板块中的龙头股。最后还要看政策面和基本面有无支持该板块向上的理由。

（4）突破与均线的关系，有以下几种盘面现象：第一，在低位均线上行，股价位于均线上方且紧贴均线缓慢上移，此时出现向下突破时多为庄家洗盘所为，为假突破的可能性居多。第二，在低位均线下行，股价位于均线下方且紧贴均线缓慢下行，此时出现向下突破时预示市场即将出现加速下跌的势头，为真突破的可能性较大。第三，在低位均线下行，股价位于均线下方且远离均线，超过10日均线15%以上，且股价累计跌幅较大，显示市场短期处于超卖的不理智状态，股价有回归均线附近的要求，因此这时候出现继续向下突破时为假突破的可能性较大。第四，均线水平移动，股价围绕均线上下波动，此时如果出现向下突破往往会有一定的跌幅，为真突破的可能较大。第五，在股价出现向下突破时，30日均线具有较强的支撑和压力作用，可以观察30日均线的运行方向及支撑和压力程度，对分析判断后市趋势会有一定的帮助。

（5）股价上涨必须有气势，走势干脆利索，不拖泥带水，这一点非常重要。突破后能持续上涨，既然是突破就不应该磨磨蹭蹭，如果放量不涨就有出货的嫌疑。而且，突破要成功跨越或脱离某一个有意义的位置，比如一个整数点位、一个整理形态、一条趋势线、一个成交密集区域或某一个时间之窗等，否则判断意义不大。

图 6-1，柳钢股份（601003）：股价经过大幅下跌后企稳盘整，在震荡筑底过程中形成一个上升三角形整理形态，在三角形整理的末端曾经两次试图向上突破，但均因突破气势不强，未能坚守前沿阵地，最终重返弱势盘面之中。

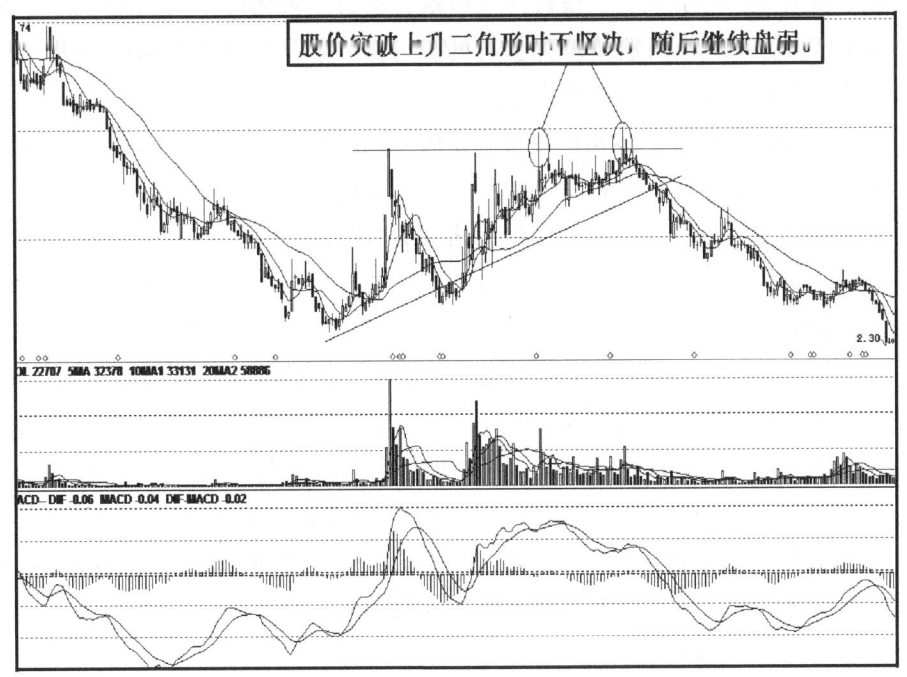

图 6-1　柳钢股份（601003）日 K 线图

（6）突破的时间要求。低位突破：股价长期持续下跌，然后在低位横盘，只要在低位时间足够（超过 3 个月以上），股价在低位两次向上突破时以真突破居多。反之，当时间小于 2 个月时，向上突破往往以假突破居多，这也是形态理论的要求。高位突破：个股高位横盘整理，整理时间越长，向上突破越有效。

（7）在研究趋势是否被突破时，应当明白一种趋势的突破后，未必是一个相反方向的新趋势的立即出现，有时候由于上升或下降太急，市场需要稍做调整，做上下侧向运动。如果上下的幅度很窄，就形成牛皮状态。侧向运动会持续一些时间，如几天或几周才结束。在技术上称之为消化阶段或巩固阶段。侧向运动会形成一些复杂的图形，结束后的方向是一个比较复杂的问题。有时候，投资者对于股价来回窄幅运动，大有迷失方向的感觉。其实，侧向运动既然是消化阶段或巩固阶段，那么就意味着上升过程有较大的压力，下跌过程有买盘的支撑，买家和卖家互不相让，你买上去，他抛下来。在一个突破阻力线上升的过程中，侧向运动是一个打底的过程，其侧向度越大，甩掉牛皮状态上升的力量也越大。而且，上升中的牛皮状态是一个密集区。同理，在上升过程结束后，股价向下滑落，也会出现侧向运动，此时所形成的密集区，往往是今后股价反弹上升的阻力区，就是说没有足够的力量，市场难以突破密集区或改变下跌的方向。

（8）发现突破后，多观察一天。如果突破后连续两天股价继续向突破后的方向发展，这样的突破就是有效的突破，是稳妥的买卖时机。当然，两天后才买卖，股价已经有较大的变化：该买的股价高了；该抛的股价低了。但是，即便如此，由于方向明确，大势已定，投资者仍会大有作为，比贸然操作要好得多。

同时，注意突破后两天的高低价。如果某一天的收盘价突破阻力线向上发展，第二天的交易价能跨越其最高价，说明突破阻力线后有大量的买盘跟进。相反，股价在突破支撑线向下运动时，若第二天的交易价是在它的最低价下面运行，那么说明股价突破后，抛盘压力很大，应及时做空。

（9）在一般情况下，保持得较久的通道、趋势或均线，第一个突破方向往往是假突破的可能性最大，第二次突破的次之，而经过第三次或以上的突破，可能就是真正的突破了。

图6-2，祥龙电业（600769）：一条上涨趋势线确立后，通常当股价第一次遇到该趋势线时，一般都有较强的支撑，此时如果向下击穿该趋势线，大多属于假突破的性质。该股在首次回落到该趋势线附近时，遇到技术支撑而走强，此后再次向下击穿这条趋势线时，股价也迅速拉起，形成向下假突破走势，在第三次再次考验该趋势线也得到了有效的支撑而走强。但是，当股价第四次考验该趋势线时，多头已经支撑不住了，股价终于选择了向下破位，此后盘面出现新的运行方式。

（10）向下突破上升轨道线时，股价处于上涨幅度较大的顶部，预示做多能量不继，有强烈的转势要求；向下突破下降轨道线时，股价下跌幅度较大，处于市场底部，可以适当建仓；向下突破水平轨道线时，确定股价所处的具体位置。在低位或涨势的中途，向下突破为疑似信号，向上突破的可靠性较

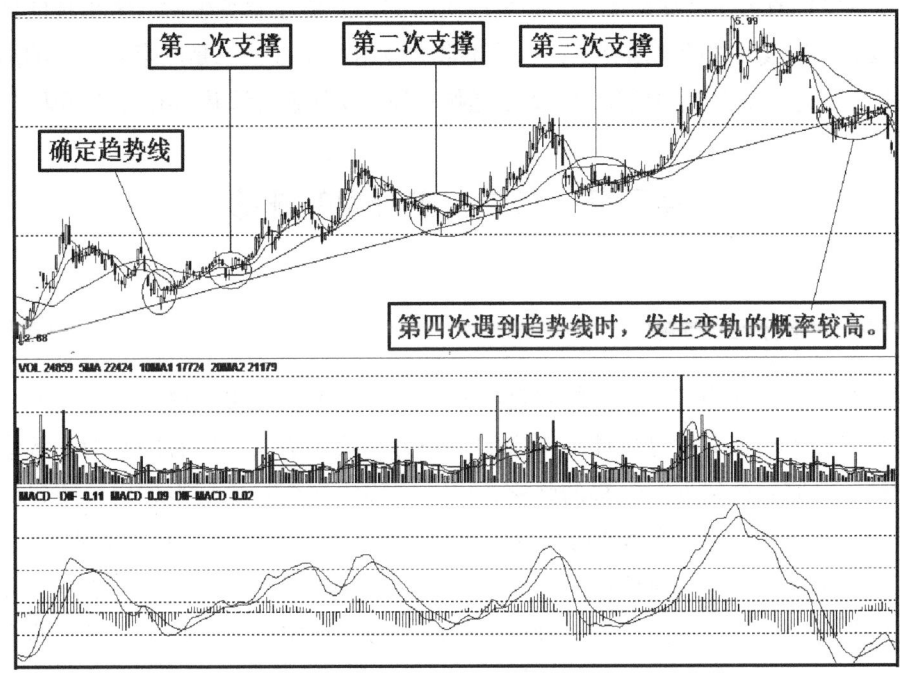

图 6-2　祥龙电业（600769）日 K 线图

高；在高位或跌势的中途，向上突破为疑似信号，向下突破的可靠性较高。

（11）向上突破下降轨道线时，下降轨道线具有助跌的惯性作用，有效突破必须要有成交量的积极配合，并维持市场所需的量能，才能保持盘面的活跃状态；向上突破上升轨道线时，上升轨道线虽然具有助涨的惯性作用，但出现巨大的天量，小心见顶回落。

向下突破上升轨道线时，上升轨道线具有助涨的惯性作用，在突破的那一刻必须要有成交量的放大；向下突破下降轨道线时，下降轨道线虽然具有助跌的惯性作用，在突破的那一刻必须要有成交量的放大。

（12）分析原先轨道线的上升角度，若原先的轨道线本身已经较陡峭，此时若继续向上突破，则会使新的轨道线进一步陡峭，这样的轨道线肯定不会维持太久。相反，分析原先轨道线的下降角度，若原先的轨道线本身已经较陡峭，此时若继续向下突破，则会使新的轨道线进一步陡峭，这样容易出现超跌反弹或产生市场反转走势。

轨道被成功突破后，其上涨和下跌的幅度通常至少为通道的垂直高度，因此可以通过测量通道的垂直高度来预测股价未来的最高或最低价位。

（13）股价一旦突破成立，必须反向操作，但要注意突破后经常出现的回抽现象。造成回抽的原因有三：一是正常的技术性反抽；二是庄家有意识的陷阱；三是重大意外消息的作用。到底是哪一种，要仔细辨认并作出相应处理。

第三节　节奏：主升浪的脉搏

一、拉升的气势

观察盘面气势需要一定的看盘经验和内功修炼，这可以说是看盘的最高境界。气势在于个股盘口体现出来的表现力和攻击力，一些有经验的、敏感的炒手能够领悟到盘面气势的强盛，以及气势的演变。这是很难用一两句话能够表达清楚的，需要看盘时间的积累和总结，有一定升华和沉淀过程。

股市中的气势指股价涨升的气概、势头，股票真正的上涨，一定是有气势的涨升，这是从盘面上区分股价上涨的真假、虚实以及判断庄家意图的参考依据。在目前情况下，炒股赚钱的机会只能存在于上涨之中，但是上涨有多涨少涨、真涨假涨以及上涨以后是继续上涨还是很快反转下跌的区别。股价上涨和拉升，没有气势不行，庄家做多的意愿需要通过上涨气势体现出来。因此，研判股价上涨的气势，有助于我们分清真涨和假涨、大涨和小涨以及躲避风险及时把握获利机会。

1. 拉升气势的主要特征

（1）股价上涨能持续扬升的，才具有投资价值。伴随股价上涨成交量持续放大或者温和放大，不是偶然一两天突放巨量。

（2）关键位置上涨有力度，突破时有力量，干脆利索而不拖泥带水。

（3）股价紧贴5日均线上行，走势坚挺，总体走势的角度大于45度。波段形状清楚，波段内5日均线是直线，不是弯弯的曲线。

（4）"阻力"和"压力"阻挡不了股价的持续上涨，庄家做多意愿坚决。

如果股价上涨没有气势只是虚张声势，意味着该股可能没有庄家，或者庄家的实力不够，或者个股的基本面不支持该股做多，庄家没有底气和胆量。没有气势的股票盘面死气沉沉，其特征表现为：上涨不够持续，股价偶尔突然大涨，成交量突然放大。股价走势疲软，总体走势平缓，角度小于30度。关键位置上涨无力，阻力、压力重重，庄家无做多意愿。每一个上涨波段以内，K线阴阳交错，波段形状不清晰，5日均线走平或是弯弯的曲线。个股走势明显弱于大盘，总体上涨幅度跟不上同期的大盘上涨幅度，是市场的"落伍者"。

2. 就涨停板而言，从浪形上观察气势的强盛

（1）"一"字涨停。股价一开盘就封于涨停价位，分时图在涨停位置上成一条笔直的直线，没有浪形可言，这类个股通常是遇到重大利好消息或庄家做多意愿强烈，在气势上多方占据绝对优势，不给空方任何机会。

（2）单波拉升。开盘之后或在盘中某一时段出现直接式上升，拉升不回调，一波拉涨停。这种涨停的气势，仅次于"一"字形涨停的个股，说明多方明显占优，空方弃守观望，盘面气势磅礴，势如破竹。

图6-3，九典制药（300705）：该股见底企稳后渐渐向上攀高，然后再次回落到30日均线附近时，得到有力的技术支撑。2018年3月20日小幅低开后，先作短暂的修整，然后在9：35开始拉升，不到8分钟股价一口气拉涨停，中间没有回调，全天封盘不动，当天收出一根上涨大阳线，盘面气势磅礴，势不可当。这是一根标志性K线，一根大阳线向上穿越三条中短期均线，接着出现两个"一"字形涨停，股价强势上涨，短期涨幅超过一倍。

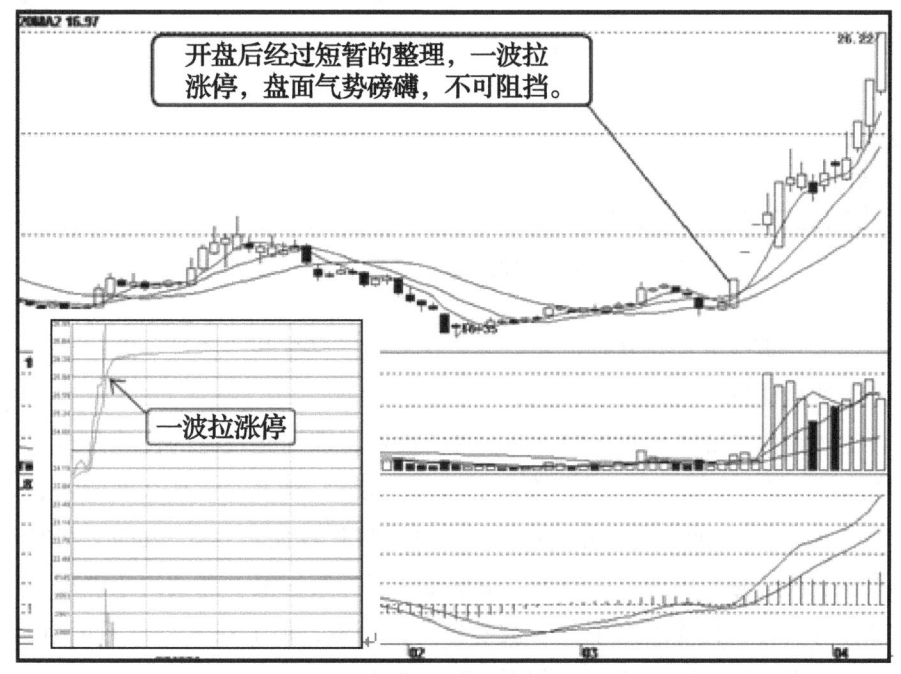

图6-3 九典制药（300705）日K线和分时走势图

图 6-4，西部创业（000557）：2018 年 7 月 27 日，股价高开 2.01% 后，盘中不做回调，一波式快速涨停。为什么有如此强势的盘面呢？该股前几日庄家进行了多次试盘，盘面感觉良好。这种盘面走势，说明短线游资庄家上攻欲望十分强烈，所以投资者可以在高出开盘几个价位挂单买入。选择这类个股关键要分析前几个交易日的盘面表现，然后结合当天分时盘面表现，再决定买卖计划。

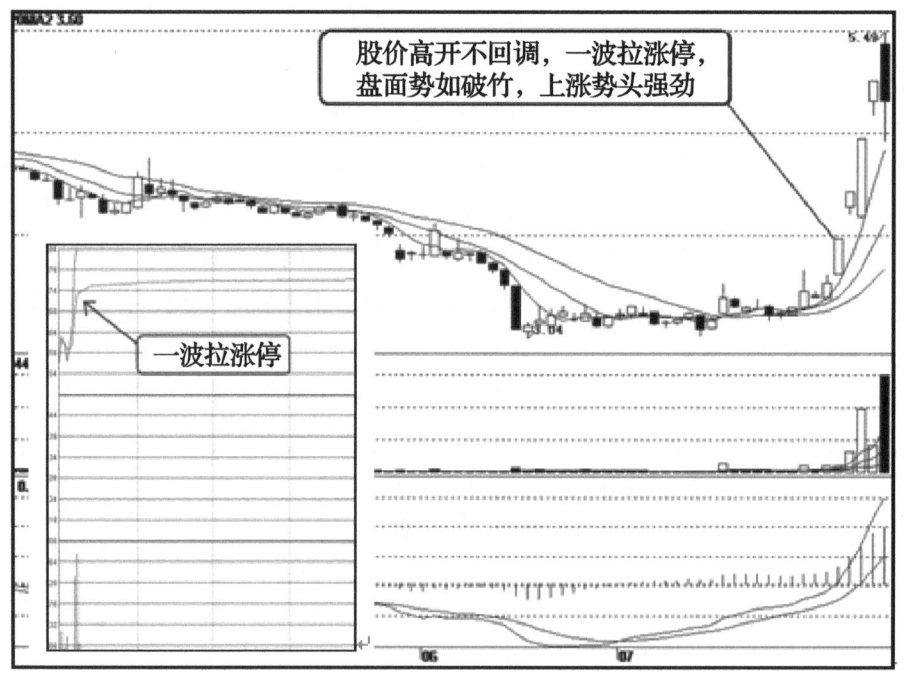

图 6-4　西部创业（000557）日 K 线和分时走势图

（3）二波拉升。在分时走势图中，股价分二波拉升，经过一波拉高后开始回落洗盘蓄势，然后拉至涨停板。

这种盘面在启动点开始的上升，第一波通常涨到比较高的位置附近，一般在 4%~6%（太低不行，如果第一波上升只涨到 2% 左右，那么回调之后再涨就要 8% 以上才能冲到涨停，这样操盘的难度比较大），第一波的上涨幅度不太低，就是为了将来能够经历二浪调整之后，第三浪上涨到封于涨停。这种涨停的气势，其强度次于"一波涨停"的个股，但上涨气势也不可阻挡，实际涨幅也不见得小于"一波涨停"个股的幅度。

图 6-5，成都路桥（002628）：该股庄家在低位吸纳了大量的低价筹码

后，在 2018 年 7 月 19 日股价放量强势涨停，收出一根具有看涨意义的突破性大阳线。从分时图中可以看出，股价开盘后就出现向上拉高，第一波就拉升到了 6 个多点，显示庄家做多的决心，然后进行快速整理，第二波庄家轻而易举地将股价拉向涨停，上涨势头非常强劲，短线继续看涨。

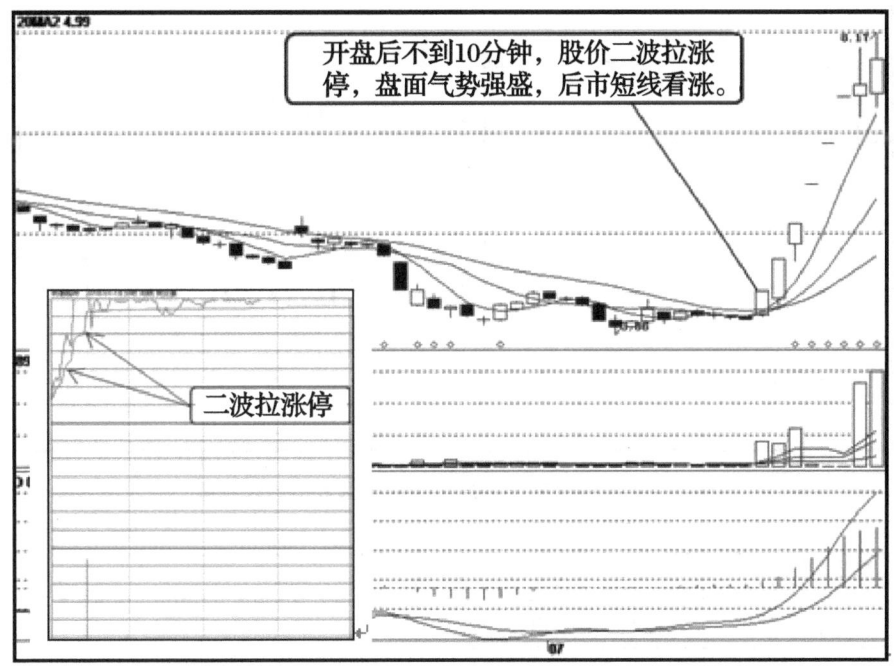

图 6-5　成都路桥（002628）日 K 线和分时走势图

图 6-6，兴齐眼药（000573）：该股见底后股价缓缓向上走高，2019 年 4 月 10 日，股价放量强势涨停，收出一根具有看涨意义的突破性大阳线。从分时图中可以看出，股价小幅低开后立即出现拉升，呈二波上攻将股价拉向涨停，庄家做多意图明显可见。此后，股价连续涨停，形成"井喷"式拉升行情。

（4）三波拉升。在分时走势图中，股价分三波拉升，中间出现两次回调蓄势走势，然后拉至涨停板。这种走势的盘面气势也是非常强劲的，但弱于前面三种形态。

图 6-7，凯伦股份（300715）：该股蓄势整理结束后，股价渐渐向上走高。2018 年 3 月 8 日，放量向上突破，三波式涨停形态。从分时走势中可以看出，股价逐波上涨，波峰浪谷清晰，量价配合理想。投资者可以在当日均价线或开盘价、昨日收盘价附近介入。

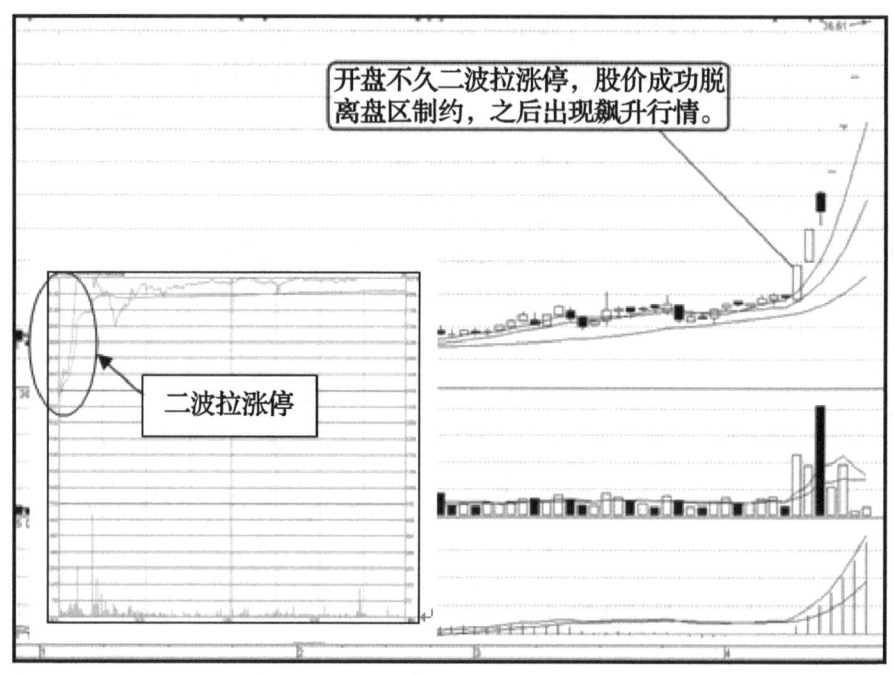

图 6-6 兴齐眼药（000573）日 K 线和分时走势图

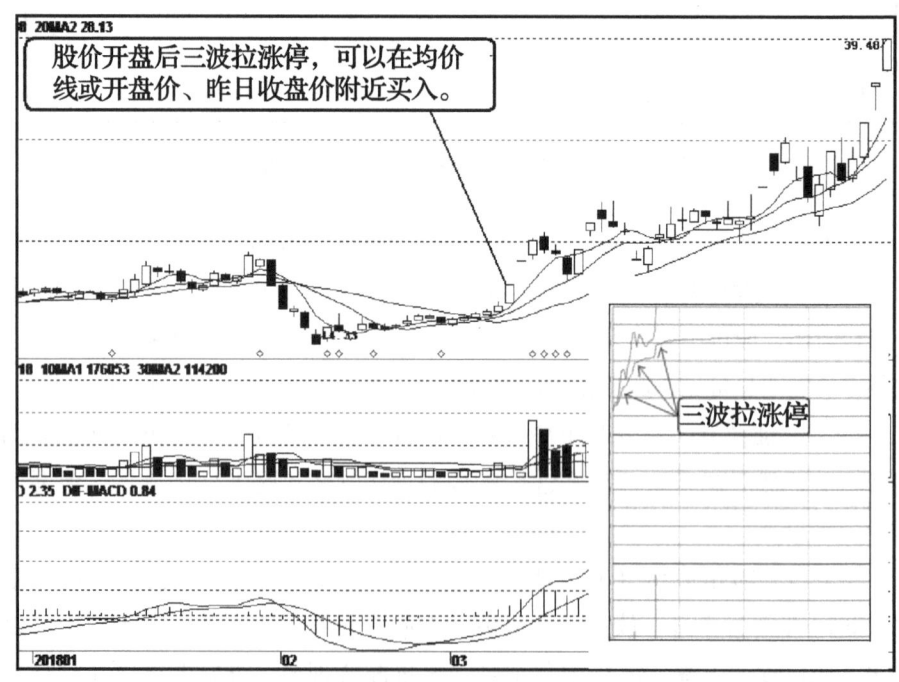

图 6-7 凯伦股份（300715）日 K 线和分时走势图

图 6-8，精确信息（300099）：该股见底企稳后，渐渐向上推高脱离底部区域，然后出现一段时间的震荡整理，2019 年 3 月 28 日股价放量向上突破盘区，出现连续拉板的飙升行情。在分时走势中，股价开盘后进行短暂的整理，然后出现三波向上拉至涨停，成交量明显放大，量价配合颇具韵律。投资者可以在当日均价线附近介入。

散户操盘技巧：昨日或前几日盘面表现良好的，可以在开盘附近买入，也可以在均价线或开盘价、昨日收盘价附近买入。如果第二次回落较深，可在第一波的顶点附近或低点稍上位置买入。

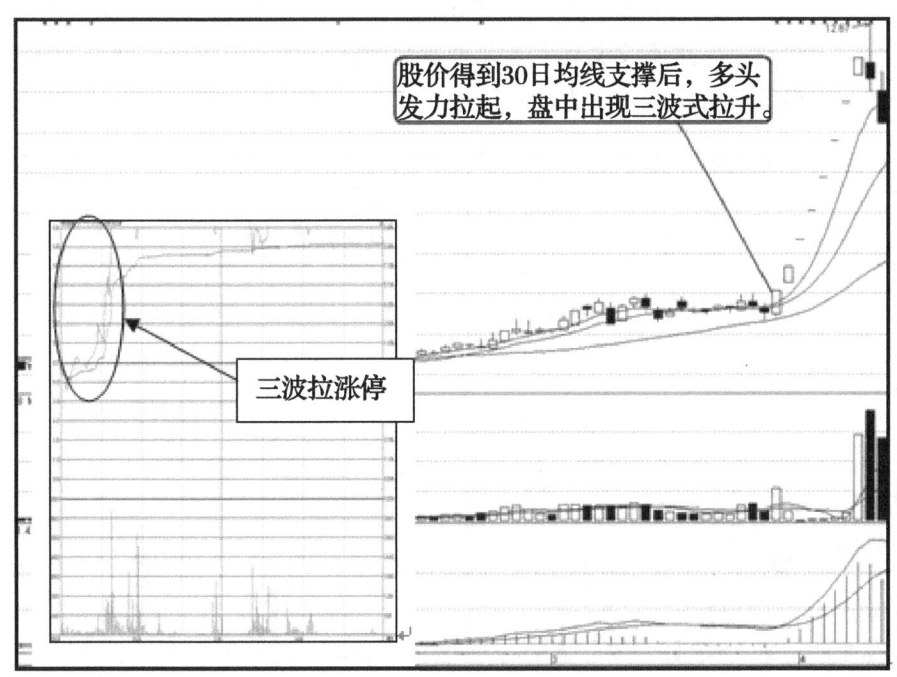

图 6-8　精确信息（300099）日 K 线和分时走势图

在三波式拉升中，第一次回落与第二次回落在时间上和幅度上都具有一定的互换性。具体地说，就是如果第一次回落幅度较深，那么第二次回落时往往幅度不会很大；如果第一次回落幅度不大，那么第二次回落时往往幅度较深。在时间上，如果第一次回调时间较短，通常第二次回调时间往往较长；如果第一次回调时间较长，通常第二次回调时间往往较短。这种现象因篇幅所限，不做图例分析，投资者在实盘中可加以验证。

（5）多波拉升。多波式拉升也叫震荡式拉升，这种拉升方式也非常多见，在分时拉升过程中，一波三折，多次回调，分不出明显的浪形，但总体上低点越来越高，高点不断被打破，低点和高点逐级而上。在拉升个股里，这种盘口气势算是最弱的，但上升趋势一旦形成，其上涨力度也非常强劲，而且往往持续较长时间。

散户操盘技巧：在当日均价线附近介入，要求均价线处于上行状态，起码均价线也要保持水平运行，绝对禁止在均价线转为下行状态时介入，因为下行的均价线说明股价已经开始走弱，甚至出现尾市跳水现象。

图6-9，扬子新材（002652）：该股企稳后步入上升趋势，当天开盘后，股价稳步走高，盘面张弛有序，量价配合得当，当天收出一根涨停大阳线。从分时走势看，虽然该股没有上述几种盘面形式强劲，但上涨气势依然不可小觑，随后该股出现飙升行情。

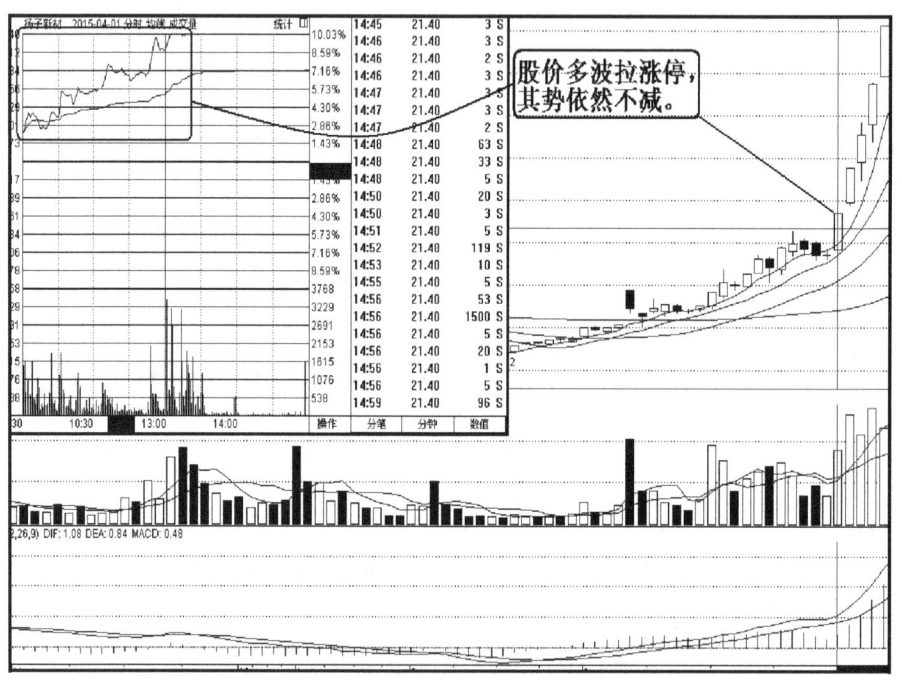

图6-9　扬子新材（002652）日K线和分时走势图

二、拉升的时间

1. 拉升的时间持续

股价拉升是最激动人心的时刻，也是每一个散户孜孜不倦的追求目标。

股价上涨要有一定时间的持续性，庄家的做多意愿就体现在持续的上涨之中，股票真正的上涨，一定要有持续的涨升，而不是一两天的冲高动作，这也是从盘面上区分股价上涨的真假、虚实以及判断庄家意图的参考依据。在实盘中，有的股票能够持续升势，投资者有获利机会；有的股票持续性不强，涨势昙花一现，散户跟进后即遭套牢。因此，研究股价上涨时间是否具有持续性很有必要。拉升时间的持续应符合下列特征：

（1）股价上涨必须是连贯性的，而不是一两天的短期上涨。

（2）股价上涨速度很快，在K线图上表现为长阳短阴、大涨小回、二阳一阴等方式，股价紧贴5日或10日均线快速上扬，角度大于45度。

（3）上涨要有一定的幅度，一般一个波段大于30%以上。在波段内，一般没有跳空缺口，股价呈小波段逐波上行，涨跌有序，买卖点明确。

（4）股价上涨是因为有人在刻意"拉动"，是庄家的故意行为，具有明确的拉升目的和意图，如果仅仅是因为大家看好哄抢而上涨，则股价很快会归于沉寂。

（5）上涨中没有派发动作，这样的上涨是推升股价的一种方法，目的是为拉升服务，庄家通过盘中制造人气，吸引场外投资者介入，然后轻松推升股价。

2. 拉升的时间长短

相对于建仓、整理、派发阶段来说，拉升的时间周期最短，拉升幅度的大小以及时间的长短，体现了庄家的实力与操盘风格所在。同时，拉高是庄家获利的关键，在庄家操作中具有决定性意义。一般短线行情1~2周，中级行情1~3个月，长庄股在6个月以上，个别大牛股的升势时间可能超过1年。

通常，底部盘整结束后将股价拉升到一个台阶进行整理只需15天左右，期间没有震荡的可能在7天左右。以震荡爬升方式上行的，上升周期约1~2个月。一个波段或台阶的拉升时间在15天左右，但总的持续时间较长，需要3~6个月甚至一两年。为出货而快速拉升的持续时间较短，中途没有震荡或震荡幅度小的，需要20天左右，中途有震荡且幅度大的，需要2个月左右。拉升时间通常与拉升性质、拉升方式、调整方式以及上涨速度、角度和上涨空间等因素有关。

拉升时间与上涨角度的关系，二者一般呈反比，即上涨角度陡峭的，持续时间较短，上涨角度平坦（适中）的，持续时间较长。通常，30度角上涨的持续时间最长，可维持几个月甚至一年以上；45度角上涨的持续时间适中，一般在1~3个月；超过60度角上涨的持续时间最短，行情在几天或几周就结束。可见，角度平坦（但不低于30度为宜）的上升速率维持时间较长，角度陡峭（特别是超过60度）的上升速率维持时间较短，因此股民遇见"井喷"式行情，不可恋战。

拉升时间与上涨速度的关系，二者一般成反比，即上涨速度较快的，持续时间较短，上涨速度稳健的，持续时间较长。另外，上涨速度与上涨角度成正比，也就是说上涨速度越快，则上涨角度就越大，持续时间也就越短。通常，"井喷"式行情的持续时间在5~10天左右，长的可能持续30天左右。

拉升时间与上涨空间的关系，二者一般成正比，即上涨空间越大，持续时间较长；上涨空间越小，持续时间越短。通常，股票的拉升幅度在50%以上的，时间在5~10天；幅度较大的超过100%甚至200%以上的，时间在10~30天；超级大牛市幅度可能达到4~5倍以上的，时间在3个月以上。通常，一只庄股的整体涨幅不小于1倍，流通盘较大的，在80%左右。基本面较差又无可以看好理由的，在60%~80%。小盘股、热门股的涨幅预期较高，可能达到2~3倍，甚至4~5倍以上。庄家坐庄手法不同，其拉升幅度也有区别：快速拉升的幅度在80%甚至200%以上；一个波段或台阶的拉升幅度在30%左右，但总的幅度在1倍以上；推进式或复合式的拉升幅度在股价的1倍左右。股票拉升的空间，取决于个股炒作题材、市场人气、股价定位、技术形态、股本大小、筹码分布、庄家成本和庄家获利目标等，其中庄家的意愿是决定性的。股价拉升幅度也可以参考股价的最低价，从底部最低价起算，可以按涨幅的80%、100%、150%或者200%以上分别确定拉升可能到达的价位。

3. 拉升的时间早晚

拉升时间的早晚不仅能够反映庄家实力的大小，还能预测未来股价上涨的气势，因此要区别以下几个时间段：

（1）涨停早的比晚的好，最先涨停的比尾盘涨停的要好得多，在每天交易中第一个涨停的最好，涨停时间最好出现在10：10以前。因为前几个涨停最容易吸引短线投资者的眼球，并且在开盘不久就能涨停，本身也说明庄家是有计划地进行拉高，不会受大盘当天涨跌大小的影响（但也不是一点也没有影响）。如果这时该股的技术形态也不错，在众人的集体推动下，涨停往往就能封得很快，而且买单可以堆积很多，上午收盘前成交量就可以萎缩得很小，在下午开盘时就不会受到什么冲击，涨停封死的可能性就非常大，那么，第二天获利也就有了保障。

（2）如果下午复牌后在1：15以前封涨停也是相当不错的。在开盘不久能封住，说明庄家有拉高计划，只是由于短线盘很多已经集中在上午的涨停板上，下午的涨停板吸引力相对小一些。因此，上午停涨的股票总体上要比下午停涨的股票好，通常上午出现涨停的股票是庄家"早有预谋"的，而下午出现涨停的，在气势上要稍微差一点，大多是受大盘或板块上涨带动、利好消息刺激而"临时起意"的，"早有预谋"的要比"临时起意"的个股强势得多。

（3）其他时间段涨停的股票相对差一些，其中10：10~10：30涨停的股票，如果涨停时换手率不大（普通股票的换手率要求低于2%，ST类股票的换手率要求低于1%），分时图上股价走势比较连续正常，没有出现尖峰情况，分时成交也比较连续，没有出现大手笔对倒，则还可以。这时段涨停的股票之所以比较差一些，一是这时候涨停的股票可能是跟风上涨的股票，机构可能并没有事先的拉高计划，只有由于盘面影响，临时决定拉高，所以必须严格限制换手率条件，说明尽管拉高仓促，抛压还是比较小，明天才有机会冲高；二是由于涨停时间比较晚，在上午收盘前成交量不一定能萎缩得很小，那么在下午开盘时，受到抛盘的冲击相对大一些，风险也相对大一些。在10：30~11：10涨停的股票，这种风险更大，经常有下午复盘后涨停板就被打开的情况。

（4）在下午1：15~2：00涨停的ST类股票，如果涨停时换手率很小（低于1%），分时图表现为在冲击涨停只有非常稀少且不连贯地成交，只是在冲击涨停时才逐渐有量放出，并且在冲击涨停时股价走势比较连贯，没有大起大落，则也可以。之所以这个时段以ST类股票为主，原因就是ST类股票的涨停只有5%，在上午的交易中，即使散户买进，今天涨停，散户获利也不大，第二天获利抛压也不会太大，但是涨10%的股票就不同了，下午涨停，那么上午买进的散户获利就相当大，第二天的抛压大，风险也就大了，ST类股票的换手率条件也是为了防止获利盘太多而增加风险。

（5）在下午2：00~3：00涨停的股票，除非大盘在连续下跌后在重大消息的刺激下出现反转走势，或者是在下午走强的板块中的龙头股（这时大盘还必须处于强势之中），否则不要轻易去碰，因为这时候的涨停是庄家尾市做盘，目的一般是第二天在高点出货，同时在上午和下午买入的散户获利很大，第二天的抛压也就很重。庄家在尾市拉高不是用资金去强做，而是一种取巧行为，此时跟进，风险非常大。

临近尾盘时候涨停的股票上涨气势最弱，尾盘关注度在降低，拉升消耗的资本比较少，所以通常尾盘拉涨停的庄家实力相对弱一些，特别是临近收盘前30分钟拉涨停的，具有一定的欺骗性。此外，每年年末的最后一天的最后5分钟都有庄家为了做当年盈利市值而故意拉抬股价，其场面蔚为壮观。而且，尾盘涨停的个股次日通常会低开，原因就是气势不强，底气不足。

三、拉升的速度

（1）拉升速度快，具有爆发性。个股在启动初期经常出现连续轧空的走势，同时随着行情的展开，成交量连续放大。对这类庄家而言，时间比资金更重要，而且闪电式的突击本性已经根深蒂固了，连续轧空就是这种操作行为的最好写照。因此庄家的拉升一般都是十分迅速的，因为毕竟适合拉升的良机不多，庄家必须及时把握时机快速拉高，这样才能达到事半功倍的效果。同时快速拉升产生的暴利效应，能够更好地起到诱惑的作用。

（2）短线庄家的拉升，最关键的就是借势。借大市反弹之势、借大市上升之势、借利好消息之势、借形态突破之势，借势拉高往往是一鼓作气的。短庄的拉高手法比较简单，以快、狠为主，有时快到让想追入的投资者不得不一次又一次地撤单将价位打高。一般来说，短庄的拉高多出现在尾市，因为如果过早地拉升，极有可能面临着抛压砸盘的风险，而在尾市拉升，往往可以将投资者杀个措手不及，想买的买不着，想卖的又舍不得卖。个别凶狠的庄家，甚至将股价用大单封至涨停，让投资者只能望单兴叹。

（3）中长线庄家的拉升，由于驻庄周期比较长，往往达到高度控盘，其目标利润定得比较高，而且手中掌握的筹码比较集中，其拉升时的盘口通常独立于大势而行，走势不温不火，碎步推升，一轮拉升段往往持续时间较长。但如果遇上合适的拉升时机，可使庄家事半功倍，不必花费大量的资金就可以达到目的，且拉升幅度更大。

（4）个股行情一旦启动，其走势相对独立，上涨速度明显快于大盘或板块，而且多发生在大市比较乐观时。因为，此时大市表现出明显的多头特征，使股价的上升有很好的市场人气作为基础，可以使个股走出明显强于大盘的走势。很少选择大盘不明朗的时候发起进攻，但是如果发现个股在此时发动攻势，则一般隐藏有相应的题材或有可能是庄家在拉高建仓，未来的空间极其巨大。

（5）当庄家企图大幅拉抬股价的时候，将通过媒介或股评放出题材，散布种种朦胧利多，并联系大户助庄，同时制造大成交量和大手笔成交（也可制造异动，如一笔特高或特低的成交），以降低抛压和吸引买气，从而加速股价的上涨。

（6）拉升阶段中后期的典型特征是，股价上涨幅度越来越大，角度越来越陡，速度越来越快，成交量越放越大。但涨幅大、角度陡、速度快、成交量大的股票，持续时间较短，股民应随时做好出局的准备。若成交量呈递减状态，那么，这类股票要么在高位横盘慢慢出货，要么利用除权使股价绝对值下降，再拉高或横盘出货。

（7）对倒拉抬。一边在上方堆积筹码，一边从下方不停往上拉升股价，促使股价快速上涨。对倒与对敲不同，对倒时可能大幅拉升股价，而对敲可能不拉升股价；另外，对敲的性质偏重股价的成交量，而对倒的性质在偏重成交量的同时偏重股价的涨势。

四、拉升的角度

在股价运行中，大部分时间是在低价区进行起涨前的整理震荡，只有小部分时间用来拉升股价。因此，过早地进入正在上下震荡中的个股，是不经济的；同样，过晚地进入一个已经拉升的个股，也是不经济的。因此，要着重寻找那些在底部刚刚萌动的股票。在实盘操作中掌握拉升角度，对研判主升浪很有帮助。

1. 沿 30 度角上升

这种走势依托均线系统上行，不受大盘升跌影响，同时又受到了均线系统的制约，距离均线较远时，会有集中抛盘出现，因此就形成了 30 度角上升形式。这是一种比较弱的盘面走势，后市存在许多变数。特别是低于 30 度角的走势，又落后于大盘的涨幅，表明盘势过弱，多空双方的斗争与大势的上升不能统一，应引起注意。其原因可能是：①继续吸筹；②资金不足；③利空隐患；④无庄入驻等。

虽然这种盘口现象看起来庄家力量脆弱、控盘程度较低，但是正因为表面上有这些感觉，迷惑了不少投资者的眼睛，其实到了中后期也有不少的个股出现快速拉升的动作。这是长线实力庄家的一大策略，在一年半载后，当你站在高位俯视现在的股价时，大有"一览众山小"之感悟。

图 6-10，中远海能（600026）：经过长时间的下跌调整后，股价在底部企稳调整，呈 30 度角上升。盘面显示，股价上涨力度明显偏弱，难以走出独立的主升浪行情。这种盘面走势，需要后面的加速突破信号出现之后，才能产生主升浪，否则还属于底部整理阶段，不宜匆忙介入。

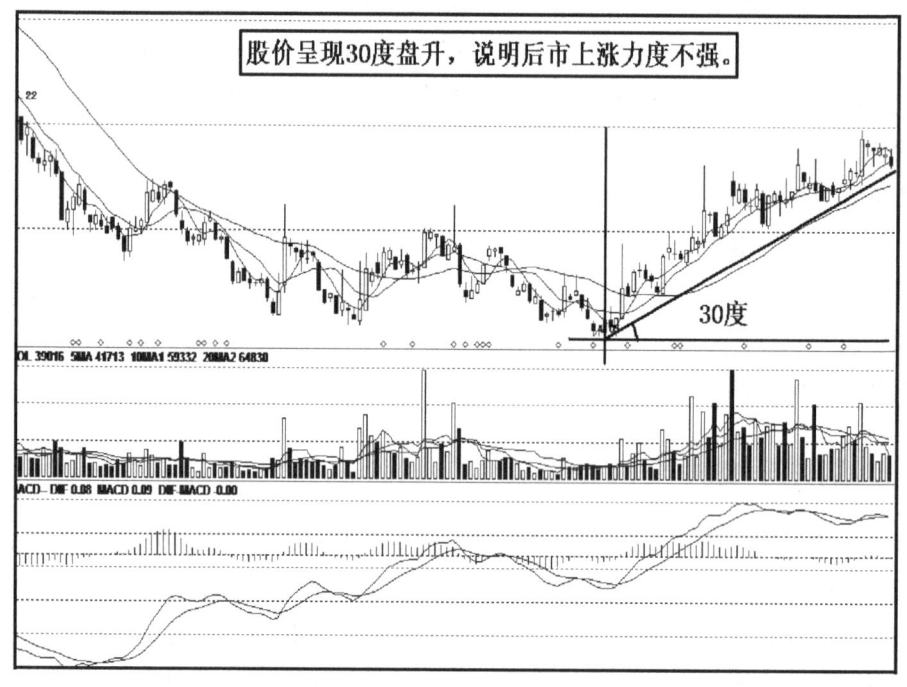

图 6-10　中远海能（600026）日 K 线图

2. 沿 45 度角上升

这种走势最强劲、最理想，也最稳健。经过仔细观察得知，不少大幅攀升的个股前期都在平缓的上升通道中运行了一段时间，股价阴阳相间、交错上行，角度多为 45 度，成交量错落有致。这种形态通常是庄家控筹所为，由于庄家大规模介入，必然使股价重心逐渐上移，形成一条缓慢的上升通道，且初涨期升势一般都很慢，既可降低持筹成本，又不至于过早招人耳目。这类个股上升通道维持的时间越长，庄家准备工作越充分，日后的爆发力越大。

图 6-11，江铃汽车（000550）：经过长时间的下跌调整后，在 2018 年 12 月 4 日突破底部，形成 45 度角的上升通道，量价配合理想，其走势明显强于 30 度角的上升趋势，此后形成一波累计涨幅较大的慢牛式上涨行情。

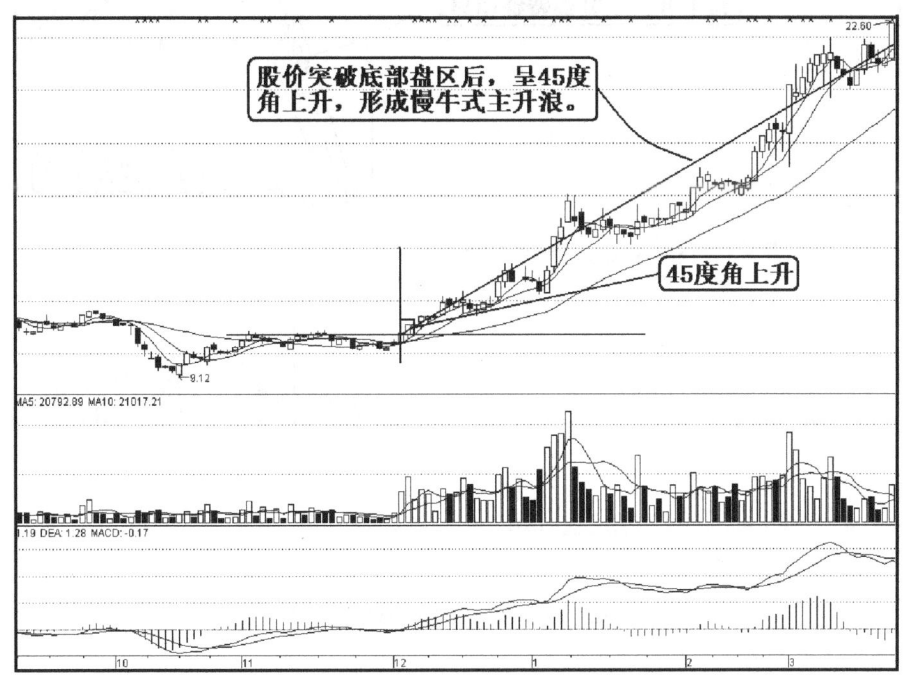

图 6-11　江铃汽车（000550）日 K 线图

3. 沿 60 度角上升

这种走势往往预示股价背后隐藏着重大题材，加之庄家实力强大，坐庄手法凶悍怪异，令股价涨势凶猛。这表明庄家在底部长期潜伏吃货后，达到了高度控盘，加上拉升之初大势、板块、人气等诸多因素的共同作用，产生了闪电式拉升。这种走势庄家短期消耗能量过大，需要换手休整后，再度上攻。

在牛市行情或阶段性强势市场中，一般会有 5% 左右的个股，在日 K 线震荡上升中形成较标准的上升通道。上升通道形态的角度有大有小，一般情况下上升通道角度处于 30~60 度，其中以 45 度角最为标准和常见。个股出现真正的主升浪走势，日 K 线上升角度大于 60 度。

图 6-12，陕国投 A（000563）：该股见底企稳后，形成长时间的筑底走势，庄家成功完成了建仓计划。2019 年 2 月 18 日，放量涨停，股价向上突破。以大于 60 度角的速度，强势拉升股价，量价配合理想，短线具有极强的

爆发力。

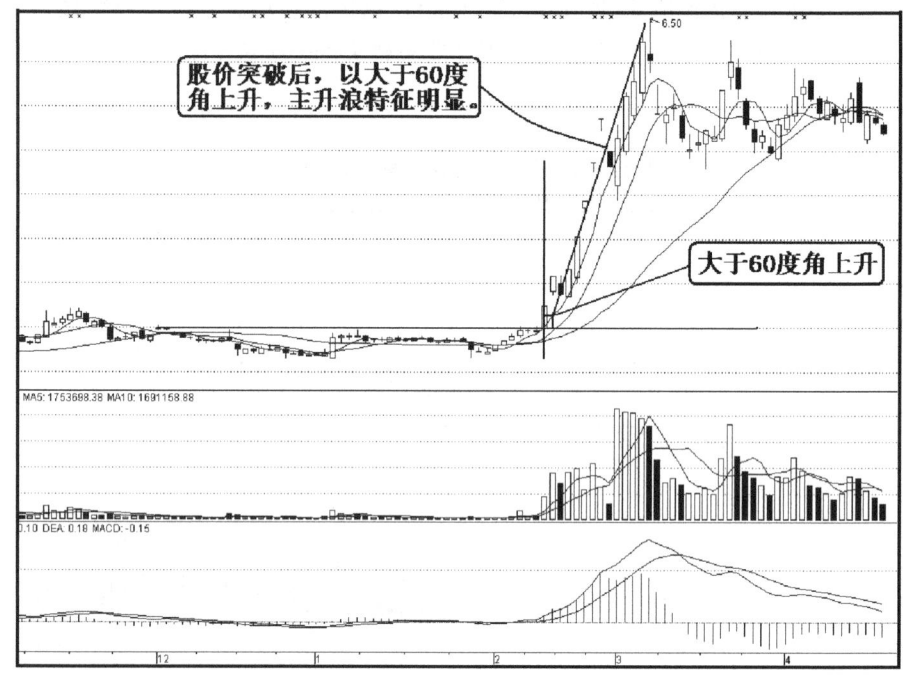

图 6-12　陕国投 A（000563）日 K 线图

第四节　加速：主升浪的象征

主升浪是指个股由震荡上升转变为快速上升阶段的走势，个股能出现主升浪往往是大资金在里面运作的结果。主升浪拉升速度快、涨幅大，是庄家拉出获利空间的重要手段。操作进入主升浪的个股能实现快速获利。

"加速上涨"意指股价原来已经处于上升趋势之中，但上升趋势相对缓慢，如今开始转变为快速上涨走势。对于股票投资者而言，抓住股价上升趋势中的加速上涨波段，往往能够在短时间内获得巨大收益。那么哪些股票会出现加速上涨走势呢？

一、加速上涨的两种形态

从股价的短、中、长线走势来看，加速上涨的启动点一般有以下两种重要形态：支撑式加速上涨和滑行式加速上涨。

1. 支撑式加速上涨

底部形成强支撑确认之后的加速上涨，也叫突破式加速上涨。当股价的中长线底部足够明朗，并形成明显的底部反转之后，股价后续的走势往往选择向上突破，比如双重底、三重底、头肩底等，以及某些具有重要意义的阻力位，比如前期高点、成交密集区、长期形成的盘区等。此外，还有股价连续沿着上升曲线向上运行的上升趋势以及上升三角形形成之后，一旦股价整理完毕，向上突破的概率会明显增加，股价很容易出现一波短线暴涨行情。

图6-13，福安药业（300194）：该股庄家完成建仓计划后，开始缓缓向上推高，当股价回升到前期高点时，遇到低位获利盘和前期套牢盘的双重抛压，庄家主动选择整理走势。在整理过程中，庄家也不敢让股价出现深幅回落，担心低位丢失廉价筹码，也不做突破性走势，以免造成不必要的成本增加，所以出现横向震荡走势。经过一段时间的蓄势整理后，盘中浮动筹码得到较好的消化，股价得到30日均线的支撑。2019年3月29日，放量涨停，股价突破盘区高点压力，表明庄家蓄势整理结束，30日均线支撑有效，这时投资者应积极介入。此后出现一波"井喷"式主升浪，在11个交易日中拉出9个涨停板。

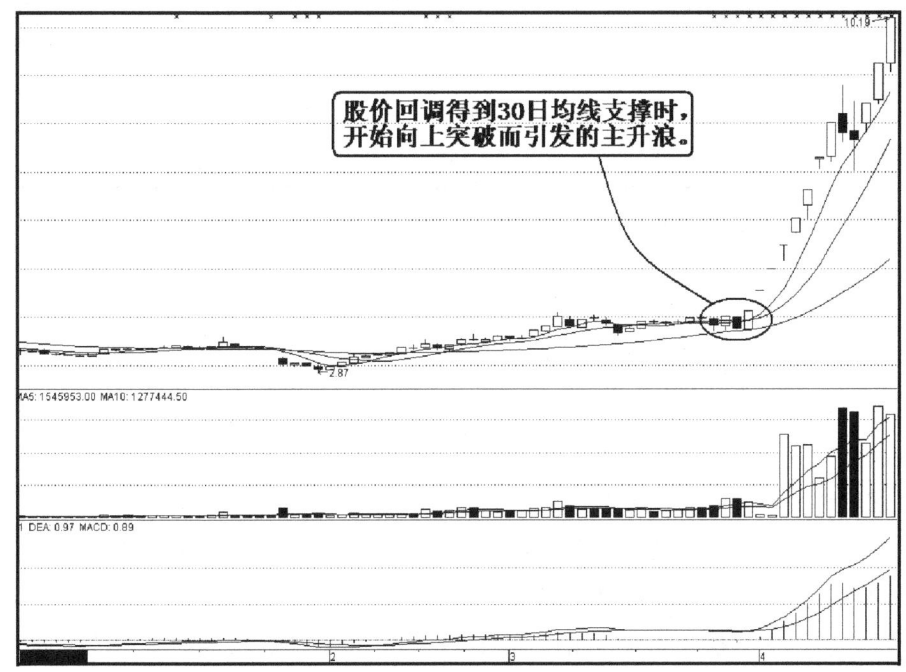

图6-13　福安药业（300194）日K线图

图 6-14，哈投股份（600864）：该股在低位震荡过程中形成多个高点，这些高点对股价后市上涨构成不小的压力。不久，股价经过蓄势整理后一举向上突破前期盘整区域的阻力，然后回落进行确认，当股价回落到前期盘整区域及 30 日均线附近时，得到了较强的技术支撑而再次强势上攻，从而展开一波主升浪行情。

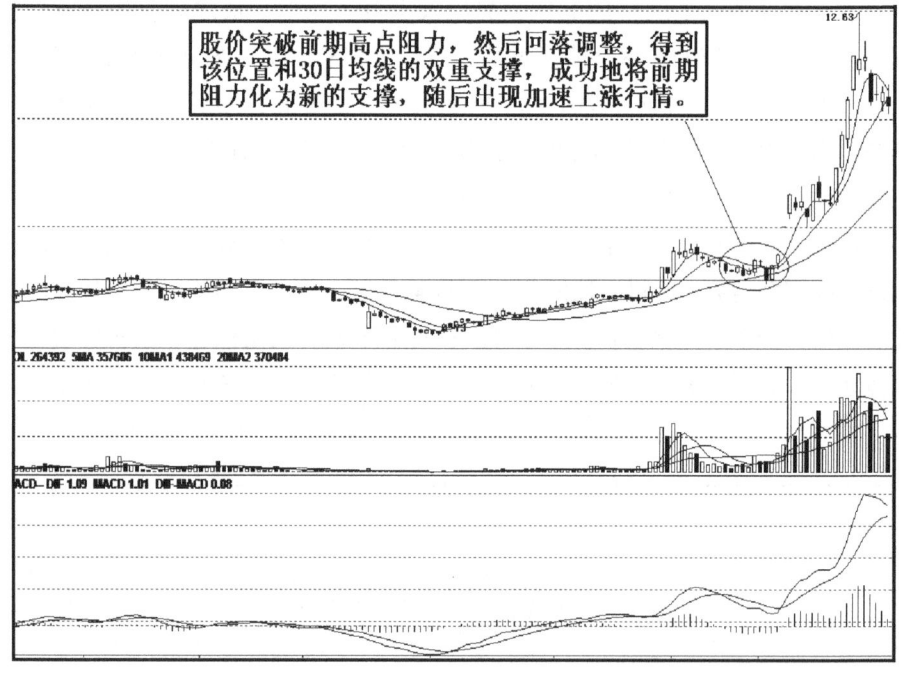

图 6-14　哈投股份（600864）日 K 线图

2. 滑行式加速上涨

股价出现一段时间的小阴小阳盘升之后，向上突破形成加速冲刺走势。股价上涨过程如同"飞行理论"，由进入跑道、开始滑行、离开地面到加速爬高、高空飞行等几个过程组成。庄家完成建仓后，股价慢慢脱离底部，然后底部缓缓抬高，上涨步伐渐渐加快，最后达到加速爬高。连续小阴小阳攀升的形态，往往是庄家低吸筹码的过程，一旦吸收了一定的低位筹码，一般会大幅拉升，进入"加速冲刺"阶段。这种形态在整个上涨过程中，呈圆弧形上涨态势，速度越来越快，角度越来越陡峭，最后形成快速冲刺走势，此时成交量也明显放大。"加速冲刺"是上涨过程中最凶猛、最疯狂的阶段，也是最引人注目的阶段，但也是风险聚集的阶段，往往是上涨行情即将结束的时段。

图6-15，凯龙股份（002783）：庄家在长时间的底部震荡过程中，成功地完成低位建仓计划，然后以小阴小阳的方式向上攀高，虽然涨幅不是很大，但庄家资金在不断流入。当底仓夯实之后，从2019年4月开始，出现加速上涨，大幅拉升。从走势图中可以看出，股价上涨的速度越来越快，角度也越来越陡峭，这就是最后的冲刺阶段，股价累计涨幅较大。

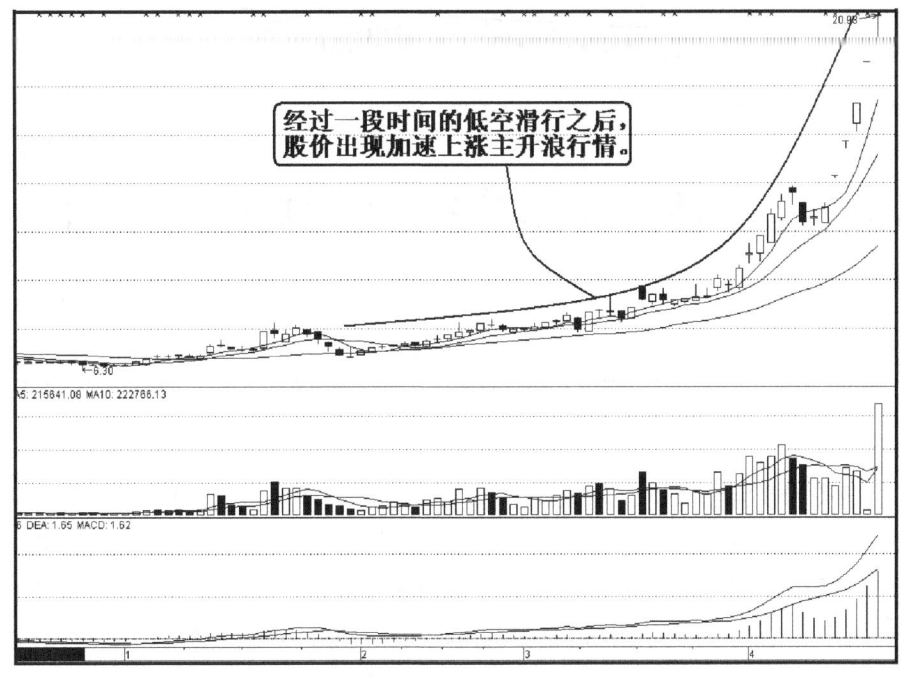

图6-15　凯龙股份（002783）日K线图

图6-16，中信建设（601066）：该股在2018年10月成功探明底部，股价成功突破均线系统后，出现稳健的向上攀高走势，成交量开始温和放大，此时上涨角度平坦，盘面起伏也不大。经过边涨边整后，从2019年2月下旬开始，股价上涨步伐渐渐加快，上涨角度也加大。最后股价进入冲刺阶段，上涨速度明显加快，角度也越来越陡峭，几乎成直线式上涨。整个上升过程呈圆弧形。最后出现疯狂走势，这时走势十分凌厉，形态非常诱人，不断出现涨停大阳线。当然，此时市场风险开始聚集，一旦股价真正见顶，短期内股价很难突破此位置，往往成为今后很长一段时间的阻力区域。

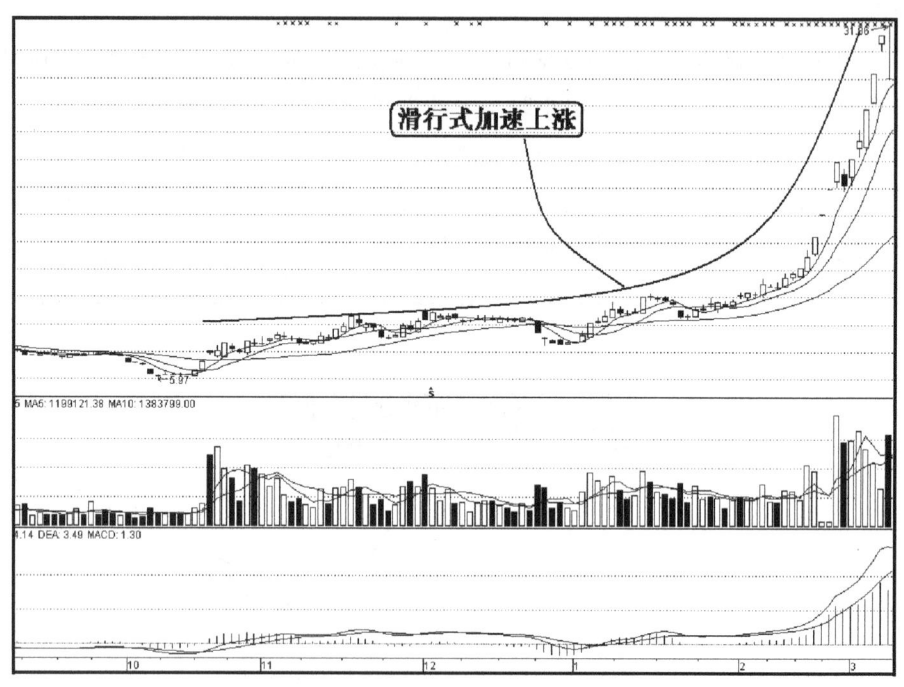

图 6-16 中信建设（601066）日 K 线图

投资者在实盘操作中，遇到这种走势时可从以下几方面进行把握：

（1）从上涨角度上进行把握。一般上涨角度在 45 度左右比较理想，45~70 度角属于快速上涨阶段，70 度以上则属于最后的疯狂飙升阶段，股价很快面临回调，这时明智的做法就是回避风险，保持场外观望。而图 6-15 中该股的上涨角度已经大于 70 度，市场面临回调风险。

（2）从上涨幅度上进行把握。一般而言，累计上涨幅度超过 1 倍的要谨慎操作，超过 2 倍甚至更高的，要拒绝参与，耐心当一位旁观者。而图 6-15 中该股的累计涨幅已经超过 500%，市场风险不可忽视。

（3）从市场热度上进行把握。当市场出现一片沸腾，大家一致看好时，反映市场投机过热，这时投资者容易失去理智，市场很快就会形成顶部，因此需要投资者冷静思考，避免仓促入市。

（4）在高位出现不祥信号时，不要花精力对信号的真假进行分析，快速退出观望是最理想的方法。

二、捕捉热点板块和牛股

（1）净利润高增长。公司收益的增长推动股价上涨，从长远来看，一家企业的表现与其股票的表现有着密切的联系，因此，要重点关注业绩增长最快的企业。

（2）要主动出击，而不是被动回应。要往前看，只有预测未来的热点板块才能尽早找到赢家。比如，估计某板块的主动下跌，是为了后市涨得更高等设想，并找出充足的理由。

（3）要敢于承认错误，承认自己不足。一定要诚实，要看到庄家增仓事实而不是靠希望和幻想。跟随庄家套利，而不是自鸣得意。能够获利非己之功，全靠庄家出力，感恩庄家。

（4）投资的想法来自信息和洞察力，信息贵在能够独享，洞察力贵在能够了解信息的含义。

（5）投资过程要有热情，但是对待投资对象要冷静，不是自己多喜欢，而是基金多欢喜，以众人之美为美，追求"大众情人"，而不是"自作多情"。"发现潮流、利用潮流"，投资就是要顺应大趋势，追求大热点。

（6）不要试图买在绝对的底部，等待一次大跌简直是浪费时间。未来几年的走势将和过去几年一样，都是大涨小跌，螺线上升，中国股市更像一个孩子一样在成长。

三、捕捉加速上涨的股票

有道是：有花堪折直须折，莫到无花空折枝。对短线投资者而言，要积极捕捉市场热点，围绕主力资金运作方向，让自己的投资收益快速膨胀。如何捕捉到能够迅速上涨的个股，需要高超的短线技巧。那么，如何在市场中找到涨得快的股票呢？基本诀窍如下：

（1）必须确定庄家基本完成建仓，洗盘整理结束。市场中这么多的股票，各庄家的操盘思路各不相同。买早了，需要忍受庄家一次次洗盘的折磨；买迟了，股价已经起飞。从技术上讲，必须有底部温和放量，日K线逐步走平，时间保持在2个月以上，并构筑出初步拉高通道，连续小阴小阳出现后，突然刷出近似跌停的K线，次日开盘迅速上涨，就是股价起飞前的重要特征。或者，股价快速打压至10%~20%的跌幅后，又被巨大的力量快速拉起，并创出最近的一个高点，成功构筑一个"黄金坑"形态，这是主升浪的标志。

（2）中短期技术指标均已走好。这个前提非常重要，起码有5日均线开始上穿10日、20日均线这个动作，30日均线走平或上行，这说明庄家拉高在即，主升浪开始形成。

（3）换手率持续递增，但价格变化不大。换手率变化是衡量庄家资金活跃程度的重要特征。如果一只个股经过长期下跌，股价累积跌幅超过50%，而其基本面一直维持较好，且没有多大变化，往往能够吸引新多庄家注意。这些庄家进场吸筹的重要变化就是成交量增加，为了避免引起市场注意，往往每次收盘的时候，操盘手故意把股价砸下去，日K线通常以阴十字星居多。但是，日K线底部开始上升，5日换手率超过平均水平，预示主升浪即将启动。

（4）突破长期均线后，完成回抽动作的品种。连续温和放量，股价的变化自然会引起技术高手的注意，这样的股票容易出现加速上涨。可是，庄家不大乐意有太多追风盘出现，通常当个股突破30日、60日均线后，利用大盘调整的机会震仓。有可能是以放量大跌或跌停方式回踩刚突破的长期均线位置，不少短线资金恐慌逃跑，而这个回踩动作完成后则是股票即将继续大涨的信号。

下面结合实例进一步分析，全面掌握擒拿主升浪的诀窍。

诀窍一：猛力突破。10日均线和30日均线是中短线的重要技术指标，也是主升浪中两条很重要的均线，是多空双方的战略要地。如果股价同时向上突破了两个重要的均线，那这个位置将非同寻常。盘面技术要求如下：

（1）股价在10日、30日均线下方作短暂停留（10个交易日内为宜）。

（2）30日均线保持坚挺的上行状态。

（3）股价贴近30日均线，一般离30日均线的幅度不超过5%。

（4）中阳线或大阳线直接突破10日和60日均线。

（5）成交量有所放大。

图6-17，冰轮环境（000811）：股价见底后运行于一个慢牛式的上升通道之中，30日均线稳步上行，有力地支撑着股价不断向上爬高。经过一波拉高动作后，股价出现回落调整，并击穿了30日均线，但并没有大幅下跌，而是贴近30日均线整理，此时30日均线保持上行状态。突然，股价跳空高开于30日均线之上，收出放量涨停阳线，一举突破10日、30日均线的压力，

随后出现加速上涨行情。这种形态在实盘中非常多见，投资者应当有很多的经验值得总结。

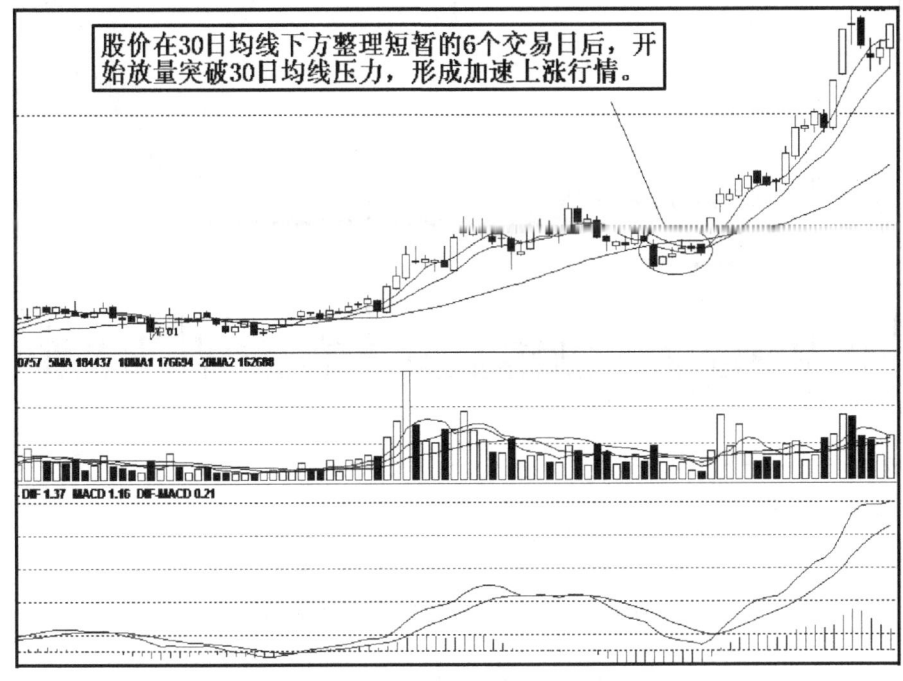

图 6-17　冰轮环境（000811）日 K 线图

诀窍二：打开天窗。股价创出历史或一年的新高是大牛股都必经的阶段，说明空方大势已去，多方完全控制市场，这个时候是一个很好的买点。盘面技术要求如下：

（1）股价总体涨幅不大，除次新股外，涨幅最好还没有超过一倍。

（2）处于盘整或者上升趋势中，股价即将形成突破并创新高。

（3）30 日均线平走或保持上行状态，盘面处于强势之中。

（4）在调整时成交量萎缩，突破时成交量放大，量价具有韵律。

（5）股价整理结束后，大阳线向上突破，并创历史或一年的新高。

图 6-18，飞利信（300287）：该股被实力强大的庄家相中，股价见底后渐渐走高。经过一波拉高突破后，股价回落进行强势整理。经过短暂的整理后，再次放量涨停创出上涨新高，股价有效打开上涨空间，此时 30 日均线持续上行，盘面符合技术要求，随后股价出现加速上涨。

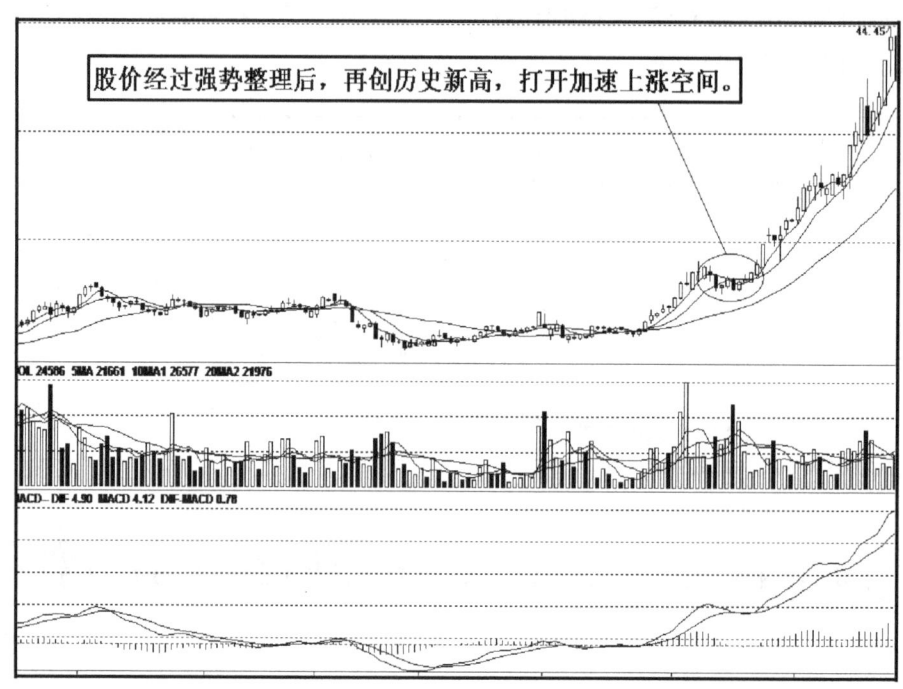

图 6-18 飞利信（300287）日 K 线图

诀窍三：空中加油。股价在加速上涨时，脱离 30 日均线进入主升浪，新的操作机会来临。盘面技术要求如下：

（1）股价运行在 30 日均线和 60 日均线之上，此时股价再次上穿 5 日或 10 日均线，而 5 日均线上行。

（2）30 日或 60 日均线保持坚挺的上行状态，市场处于强势之中。

（3）成交量出现一定的放量，但是注意不要异常放量。

（4）MACD 指标为红柱，或由红色变为绿色后，再次迅速变为红色。

图 6-19，东方能源（000958）：该股经过一段时间的蓄势整理后，开始出现向上突破走势，均线系统呈现多头排列。然后出现小幅整理，经过短暂的几个交易日，股价在 30 日均线上方再次发力上攻。此时，30 日均线保持坚挺的上行状态，支撑股价进一步走高，成交量温和放大，MACD 指标缩短后的红柱再次拉长，说明股价进入加速上涨行情。

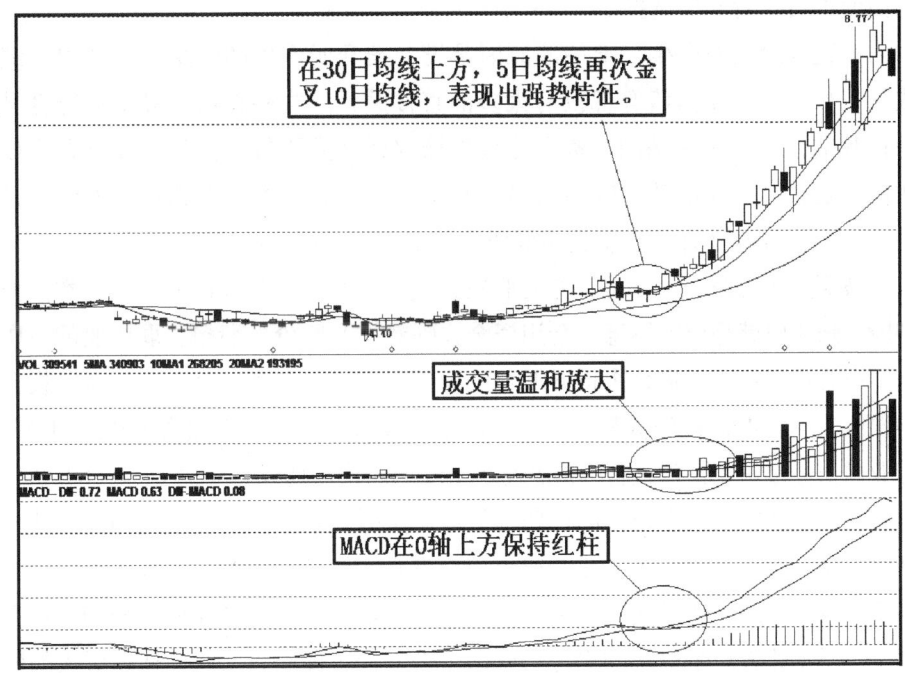

图 6-19　东方能源（000958）日 K 线图

四、捕捉有潜力的股票

很多散户非常希望选到一只好股票，但又不明白什么是好股票。于是，天天学习股票投资知识和天天听媒体上的分析师意见，希望能够选到好的股票以获取可观的利润。但可惜的是，很多投资者不明白，分析师的分析都只是理论上的判断，而并非他们真正选股操作时的实际情况。比如什么估值判断、公司业绩成长性判断、行业判断等，说白了，这些都是分析师分析的理论依据，而不是操作股票的依据。如果跟着分析师或市面上投资书籍的理论分析去选股操作，那很容易步入一个误区，不太可能选到真正的好股票，就算偶尔碰上了，也只能算是运气，还很有可能因为卖得过早而收益较小。

那么，什么才是真正的好股票呢？判断标准其实相当简单，那就是在相同一段时间里，涨势远远超过大盘，或者是远远超于其他股票涨幅的股票。那么，这种真正的好股票是怎么找到的呢？

从某种意义上来说，所有上市的股票都是好股票，没有哪只股票是不好的。只是在不同的时间和空间节点上，不同的股票涨跌节奏和幅度会不同，因而使得投资者不好选择。

真正好股票的产生，唯一的原因是投资推升所产生的结果，与公司业绩成长，行业境况和估值等都没有太多的直接关系。这些理由，最多只能算是一种基础，有了这种基础，资金才会进场凶猛推升股价。但是，投资者应该明白的是，有这种基础的股票很多，不是每一只股票都会受到资金强势推升的。因此，资金推升是产生真正好股票的唯一真正的原因。

按照这个思路，可以将所有的股票分成两类：一类是强庄股；另一类是弱庄股。强庄股就是庄家愿意也会用资金去强势推升股价的股票；弱庄股就是庄家不愿意也不可能用资金去推升股价的股票。这样一分类，就明白了股票投资的误区，不会再跟着分析师或某些书本上的误导去选到一只业绩成长性很好、行业成长性很好、估值很合理但就是不会涨的股票。比如，中国南车（601766）近几年的走势就是一个很好的证明，从公司业绩上来看，公司接到的都是几十亿元甚至上百亿元的订单，业绩成长性相当好，从行业来看，它直接受益于国家重点投资铁路、轨道交通的利好，但它的股票到目前还是在底部徘徊。这个例子不得不让人产生更多的思考。所以，投资者在投资股票时，选择买入的股票应该是强庄股，而不是其他的什么好股。好股不一定会上涨，但强庄股一定会上涨，而且是强势地上涨，这是当前股市的一个特点。所以，投资者在选择要买入的股票时，唯一应该选择的，就是买入强庄股。

第五节 通道：主升浪的跑道

股价中长期连续在上轨线和下轨线之间运行，就形成了通道走势，分上升通道和下降通道两种。上升通道就是股价在中线或长线趋势之中处于有规律的上升趋势之中。在此过程中，当股价攀升到一定高度时便受到之前一段时间内的相继高点形成的上轨线压制，开始回落，而当股价回落达到一定程度时，开始获得之前不断抬高的相继低点形成的下轨线支撑，形成回升。下降通道则与此相反。

当上升通道被有效突破后，说明股价开始摆脱上轨线的压制，进入加速上涨的阶段，一般都涨势喜人，能够在短时间内获得较高收益，操作上应果断持股待涨。相反，如果向下突破上升通道，很可能趋势出现反转，操作上应减仓观望。此外，还应注意的是，当股价加速突破上升通道的时候，一定要有庄家资金大量买入的配合，否则，加速上涨的趋势就难以持续。

一、大小上升通道的区别

个股从开始形成大于 30 度角而小于 60 度角的上升通道到上升行情的结束，其运行时间跨度上是有差别的，有的个股其时间跨度只有 1 个月左右，有的上升持续时间长达半年甚至更长。在形态上，个股出现的大于 30 度角而小于 60 度角的上升通道属于一种缓慢爬升形态，在这部分个股中有小部分经历了爬升形态后会出现大于 60 度角的加速上升走势，而多数个股很难形成加速上升或主升浪走势。

上升通道可以分为小上升通道和大上升通道。大小之分最重要的是上升通道运行的时间跨度。一般把运行时间超过 2 个月以上的称为大上升通道形态；时间跨度较短的称为小上升通道形态。大小之分也参考上升通道中个股股价上下波动幅度的大小。

图 6-20，卫宁健康（300253）：该股经过长时间的整理后，渐渐上行形成一个小上升通道，然后回落洗盘，进行变轨前的蓄势整理。经过一段时间的整理后，股价开始向上突破，成交量放大，上升通道变轨成功，从而形成新的大上升通道。

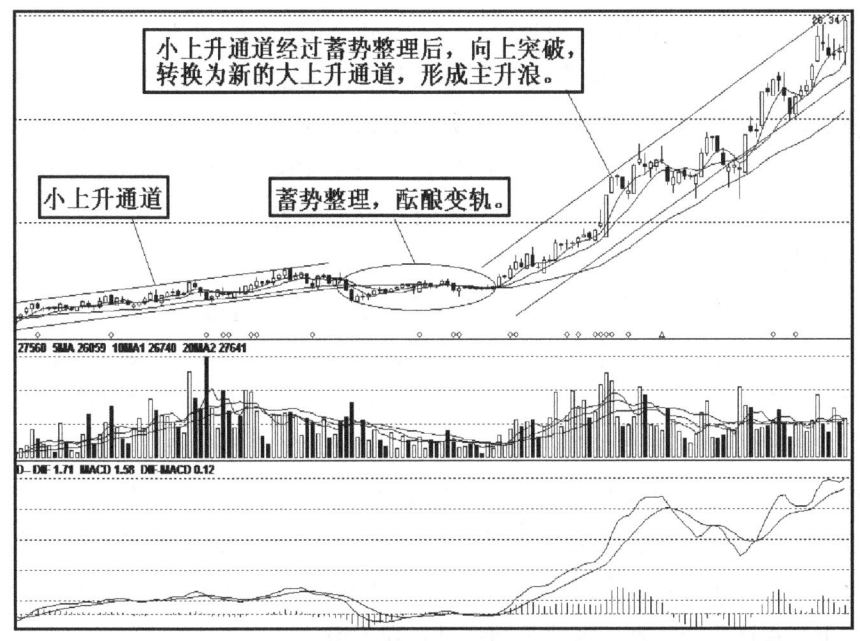

图 6-20　卫宁健康（300253）日 K 线图

一般来说，大小通道之间有一个变轨过程。在上升行情中，大多先形成一个小上升通道，然后回落洗盘整理，蓄势了新的多头力量后，股价开始向上突破，打破了原先的运行格局，形成大上升通道，这个大上升通道就是主升浪。

在实盘中，有时在同一只股票中出现多次变轨的现象。当然，很多时候小上升通道形成后，股价不经过回落整理，而是直接变轨进入大上升通道，且短期涨势也非常凶猛，其实这种走势在小上升通道之中就已完成蓄势整理。需要提醒的是，小上升通道形成后，不一定都会产生大上升通道，只有大约10%~20%的个股经过变轨后形成加速上涨的大上升通道，而多数小上升通道演变为震荡盘整走势，甚至转为下跌走势。

相反，在下跌行情中，大多先形成一个小下降通道，然后企稳回升，形成短线反弹走势，最后股价开始向下突破，股价出现加速下跌，形成大下降通道，这个大下降通道就是主跌浪，这样的走势在同一只股票有时也会多次出现。当然，很多时候小下降通道形成后，股价没有出现回升反弹，而是直接变轨进入大下降通道，且短期跌势也非常强大，其实这种走势在小下降通道之中就已完成反弹走势。在下降行情中，小下降通道变轨为大下降通道的比例可能大于上升行情中的变轨比例，这一点需要引起注意。

图6-21，千山药机（300216）：该股调整结束后，形成一个小上升通道，股价一直未出现明显的回落洗盘走势，而是直接向上突破，进入大上升通道，且短期涨势非常喜人。其实，庄家在此前的小上升通道之中就已完成蓄势整理，整个小上升通道本身就是一个蓄势过程。投资者遇到这种走势时，可在股价突破上轨线阻力或者在突破后经回抽确认有效时，积极介入多头。

图6-22，联美控股（600167）：该股形成小上升通道之后，并没有成功变轨为大上升通道，股价随后出现长时间的调整走势。那么，如何判断小上升通道能否变轨为大上升通道呢？根据实盘经验，可以从两个方面进行关注：一是看股价有没有向上突破通道的上轨线压制，如果股价突破上轨线压制，则意味着股价进入加速上涨的大上升通道之中；二是当股价回落到下轨线之下进行蓄势（暂且以蓄势看待）后，是否产生一个新的向上突破信号，如果股价出现向上突破，则通道变轨成功，后市将进入加速上涨。从该股来看，显然不具备这两个因素，因此短期难见乐观行情。

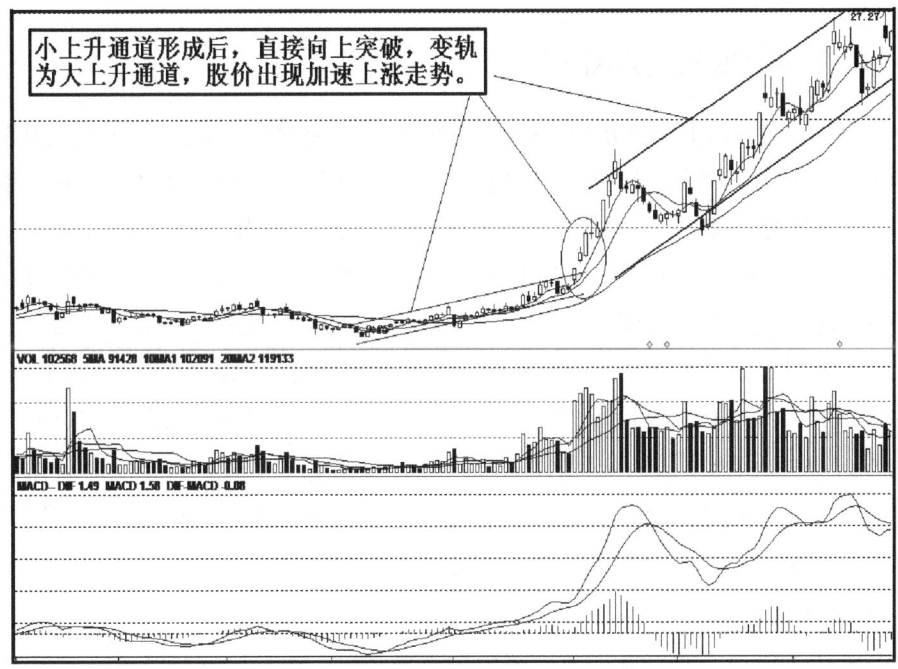

图 6-21 千山药机 (300216) 日 K 线图

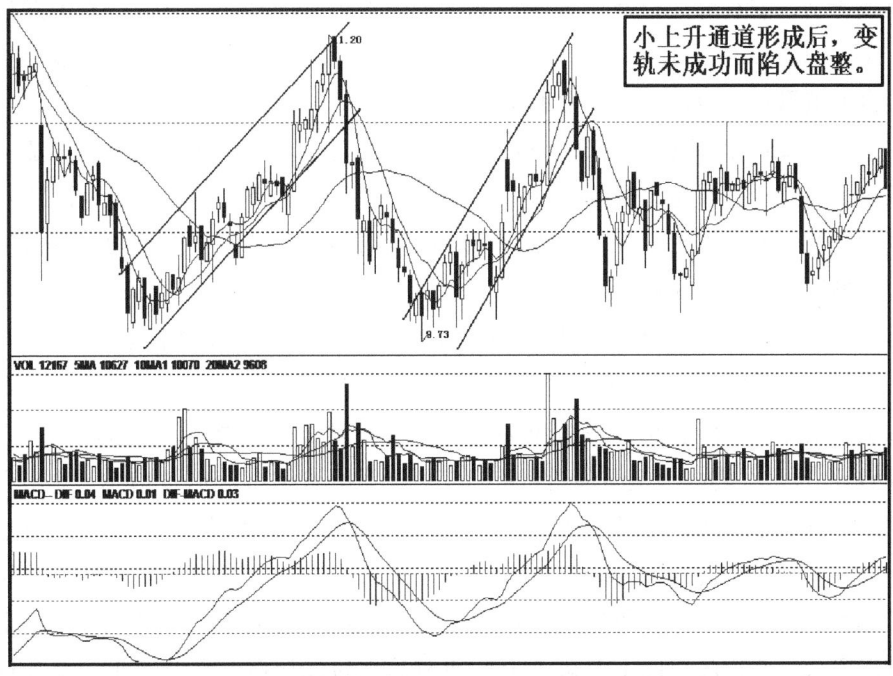

图 6-22 联美控股 (600167) 日 K 线图

二、通道变轨的判断技巧

在同一时间段中，经历了缓慢的爬升形态，最后能出现加速上升形成主升浪的个股，在数量比例上受当时大盘环境因素的影响很大。当大环境非常好时，能走出主升浪的个股比例会比较高；若大势环境一般，自然其比例会减少。根据实盘经验可得知，约有10%~20%的个股能够从缓慢的上升通道中，走出大于60度角的加速上升走势的主升浪，而多数缓慢爬升形态的个股是没有主升浪走势的。

在实盘中，寻找大于30度角而小于60度角上升通道形态的个股并不难，通过翻看两市所有个股日K线图表就可以找到。找出这些形成上升通道的个股后，要判断其中哪些个股在什么时间出现加速上升走势，哪些个股将会出现主升浪走势是件不容易的事情。这里介绍几种在长期实践中总结出来的，个股由缓慢上升通道转变为加速上升的一些判断技巧。

1. 得到均线系统的支持

在实盘中，个股形成小上升通道形态运行时，股价往往以5日均线为依托，以10日均线为支撑震荡上升。此时，如果股价向上突破小上升通道的上轨线压制，就有可能形成加速上涨的大上升通道，同样，一旦股价有效跌破10日均线的支撑，上升通道走势就有可能意味着结束。所以，10日均线是小上升通道形态的生命线，非常重要。

图6-23，慧球科技（600556）：该股经过充分调整后企稳回升，形成一条小上升通道。在通道内股价以5日均线为依托，以10日均线为支撑，呈45度角震荡上升。不久，庄家借助公司资产重组的利好消息，股价向上突破小上升通道的上轨线压制，从而形成一波暴涨性主升浪行情。

同样，在实盘中个股形成大上升通道形态运行时，股价往往以10日均线为依托，以30日均线为支撑震荡上升。此时，如果股价向上突破大上升通道的上轨线压制，就有可能形成更为凌厉的主升浪行情，同样，一旦股价有效跌破30日均线支撑，上升通道走势就有可能意味着结束。30日均线是大上升通道形态的生命线，非常重要，这是判断上升通道能否继续保持上升的关键。

图6-24，康恩贝（600572）：股价经过大幅下跌后企稳回升，形成一条长达5个多月的大上升通道，以10日均线为依托，以30日均线为支撑震荡上升。不久，股价放量向上突破大上升通道的上轨线压制，从此产生一波加速上涨的主升浪行情。

第六章 主升浪的盘面气势

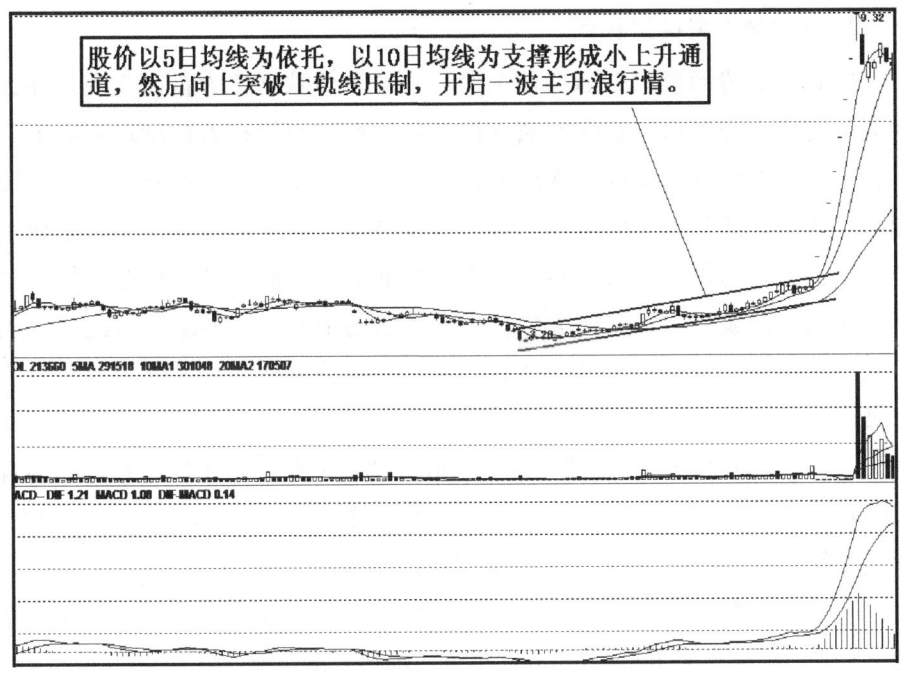

图 6-23 慧球科技（600556）日 K 线图

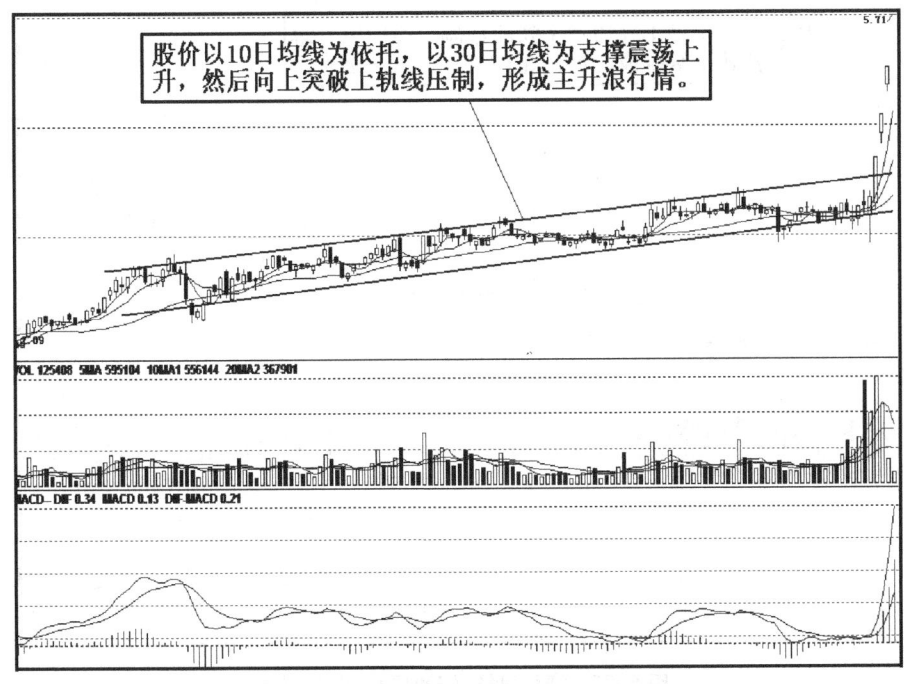

图 6-24 康恩贝（600572）日 K 线图

2. 股价向上突破上轨线

日 K 线走势形成上升通道的个股，一般整体独立于大盘而表现。在大盘上下震荡中表现出比较强的独立性和抗跌性，当然在大盘出现短线上升时，也有可能出现明显的滞涨现象。从实盘中发现，形成上升通道的个股相当一部分时间独立于大盘而运行，这类特殊个股大部分有强庄在里面运作。事实上，如果个股没有实力庄家在里面运作，股价是很难形成长期独立而有规律的波动的，除非大势也走出完美的上升通道形态。因此，选股时应选择独立而强势于大盘的个股，特别是股价突破上轨线压制的个股应积极参与。

图 6-25，晓程科技（300139）：该股见顶后一路震荡走低，在低位出现长时间盘整走势，庄家成功地完成建仓计划。之后，股价开始渐渐向上攀升，形成一条小上升通道，股价呈 45 度角左右震荡上升。在通道内运行一段时间后，股价放量涨停，向上突破小上升通道的上轨线压制（同时也是箱体形态的上轨线，观察压缩图），说明股价将进入加速上涨阶段，这是捕捉主升浪的最佳买入点。

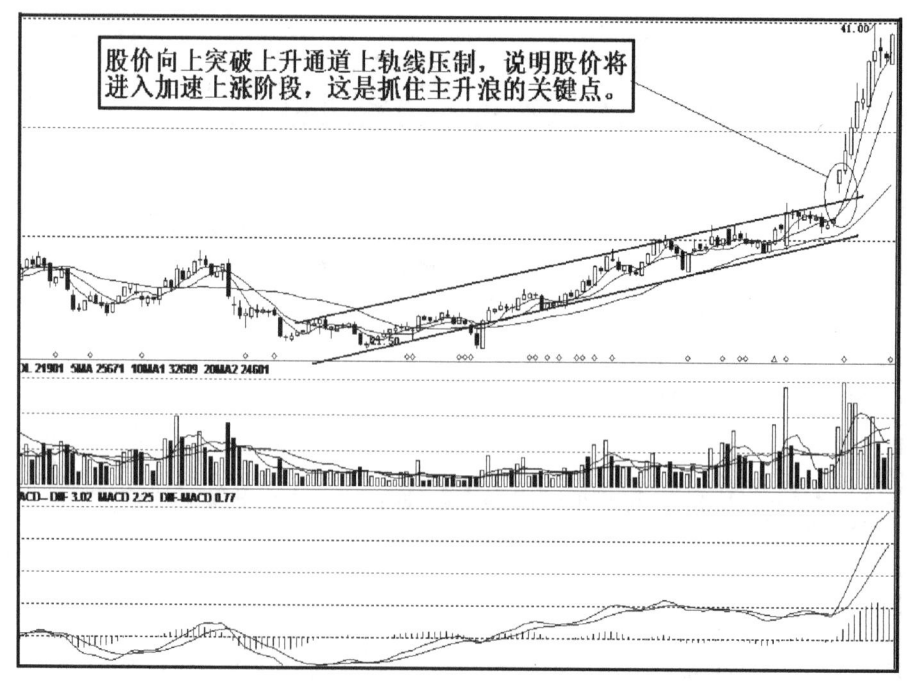

图 6-25　晓程科技（300139）日 K 线图

3. 成交量出现明显放大

股价由缓慢爬升转为加速上升，当日出现明显放量大阳线向上突破上升通道上轨线，日 K 线中上升趋势角度出现明显变化，这是股价开始进入加速上升的转折点。股价进入主升浪时，个股日 K 线的上升角度出现明显加速趋势。

在跟踪上升通道个股走势时，只要该股日 K 线上升角度没有出现大变化就可以继续观察，当股价出现放量大阳线向上突破上升通道时，往往意味着大涨的机会来临。

图 6-26，百合花（603823）：该股在突破之前，股价处于一条涨势相对缓慢的小上升通道之中，2019 年 4 月 2 日股价向上突破上升通道的上轨线压制后，成交量明显加大，说明庄家资金开始大量介入，股价上涨空间被有效打开，从而产生一波主升浪行情。在实盘操作中，很多突破中、长期上升通道的个股，在进入加速上升之前都是这样的：在盘面上短线涨势凌厉，资金巨额流入，K 线组合出现大阳线向上突破形态。

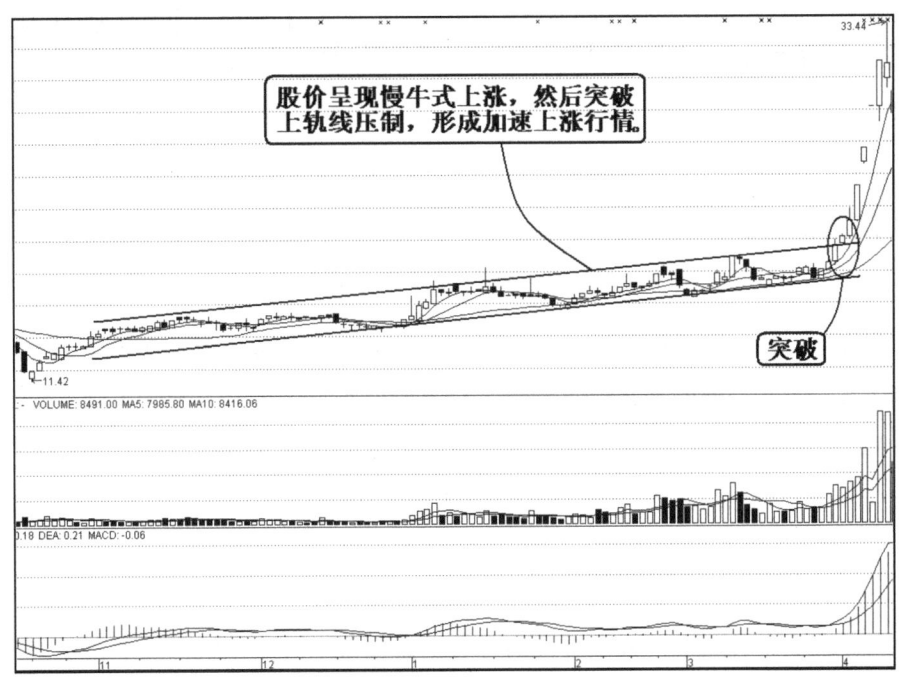

图 6-26　百合花（603823）日 K 线图

图 6-27，胜利精密（002426）：该股见顶后逐波走跌，成功探明底部后，股价企稳回升，形成一条缓慢的小上升通道。在后期，成交量明显放大，显示庄家资金暗流涌动，多空换手相当积极。不久，股价向上突破上升通道的上轨线压制，成交量出现持续放大现象，说明多头资金积极入市，上涨空间被有效打开，股价进入新的运行格局之中。

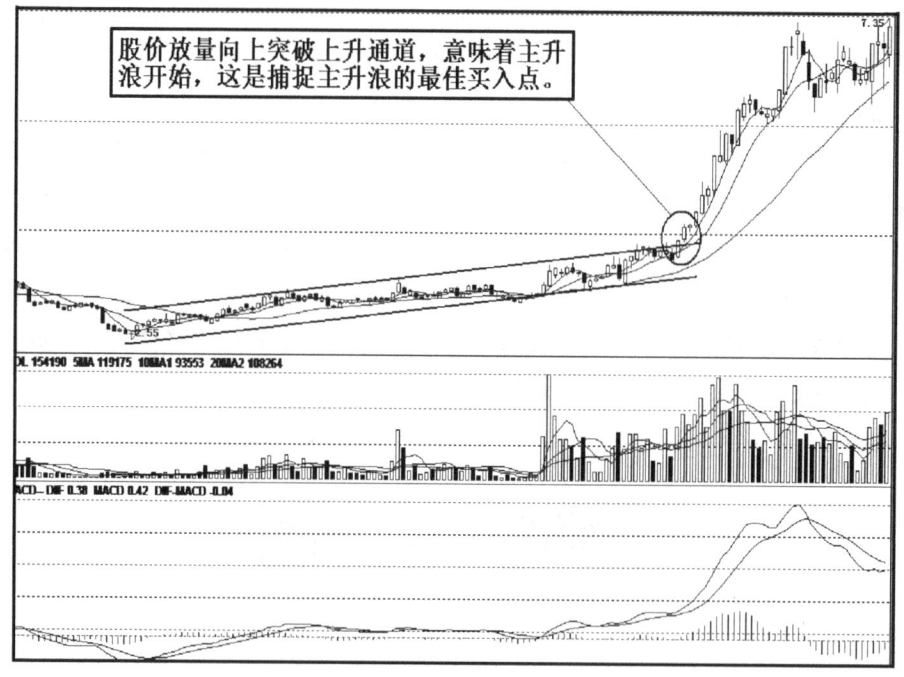

图 6-27　胜利精密（002426）日 K 线图

在实盘中，无论大上升通道还是小上升通道，都有加速上涨走出主升浪的可能，而主升浪的升幅大小与上升通道没有直接的关系，实际上主升浪的升幅大小与该股的庄家实力强弱和当时的环境好坏有密切的联系，因此要结合庄家面、市场面、资金面和基本面进行综合分析。

三、强烈的通道变轨信号

个股由上升通道进入主升浪的方式，以放量上升大阳线向上突破原来上升通道上轨为启动契机，其中最强烈的转折信号是大阳线当日以涨停板收盘，或直接从涨停板开盘，全天封盘不动，形成"一"字形涨停 K 线，同时，成交量大幅放大，角度明显陡峭。

1. 强势涨停

图 6-28，台海核电（002366）：该股见顶后一路走低，在底部形成长时间的震荡走势，成功构筑了一个双重底形态，此后股价缓慢而稳健地向上爬高，从而形成一个慢牛式的上涨通道。不久，股价受利好消息影响，向上突破上升通道的上轨线压制。股价突破上升通道后，原先的慢牛走势被打破，上升空间被有效打开，从而产生一波暴涨式主升浪，连续拉出 9 个涨停板后依然强势运行，在 20 多个交易日里股价涨幅超过 200%。

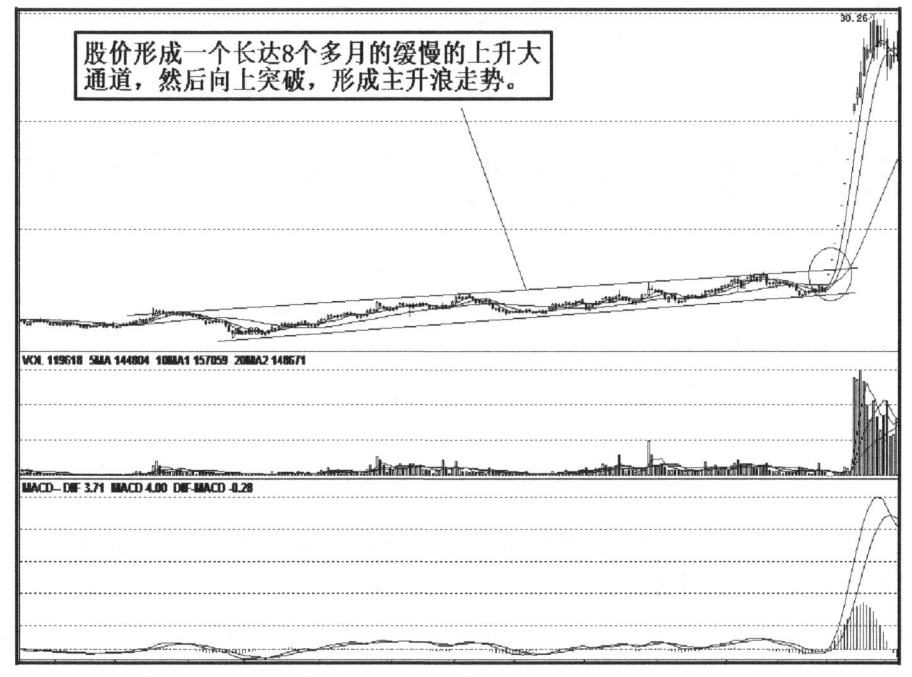

图 6-28　台海核电（002366）日 K 线图

2. 角度陡峭

图 6-29，广誉远（600771）：该股原先运行于一个缓慢的上升通道之中，角度大于 30 度而小于 60 度，之后放量向上突破，股价出现加速上涨，上涨角度大于 60 度，由此展开主升浪行情，股价累计涨幅超过 300%。

股价由大于 30 度角而小于 60 度角爬升，发展到大于 60 度角加速上升行情时，将出现一个转折点。转折点往往是以一根放量的大阳线向上突破，代表缓慢爬升行情结束，加速上升行情的开始。这根放量大阳线就是判断加速上升行情是否展开的关键,把握好这一要点是判断主升浪的核心。

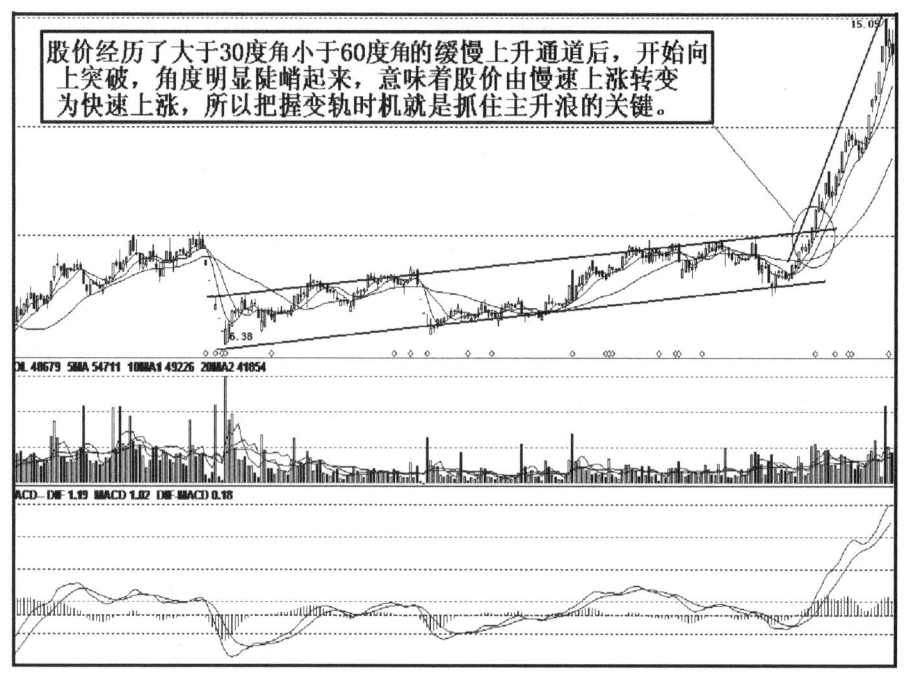

图 6-29　广誉远（600771）日 K 线图

3. 量能积极

图 6-30，紫天科技（300280）：该股见顶后逐波走低，企稳后向上回升，形成一条缓慢的上升通道，运行时间长达 6 个多月。不久，股价从涨停价位开盘，全天封盘不动，形成"一"字形涨停 K 线，收于通道上轨线之上，这是最强烈的转折信号。第二天，股价继续放量上涨，显示庄家有大单介入，随后股价出现快速拉升行情。

主升浪的升幅大小一般是无法准确预测的，个股主升浪升幅大小与当时大盘的环境好与坏、该股庄家的实力强弱、上市公司是否有潜在利好题材、利好题材的大小等都有影响。从技术上分析，要观察个股前期走势，一般个股上升通道从形成到加速上升，上升通道向上爬升的时间跨度越长，突破后往往主升浪的升幅也越大。

股价突破上升通道一般以放量大阳线为标志，放量的大阳线代表缓慢爬升行情的结束，加速上升行情的开始。个股出现放量的大阳线后，股价连续上涨，说明有新的多头资金入场，无量的突破属于疑似信号。如果在放量大

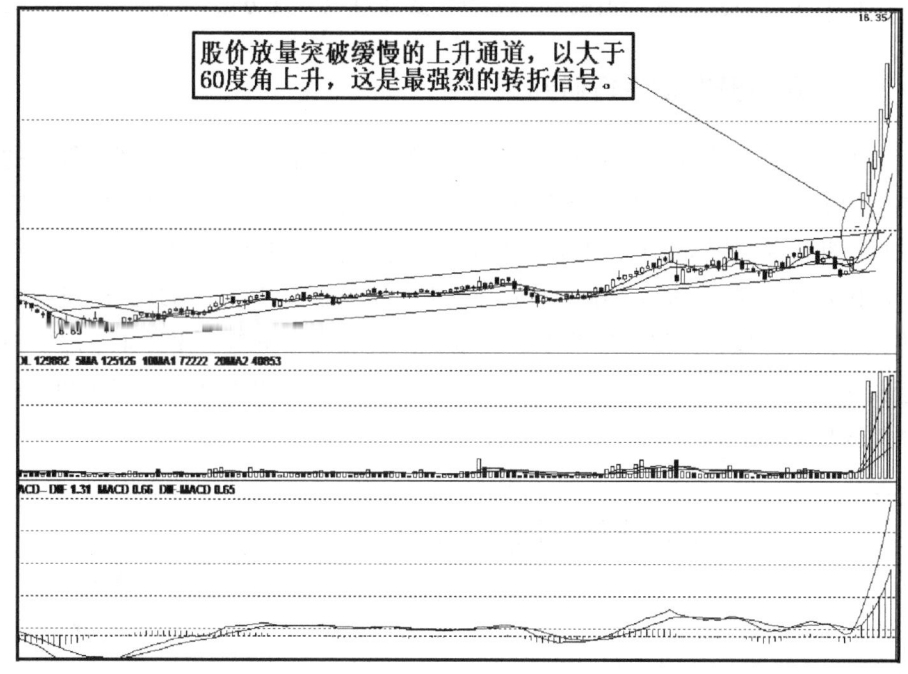

图 6-30 紫天科技（300280）日 K 线图

阳线出现后，股价马上大幅调整，意味着可能是假突破。另外，向上突破大阳线当天的成交量不能是天量，天量可能属于庄家利用巨量突破时减仓出货，这一点应有所防范。在操作上，如果个股还处于缓慢爬升阶段时介入，那么等候时间长而盈利速度慢。在加速上升开始时及时介入，往往能在最短的时间内获得最大的利润，这是短线操作梦寐以求的。

第六节　幅度：主升浪的天空

当市场运行于主升浪行情中时，投资者关键要能快速研判主升浪行情的上涨潜力和涨升的大致空间，这样才可以根据主升浪的涨升潜力采用适宜的投资策略和相应的持股周期。主升浪上升空间的测算方法如下：

第一，普通行情：以起涨当天开盘价乘以 0.382 倍或 0.5 倍，再加上当天开盘价，即为波段涨幅。

第二，强势行情：以起涨当天开盘价乘以 0.618 倍或 1.618 倍，再加上当天开盘价，即为波段涨幅。

根据实盘经验,主升浪的发展潜力主要通过以下几方面进行研判:

一、从涨升节奏进行研判

如果股价上升节奏非常单一,一帆风顺式直线上涨,反而不利于行情的持续性走高。如果股价上升是保持着一波三折的强劲上升节奏的,中途不断出现一些震荡式强势调整行情的,反而有利于行情的持续性发展。

图 6-31,深天地 A(000023):该股经过持续下跌后,出现超跌反弹走势,股价快速拉升,但盘面节奏非常单一,呈直线式上涨,连拉 4 个涨停板后,从 2019 年 2 月 21 日进入盘整走势。投资者对于涨势过于一帆风顺的,短期涨幅过大的个股,更要提防风险的积聚。

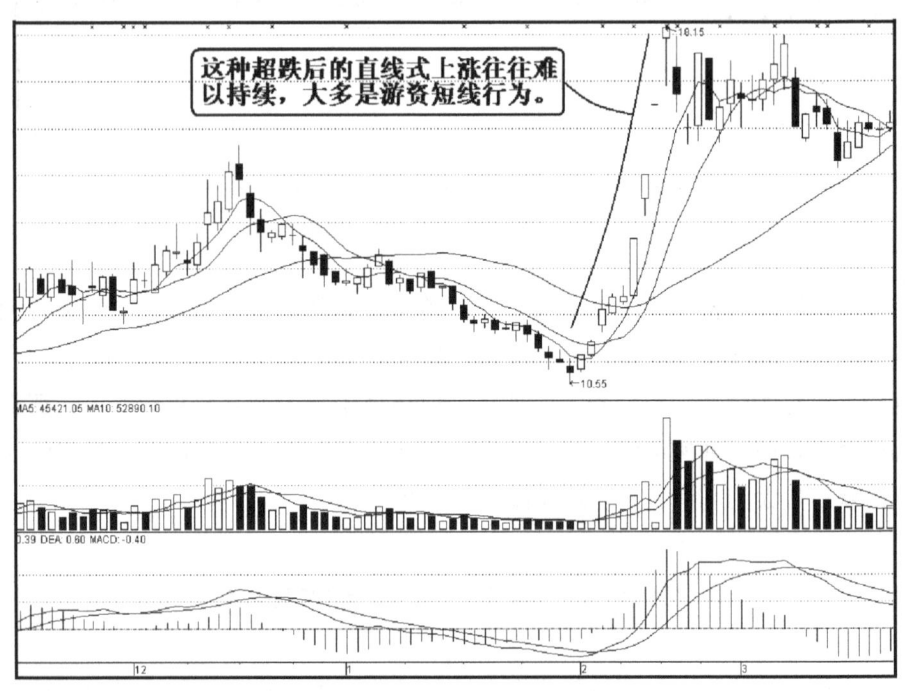

图 6-31 深天地 A(000023)日 K 线图

图 6-32,维力医疗(603309):该股经过长时间的震荡筑底后,在 2019 年 2 月开始渐渐盘升而上。但是,整个盘升过程并非一帆风顺,也经历了多次波折和起伏,当然,总体依然保持强势整理状态,经过反复的震荡洗盘后股价强势向上推升,这反而有利于行情的持续性发展,股价从 10 元下方开始上涨到 21 元上方。

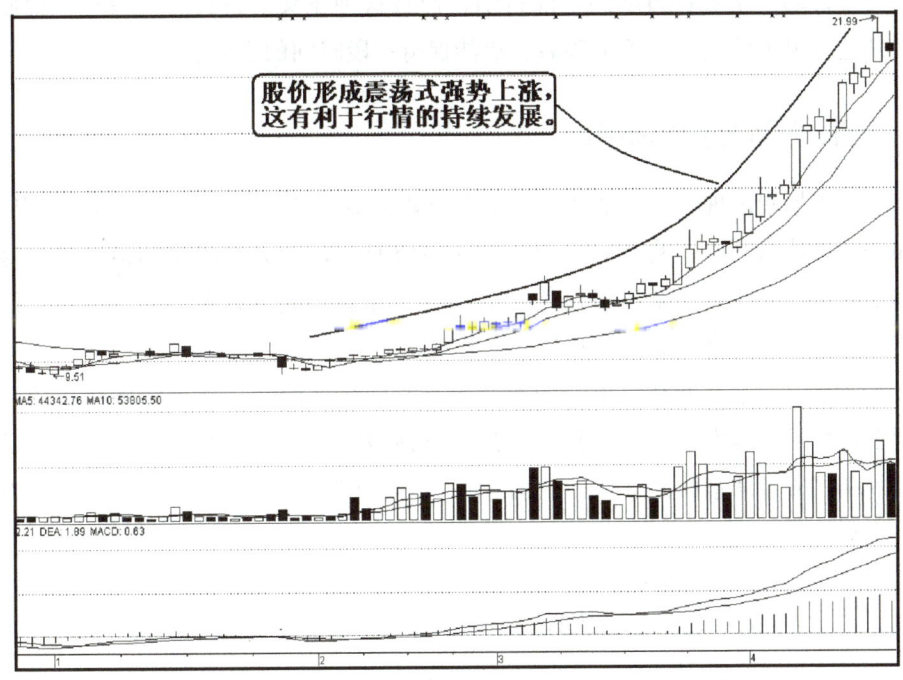

图 6-32　维力医疗（603309）日 K 线图

二、从量能上进行研判

很多投资者误认为在涨升行情中成交量放得越大越好，其实这是片面的，任何事情都要有度，如果量能过早或过度放大，就会使上攻动能被过度消耗，结果很容易造成股指在经过短暂的上升阶段后随即停滞不前。相反，如果成交量处于温和放大，量能就不会被过度消耗，这说明投资者仍存有一定的谨慎心态，投资大众还没有一致看多，因此后市股价仍具有上攻潜力。最理想的放量是在行情启动初期，量能持续性温和放大，但随着行情步入正常的上升通道后，量能却略有减少，并保持较长时间。

三、从市场热点研判

有凝聚力的"领头羊"和龙头板块是涨升行情的推进器，从某种意义上来说，可以说有什么样的龙头股就有什么样的上涨行情，凡是具有纵深发展潜力、有持续上涨潜力、有号召力和便于大规模主流资金进出的龙头股，往往可以带动一轮富有力度的上涨行情，而且这种龙头的持续时间较长，即使在其他跟风个股出现见顶走势后，仍能保持一段时间的强势。

四、从利好消息研判

当市场中出现涨升行情时，很多投资者会多方打听是否有什么利好消息，如果没有什么利好消息出台，就惶惶不可终日，认为大盘必将回落，其实这都是以前的一些非正常牛市留下的后遗症。在真正健康有潜力的牛市中，即使没有消息的配合，股市一样具有上升的动能。

股市中素来有见利好出货的习惯，有时候消息面越是延迟明朗化，越有利于行情的持续发展。越是没有利好，行情越是能走好，如果一旦公布了所谓的利好或者消息面彻底明朗化后，将很容易使上涨行情因缺乏想象空间而一步到位。

五、从政策的实质作用研判

一轮强劲的牛市涨升行情是离不开政策面的大力扶持的，中国股市中的数次大牛市行情都是依靠政策发动和推动的，如股改的顺利进行，从而奠定了近几年来波澜壮阔的大牛市行情。

需要注意的是，判断主升浪行情上升空间的力度与空间的大小，应当以所依托的均线作为判断依据，如果原先以5日、10日、30日或60日均线上涨的主升浪，那么当股价有效击穿这些所依托的均线后，就意味着该波主升浪已经结束。比如，依托30日均线上涨的主升浪，就以30日均线作为参考标准，若30日均线没有被有效击穿，说明这波主升浪行情还没有走完。如果一波行情当中，股价始终未能击穿30日均线，这就是强势行情。当股价放量有效击穿30日均线，且在3日内不能顺利收复，意味这波主升浪行情结束。

散户操作方法：一波主升浪行情启动时，如果股价把30日均线击穿了，你还没有卖出，可以等待3天，也不要着急，一般会在8个或13个交易日内，再次回升30日均线附近，构成第二头部，此时还是可以卖在高点。如果第二头部出现的时候还没有卖出，就不要抱有幻想了。注意一点，不要在击穿30日均线的时候就急急忙忙地卖了，然后一卖就卖在最低价，结果一反弹就上去了，你又着急死了。任何一只炒高的股票，不会迅速脱离顶部，因为庄家要出货，出货没有那么快，必然要构成一个盘头走势。这是因为对方资金量大,如果在这个高价区集中出货,就会导致前面拉高失去意义。所以,庄家必须把股价再次拉上去,形成新的上涨攻势,让散户对此抱有幻想,这样的话庄家出来就比较容易了。

第七节 如何区分反弹与主升浪上涨

股价经过充分调整或大幅下跌,必然会出现反转行情。所谓反转,是指股价探明重要底部后,出现强劲的上涨行情,并创出前期或历史高点。在一轮反转行情中,其收益是非常丰厚的。因此,庄家便在反转行情的初期,要弄种种手法,使盘面变得更为离奇复杂,不少散户将反转行情当成反弹行情对待,一轮涨升行情就这样白白地错过了。

由于反弹行情和反转行情有本质的不同,对投资者而言将关系到操作方向的选择。在反弹行情中,投资者主要侧重于及时减轻仓位,盘活资金;而在反转行情中,投资者则要及时调整持仓结构,在必要时可能还需要追高介入。因此,在股价出现上涨时,对反弹还是反转的判断是需要面对的一个问题。

在多数情况下,反弹行情与反转行情虽然初期貌似相同,但如果细心观察你会发现两者截然不同,反弹一般不会演化为反转,反转行情在出现时就与反弹行情有明显的区别。

(1) 判断是反弹还是反转,首先要看政策面是否出现变化。因为这是制约股价趋势的最重要因素。当政策面转暖,基本面向好时,市场环境的宽松会使反转行情比较容易形成,而在缺乏来自政策面、基本面支持时的股价上扬多数还是反弹。

(2) 比较在此次股价上扬之前大盘调整的时间跨度。一般而言,一次明显的中期调整不可能在一两个月内就能完成,多数情况下,从中级调整开始到下一次反转出现至少要经历 4 个月以上的时间跨度。从这一点来看,如果股价出现的上升时间距离明显的顶部较近,很有可能是一次反弹行情。但如果市场已经连续调整 4 个月以上,此时出现的上涨有可能是反转。实际上,即使短时间内股价调整幅度较深,探明了底部区域,但由于调整的时间还不充分,在底部出现的上涨行情还会出现反复,所以绝大多数情况下仍属于反弹。

(3) 看成交量的变化。反转行情通常都伴随成交量的放大,这种放大不是指单个交易日的成交金额明显增加，而是要求连续几个交易日的成交金额都需要达到并稳定在一定水平之上。一般的反弹行情虽然都有交易量的放大，但却不能持久，三四个交易日后量能便会出现萎缩。这一点是反弹与反转在技术分析上的明显差异。主要原因是在反转行情中，一方面买卖双方不断换手，另一方面增量资金又源源不断地进场交易。但在反弹行情中却不一样，卖方在卖出手中的筹码后，一般会保持观望，而买方在没有后续的接盘时会迅速转向杀跌出局，等待下一次机会。由于没有增量资金的积极介入，因而反弹行情中成交量缺乏持续放大的基础。

（4）投资者还可以从市场热点方面来判断行情是反弹还是反转。反弹行情一般是在技术面出现严重的超卖，或下跌过急时出现的短暂恢复性行情，由于是在技术上对过急的行情进行一定的修正，因而此时热点多集中在超跌股中。还可能出现多个热点同时出现或热点转换过频过快的现象而导致行情的过早夭折；而反转行情却一般是在严重超跌，投资者基本上没有获利空间时产生的。热点大多具有一定市场号召力和资金凝聚力，具有向纵深发展的动能和可持续上涨的潜力，使行情具备良好的持续性，这也是反弹与反转之间的一个明显的不同。

（5）看股价的下跌幅度。股价下跌幅度不大的，可能是反弹；下跌幅度超过50%的，回落见底才有可能。此外，还要结合价值确定，如果股价定位仍然偏高，又没有可以视股价已经见底的其他充足理由，那就应当先视为反弹对待。再者，要看前期的炒作程度，前期炒作过度的，反弹的可能性往往大于见底的可能性。

（6）看股价的盘面走势。除非下跌周期很长且跌幅极大，股价形成"V"形反转且走势特别强劲时底部可以成立，在正常情况下，股价构筑底部需要很长时间，期间股价可能多次反复探底，因此股价一次见底的可能性不大。在对股价见底没有把握的前提下，一般都应该先以反弹对待。

（7）股价震荡走势或者形态给人感觉非常好的，位置不在绝对底部而成交量突然放大许多的，一般不太可能是庄家吸货（庄家要么隐蔽吸货，要么低位持续放量拉升吸货）。同样的走势成交量极度萎缩的，也不可能是庄家吸货，股价温和放量震荡滞涨才可能是庄家在吸货，在这种情况下也应先以反弹对待。

（8）看股价前期位置。股价前期涨幅巨大、位置过高、成交量又很大的，则反弹的可能性就很大。股价前期涨幅较小的，股价位置又不算高的，则回调后继续上涨的可能性就大。

（9）看庄家有无充分派发筹码。看庄家有没有将筹码充分地派发完毕，如果已经充分派发完毕，则只能是反弹而不可能是回调整理后的新一轮的继续上涨。如果庄家没有将筹码充分地派发完毕，重新经过吸货整理的，可能是反转。

（10）看股价反抽的走势。在股价回落幅度超过1/3、1/2、2/3附近如果放量滞涨，或者走势凝重滞呆，成交量萎缩，则反弹的可能就大。如果股价在这些位置虽然有震荡但很快就突破上行的，则是新一轮的上涨。

下面通过一个实例进一步分析反弹与反转的区别。

图 6-33，鄂尔多斯（600295）：该股脱离头部区域后渐渐走低，经过一波弱势反弹后再次向下滑落。股价向下突破 30 日均线，几个交易日后出现一根大阳线，对股价突破 30 日均线进行回抽确认，在大阳线的次日一根大阴线几乎吞没了前一天的涨幅，形成一个"镊顶"形态，表明股价向下突破 30 日均线有效，后市仍有一段下跌空间。如果投资者将这根大阳线误读为企稳信号而加入多头行列，那么正好落入庄家设置的多头陷阱之中。

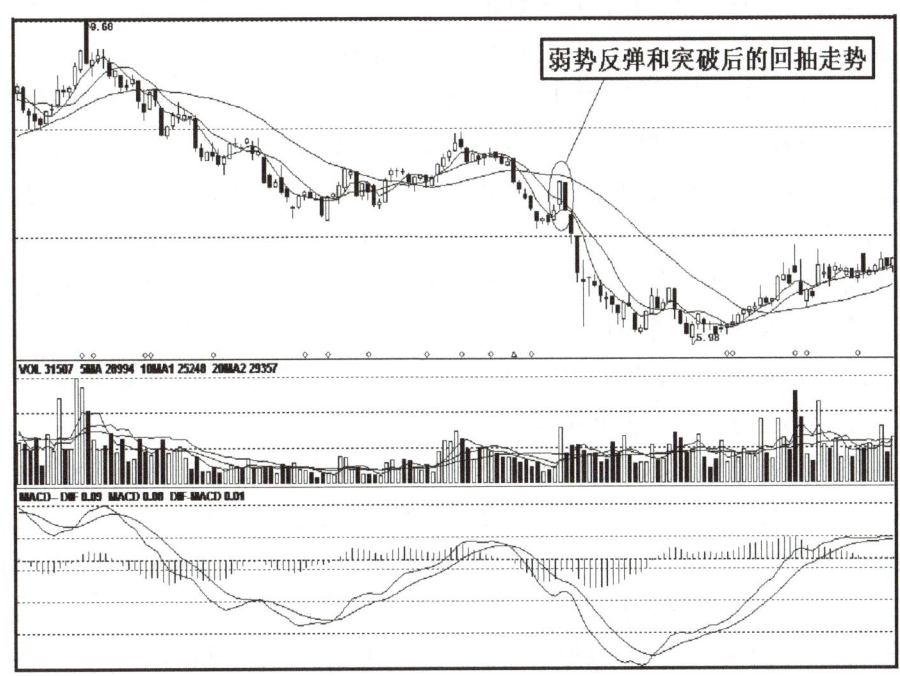

图 6-33 鄂尔多斯（600295）日 K 线图

那么，如何解读这根大阳线呢？投资者应如何操作？可以从下列分析中得到一些启示：

（1）股价向下突破30日均线后，均线系统呈现空头排列，30日均线由原来的支撑作用变为现在的压力作用，大阳线受制于30日均线和前期整理平台的压力，很难重新返回到该区域之上，因此不具备主升浪的基本条件。

（2）股价回升时遇到前期成交密集区域的阻力，该区域同样由原来的支撑作用变为现在的压力作用，因此这根大阳线难有作为，是一个次弱势反弹。

（3）第二天的大阴线说明股价突破30日均线有效，回抽确认成功，股价再现跌势，因此也出现一次向下破位的回抽走势。

（4）市场长期处于弱势格局之中，股价易跌难涨。在实盘操作中，当股价向下突破一些非常敏感的技术位置后，大多会出现一次回抽确认动作。因此，投资者遇到这类个股时，千万不要以为主升浪开始介入而受骗。

通过这个实例分析，在实盘操作中必须明确以下三种市场因素：

第一，超跌反弹，一般属于"假上涨"。熊市中的超跌反弹或破位后回抽，出现的概率较大，大多发生在下列技术背景下：均线空头排列，股价处于下降通道，且运行于阶段性下跌的中段、后段。超跌反弹的最主要特征就是：股价同均线比较，乖离率大或者较大。这种情况下的上涨，属于"时间有限""空间有限"的修复性走势。一般来说，其上涨终结的区域，大多在某个重要均线附近，如20日、30日均线。但是，反抽到20日、30日均线附近过不去，或者过去但是站不住，则会展开新一波下跌。因此，超跌反弹的抄底者，如果不善于快进快出，就会被套。毕竟投资人是不可以同"假上涨"天长地久的。这种"假上涨"之所以"假"，其原因在于：股价上方由于空头排列的均线，因此存在层层套牢盘。在阻力位附近买入，每次都属于为别人充当"解放军"。如果某一时期的领涨股也是"假上涨"的股票居多，则谨防股价的上涨也是"假上涨"。

第二，破位后回抽，在双重顶、三重顶的颈线破位之后，或某个重要技术位破位之后，或某个重要整数关破位之后，一般会有反抽，意义在于测验突破的有效性。这种上涨其时间、空间更有限。一旦介入这种上涨，极易招致套牢割肉盘、解套盘的打压，从而被套。同样需要注意快进快出。这种"假上涨"之所以"假"，其原因在于：拉高只是为了更好地出货。

第三，主升浪才是"真上涨"。在股市中只有"主升浪"才是最大的"蛋糕"，出现主升浪的个股，一个基本的特征就是均线多头排列（均线多头排列的股票不都是走主升浪,但是走主升浪的股票其均线必定多头排列)。因此,选股首先在均线多头排列的个股中选择。无论牛市还是熊市,这都是选择大牛股技术面的首要条件。其次,要看股价所处的浪形,是第一浪、第三浪,还是第五浪。选主升浪,选择第三浪才有较好的成功率。这是选择大牛股技术面的第二个条件和思路。一般来说,双重底形态、头肩底形态的个股,一旦完成形态的突破,以及完成形态突破之后的回抽确认,展开主升浪的概率较高,这是选择大牛股的技术面的第三个条件和思路。走主升浪的个股,其上涨之所以称为"真上涨",在于其涨升力度强劲、比较可靠,持有它就能获大利。

第七章 主升浪的捕捉窍门

第一节 从量能中捕捉主升浪

如何准确判断个股主升浪行情的来临与结束,对于投资者实践操作的成功,以及实际盈利有着十分重要的实战意义。通过对大量股票长期的跟踪,对主升浪之前、主升浪期间、主升浪结束之前以及主升浪结束之后四个时期的相关量价特征进行分析,为投资者总结出如何从量价关系中判断主升浪的来临与结束,以及相应的量价特征与判断方法、操作策略,为实盘操作提供有用的参考。

一、主升浪与换手率的关系

在行情的不同阶段,个股换手率反映出的个股成交量的变化与量价关系理论中的"量在价先、量增价升、量缩价跌"有着惊人的一致。

(1)一般情况下,个股在主升浪开始前10个交易日的平均换手率在2%以上,个股如果较长时期保持2%以上的换手率,应当视为换手相对活跃状态。对于这样一段相对活跃且维持较好的盘面现象,通常是行情来临前的一个蓄势过程,盘面呈现温和持续放大状态,因为在主升浪背后一般都有庄家在运作。根据长期的实盘经验可知,庄家在启动股价之前,一般都会有一个洗盘或震仓的过程,而且,换手率保持相对活跃而涨跌幅有小幅震荡下行的趋势,这些盘面特征与庄家的做法相符。

随后,在整个主升浪期间猛增到每日5%以上,而在主升浪结束前5个交易日更是进一步上升至每日换手6%左右,三个阶段平均换手率呈现出的明显增加反映出成交量的逐步放大。而后在主升浪结束后5个交易日的平均换手率迅速回落至5%以下,不仅低于主升浪结束前5个交易日的6%,甚至低于整个主升浪期间的5%。因此,从反映成交量多寡的换手率上就可以清晰地看到个股在主升浪期间及其前后的行情走势变化，而这似乎已经不再需要知道其具体的涨跌情况，这正是量在价先的真实体现。

（2）从主升浪开始前10个交易日的换手率上看，在临近主升浪之前个股平均换手率一般都维持在3%以下，这个水平也在一定程度上反映出作为主升浪行情的前奏，维持2%以上的每日非低迷换手率也是相当必要的，总体来说，当个股在一定期间内换手率低于3%时，行情进入主升浪的可能性较小。

在进入主升浪期间后，个股换手率明显上升。个股进入上升周期且平均换手率达到5%以上，相比前期有了明显的放大，走出量增价升的走势，此时在周K线中，换手率一般在25%以上，说明市场已经进入主升浪，投资者应重点把握。

（3）在主升浪结束前，换手率平均达到6%左右的高点，这意味着在上升行情过程中换手率出现较之前一个明显增加的过程，那么往往意味着这波主升浪行情的结束，这对于投资者判断卖点相当重要。而即使投资者未能及时发现这一点情况，那么从随后主升浪结束，换手率迅速下降至5%以下来看，若个股在主升浪行情期间换手率与股价经过了一波明显上升之后，随即换手率迅速下降则意味着前期行情拐点已现，此时投资者应当坚决离场观望或是减仓操作。

二、主升浪与涨跌幅的关系

根据多年经验可知，主升浪启动前有一个微跌过程，而在进入主升浪后日平均涨幅在3%以上，在主升浪启动前后涨幅出现了明显的扭转。尽管前期出现微跌走势，但随后则出现明显的加速上涨行情，且主升浪持续时间一般为4~5个交易周，此时投资者大可不必在个股走势尚未明朗之前进行买入操作，而应该在明确判断个股已经进入主升浪行情以后再进行买入，这样既可最大限度地规避风险，同时亦能获得相当大的主升浪涨幅收益。

为什么主升浪启动之前，股价会有小幅下跌呢？这是庄家的一个洗盘过程，因为此时投资者仅从股价变化来看甚至有加速下跌之势，往往会选择卖出。但如果明确"量在价先"的原则，从换手率的变化中就可以认识到盘面的持续活跃和股价不寻常的下跌呈量价背离状态，这是行情将会出现拐点的标志，前期的换手微减和股价的震荡下行将出现反方向的改变，那么投资者忍耐一时则可以成功熬过庄家的洗盘而顺利进入主升浪盈利期。

一般而言，后期主升浪出现的上涨力度与之前的蓄势有相当的关系，行情来的越猛前期蓄势的力度就要求越大，换手吸筹和洗筹也越剧烈，而后期行情较舒缓则前期换手就相对温和。

在进入主升浪之后，股价平均涨幅出现了明显的拐点，此时暴涨式主升浪高达6%以上的日平均涨幅，远高于慢牛式主升浪的个股涨幅，但10个交易日之后，股价将出现小幅回跌的情况，而此时一般的慢牛式主升浪仍然保持2%左右的涨幅，所以暴涨式主升浪的快速退潮进一步向我们揭示了急速拉升的风险。

同时，在主升浪将结束之前与换手率变化相同，涨幅也出现了一个明显的上升过程。主升浪结束前5个交易日的日平均上涨幅度在3%左右，超过整个主升浪期间的平均涨幅，而在主升浪见顶后的5个交易日内，行情陡然逆转，平均每日跌幅可能高达2%左右，相比行情启动前的每日微跌，已让投资者难以承受。这也说明，投资者对于行情的判断不仅在于买点的抉择上，对于卖点的判断同样十分重要。一般来说，在主升浪行情中，若出现了成交换手与涨幅明显加速拉升的时候往往是见顶的先兆，投资者此时应当谨慎操作，一旦从涨幅和换手变化上确定行情逆转，则应当及时采取相应操作，不应抱有侥幸心理。

三、从量价中研判主升浪

因为量价变化明显且主升浪有一定的持续性，即使投资者未能在第一时间发现行情的来临，对于后期的买入盈利影响都不会很大，反倒是如何判断主升浪的结束，进行卖出操作，保住前期来之不易的利润，对于投资者而言更难，但却具有重要的现实意义。为此，对主升浪结束前后的量价变化特征为投资者做如下分析：

（1）投资者应当明确主升浪的持续性是有限的，永远上涨的股票是不存在的，同时涨得越猛的股票其持续上涨时间就越短。

（2）根据"量在价先"的原则，在主升浪期间投资者更应注意换手率的变化。主升浪期间平均换手率应当呈现一定的放大过程，同时，在整个主升浪期间的平均值一般在5%左右，若是在主升浪进行了一定时间以后，出现换手率进入明显放大的阶段，同时涨跌幅也随之拉升，往往意味着主升浪结束的来临，此时投资者就应当提高警惕，特别需要注意换手率的变化，一旦出现天量或天价都是卖出信号。

（3）即使投资者由于种种原因没能在见顶的第一时间进行卖出操作，也可以通过主升浪结束后换手率明显萎缩和股价同时下跌来进一步确认行情的结束，并坚决卖出离场，最大限度地保存前期利润。同时，应当理性地看到，在实际操作中要做到最低点买入和最高点卖出几乎是不可能的，但通过分析与判断，结合多种方法对市场和个股进行决策，可以抓住其行情大体走势，最后的回报依然值得期待。

（4）在面对不同类型的主升浪走势时，应该根据其各自的时空关系采取相应的策略。一般来说投资者在面对来势凶猛的快速拉升行情时，不要被短期巨大的收益冲昏头脑，心里应该有个底，那就是这样的行情持续时间有限，一旦出现卖出信号就应该坚决离场。如果手中拿着的是慢牛盘升类的个股，则应该抵制住其他快速拉升的诱惑，心里应该知道，慢牛股来得慢但持续时间长，相对于换股追涨的风险，不如拿好手中的筹码持股待涨。

（5）总体来说，在行情来临之前，市场量价规律已经传递出某种信息，投资者应该认识到市场大环境和变化趋势，通过观察那些个股存在以上量价变化特征，作为可能有大行情的个股。其中需要注意两点：一是首先要明确"量在价先"的原则，量为主、价为辅，不要过多地纠缠于价，应当明确价的变化只是量的一种配合而已；二是应当根据换手率的变化情况和个股历史上换手率的一个综合表现来判断，如果出现主升浪将会是慢牛式的还是暴涨式的，这样才能对后面的行情做到心中有数，胸有成竹。

（6）最后值得一提的是，对于广大投资者而言，如果说行情开始之前的跟踪研究要求过高，难以把握和分析，那么行情启动之后依照上述的分析思路将个股行情性质先做判断划分，再依据不同性质主升浪的量价表现情况，来选择、判断买点和卖点，应该依然收获不小。

上述量价分析的结论尽管是来源于主升浪的研究，但任何一次规模上涨又何尝不是一个个缩小版的主升浪呢？因此在实盘操作中，依然应该而且是理所应当地将量价分析的思路贯穿其中。

第二节　从均线中捕捉主升浪

在股市实战中，精选个股有很多技术分析方法，但都离不开技术的最根本因素：量、价、形、线。其中的"线"，主要是指均线系统，从均线中快速捕捉即将拉升的个股。下面介绍几种实战效果比较好的、用均线系统捕捉主升浪的技巧。

一、均线系统收敛法

均线系统即5日、10日、30日、60日均线。具体运用方法：当庄家吸筹时成交量逐渐放大，股价随之上升，5日均线上穿10日均线之后，5日、10日又上穿30日均线，在整个均线系统形成多头排列后，股价也有了一定涨幅，这时庄家自然要洗盘。洗盘时庄家一般会将股价压得很低，股价先后跌破5日、10日和30日甚至60日均线，使短期均线呈空头排列，5日和10日均线持续走低。但由于是洗盘性质，上升通道的中长期30日或60日均线一般不会受影响，仍然是处于向上或走平状态。这时10日均线经过前期的回落后与上升中的或走平的30日均线形成收敛状态，在10日均线与30日均线收敛的过程中，回落的股价开始企稳并逐步上穿收敛中的10日和30日均线。这时投资者就要注意了，一旦某天股价放量突破上方的30日或60日均线，最好是以光头阳线突破上涨，那么当天收盘前就是最好的介入点。

图7-1，全柴动力（600218）：股价企稳后出现小幅回升走势，然后展开洗盘调整，股价回落到前期低点附近再次企稳，疑似构筑双重底迹象，同期的5日、10日均线与30日均线呈收敛状态。2019年1月14日，股价跳空高开，突破双重底形态的颈线压力，均线系统向多头发散，并构成一个"金三角"形态，从此开启一轮主升浪行情。

这种方法经过长期实践后可知，其成功率非常高，中短线操作皆宜。之所以要两根均线收敛后，放量突破30日或60日均线再介入，是因为经过庄家长时间的洗盘后市场成本趋于一致，再放量突破30日或60日均线，则说明庄家洗盘结束，各方面条件都已具备，真正的快速拉升或牛市行情上涨将要开始。这里只是提供一个思路和方法而已，在实盘中有很多这样的例子，投资者不妨自我进行总结，一定会发现其中的奥妙所在。

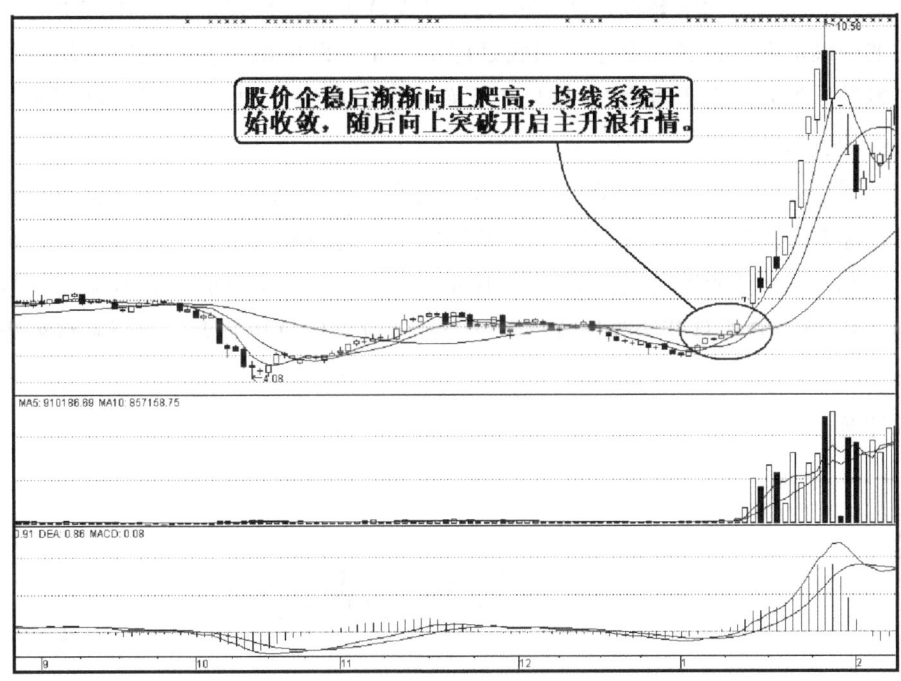

图 7-1 全柴动力（600218）日 K 线图

二、均线系统发散法

短中期均线发散法，主要是使用短中期均线来预测变盘的一种技巧。一般来说，5 日、10 日、30 日这三条短中期均线的全部或者部分接近黏合，股价在波段高位或者低位的变盘概率较大，通常黏合越紧密、越多、持续时间越长，后市突破的力度越大。理由是：绝大多数情况下，不同时间的均线所代表的市场平均成本，其本身应该是不同的。也就是说，相同或接近，是偶然的、暂时的；不同的，才是经常的。

在上升趋势初步形成后，因股价开始洗盘，此时 5 日、10 日均线走平或下行、30 日均线上行，然后三条均线黏合，这种情况下的 K 线形态往往是上升过程中的中继整理形态或阶段性顶部形态。那么到底是上升中继还是阶段性顶部呢？这取决于均线如何发散。如果"向上发散"，则大多是在上升中继形态的基础上展开新一波上涨行情，通常此时容易产生主升浪行情，或是波浪理论中的第 3 推动浪。相反，如果"向下发散"，则谨防阶段性顶部构成。

在下跌过程中同样是如此，如果 5 日、10 日均线走平或上行、30 日均线下行，然后三条均线黏合，这种情况下的 K 线形态往往是经过阶段性下跌之后的中继形态或者底部形态。到底是底部还是下跌中继，同样取决于均线如何发散。如果"向下发散"，则属于下跌中继；如果"向上发散"，则属于阶段性的底部。

图 7-2，连云港（601008）：该股见底企稳小幅回升后，形成窄幅盘整走势，随着震荡整理的持续，原先呈多头排列的均线系统，渐渐收敛几乎黏合在一起，说明此时股价已进入一个相对均衡的状态。庄家成功完成建仓计划后，从 2019 年 2 月开始股价持续向上走高，成交量温和放大，说明有场外资金持续介入，均线系统出现向上发散。之后，经过一段爬高走势后，股价出现加速上涨。

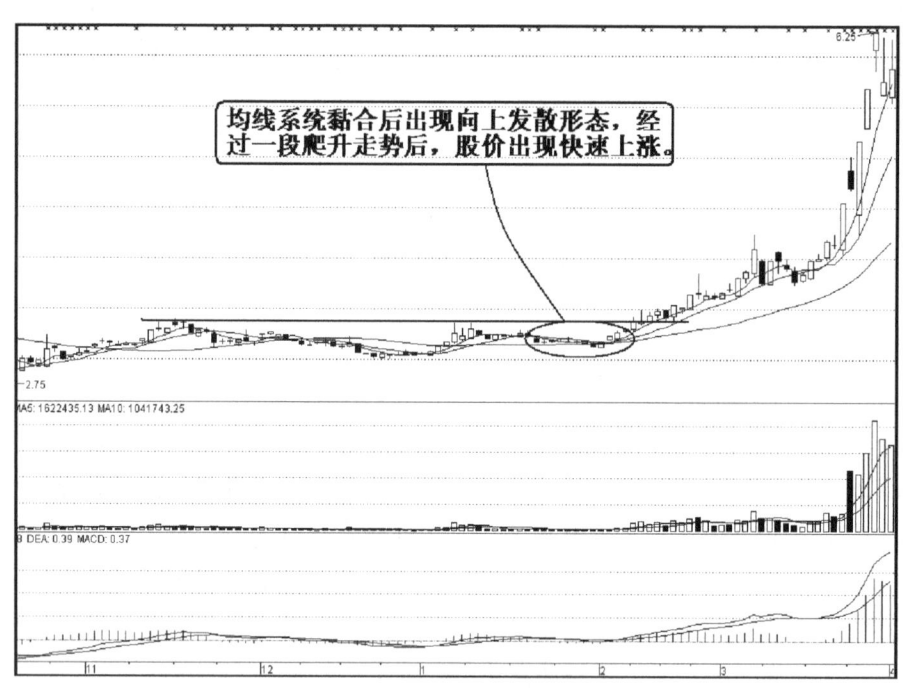

图 7-2　连云港（601008）日 K 线图

图 7-3，北斗星通（002151）：该股见底后出现一波小幅反弹行情，然后进入长时间的盘整走势，此时 5 日、10 日、30 日以及 60 日均线相互缠绕在一起，基本形成黏合状态。当庄家洗盘结束后，开始向上发力，股价出现向上突破，均线系统呈现多头发散，一波飙升行情立即展开。

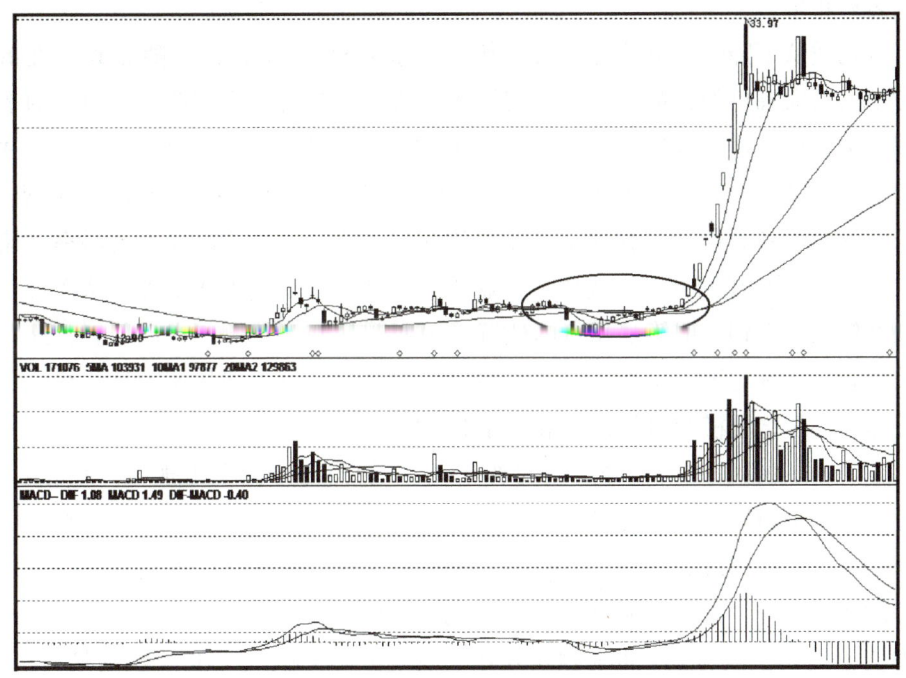

图 7-3　北斗星通（002151）日 K 线图

通过上述两个实例的分析，不难发现这样的启示：均线系统的黏合是股价突破之前的宁静，预示股价将发生山崩地裂的走势，一旦形成突破，就像脱缰的野马开始疯狂地奔腾了。投资者在实盘中遇到这种盘面现象时，应当奋起直追，纵身跃上马背体会一下骑马的惬意。

三、均线系统拐点法

关于均线理论，一般看得最多的就是均线的金叉和死叉，均线多头和均线空头，或者关注均线的斜率对 K 线的支撑和阻力，以及均线的平滑度对涨跌速度的影响。均线的这些特点固然重要，但对于涨跌方向和市场趋势而言，"均线拐点"显得格外重要。当市场重要的均线出现拐点后，原来的涨跌方向和运行趋势就会改变，此时就要改变原来的操作方向。

（1）均线运行中的一二三拐点。均线的运行方向基本是由上升、下降、横向组合而成，上升时就是上涨行情，下降时就是下跌行情，横向时就是震荡行情。在把握进场时机时，要在均线出现拐点时顺势而为，一般在均线出现第一拐点时开始关注，出现第二拐点和第三拐点时都可以逢低做多并严格设置好止损。

均线从下降转为上升的三拐：当一条均线下降很久之后，随后K线在低位筑底后大幅反弹，最终成功突破均线，然后均线的运行方向就由原来的下降转为上升，当均线的角度从负数转为正数时，这里就称为"均线拐点"，并定为均线的第一拐点。但是，只有当均线出现第二拐点时才能确定第一拐点。只有K线突破均线后能快速上涨脱离均线，才能带动均线以较大的斜率迅速上升，然后K线回调至均线之上，盘整后突破盘整平台再次上涨，从而带动均线第二次上拐，但第二拐点的位置必须要明显高于第一拐点的位置，这样第一拐点就确立了。反之，如果K线突破均线后一直不能快速脱离均线，一直压在均线之上横向盘整，后市将可能继续下跌。

"一拐关注，二拐进场，三拐加仓"。一般当均线向上出现第一拐点后，都会有一个超短线的交易机会，上升速度和上涨幅度不尽相同，但上涨之后都会出现回抽均线的现象，以确认突破的有效性。在K线回抽均线时，均线呈圆弧形上升，并不因K线回调而下拐，就会对K线产生较强的支撑作用，即使K线又跌破均线，也能很快收在均线之上并突破上一根K线的最高价。当K线再次返身上涨时，就会带动均线出现第二拐点。当均线出现第二拐点时，其实就是K线第一次回抽均线后又一波上涨行情的启动点，这是一个相对安全的做多位置。当均线出现第三拐点，也就是K线第二次回抽均线，只要均线仍然保持较大的斜率向上发散，还可以逢低做多。但每次进场的原则就是以小博大，因此，必须要严格设置止损，错了就要认赔出局以避免大的亏损。

均线从上升转为下降时，也会出现三拐，盘面现象和研判方法与上述相反。

当然，均线的运行形态是千变万化的，没有绝对的固定形态，只不过相同的就是均线从一个方向转到另一个方向，都先出现"均线拐点"，然后才可能确立方向的改变。均线的周期越长，出现"均线拐点"后的意义就越重要。K线图的周期越长，出现"均线拐点"后的趋势就越持久。在实盘操作中，可以从自己熟悉的某条均线（如20日、30日、60日以及神奇数字21日、34日、55日等）出现的"均线拐点"，来把握市场趋势拐点带来的投资机会。

（2）以21日均线为例，在把握波段拐点方面做一些简要的分析。

21日均线出现的拐点，对判断趋势非常重要，无论哪个周期的K线图，当 K 线成功突破 21 均线或有效跌破 21 日均线，21 日均线出现了向上或向下的拐点，K 线都会改变原来的运行速度和运行方向。在研究 K 线理论和均线理论时，很少有人注意 K 线运行的速度和均线出现的拐点。速度决定力度，K 线的运行速度越快，涨跌的力度就越大，当 K 线突破一条均线，K 线的运动速度提升了一个级别；当 K 线跌破一条均线，K 线的运动速度降低了一个级别。21 日均线是 K 线运动速度的一个关键点，只要成功突破 21 日均线或有效跌破 21 日均线，K 线在运动速度上都会出现质的转机。用日线图中的均线判断市场转机和趋势强弱时，主要就是以 21 日均线来判断。

在下跌过程中，只要 K 线尝试向 21 日均线上冲，就表示 K 线拒绝下跌，K 线向 21 日均线上冲的次数越多，向上突破的可能性就越大。而 K 线每一次上冲 21 日均线，都会减缓 21 均线的下降斜率，当 K 线成功突破 21 日均线之后，就表明 K 线的运行速度又提升了一级，随后只要 21 日均线出现向上的"均线拐点"，市场将进入上涨波段。在 21 日均线下降的斜率变得平缓后，尤其是 MACD 指标在低位走出圆弧底形态并形成金叉，当 K 线成功突破 21 日均线，21 日均线出现向上的拐点，就有一定的上涨空间。随后只要 21 日均线保持一定的斜率向上发散，市场就是强势的。K 线图的周期越长，趋势的持续性就越持久，上涨的空间就越大。

同样，在上涨过程中，只要 K 线屡次向 21 日均线下探，就表示 K 线拒绝上涨，K 线向 21 日均线下探的次数越多，向下跌破的可能性就越大。而 K 线每一次下探 21 日均线，都会减缓 21 日均线的上升斜率，当 K 线有效跌破 21 日均线之后，就表明 K 线的运行速度又降低了一级，随后只要 21 日均线出现向下的"均线拐点"，市场将进入下跌波段。在 21 日均线上升的斜率变得平缓，尤其是 MACD 指标在高位走出圆弧顶形态并形成死叉，当 K 线有效跌破 21 日均线，21 日均线出现向下的拐点，就有一定的下跌空间。随后只要 21 日均线保持一定的斜率向下发散，市场就是弱势的。K 线图的周期越长，趋势的持续性就越持久，下跌的空间就越大。

图 7-4，金通灵（300091）：在下跌调整的末期，K 线对 21 日均线多次发起攻击，使 21 日均线下降斜率放缓。不久，K 线向上突破 21 日均线的压制后继续上涨，带领 21 日均线由下降状态转为上行状态，形成第一拐点，同期的 MACD 指标形成金叉，表明市场渐渐转向强势，此时投资者应密切关注后市的变化。经过一段时间的洗盘整理后，K 线再次向上突破，并带动 21 日均线上行，形成第二拐点，表明庄家洗盘换手结束，股价进入新一轮上涨行情，

此时可以积极跟进做多，随后股价出现牛市上涨行情，累计涨幅巨大。

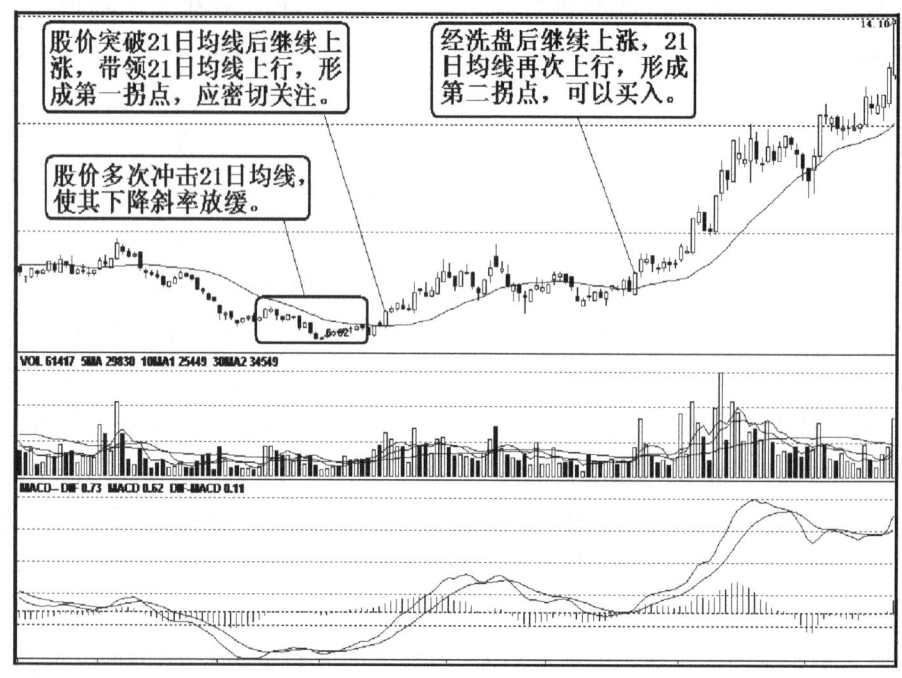

图 7-4　金通灵（300091）日 K 线图

在实盘操作中，用 MACD 指标配合 21 日均线把握进出时机，具有较好的效果。在上升趋势中，只要 MACD 指标已形成金叉，21 日均线开始上拐，贴着 21 日均线逢低做多，把止损设置在 21 日均线之下的位置，止损的成本低，成功的概率高，上涨的空间大。在下降趋势中，只要 MACD 指标已形成死叉，21 日均线开始下拐，贴着 21 日均线逢高做空，把止损设置在 21 日均线之上的位置，止损的成本低，成功的概率高，下跌的空间大。

图 7-5，跨境通（002640）：该股盘面也非常清晰，K 线突破 21 日均线后，引领 21 日均线上行，构成第一拐点。然后，经过一段时间震荡整理后，股价再次向上突破，从而产生第二拐点，同期的 MACD 指标在 0 轴上方红柱加长，成交量出现放大，说明盘面处于强势之中，是一个较好的买点。

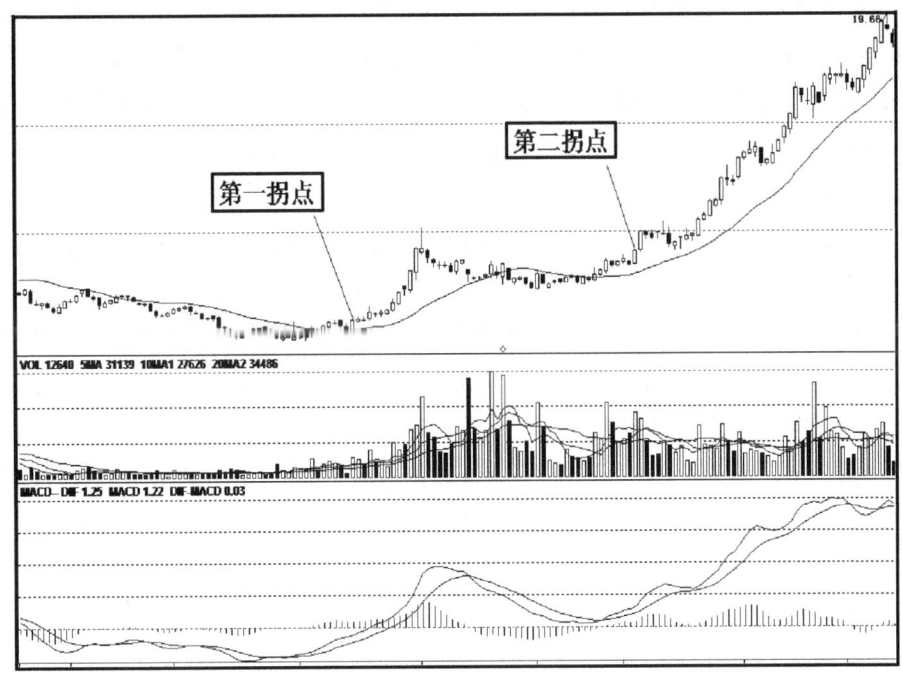

图 7-5 跨境通（002640）日 K 线图

第三节 从 K 线中捕捉主升浪

K 线作为一种通俗的分析方法，以其直观、易懂、实用而被广泛运用。在判断市场涨跌动能方面，K 线技术在所有的技术分析方法中处于首要地位，这正是许多投资者潜心研究和广泛使用 K 线的重要原因。在捕捉主升浪行情时，K 线技术起着主导作用，这里介绍用 K 线捕捉主升浪的几种方法。

一、单日大阳线捕捉主升浪

大阳线具有强烈的反转或持续强势上涨意义，因此运用一根大阳线就可以捕捉一波主升浪行情，但必须是一根具有重要意义的大阳线，那么主升浪之前的大阳线有什么特征呢？

（1）突破。它是一根标志性大阳线，成功突破重要的阻力位，例如一个技术形态、整理盘区（密集区）、趋势线或均线、关键窗口（时间或点位）等。

（2）位置。必须出现在上涨中途或是洗盘整理后，具有加速或突破意义，这一点非常重要。特别注意：虽然底部的大阳线很可靠，但实盘操作中，底部的大阳线往往很难直接引发主升浪，它只是一个底部企稳或反转信号，因而不能担当启动主升浪的重要角色；同样，高位的大阳线也不可能是一个主升浪信号，这常常是庄家出货的手段。

（3）量能。大阳线在具备上述两个特征时，必须要有成交量的积极配合，量价具有韵律，缩量或巨量都是不可靠的，很难引发主升浪。

（4）实体。大阳线实体涨幅应在5%以上（可用形态来代替，如"红三兵"、跳空并列线），短小的阳线不可靠，通常阳线实体较长，上下影线没有或很短，向上攻击力度越大。

图7-6，华泰证券（601688）：该股庄家在长时间的底部震荡整理过程中，成功地完成了建仓计划，股价渐渐走强，不断收出多根上涨大阳线，但这些阳线只不过是见底企稳信号，而不是主升浪启动信号。随后进行了一段时间的横盘蓄势整理，以"红三兵"的方式，放量向上突破横盘整理区后，出现一轮主升浪行情。

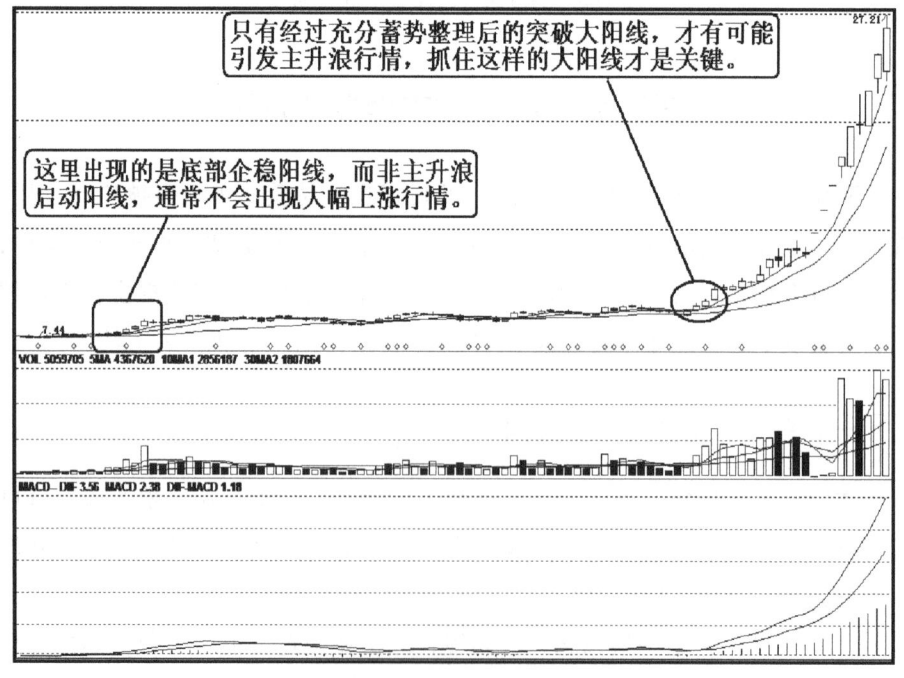

图7-6 华泰证券（601688）日K线图

从该股走势图中可以看出，前面的阳线只是一般的见底信号，可以作为中长线抄底的理由，后面的大阳线才是真正的主升浪信号，能捕捉这样的信号就是股市冲浪高手。

图7-7，深天马A（000050）：这是一个突破盘整区域的例子。股价经过长期的下跌调整后，市场处于底部区域，也就是说市场已经到了跌势的后期，股价开始在低位震荡，幅度渐渐收窄。经过一段时间的筑底盘整后，庄家故意制造了一个实头陷阱，然后在2019年2月11日在底部区域出现了放量涨停大阳线，从而宣告下跌趋势结束，市场大底形成，从而产生一波反转上涨行情。

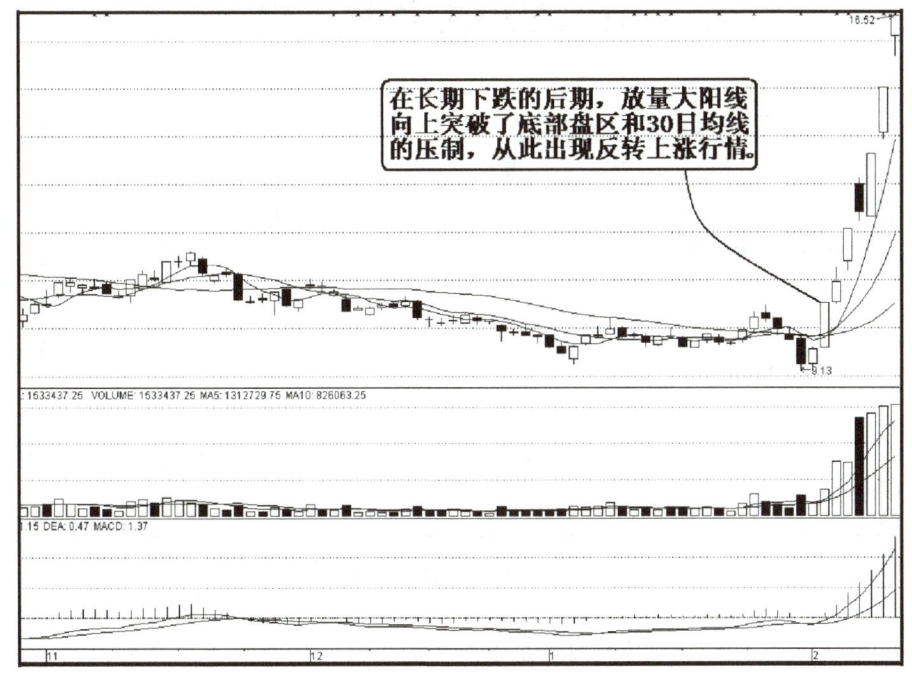

图7-7 深天马A（000050）日K线图

为什么这根大阳线出现后，股价就立即走强呢？从图7-7中可以看出，该股在经历了一段时间的下跌行情之后，在底部出现横向震荡走势，庄家吸纳了大量的低价筹码。在低位出现了这根大阳线，预示着调整行情将要结束，后市将迎来上涨行情。特别是第二天股价继续走强，再次收出一根涨停的大阳线，并且成交量也出现了放大，这说明买盘明显增加，随后股价就走出了一波快速上涨行情。

由此可见，投资者在遇到这种情形时，一定要注意第二天的股价走势，以及在这之前的几天里股价的下跌速度是否放缓。千万不要在股价经过一波下跌行情之后出现了大阳线，就盲目地追进，那样很容易被套。

图7-8，成都路桥（002628）：该股见顶后持续下跌，累计股价跌幅较大。从2018年6月下旬以后，下跌势头明显放缓，渐渐形成横盘整理走势。7月19日，一根放量涨停大阳线拔地而起，向上脱离了底部盘区，并收于30日均线之上，次日继续涨停，从而产生一波快速拉升行情。

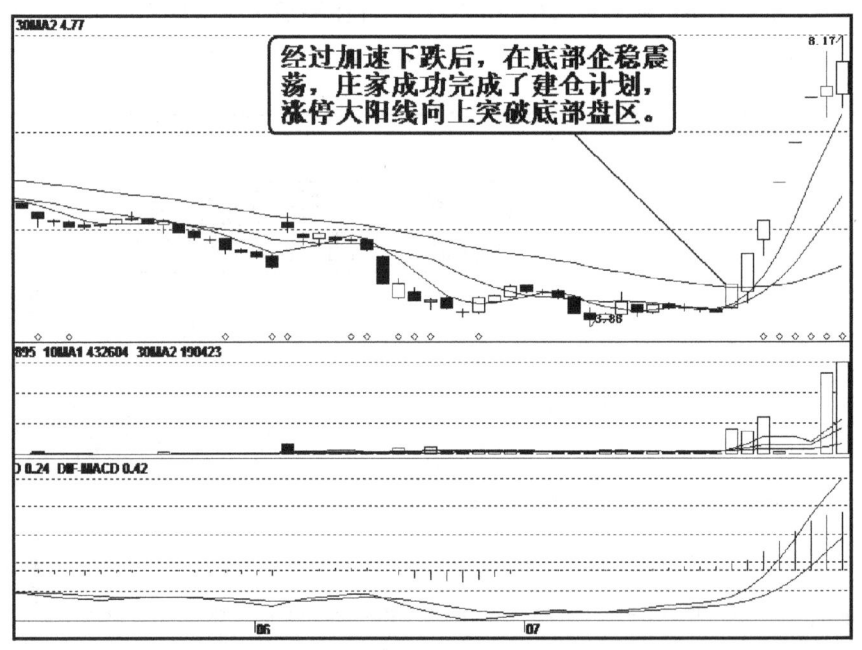

图7-8　成都路桥（002628）日K线图

有人认为，该股这根大阳线是下跌中继形态，而不是止跌回升信号，后面的上涨纯属意外。那么如何看待这样的大阳线呢？通过盘面分析，可以得出如下几点信息：

（1）在出现大阳线之前，成交量大幅萎缩，基本处于地量水平，表明盘中抛压不重，下跌动能不强，属于无量空跌现象，股价随时会出现止跌反弹。

（2）在出现大阳线之前，股价远离移动平均线，乖离率偏大，根据葛氏移动平均线八大买卖法则，股价有回归均线附近的要求。

（3）在出现大阳线之前，股价累计跌幅较大，下跌空间基本被封闭，已经出现明显的横盘企稳整理，市场至少需要一次技术性修复走势。

（4）在出现大阳线的当天，成交量明显放大，显示多头力量暗流涌动。

(5) 在出现大阳线之后，成交量持续放大，股价继续维持上涨，说明买盘积极介入，后市股价向上走高可能性较大。

投资者在实盘操作中，遇到这种大阳线时应积极跟进，后市上涨的高度视成交量和其他技术指标的变化而定。

图7-9，华锋股份（002806）：该股经过长时间的下跌调整后，股价渐渐见底企稳回升。庄家向下打压股价后，吸纳了大量的低价筹码。当股价回升到前期盘区附近时，出现震荡整理走势，此时盘面出现二次探底，技术形态遭到了严重破坏，但股价很快重回30日均线之下。然后重返30日均线之上，在盘区附近庄家展开洗盘整理，此时股价再一次回落，并击穿了30日均线。2018年4月17日，一根放量涨停大阳线向上拉起，表明洗盘整理结束，从而开启一轮快速上涨行情，短期涨幅十分惊人。

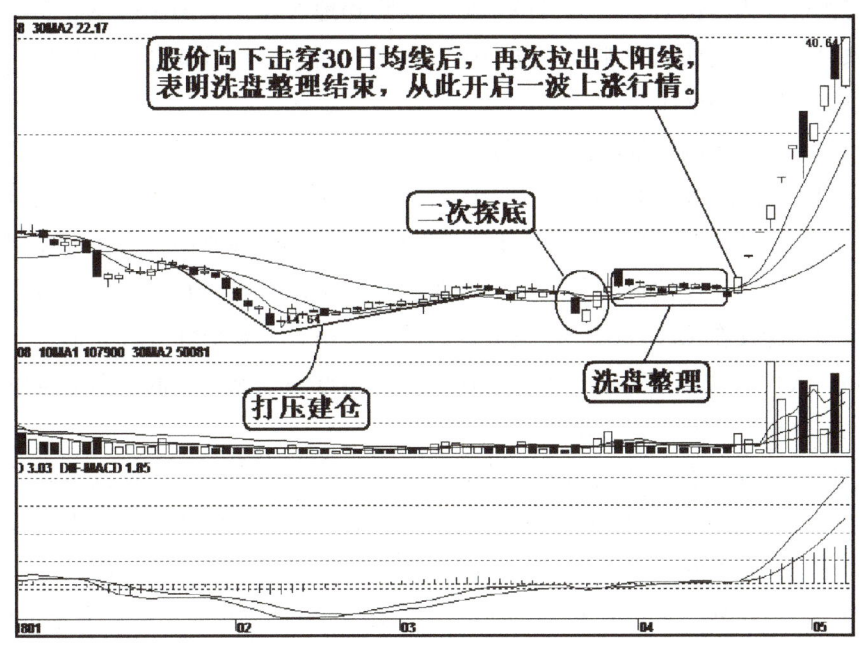

图7-9 华锋股份（002806）日K线图

从图7-9中可以看出，这根上涨大阳线也是洗盘结束的标志，该股处于长期调整后的底部区域，股价出现明显的企稳回升迹象，但总体升幅不大，此时庄家不可能出货。在股价向下突破后，成交量也不大，下跌幅度也不深，说明盘中抛压并不大，因此这是正常的洗盘调整走势。当大阳线向上突破均线系统时，表明洗盘调整成功结束，后市将迎来上涨行情，此时可以积极跟进做多。

洗盘就是庄家运用种种手法，驱逐场内散户离场，吸引场外散户进场，使流动筹码进行成功换手，以提高市场平均持仓成本，庄家达到顺利拉升和派发。因此，洗盘结束后股价将再现上涨行情，投资者抓住洗盘结束后的买入点，就是抓住了大行情的起涨点，所以掌握洗盘结束后的大阳线的一些技术要点非常重要。

洗盘结束后的大阳线盘面特征：①出现在小幅上涨行情中；②股价重心向上，回调一般不会跌破大阳线开盘价；③成交量温和放大，但不会出现爆量；④起到空中加油作用，进一步拓展股价上升空间。

在实盘操作中，如果能够正确区分洗盘与出货，就可以从容出入，自由驾驭，稳赚不赔。然而，分清洗盘和出货是件很不容易的事，很多人不仅无法完全正确判断洗盘和出货，而且往往会在两者之间造成误判。当庄家洗盘的时候误以为是出货，慌忙出逃，结果眼睁睁地看着到嘴的肥肉飞了。等到庄家出货时，又误以为那只不过是庄家在洗盘而已，在最危险的时候死抱股票不放，结果被套了。

那么如何正确区别洗盘与出货呢？

（1）洗盘深度一般不会很大，因为深度过大往往让散户识别后趁机捡走筹码，因而洗盘时股价一般不会下破30日均线，即使在盘中下破也会在尾市拉起。出货时庄家的目的是让手中的获利筹码尽快卖出，并不介意下破多少条均线。即使在杀跌过程中在尾市拉起，亦只是力求卖个好价钱或拖延下跌时间。从日K线图形上看，出货往往表现为高点一个比一个低，而低点也一个比一个矮，重心下移明显。

（2）庄家洗盘往往利用大盘波动和个股利空消息进行，出货大多利用市场指数大幅上扬或个股利多消息趁机派发。如果庄家进驻股票时，投资者和整个市场一致看好后市的走势，为了获得足够的筹码，庄家一方面进行较长期的横盘打压外，另一个也会借助外力或内部利空消息进行洗盘。大家试想，庄家持有大量筹码，在突发性的暴跌面前怎能拔腿而逃？总结历史走势可以看出，每次暴跌都是逢低买入的时机，绝不是卖出的时候。

（3）洗盘的位置一般处于第一上升浪之后，有时也会在较低的位置，一般涨幅在30%以内。而出货一般出现在第5浪上升之后的高位区，涨幅一般大于100%，甚至更高。因此区分是洗盘还是出货，要看股价处于高档区域还是阶段性低位。投资者可以测算目前价位庄家是否有获利空间，若目前价位庄家获利很薄，庄家为坐庄苦心经营已久，岂会轻易弃庄而逃呢？若目前价位庄家获利较丰，则应高度警惕了。

（4）洗盘目的是吓出跟风盘，因而洗盘时庄家往往假戏真做，假出货真回购，把图形做得越难看越容易达到目的，图形上往往表现为大阴线。出货则是为了尽快派发筹码，出货则是真戏假做，把出货的企图时不时用一两根阳线来掩盖。从趋势上看，出货往往表现为高点一个比一个低，重心下移明显，而洗盘最终目的是向上突破。

（5）观察庄家的洗盘次数。庄家吸足筹码之后，如果是第一次进行洗盘，投资者不妨继续持股。如果是已经经过了几次洗盘之后再次出现回落，而且累积升幅已相当可观时，则要随时警惕庄家的出货。

（6）股价形态上连续出现多个上升缺口，高位的回落也伴随着缺口的出现，而且缺口短期内不予回补（3天之内不回补），说明庄家派货坚决，此时应立即离场观望。

（7）洗盘时股价快速回落，往往会击穿一些重要的支撑点位，但又迅速拉回，不有效击穿，说明庄家并不希望股价进一步走低，而是通过营造短期的空头气氛，将盘中浮筹震荡出局。在高位形成明显的头部形态，要求形态要大一些，判断的结果才更准确。

（8）洗盘时股价的回落呈现典型的无量空跌走势，在重要的技术支撑点位会缩量盘稳，"缩量跌"是洗盘的主要特征之一。对于持仓巨大的庄家来说，不会用大量筹码来洗盘，这既没有现实意义也没有必要，他们只会拿部分筹码来均衡市场。当盘中浮筹越来越少，成交量呈递减趋势，最终形成突破并伴随着成交量骤然放大，表明洗盘过程已经基本结束，新一轮攻势即将展开。庄家在派发阶段，股价见顶回落前或回落当天伴随着巨量，也就是筹码在大量抛出，成交量一直保持较高水平。庄家坐庄时，通常采取边拉升边派发筹码，以高位派发为主的战术。即使股价在回落后止跌盘稳，在造势过程中也不会再度大手笔买入，股价往往在顶部形成放量滞涨或无量空涨的现象，成交量比洗盘时密集得多。但出货后期成交量不一定迅速放大，而是呈阴跌状态，表明庄家出货完毕，股价由散户支撑，在这种情况下，股价必然继续一跌。

（9）均线发散趋势。洗盘时均线仍然向上呈多头排列，但上攻的斜率不是很陡，且喇叭口刚刚发散。出货时均线多头排列已被破坏或开始向下，先前上攻的斜率一般已经大于45度，且喇叭口发散程度放大，股价重心开始小幅下移。

（10）日K线是否连拉出阴线。洗盘一般不会，顶多拉2~3根阴线。出货后期时经常连拉大阴线。此外,从当天外盘与内盘的成交量对比看,两者也有所区别。洗盘时外盘与内盘成交手数差不多,出货时一般内盘(绿单)成交手数大于外盘(红单)成交手数,且经常有大卖单出现。

总之,面对庄家的各种形式的洗盘方法以及出货的方式,投资者应加以区分和辨别。如果能够正确地识别庄家目的,那么上下打压之时,就是逢低买入与逢高卖出的时机。如果庄家在高位出货,或遇有重大利空沽货,由于其所持有的筹码较多,投资者的卖出时机要比庄家更快,常会使股价形成巨幅波动,多次反弹,形成较多的短线机会,投资者可以把握更多的短线机会。虽然投资者害怕被庄家套牢,但庄家更怕被广大的投资者所抛弃。

二、双日 K 线组合捕捉主升浪

双日 K 线组合分析就是将前后两根 K 线组合在一起,根据其开盘价、收盘价、最高价、最低价的排列情况进行分析研判,捕捉符合主升浪的重要形态组合,如旭日东升、包容线、早晨之星、孕育线等双日 K 线组合形态。双日 K 线组合形态在捕捉主升浪方面有以下技术要求:

(1)形态应具有突破性意义,即突破一个重要的技术阻力位,而不是一般的震荡走势。

(2)形态应出现在上涨中途或是洗盘整理后,既不是下跌趋势的末期(大多是见底信号,很少成为主升浪信号),又不是大幅上涨后的高位。

(3)成交量同步放大,量价配合默契。缩量或异常的放量都是不可靠的,很难引发主升浪的产生。

(4)形态的第二根大阳线应站于 30 日均线之上,5 日、10 日均线向上运行,30 日均线拐头上行或已经处于上行趋势之中。

下面详细分析各种双日 K 线组合形态。

1. 旭日东升组合

旭日东升 K 线组合具有底部反转或持续强势上涨的特征,它的形成过程可分三步:第一,在调整过程中收出一根大阴线或中阴线;第二,次日为一根高开高走(高开于第一天阴线实体之内)的大阳线或中阳线;第三,次日阳线收盘价高于第一天阴线开盘价。其技术分析要点如下:

(1)只有黑暗过后才可能会有阳光,形态之前股价要经过充分的洗盘或下跌,次日大幅高开的阳线收盘价超越前一日阴线的开盘价(实体之上)。

（2）在前期的洗盘或下跌时，成交量也未必会明显放大，关键是看后期的增长情况，如果出现持续地放量，则为股价的进一步上涨减轻了压力，形态的可靠性越大。

（3）标准形态要求前后两根 K 线的实体大小近乎相等，略有差异但不能过于明显，至少第二根 K 线不能小于第一根 K 线。如果第二天阳线的长度长于第一天阴线的长度，则上涨力度更强。

（4）第一天阴线的最高价是后市股价回调的支撑点，只要在该位置得到有效支撑，形态的看涨意义就不会改变。

图 7-10，世纪瑞尔（300150）：该股见底后出现小幅上涨，2014 年 7 月 23 日一根大阴线跌破了 30 日均线的支撑，显示股价有继续下跌趋势，盘面有进一步做空迹象。可是，出乎意料的是第二天股价出现高开高走，当日收一根涨停大阳线，与前面的这根阴线组合一起，就形成了旭日东升 K 线组合形态。从此，股价结束调整走势，继而出现一波快速上涨行情。

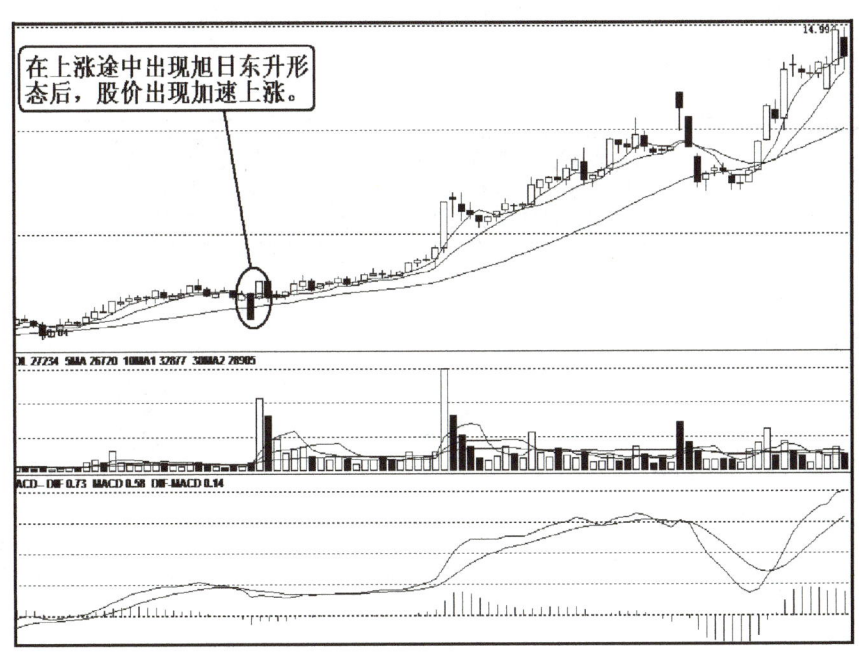

图 7-10　世纪瑞尔（300150）日 K 线图

2. 曙光初现组合

在股价经过很长一段时间的下跌之后，空方的量能已经得到了比较充分的释放，股价已经毫无下跌空间了，于是盘面上出现了十分强烈的转势信号。在某两个交易日里，前一个交易日里收出了大阴线或是阴线，延续了原来的下跌势头，后一个交易日股价跳空低开进一步加强了下降的气势，但是市场迎来了报复性反弹，立即收出一根截然相反的大阳线或中阳线，且大幅深入到前一根阴线实体的中部，说明原先由空方控制的局面即将成为过去，早晨的阳光已经普照大地，盘面上一扫阴遁之气，后市股价走势将会迎来一片艳阳天，从而成为一个潜在的底部反转形态，且阳线穿入阴线的幅度越大，反转信号越强，所以这样的K线组合形态看涨意义十分强烈。

图7-11，中海达（300177）：该股在底部调整过程中，2018年3月23日收出一根跌停大阴线，加强了市场做空气氛，第二天受此影响股价跳空低开，可是很快股价涨了上来，不仅回到了第一天的收盘价附近，而且变本加厉地向上大大超越了这个水平，深入到前一天大阴线实体的1/2以上，说明多头气势十分强盛。一般而言，大阳线深入到大阴线实体越深，其形态底部反转信号的可能性就越大。这时一些观望者也加入了多头行列，进一步推动股价上涨，因此是一个看涨形态。

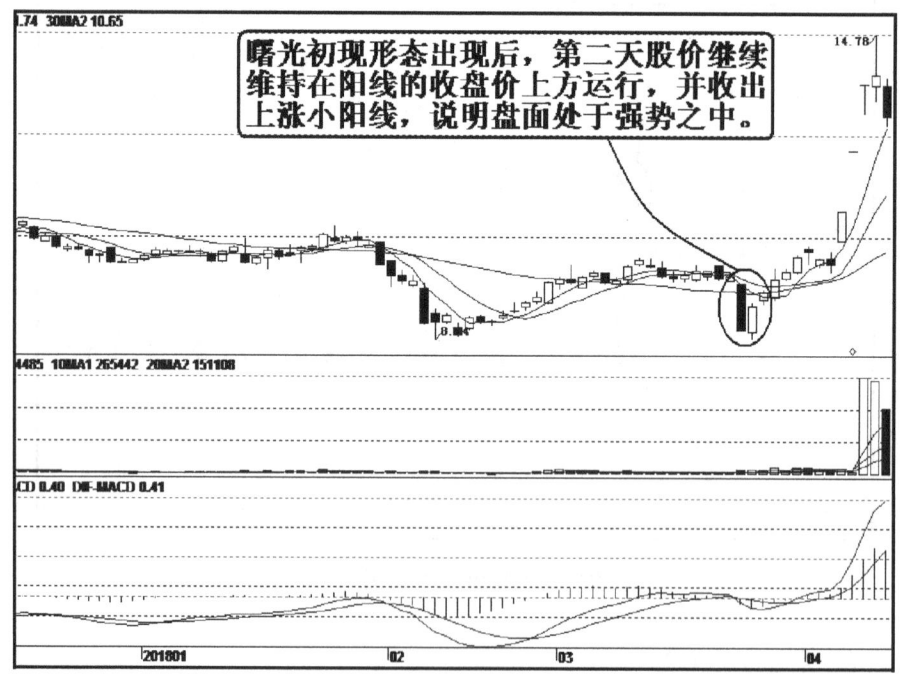

图7-11　中海达（300177）日K线图

曙光初现形态通常出现在股价下跌趋势的末端，如果股价已经有了很大的跌幅（跌去了50%以上），那么一旦出现这样的组合形态，就预示着前面整个下跌的趋势可能戛然而止，股价可能从此出现止跌回升走势。从实盘情形来看，曙光初现形态在盘面上出现的时候，应当有比较大的成交量相应配合，才是比较可靠的底部反转信号，如果成交量不但没有相应放大，反而有所萎缩，就特别值得警惕了，这样的态势通常表明，此时并不一定是股价见底信号，股价还有可能进一步下跌。这时出现的曙光初现形态，有可能是庄家为了坐庄目的而制造的多头技术陷阱。

3. 阳包容线组合

包容线主要由两根实体颜色相反的阴阳K线组成，出现在市场的转折点上，有分析意义的包容线多发生在底部和顶部。根据其颜色不同，可分为阳包容线和阴包容线两种。阳包容线也叫破脚穿头线，为利好形态；阴包容线也叫穿头破脚线，为利淡形态。

阳包容线出现在市场末期，先出现一根实体相对较小的阴线，第二天股价先跌破第一天阴线实体的低位部分，后呈急促反弹，突破第一天阴线实体的最高价收盘，形成一根大阳线，阳线实体两头都超过阴线实体的上下边，将第一天的阴线实体全面吞没。简单地说，就是在两根K线组合中，右边的阳线完全吃掉左边的阴线，第二根阳线的最低价低于第一根阴线的最低价，最高价则高于第一根阴线的最高价，就叫"阳包容线"。这种形态代表空头趋势结束，行情反转向上，因此阳包容线是空转多的底部反转信号。

图7-12，必创科技（300667）：股价见底后步入盘升行情，庄家采用边拉升、边洗盘、边整理的方式将股价不断推高，当股价回升到前期盘区附近时，庄家主动展开洗盘整理走势。2018年3月23日，一根接近跌停的大阴线向下击穿了整理小平台，而第二天一根涨停的大阳线向上拉起，收复了前一天阴线的全部失地，形成阳包容线形态，成交量也开始明显放大，说明洗盘整理结束，从此股价出现飙升行情。

其实，该股阳包容线形态中前面的大阴线并不可怕，其理由：一是股价距离前低位置不远，杀跌空间不大。二是杀跌动能不足，没有恐慌盘涌出，这一点从较小的成交量上就能得到解释。三是30日均线支撑非常有力，支持股价走高，这一点非常关键。

如果这种形态出现在股价经过一轮下跌趋势之后，且股价已经反复震荡

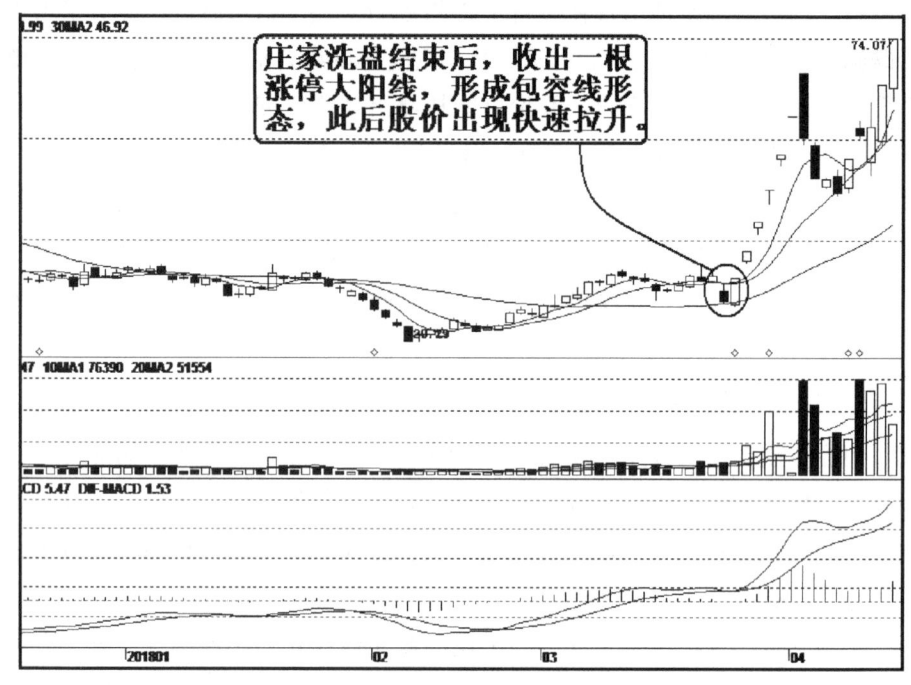

图 7-12　必创科技（300667）日 K 线图

筑底，或者是市场下跌的速度已经有所减缓时，那么此时出现"阳包容"形态，就具有一定的市场含义，预示股价即将进入反转上涨了。在操作策略上，投资者就应该选择时机进场操作。如果第二天股价开盘后能够继续走强，那么在当天的震荡中，投资者就可以在股价震荡回落时选择买进，此时是一个较佳的买入时机。如果第二天股价走势不是那么强劲，股价很可能会先震荡几天再反转。此时，投资者可以趁股价震荡时逐步买进，或者是等股价经过震荡后开始走强时，进场买进。

4. 孕育线短线技巧

在明显的下跌趋势中，出现一根大阴线会强化利淡的气氛，但第二天股价高开反映下跌力度放缓，有买入盘吸纳，但买入盘仍然谨慎，未见大幅抢高而使股价急升，故收盘时仍在前一日大阴线范围内，犹如母亲怀有身孕一样，形成利多的底部孕育线。细心观察此形态相对包容形态中的破脚穿头只有一点不同，破脚穿头中的第一根 K 线实体较短，第二天 K 线实体较长，而底部孕育线刚好相反，就是第一根 K 线实体较长，第二根 K 线实体较短。阳孕育线可合并为带长下影线的阴线或锤头线。

图 7-13，天华超净（300390）：2018 年 2 月 6 日，股价延续下跌趋势再次收出一根大阴线，大有加速下跌之势。可是，第二天却高开于大阴线实体之内，全天在前一天的大阴线实体之内运行，股价小幅走高，这样一根小阳线被前面的大阴线所怀抱，从而形成阳孕育线形态。说明股价下跌动力已经不足，从此经过一段时间的筑底后，股价出现一波快速拉升行情。

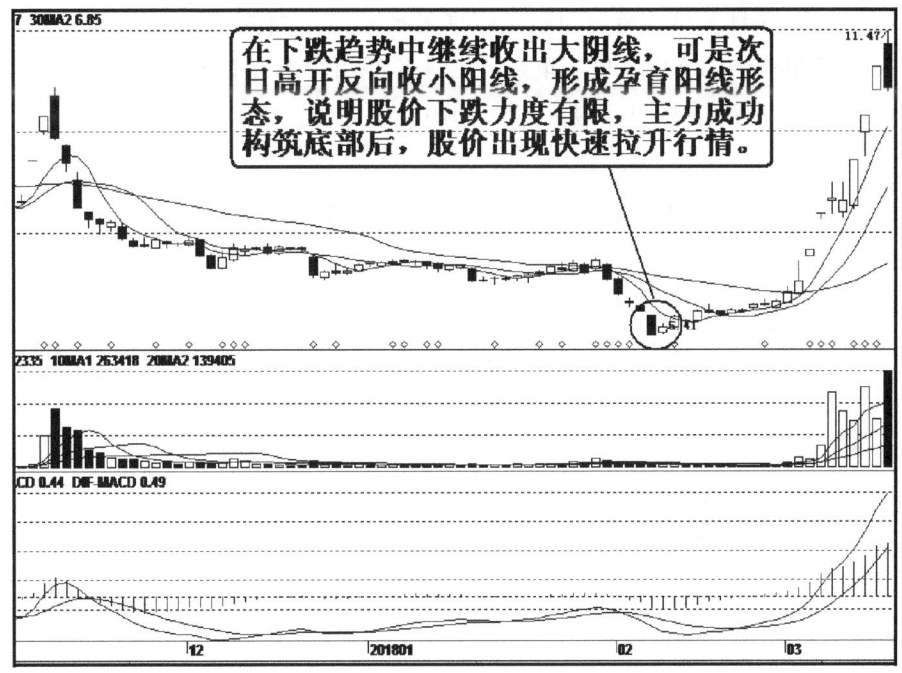

图 7-13　天华超净（300390）日 K 线图

孕育线揭示了股价在其前后走势健康状况的明显反差。如果是在牛市行情中出现，前面的涨势表明市场本来充满了活力，但是后面小实体的出现，则反映了市场犹豫不定，这说明牛市方向的推动力正在衰落，因此市场走势有可能发生反转。相反，要是这种形态出现在跌势中，前面的跌势反映市场抛售压力沉重。但是，随着后面一根小实体的出现，又表明市场徘徊不定，这根小实体起到了一个警示信号的作用，说明卖方的力量正在衰落。所以此时这种形态的出现，可能会构成市场跌势的反转。

一般来说，孕育线出现在头部或底部区域时，预示着接下来的走势与行情同先前的方向相反。也就是说波段循环高点孕育线时，市场会孕育出下跌的新行情。在波段循环到低点时出现的孕育线，市场会孕育出上涨的新行情。

但是，底部出现这种孕育线形态时，其行情的复苏通常非常缓慢，毕竟孕育中的"小生命"，还要等待一天天地长大，不可能一夜之间长大成人，这也是将这种 K 线形态命名为孕育线的道理。

三、三日 K 线组合捕捉主升浪

三日或多日 K 线组合分析就是根据多根 K 线的排列情况进行分析研判，重点在于形态结构方面。比较重要的三日 K 线组合形态有早晨之星、黄昏之星、红三兵、黑三鸦、两阳夹一阴、两阴夹一阳等；比较重要的多日 K 线组合形态有上升三法、下降三法等。

三日 K 线组合形态在捕捉主升浪方面的技术要求与双日 K 线组合形态相似。

（1）形态应具有突破性意义，即突破一个重要的技术阻力位。

（2）形态应出现在上涨中途或是洗盘之后，既不是下跌趋势的末期（大多是见底信号，很少成为主升浪信号），又不是大幅上涨后的高位。

（3）成交量同步放大，量价配合默契。缩量或异常的放量都是不可靠的，很难引发主升浪的产生。

（4）形态的最后一根大阳线应站于 30 日均线之上，5 日、10 日均线向上运行，30 日均线拐头上行或已经处于上行趋势之中。

1. 早晨之星组合

早晨之星形态意味着下跌或洗盘行情即告结束，为强烈的底部反转或加速上涨信号。其形成过程：第一，在调整过程中收出一根实体较长线；第二，次日股价跳空低开，收出实体较小的星线；第三，第三天股价强势上涨收出一根实体较大的上涨阳线，其实体部分或全部吞食第一根阴线的实体，显示出多头已经开始了初步的反攻。其技术分析要点如下：

（1）理想的早晨之星形态，第二根星线与第一根大阴线实体之间有一个小小的向下跳空缺口，第三根阳线应小幅高开，可加强形态效力。

（2）第三根阳线要求插入到第一根阴线以内的 1/2 以上，通常插入越深看涨意义越大，如果全部吞没第一根大阴线，则看涨意义更强烈。

（3）若第一根阴线的成交量较小，而第三根阳线的成交量较大，表明原先跌势力量衰竭，以及新趋势力量的增长。或者，第三根阳线的成交量明显放大，超过第一根和第二根 K 线的成交量的三成以上，代表买盘积极，更有利于后市上涨。

（4）早晨之星形态出现在长期下跌的末期、暴跌之后、回调洗盘结束之时，其准确率较高。如果出现在横向整理区域，虽然是看涨信号，但实盘效果不佳，容易出现失败形态。如果出现在前期低点附近，其反转上涨的意义更大。

图7-14，中润资源（000506）：股价见顶后逐波下跌，成交量不断萎缩，显示做空能量得到较好释放。股价放量涨停，在低位构成一个早晨之星形态，随后成交量温和放大，多头资金分批入场，不断将股价向上推高。

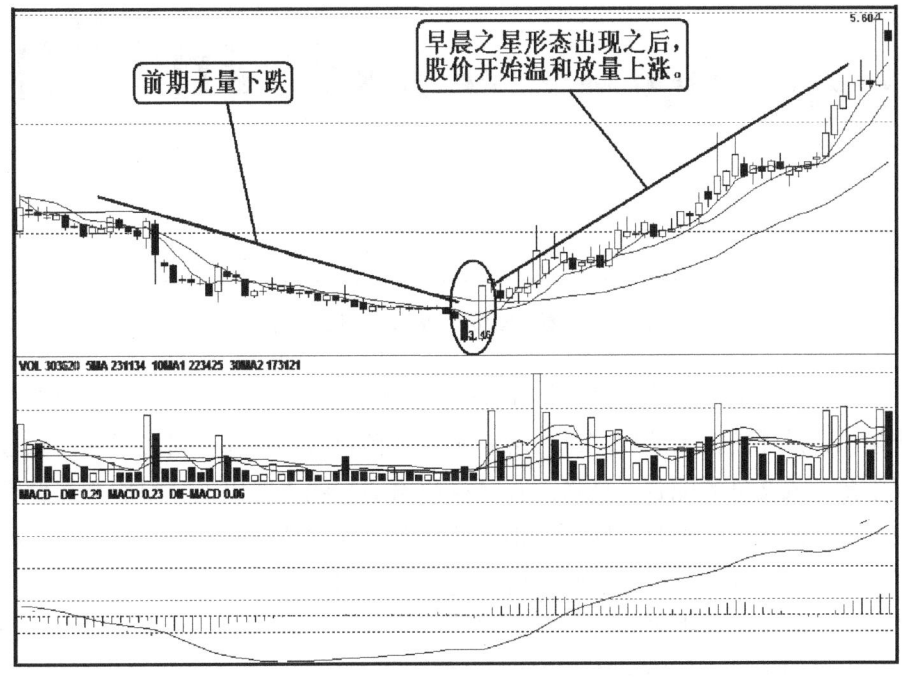

图7-14　中润资源（000506）日K线图

在上升趋势的初期或途中形成的早晨之星形态，往往是洗盘整理结束的标志，后市股价大多出现加速上涨，此时可以加大仓位做多。

图7-15，厦门国贸（600755）：该股成功见底后，股价稳步向上攀高，均线系统呈现多头排列状态，然后庄家进行洗盘调整走势。当股价回落到均线附近时，获得了强大的技术支撑，而拉出涨停大阳线，从而形成早晨之星形态，这个形态说明庄家洗盘整理结束，随后股价进入主升浪行情。

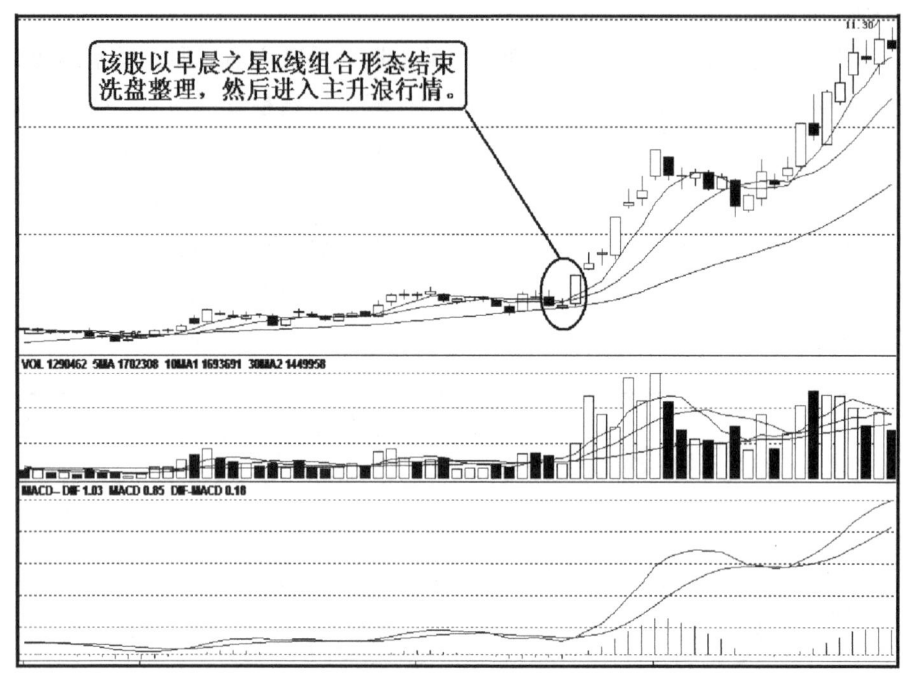

图 7-15　厦门国贸（600755）日 K 线图

这种形态的前提是发生在股价大幅下跌后的低位，前面一根 K 线的下影线越长，并伴随较大的成交量，则表明有买盘介入，在大阳线当天的上涨过程中要有成交量的配合，且当天收盘在前面的阴线 1/2 以上，如能全部吞没前面的阴线则效果更佳。同时，将这种形态与支撑位结合一起进行分析，如果股价下跌遇到重要支撑位时，出现这种形态则看涨意义更强。投资者遇到这种形态时，不妨先把它当作超跌反弹行情看待为好，然后静观其变，如能继续走强则可以确认为底部，这时可以加大仓位。

2. 红三兵组合

"红三兵"形态为强烈的底部反转或加速上涨信号，由三根上涨阳线组成，每根 K 线较上一日价格上涨，由稳步呈梯状向上攀升的大阳线所形成，三根实体阳线长度相近，其势如同三个坚挺刚强的士兵，给人以安全感，因此是一个普遍看涨的转势信号。

红三兵是重要的 K 线技术形态之一，一根上涨阳线之后，再连续出现两根大体相当的阳线，后一根阳线的开盘价处于前一根阳线的实体之内或收盘价附近，当日收于最高价或次高价，呈梯形上升，其上下影线均比较短。其

技术分析要点如下:

图 7-16,江山欧派(603208):股价回落到前期底部附近时,庄家构筑了一个空头陷阱,然后渐渐企稳盘整。2018 年 10 月 30 日,多头开始向上攻击,连收三根大阳线,构成"红三兵"形态,股价向上突破了均线系统的压力,第四天股价继续强攻,收出涨停大阳线,红三兵形态得到进一步巩固和强化,说明股价成功见底,投资者可在回调时大胆介入。

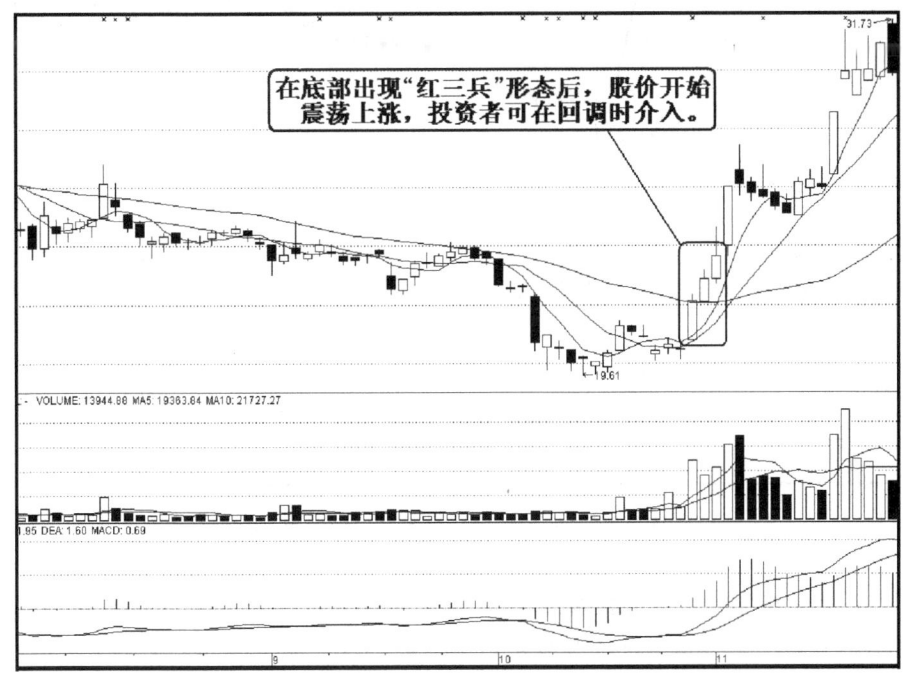

图 7-16　江山欧派(603208)日 K 线图

"红三兵"形态历来受到市场的广泛关注,在长期下跌的底部出现时,意味股价见底回升或反转;在上涨途中出现时,意味股价将出现加速上涨行情。在实盘中,"红三兵"形态向上突破某一个重要的技术位置时,意味股价将步入新的上涨格局之中,后市行情坚定看好。

图 7-17,蓝色光标(300058):该股经过几天的快速调整后,股价渐渐企稳回升,当股价回升到均线系统附近时,似乎遇到较大的压力。经短期的蓄势整理后,股价连拉三根阳线,形成一个"红三兵"形态,该形态成功突破均线系统的压制,从而结束了调整走势,股价保持在 30 日均线上方运行,此后股价稳步上涨,涨幅超过两倍。在实盘操作中遇到这种盘面时,激进的

投资者可以在"红三兵"形态出现时积极做多,稳健的投资者应等待股价回落确认突破有效时介入。

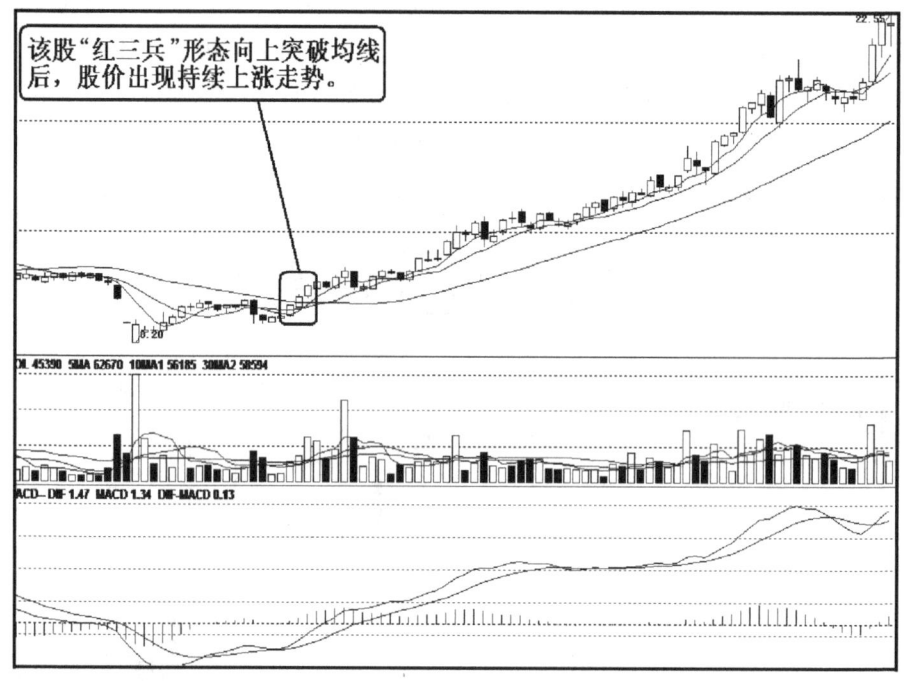

图 7-17　蓝色光标(300058)日 K 线图

在实盘操作中,投资者遇到"红三兵"形态时,应掌握以下技术要点:

(1)第二日及第三日的开盘价可以在前一日实体之内的任何部分,但如果开盘价在前一日实体的中间部分,呈梯形上升,则利好效力强。

(2)"红三兵"形态一般出现在市场见底回升的初期,因而回升幅度不大,速度缓慢,但走势相当稳健,此阶段逢低建仓可以来得相当容易,且风险不大。

(3)三根阳线的成交量比较平均,与前期缓慢下跌时的成交量基本持平,显示买盘力量持续,进一步确认走势,在随后的突破飙升阶段,成交量会成倍放大。"红三兵"形态通常预示着市场见底,稍后阶段产生"井喷"式上升的机会较大。

(4)如果"红三兵"形态的阳线实体过长、长度过大,短期技术指标显示有超买迹象,谨防短线技术回调。

(5)上涨趋势持续一段时间后,在高位出现"红三兵"形态,谨防出现多头陷阱。在高位出现前方受阻"红三兵"或停顿"红三兵"形态时,应及时采取保护性措施。

(6)经过充分盘整后向上突破形成的"红三兵"形态,比超跌反弹出现的"红三兵"形态要可靠得多。

(7)确认"红三兵"形态的强弱法则:第一,如果高低点整体涨幅在20%以上,最后一根K线实体涨幅在5%以上,说明股价极强。第二,如果高低点整体涨幅在15%左右,最后一根K线实体涨幅在3%左右,说明股价涨势呈中性。第三,如果高低点整体涨幅在10%以内,最后一根K线实体涨幅仅在1%左右,说明股价涨势偏弱。

第四节 从波浪中捕捉主升浪

大家都知道,如果股价在2浪或4浪回调到位后,以凌厉的攻势突破前期新高,其向上攻击就会形成大3浪或大5浪,即主升浪。

浪波理论的优点:第一,利用波浪理论可以列出多个后市发展模式,使投资者对后市变化有一定的心理准备,投资者面对未来可能的走向,可以制定不同策略。一般首先以数浪方式作蓝本,确定买卖范围,一旦首选数浪方式被否决,可以立即将次选提升为首选,这对买卖较有把握。第二,波浪理论可以配合其他技术指标运用推算,不难找出升浪顶和跌浪底的出现位置。第三,可以利用神奇数字分列演变出来的黄金分割比率,预测升浪顶部和跌浪底部。

在推动浪中,经常出现一些不寻常且不规律的变异形态,使得5浪的结构不易辨认,这就是延伸浪。它是在同一个级别的浪形内,出现次一级的小五浪形态。也就是说,在5浪组合中多包括一个延伸浪,内含低一级的5个浪,使整组形态看似由9个浪构成。延伸浪多数出现在第3浪或第5浪之中,所以在这两个浪形中容易出现主升浪。那么,如何从波浪形态中捕捉主升浪呢?这里介绍几种操作技巧。

一、抓住3浪主升浪

在经过第1浪的逐步建仓和第2浪的下跌洗盘后,市场庄家已经获得了大量的低价筹码,接下来就是进入第3浪拉升行情了。在实盘操作中,通常第3浪是行情最具爆发力的一浪,其运行时间和上升幅度是推动浪中最长的一浪,第3浪是整个上升阶段中最值得期待和兴奋的行情,而且也是5浪中最有可能出现扩延波的，主升浪经常出现在第 3 浪之中，它绝对不能是 5 个波段中最短的一波。

由于在第 3 浪时，各种技术指标都已陆续出现买入信号，包括道氏底部形态的颈线压力都已向上突破，市场人士一片看好，因此成交量大量增加，经常会有向上的跳空缺口出现，这是第 3 浪的最大特征。第 3 浪的上涨幅度通常是第 1 浪的 1.618 倍或 2.618 倍，如果出现扩延波则有可能达到第 1 浪的 4.236 倍，因此散户只要抓住第 3 浪就能获得最大的利润。

图 7-18，上海新阳（300236）：股价见底后经过第 1 浪的初步上涨，然后进行第 2 浪回调洗盘整理，为整个 5 浪上涨奠定了基础。该股在第 3 浪的上涨过程中出现了复杂形态，亦即出现了小一级的第（1）、（2）、（3）、（4）、（5）浪延伸走势。这小一级的 5 个子浪构成第 3 推动浪，累计涨幅最大。

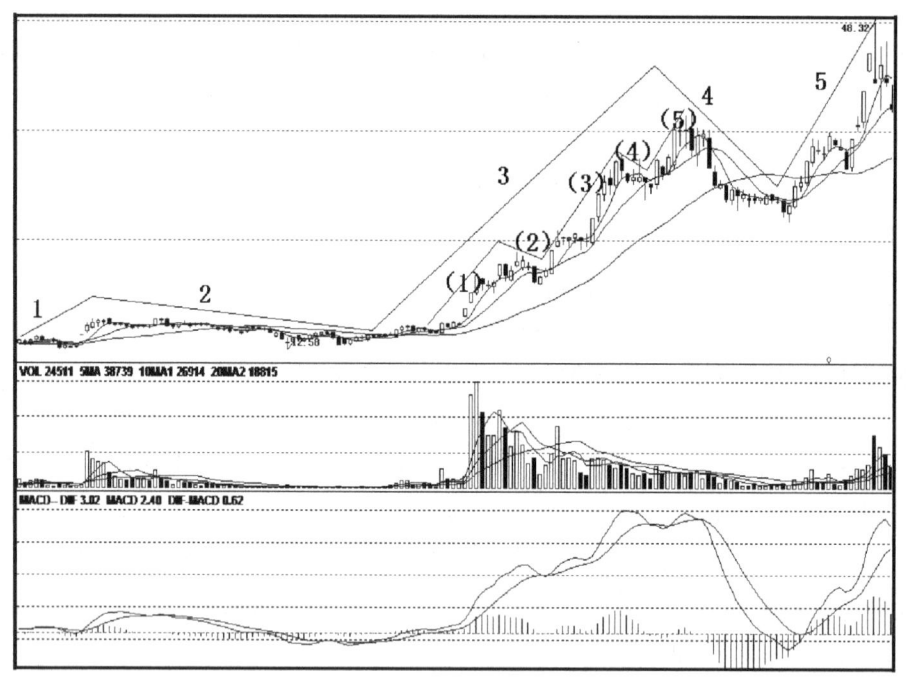

图 7-18　上海新阳（300236）日 K 线图

该股的走势就是延长浪上涨方式。在实盘操作中，第 3 浪发生延长是普遍现象，原因是庄家不能高度地控制市场的筹码。同时在第 3 浪的上涨过程中，获利的筹码会不断地产生，庄家为保证拉升压力的最小化，以及提高市场中入市的成本价格，选择边拉边洗的方式就是一个很明智的选择。

从图中可以发现第 3 浪延长的出现，以及第 3 浪延长发生后，在第 4 浪和第 5 浪就会出现一般性的走势。第 3 浪经历了次一级 5 浪的延长，因而其长度变得较长。在这种情况下，第 3 浪可能达到第 1 浪的 1.618 倍，或者 2.618 倍，有时甚至能达到第 1 浪的 4.236 倍。

在第 3 浪发生延长之后，第 4 浪的再次回调往往会比较强烈，回调的深度往往也比较大，这是第 3 浪见顶后，在市场巨大出货压力下产生的。之后产生的第 5 浪在这里会比较一般，因为第 3 浪已经把上涨幅度拉得很高了，第 5 浪的上涨就不会持续久，这时的第 5 浪其实更多的是庄家拉高出货的手段。

如何在第 3 浪中寻找买卖机会？重点把握以下技术要点：

（1）随成交量的放大，分批次地入场操作。第 3 浪开始，股票的成交量必然出现放大的现象，但是也不能完全依赖成交量的放大来进行盲目的操作。因此，正确判断第 2 浪的结束后，就应该根据成交量的放大情况进行分批次的入场操作，不能盲目地全力跟进。从图 7-18 中还能发现股价在缓慢的推升中，成交量也出现了温和的放大，在第 3 浪突破第 1 浪的高点时，就形成明显的放量突破走势，那么在这几天中应该寻找机会积极入场，但入场的仓位不宜太重，一般控制在 20% 左右，然后静观后市的变化。

（2）突破第 1 浪顶部区域，等待回调时入场操作。在第 3 浪前期的走势中，面对前面第 1 浪的高点，也就是第 2 浪的开始区间，并没有选择回避，而是比较强劲地突破，这给投资者一个坚定的信心。通常在突破后，市场肯定会进行小范围的回调巩固，从而展开后面更大的行情走势。那么在突破发生后的回调中，就是我们建仓的绝好机会。

（3）大步向前，敢于追涨。在实盘操作中，第 3 浪始终都是令人期待的一浪，只要能抓住第 3 浪，顺着第 3 浪的轨迹操作，定能获得不小的投资回报。通过对第 1 浪和第 2 浪的分析，可以得出第 3 浪极有可能出现爆发性的行情，但是基于第 1 浪和第 2 浪运行周期的时间跨度大，也不能盲目地杀入，需要等待机会的到来。

（4）第 3 浪是在前面第 1 浪和第 2 浪的基础上产生的主推动浪，只要前面的基础扎实，第 3 浪的走势完全有可能出现连续的暴涨行情，因此遇到这种情况时，就要毫不犹豫马上跟进，简言之，就是在第 3 浪暴涨时勇敢追涨。

二、抓住 5 浪主升浪

第 5 浪是推动浪的末端，是构成市场的顶部阶段，也是庄家拉高出货的最后阶段，它的幅度大多小于第 3 浪。第 5 浪出现震荡的情形较少，因为市场处在一片仍然看大好的极度乐观投机气氛之中。这是由于庄家在前期的上升中，没有及时全部派发手中的筹码，在第 5 浪的上升中庄家便借助股价上涨的趋势进行欺骗，故意造成股价上涨的假象，从而实现筹码的最后派发。

第 5 浪通常与第 1 浪等长或上升目标是第 1 浪至 3 浪升幅的 0.618 倍。若第 5 浪倾斜三角形出现，则后市会急转直下，快速下跌到倾斜三角形的起点；若第 5 浪高点达不到第 3 浪的高点，则形成双重顶形态。

但是在实盘操作中，主升浪出现在第 5 推动浪的例子也不在少数，因此抓住第 5 浪的行情也可以获得丰厚的盈利。

图 7-19，东宝生物（300239）：该股的主升浪就发生在第 5 推动浪中。该股上市后就被实力强大的庄家相中，成功探明底部后开始向上爬高，完成了前面三个浪形的走势后，进入第 4 浪调整走势。然后，进入第 5 浪上涨，由于前面蓄势整理充分，第 5 浪出现暴涨式主升浪行情，在整个推动浪中属于涨幅最大的一波行情。

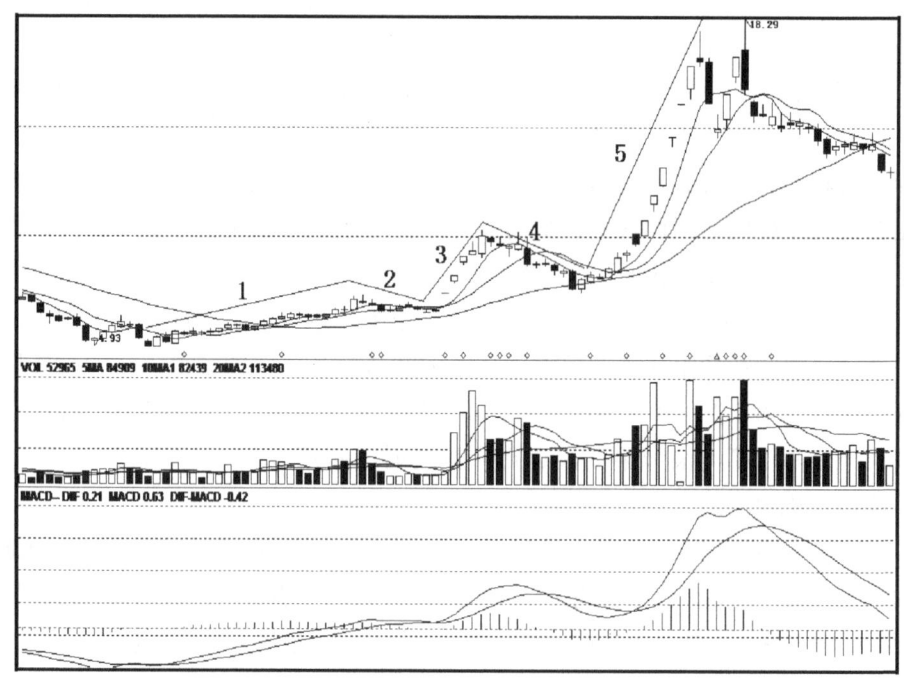

图 7-19 东宝生物（300239）日 K 线图

一般而言，第 5 浪比第 3 浪来得更平和，而且第 5 浪也很有可能发生扩延波。由于第 5 浪上升的动力有限，上升势头没有第 3 浪强烈，加上第 5 浪有可能发生波浪的延长，因此对第 5 浪的判断就比较困难。那么，怎样判断第 5 浪是否具有投资价值呢？重点把握以下技术要点：

（1）掌握第 5 浪的一般形态特征。通常第 5 浪有两种运行方式：一种是单波式上涨，股价一气呵成，一步到位，出现滞涨即是头部；另一种是第 5 浪出现延长浪走势，掌握浪形节奏，在第 5 子浪出局。

（2）考察第 3 浪的上涨情况。第 3 浪的上涨情况直接关系到第 5 浪的上涨空间的大小，如果第 3 浪已经经过了大幅率的上涨，那么第 5 浪发生大幅度上涨的可能性不大；如果第 3 浪上涨空间有限，那么第 5 浪就有期待的价值。

（3）考察第 4 浪的运行情况。由于第 5 浪是第 4 浪后发生的，那么第 4 浪的发展情况对第 5 浪就有直接的影响了。第 4 浪的两种表现方式将起到关键作用。

第一种是以温和的方式调整。第 4 浪以一种相对温和的方式展开调整。前提是第 3 浪发展得不怎么充分，其形态以平台形和三角形居多，这样的调整起到的是小幅回落，保持技术面的完美形态和维持市场人气的目的，这为第 5 浪的发展提供了机会；同时也可以理解为庄家等待大盘企稳回升或者等待利好消息的出台。这种方式调整的第 4 浪，往往给第 5 浪带来巨大的上涨想象空间。

第二种是深幅下跌走势。由于第 4 浪的大幅下跌，这之后的第 5 浪的上涨，是由于第 4 浪大幅下跌跌出来的反弹行情，更具体地说有一种超跌反弹的意味在里面，因此第 5 浪的上涨幅度可能有所减弱。

（4）第 5 浪的上涨离不开成交量的支持，量价配合是最好的盘面表现形式。在第 5 浪行情中成交量过大或过小，均会引起变盘的可能。若成交量大幅放大，疑似庄家暗中出货，谨防股价向下反转；若成交量太小，为虚张声势而已，小心头部形成。

（5）上升中成交量减少、技术指标背离、绩优股和"领头羊"板块上升乏力、垃圾股鸡犬升天是第 5 浪的典型特征。第 5 浪通常与第 1 浪等长或上升目标是第 1 浪至第 3 浪的 0.618 倍。若第 5 浪以倾斜三角形出现，则后市会急转直下，快速下跌至倾斜三角形的起点。若第 5 浪高点达不到第 3 浪高点，则形成双头形态。由于第 5 浪后劲不足、力度有限，因此投资者应小心对待。

三、抓住 B 浪大行情

B 浪是下跌趋势的反弹行情，也是对 A 浪下跌后的技术修复，更是投资者的最后出逃机会。但如果能抓住 B 浪反弹行情，不亚于一波完整的主升浪行情的收益，有时反弹的幅度会涨到第 5 浪的最高点附近（甚至于略微超过），再加上部分技术指标再度走好并出现买进信号，使得 B 浪的反弹行情十分喜人。

图 7-20，宝信软件（600845）：该股完成 5 个推动浪后，进入 A 浪调整，然后出现 B 浪反弹行情，B 浪反弹幅度超过 50%，可见反弹行情收益也不错。

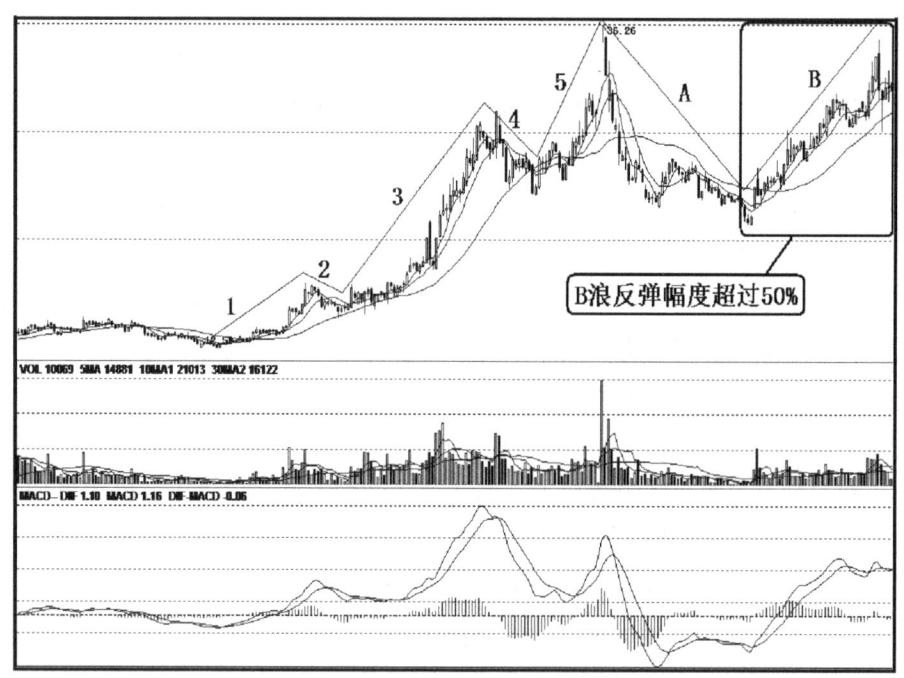

图 7-20　宝信软件（600845）日 K 线图

需要提醒的是，B 浪是 A 浪下跌后的反弹行情，从中长线看这里强调的是要抓住 B 浪反弹清仓，而不是强调利用 B 浪进行建仓。其原因：一是 B 浪的产生具有很大的偶然性，不应指望 B 浪有很大的涨幅；二是 B 浪的走势很诡异，不易把握；三是 B 浪是庄家拉高出逃的机会，通常说 B 浪是最后的逃命机会。

B 浪的操作主要是在前期尚有筹码没有卖出去的情况下，借用 B 浪来达到出货目的,从而实现损失的最小化。根据我国股市的一般规律,B 浪的反弹主要分为两种:即强势反弹和弱势反弹。

抓住 B 浪的反弹机会退出,是避免损失加重的最后机会,这是研判 B 浪的主要目的。由于 B 浪的运行多数是庄家的刻意行为,特别是在我国股市,庄家往往运用 B 浪的假性上涨,造成股价重新步入升势的假象,以此走势欺骗市场普通投资者盲目跟进,来派发自己手中的筹码,达到出货离场的目的。因此在具体操作中,寻找在 B 浪阶段逢高出逃就要选择较好的时机,一旦市场表现不佳,就得义无反顾地卖出手中的筹码,否则后面的损失就会更大。

那么,怎么判断 B 浪反弹的顶部呢?大致可用以下几点来判断:

(1)股价接近前面的高位区间,即到达 A 浪的起点附近时,立即抛空操作。在 B 浪的顶部区间之内出售手中的筹码,这样才能有效地回避 C 浪出现的大幅下跌。

(2)连续收出带长上影线的 K 线图,或乌云盖顶、黄昏之星、三只乌鸦等顶部看跌 K 线形态,这是庄家拉高出货的常见 K 线形态。

(3)成交量在此进一步放大,这是庄家抛出筹码,大量普通投资者被骗入场接纳庄家筹码的表现。

(4)仓位不宜过重。依据我国股市的独特性,有时 B 浪在 A 浪深度下跌后会出现较大的超跌反弹行情,这样的反弹行情还是可以期待的,但是参与操作时的仓不宜过重,一般控制在 50%以下的仓位。

(5)如果 A 浪调整呈现 3 浪下跌,后市下跌力度较弱,接下来的 B 浪反弹会上升到 A 浪的起点或创新高。若 A 浪是 5 浪下跌走势,表明庄家对后市看淡,B 浪反弹高度仅能到 A 浪跌幅的 0.382、0.5 或 0.618 倍,后市 C 浪比较弱。A 浪下跌的形态往往是研判后市强弱的重要特征。

四、数浪不可违的天条

艾略特在波浪理论中提出几个不可违背的数浪定律后,美国的波浪大师普拉克强调,迄今为止,他还没有找到任何理由来怀疑这些规律的可靠性。而由其构成的波浪理论的基础,直接影响数浪的正确与否,因此投资者必须牢牢掌握这些铁律。

(1)在 1、3、5 三个浪中,第 3 浪绝对不是最短的浪,而往往都是最长的浪,且成交量大增。

(2) 第 2 浪的低点不能低于第 1 浪的起点。

(3) 第 4 浪的底不能与第 1 浪的顶重叠。但出现在倾斜三角形中的第 5 浪中的次一级（4）可以低于（1）浪顶，这是波浪理论的唯一特例。

(4) 调整浪中的 C 浪必定可细分为五个次一级的浪，即 C 浪必须以 5 个子浪运行，且 C 浪运行有相当的破坏性。

(5) 第 4 浪大都以盘整形态出现，呈现出三角形和矩形整理等。

(6) 不管上升或下跌趋势如何，第 5 浪的幅度通常比第 3 浪小，且其涨跌速度是最快的。但当第 5 浪为延伸浪时，其涨跌幅度则是最长的。

五、波浪的预测与修正

第 1、第 3、第 5 浪称为推动浪，第 2、第 4 浪称为修正浪。第 1 浪被第 2 浪所修正，第 3 浪被第 4 浪所修正，整个上升五浪则被 A、B、C 所修正。修正浪的形态一般较难分辨，但有一大原则是绝对不可以违反的，就是形态绝对不可能是 5 个波浪，唯有推动浪才是五浪行进，若一个和较大的趋势背离的五浪出现，绝不是意味着一个修正浪完结，反而只是修正浪的一部分。

波浪理论的预测与修正方法极为复杂而不容易了解，经过整理归类之后，列出如下原则：

(1) 无论多头市场还是空头市场，如果第 1 浪和第 3 浪长度大致相当，而且第 5 浪成交量比第 3 浪大，第 5 浪很有可能出现一个扩延波。这种情况尤其在第 5 浪的成交量大于第 3 浪的成交量时，发生的可能将会更高。

第 1 浪若是一个简单的形态结构，如果延伸浪出现在第 3 浪时，那么第 5 浪形态较简单，其长度和时间与第 1 浪相当。

衍生扩延波经常出现在期货市场的多头行情中，至于在股市中，则在第 3 浪出现衍生扩延波的情形略多一些。

(2) 上升五浪走完后，如果第 5 浪是个扩延波，那么接下来的 A、B、C 调整浪中，B 浪极有可能创出新高。通常最小会跌到这个扩延波的第（2）波的低点位置，然后再上涨到扩延波的最高点附近或创出新高。至于这个上涨后多头市场是否将会结束，则需视当时的市场情形而定。一旦出现这种情况，随后的 C 浪必有大跌。但在实盘操作中，即使第 5 浪不发生延长，B 浪也有可能创出新高，这是因为出现高不规则的平坦形调整结果。

相反地，在空头市场时，如果第 5 浪是个扩延波时，随后的 A、B、C

浪，最小会涨到这个扩延波的第（2）浪的高点位置，然后再下跌到扩延波的最低点附近。

（3）如果在多头市场的第5浪是个扩延波，而在这个扩延波的第5浪又出现衍生扩延波时，随后的A浪将会跌到这个扩延波的第（2）浪的低点附近，而C浪将会跌到这个衍生扩延波的起点（第4浪低点）附近。在空头市场中，则相反。

（4）楔形形态大部分出现在第5浪，出现在第3浪的例子比较少见。因此如果股价形态出现楔形形态时，几乎都可以认定目前是处在第5浪的阶段，对于行情应该特别注意。

（5）在多头市场阶段，有时会有第5浪高点竟比第3浪高点还低的情形出现，这是第5浪失败的例子，亦即为"未完成的第5浪"。多头市场未完成的第5浪，表示潜在卖压已经转强，为行情将由上涨转为下跌的征兆，亦即为道氏理论中所称的双重底或双重顶。出现这种情况时，需要特别注意未完成的第5浪之后的第2浪高点，绝对不能高于第1浪的起点，否则即意味着波数的计算可能有所错误。在空头市场中，则相反。

（6）修正浪绝对是A、B、C三浪，而不能是五浪。因此股价形态若只有三波时，绝对可以判定它是修正波而不是冲击波，这点必需特别注意。

（7）波浪的交替原则：无论在空头市场还是多头市场中，第2浪和第4浪有很强的互换性，如果第2浪是个简单的形态，第4浪就很有可能是个复杂的形态，反之亦然；时间也是这样，若第2浪调整时间过长，则第4浪调整时间就比较短。这是波浪理论"交替原则"。也就是说，修正波可以分为锯齿形、平台形、三角形和复合形四种基本形态，基于"交替原则"，如果第2浪是锯齿形，第4浪大部分会以其他三种形态的任一个形态出现，而不会以和第二种重复的锯齿形态出现，因此如果第2浪是平台形，那么第4浪很可能是锯齿形或三角形。另外在A、B、C结构的修正波中，比较靠近的两波，也经常会以这种形态出现，如A浪若是平台形，B浪即很有可能为简单的锯齿形。

（8）在多头市场时，如果第3浪为扩延，在这个扩延的第（4）浪的最低点，经常会产生较大支撑。因此第4浪的最低点，经常会跌到这个扩延波的第（4）浪的最低点附近。但是如果第4浪是个平台形，由于买盘较强，第4浪的最低点，可能会略高于前面扩延的第（4）浪的最低点，如果第4浪是个锯齿形，由于买盘较弱，第4浪的最低点，可能会略低于前面扩第（4）浪的最低点。在空头市场中，则相反。

（9）画趋势线也为波浪理论重点之一，艾略特认为由于趋势线的画出，可作为测量未来价格上涨或下跌的目标，并可用来确认波浪结构是否完成。

趋势线画法：多头市场时，首先从第 1 浪与第 2 浪的最低点，画出一条原始上升趋势线，再根据第 1 浪的高点，画出一条与原始上升趋势线平行的辅助趋势线。如果第 3 浪大幅上涨，超过这条辅助趋势线时，则必需根据第 1 浪高点与第 2 浪低点，随时重新画出新的趋势线。最后正式的趋势线是由第 2 浪和第 4 浪的低点，以及第 3 浪的高点所画出的，但是如果第 3 浪是扩延波时，最后正式的趋势线应由第 2 浪和第 4 浪的低点，以及第 1 浪的高点画出。艾略特认为，第 5 浪的高点应该是在接近于最后正式趋势线的上限附近。但艾略特另外补充认为，如果第 5 浪趋近这个上限时的成交量，出现递减现象，表示这个上限附近的压力较重，第 5 浪的高点有可能会低于这个上限目标；如果第 5 浪趋近这个上限时的成交量，出现大量增加现象，这个上限附近，正有可能成为较低次的第 4 浪，让第 5 浪的最高点往上突破继续上涨，这点必须注意。至于空头市场时趋势线的画法，与上述相反。

六、波浪的比率与时间

波浪理论的比率和时间分析，是根据"黄金分割率"用"费波纳西数例"等数字演变而来的，可归纳为如下原则：

（1）艾略特用以作推算波浪间的比例，大致是：推动浪偶尔会延伸，常在第 3 浪或第 5 浪出现，另外两个没有延伸的波浪，它们的发展时间与价格、幅度相等。也就是说，如果第 5 浪延伸，第 1 浪和第 3 浪的长度应该大约相等，如果第 3 浪延伸，第 1 浪与第 5 浪的长度应该大约相等。

第 2 浪等于第 1 浪的 0.382 倍、0.5 倍、0.618 倍，或接近于 1 倍。

（2）次级波的阶段（较小形态），在 1、3、5 这三个波段中，经常会有两波运行的时间大致相同，而幅度也大致相等的特性。这种特性尤其是在三波中，有一波（最好为第 3 浪）是扩延波时的准确性将会更高，第 3 浪为扩延波，第 1 浪和第 5 浪所上涨的幅度大致相同，第 1 浪和第 5 浪所进行的时间也大致相同。

（3）大形波的阶段（较大形态），在 1、3、5 这三个波段中，经常会有两波出现时间和幅度的比率关系，大约为 1∶0.618 的特性。这种特性尤其是在这三浪中，有一浪（最好为第3浪）是扩延波时的确认性将会更高，第3浪为扩延波，第5浪所上涨的幅度和所进行的时间，都大约为第1浪的0.618倍。

（4）由于第3浪有着最长的一波的特点，因此可以用第1浪的幅度（价差）去乘以1.618倍，然后再以第2浪的最低点，加上前面所求得的数字，作为第3浪高点的预测能力最小涨幅。根据不同的市况，第3浪的至少目标等于第1浪的1.382倍、1.618倍、2倍或2.5倍。如果第3浪是扩延波，则有可能达到第1浪的4.36倍。

（5）第4浪的回调幅度，大约有三个重要位置：一是回调到第3浪的0.382位置；二是回调的幅度可能与第2浪相等；三是如果第3浪为扩延波，则有可能回落到扩延波的第（4）浪的低点附近。

（6）第5浪的预测能力最小涨幅为第1浪的起点加上第1浪的幅度（价差）去乘以1.618倍再乘以2。公式为：第5浪最小涨幅＝第1浪起点＋（第1浪高点－第1浪低点）×1.618×2。

第5浪的预测能力最大涨幅为，第1浪的高点加上第1浪的幅度（价差）去乘以1.618倍再乘以2。公式为：第5浪最大涨幅＝第1浪高点＋（第1浪高点－第1浪低点）×1.618×2。

预测第5浪高点的另一个方法是，第4浪最低点的价格乘以0.618，再用第3浪的最高价加上前面所求得的数字。比如，第3浪高点为50元，第4浪最低点为40元，40元×0.618＝24.7元，50元＋24.7元＝74.72元，因此第5浪的最高价应该会在74.72元附近。

（7）如果第1浪与第3浪的幅度大致相等时，那么第5浪很可能就是一个扩延波。可以将第1浪起点至第3浪高点的幅度乘以1.618，再从第4浪的最低点，加上前面所求得的数字，作为第5浪的目标价格，而在这个目标价格附近卖出。

（8）在对称三角形中，每一波的长度大约是前一浪的0.618倍。如B浪的长度大约为A浪长度的0.618倍，C浪为B浪长度的0.618倍。

（9）A浪的调整目标是整个五浪推动浪的0.23倍、0.382倍或0.5倍。

（10）由于A浪通常是以三浪或五浪方式的形式下跌，因此B浪的走势就与此有着极为密切的关系。如果A浪以三浪形式下跌，则B浪可能会反弹到A浪的1.236倍或1.382倍，反弹创出新高点。如果A浪只有一浪或者以五浪形式下跌，则B浪可能会反弹到A浪的0.5倍处，或者A浪的0.382倍和0.618倍处，为弱势反弹行情。

（11）在修正波中，计算C浪低点目标的方法，经常是用A浪的幅度乘以0.618倍，再从A浪的最低点，减去这个所求得的数字。计算公式为：C浪低点＝A浪低点－（A波幅度×0.618）。

（12）如果修正波是一个3—3—5的平台形态，由于B浪的高点比较高（有时会到达或略微超过A浪高点），因此C浪的低点目标，大约等于从B浪的高点减去A浪的幅度乘以1.618倍。计算公式为：C浪低点＝B浪高点－（A浪幅度×1.618）。

（13）修正浪（A、B、C），若呈5—3—5锯齿运行，C浪的长度经常与A浪长度大致相等。此外，量度C浪的下跌目标，也可以先计算A浪的长度，乘以0.618，由A浪底部向下量度出目标位。

（14）较常用到的费波纳西幅度数字为：0.236（0.382×0.618）、0.382、0.5、0.618、0.67、2/3及1、100%。修正波回档幅度，经常恰恰为前面上升幅度的费波纳西数字，比如A浪涨100个指数点，B浪回档的幅度，可能为23点，或38点，或50点，甚至回档100个指数点。

（15）如果第1浪是扩延波时，第5浪之后回档的幅度最多不能低于第2浪的最低点，也就是说，在第2浪最低点附近的支撑力量将会得到特别强。

第五节　从指标中捕捉主升浪

一轮行情中涨幅最大、上升速度最快的行情为主升浪，主升浪比较类似于波浪理论中的第3浪。主升浪往往在大盘强势调整后迅速展开，它是一轮行情中投资者的主要获利阶段，属于绝对不可以踏空的"黄金时段"。从技术指标角度，可捕捉到主升浪的暴利阶段。行情具有以下确认标准。

一、从 RSI 指标中捕捉主升浪

RSI指标是通过比较一段时间内收盘价的涨跌变化情况，来分析测量多空双方买卖力量的强弱程度，从而判断未来股市走势的一种技术指标。能够相对测量股价本质的强与弱，根据"择强汰弱"的原则，为投资者过滤弱势股，选择强势股，因此用它来研判主升浪具有重要意义。

1. 交叉信号的产生和终结

RSI 指标在图形上看起来比较凌乱，作者根据多年的实盘经验，向读者介绍如何认识 RSI 指标一个完整信号的产生与终结，这样可以很好地把握一波主升浪行情。

RSI 指标一个完整强势信号的产生，应当从弱势区金叉后，向上运行到强势区，预示一轮行情的产生。信号在强势区域持续一段时间后（此时股价不断往上涨），从强势区死叉后，向下运行到弱势区，为一个强势信号的终结，一轮行情的结束，同时又是一个弱势信号的产生。

RSI 指标的图形特征为：6 日 RSI 线从 20 以下向上金叉 12 日 RSI 线后，分别成功有效穿过 50 强弱分界线，在强势区域运行一段时间以后，6 日 RSI 线从 80 以上向下死叉 12 日 RSI 线后，分别成功有效击穿 50 强弱分界线。信号如此生生灭灭，周而复始地循环；股市涨涨跌跌，不断在震荡中运作。

一个信号从产生到终结的持续时间长短不一。有的持续几天就结束，如反弹行情、庄家自救行情、受消息影响产生的震荡行情等；有的持续几周甚至几个月，如大牛股、长庄股、强庄股等。在信号持续期间，有许许多多疑似买卖信号的图形，但中间的图形信号对判断行情没有实质性指导意义，投资者可以不必去理会（许多失误发生在此），只有信号在生成和终结时出现的图形才具有实质性指导意义。因此，把握住信号的生成和终结，就能够掌握市场买点和卖点。如果是短线技术高手，可以在信号持续期间根据顺势操作的原则，进行一些短线操作会收益更丰。

在一轮行情中，可能只出现一个完整的强势信号，也可能出现多个完整的强势信号。如在洗盘过程中，可以先将强势信号终结，也可以将强势信号持续到最后。一个信号终结之后，不一定立即产生一个相反意义的信号，可能出现无意义信号，如盘整行情。同时，一个强势信号的产生也可能来自无意义的信号中。

图 7-21，海航创新（600555）：该股经过长时间的大幅调整后，成功脱离底部区域，产生慢牛式主升浪行情。从 RSI 指标中可以看，6 日 RSI 线与 12 日 RSI 线低位金叉后，产生一个多头买入信号，从此股价盘升而上。然后在上涨过程中，RSI 指标回落击穿 50 强弱分界线，出现疑似结束信号，但由于是上升趋势中的洗盘行为所致，所以股价继续强势上涨。直到股价见顶后，RSI 指标再次击穿 50 强弱分界线时，这个疑似结束信号转换成一个有效的结

束信号，此时应及时离场观望。

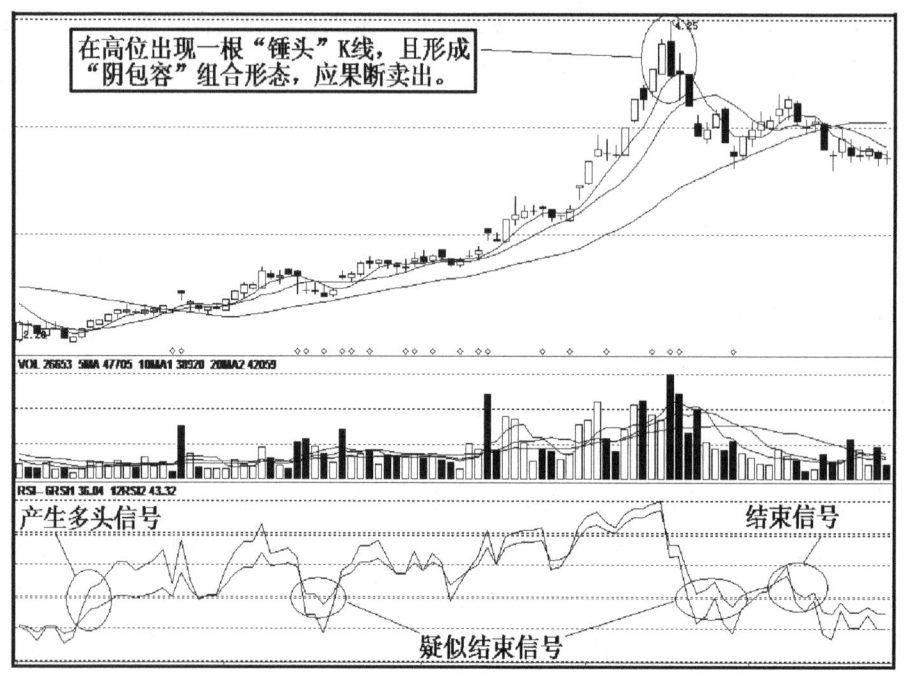

图 7-21 海航创新（600555）日 K 线图

图 7-22，金卡智能（300349）：该股洗盘调整结束后，进入上升通道，形成一波主升浪行情。RSI 指标同步出现一个多头信号，然后股价震荡上升，不久 K 线在高位构筑一个"黄昏之星"形态，此时应退出或减仓，随后股价遇 30 日均线支撑而出现反弹，但反弹力度有限，此时应清仓操作。随后 RSI 指标出现终结信号，股价进入中期调整走势。

RSI 指标的两条曲线相交频繁，有时很难辨认，常常导致判断失误。而导致失误的一个重要原因就是对交叉信号的产生和终结还不甚了解，许多散户只知道短期 RSI 指标的金叉和死叉，却不知道交叉信号的产生和终结及交叉信号是否有效。上述仅以强势信号的产生和终结为例做分析，弱势信号不做实例讲解，投资者可结合实盘进行分析总结。

2. 交叉信号的确认方法

在实盘操作中，如何确认 RSI 指标交叉信号是否有效以及信号是否在持续中，又是一大技术难题。经典的确认方法为：

在信号生成时，6 日 RSI 线在低位（20 以下）与 12 日 RSI 线金叉后上行

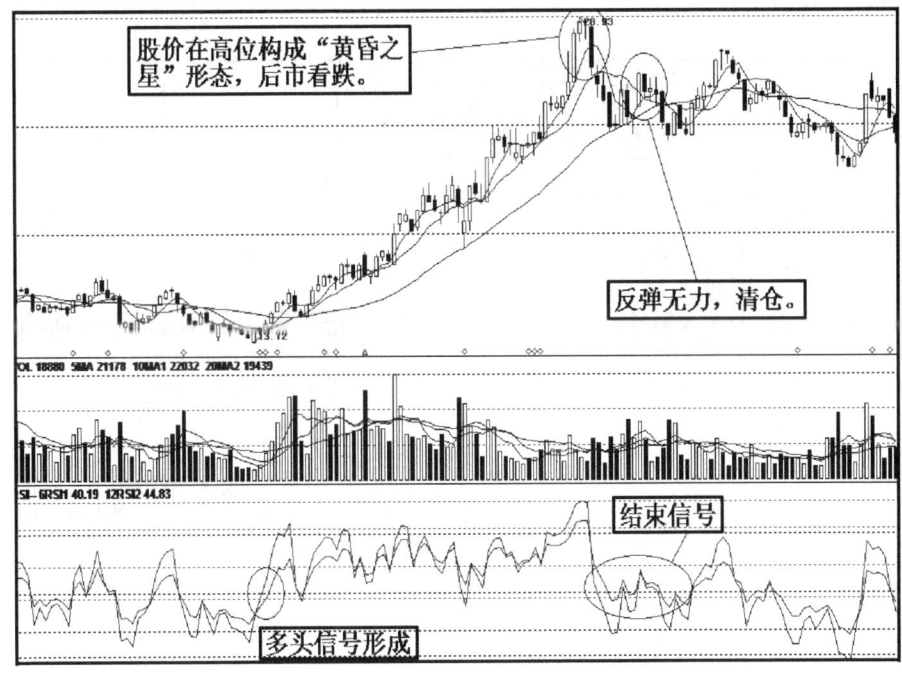

图 7-22　金卡智能（300349）日 K 线图

（其金叉点在 20 左右更佳），并成功突破 50 强弱分界线（经确认有效），到达强势区域（6 日 RSI 线在 80 以上为佳）。RSI 线金叉后在 50 线下方盘旋不行，没有突破 50 线或突破后很快返回 50 线之下也不行，尤其是 12 日 RSI 线必须突破 50 线，6 日 RSI 线到达 80 以上才可靠。

在信号持续时，12 日 RSI 线在强势区有效盘稳；6 日 RSI 线回调时不能有效跌破 50 线，即使跌破也要很快拉起；6 日 RSI 线回调时拒绝死叉 12 日 RSI 线，则市场更加强劲。

在信号终结时，6 日 RSI 线在高位（80 以上）与 12 日 RSI 线死叉后向下（其死叉点在 80 左右更佳），并成功穿过 50 强弱分界线（经确认有效），到达弱势区域（6 日 RSI 线在 30 以下为佳）。如果 RSI 线触及 50 线后返回上行，并在强势区盘旋，无论位置高低，都说明强势信号还没有结束。或者，RSI 线没有成功下穿 50 线或下穿 50 线后很快拉起，也表明行情仍然处于强势之中，投资者可以一路持股，直到信号终结。

图 7-23，岳阳兴长（000819）：从该股走势图中可以看出，RSI 指标交叉信号的产生和结束的确认方法，以及有效信号持续中的盘面现象，非常容易

辨认。当投资者对 RSI 指标得到确认后，短线就可以大胆地进出了。

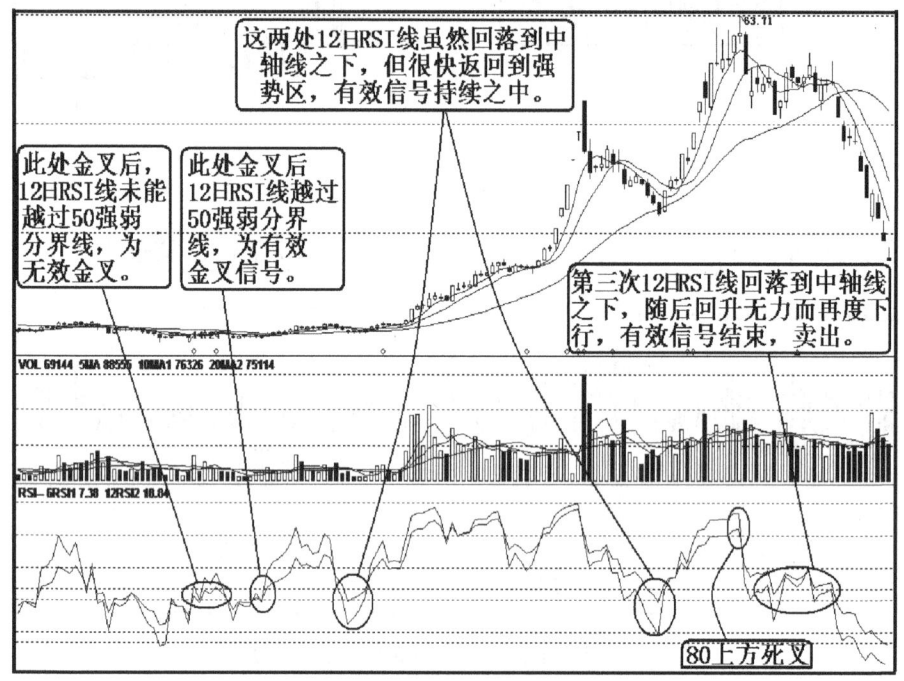

图 7-23　岳阳兴长（000819）日 K 线图

3. 50 强弱分界线的运用

一般来说，当 RSI 指标向上突破 50 强弱分界线时为强势特征，当 RSI 指标向下突破 50 强弱分界线时为弱势特征，这一点容易辨认。技术难点在于突破后的运行趋势及突破后的有效确认，仅仅是 RSI 线越过 50 强弱分界线还不行，还必须要求持续向突破方向运行才能有力，或维持在 50 强弱分界线上方运行，信号可靠性才高。

RSI 指标的突破角度必须有力，太平坦了没有力气，信号的可信度低。RSI 指标突破后很快返回到突破前这一边的，信号的可信性更差。在股价回调时不能越过 50 强弱分界线的为佳。如果不能越过 50 强弱分界线，反映突破无效或突破无力，甚至是假突破，后市走势值得怀疑。

RSI 指标突破 50 强弱分界线后，在突破的这一边运行一段时间，然后 RSI 指标返回到突破前的这一边，经短暂的运行后再次到达突破的这一边，表明洗盘或反弹结束，股价将出现新一轮涨升行情或新一轮下跌走势。

图 7-24，德奥通航（002260）：从该股走势图中可以看出，初期 RSI 指

标在突破50中轴线后，没有持续向突破方向上行，角度过于平坦，显示庄家力不从心，后市只能回落。之后的突破走势就与前面初期走势明显不同，突破后持续强势上行，角度陡峭，气势强盛有力，是一次有效的突破。此后RSI指标曾两度回落到50中轴线附近，经短暂的运行后快速返回到中轴之上，说明洗盘整理结束，股价将进入加速上涨阶段。

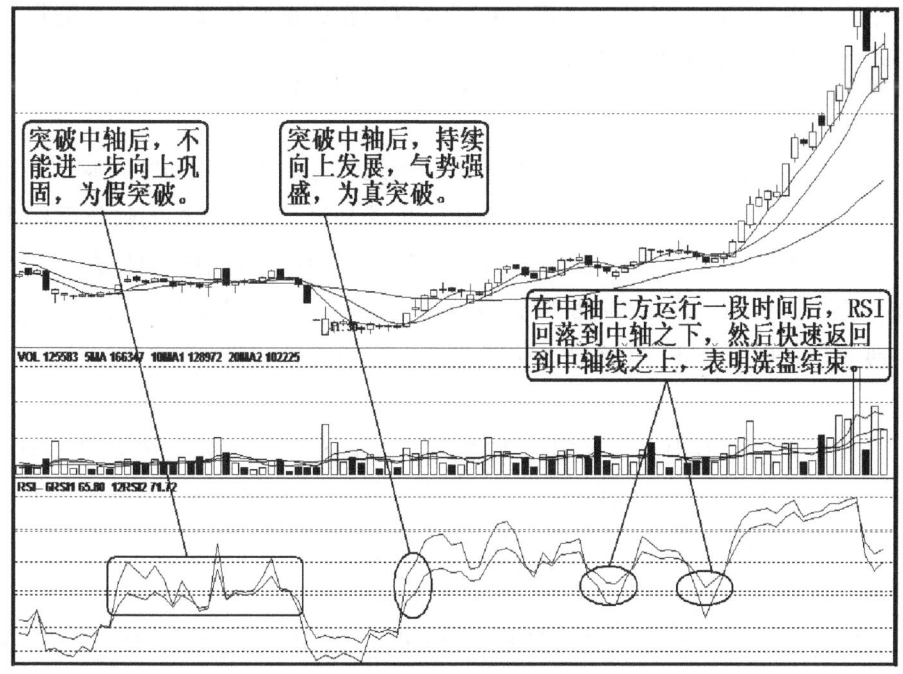

图7-24　德奥通航（002260）日K线图

4. RSI指标结合均线分析

RSI指标出现交叉信号时，也要观察均线方向。在一轮趋势行情中，RSI指标信号与均线同向的，信号可信度高，与均线逆向的，为疑似信号。

股价在均线之上，特别是30日均线向上运行时，RSI指标的金叉信号，其准确率较高，此时RSI指标的顶部信号，其准确率较差。

股价在均线之下，30日均线向下运行时，RSI指标的底部形态信号，其准确率较差，而见顶信号的准确率较高。30日均线平行运行时，RSI指标的所有信号均较差，应结合其他因素综合分析。

当然，用这种方法研判主升浪时，就不能买在最低价，也不能卖在最高价，克服这个缺点可以结合均线、成交量、涨跌气势和股价位置及庄家意图等因素综合考虑，并参考其他技术指标一起研判效果更好。

二、从 KDJ 指标中捕捉主升浪

KDJ 指标的最大特点就是摄取了动量指标、相对强弱指标和移动平均线这三大技术指标的优点，从而形成了非常有效的短线买卖信号。它在实盘操作中应用相当广泛，尤其可以作为短线投机操作的重要利器之一。在捕捉主升浪时，应掌握以下两个技巧：

1. 日线 KDJ 短线技巧

（1）钝化信号。由于 KDJ 指标的数值永远恒定在 0~100 的区间波动，这就有可能产生一种特殊的现象——钝化。也就是说，KDJ 指标的数值已经到顶而无法超越 100（或已经躺底而无法低于 0），而此时行情却同样在激烈地变化着，这必然会给 KDJ 指标判别行情带来盲区。这种现象多发生在超强势个股或超弱势个股里，投资者应谨慎操作，防止过早买入或卖出造成不必要的损失。

在主升浪行情中，当 KDJ 指标反复高位钝化，股价却依然强势上涨，此时投资者不要因 KDJ 指标钝化而出局，可以坚定地持股，最大限度地获取主升浪的利润，等到 KDJ 指标跌入超卖区时，要警惕主升浪即将结束。

图 7-25，东方通信（600776）：2018 年 10 月 19 日，该股 KDJ 指标值在 20 左右金叉后，一路向上到达超买区，然后出现高位钝化。11 月下旬，出现一次洗盘整理过程，然后股价继续上行，KDJ 指标再次在高位出现持续钝化，可是此时的主升浪行情才刚刚启动。如果按照"钝化"卖出的原则，就会损失后面的一大截利润。此时，应坚定地持股，直到 KDJ 指标回落到超卖区后，主升浪结束才有可能。投资者遇到这种情况时，也可以采用其他技术分析方法进行研判。

（2）洗盘信号。KDJ 指标从底部金叉向上，股价从低位启动出现小幅上涨，KDJ 指标快速进入强势区。由于庄家洗盘手法怪异，J 线、K 线快速回调跌破 D 线形成死叉，D 线基本维持原来的向上趋势或小幅回落到 50 左右。在 3~5 个交易日内，J 线、K 线再次快速金叉 D 线（第二次金叉），D 线持续上行，在图形上出现一个"萝卜坑"形态，说明股价洗盘结束，进入主升浪阶段。在实际操作中，第二次金叉介入的意义比第一次金叉更大，更具有上涨

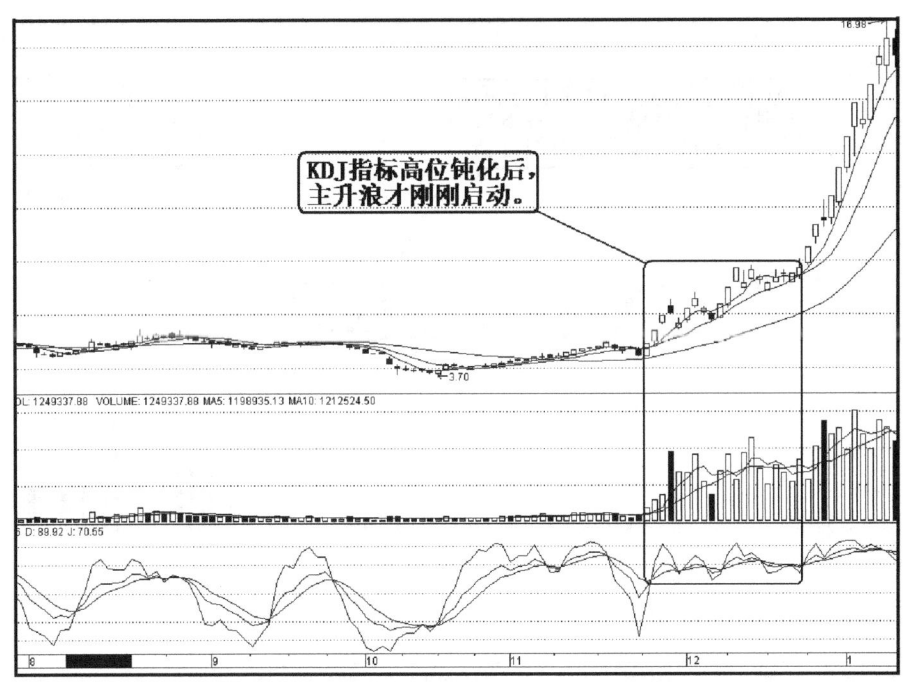

图 7-25 东方通信（600776）日 K 线图

空间。通常大牛股、大黑马在启动前会出现这种图形，投资者可在实盘中加以验证。

图 7-26，诚迈科技（300598）：该股庄家完成建仓计划后，开始向上运行，KDJ 指标低位发生金叉后到达强势区。2018 年 3 月，庄家进行洗盘换手，股价出现小幅回落，KDJ 指标快速形成死叉，J 线、K 线在 D 线之下作短暂停留后，在 3 月 21 日再次向上快速穿过 D 线形成金叉，在指标图形中形成一个"萝卜坑"形态。这种形态标志着洗盘整理结束，然后出现主升浪行情。

（3）背离信号。KDJ 指标中的 KD 两线在低位底背离后再金叉，是绝对的买入信号。KD 线底背离后的上升行情，比没有底背离而只是超卖后的上升信号，其力度要强。同样，KDJ 指标在高位顶背离后再死叉，是绝对的卖出信号。KD 线顶背离后的下跌行情，比没有顶背离而只是超买后的下跌信号，其力度要大。

2. 周线 KDJ 短线技巧

（1）J 线应用技巧。被许多人忽视的周 KDJ 中的 J 线对股价的反应最为敏

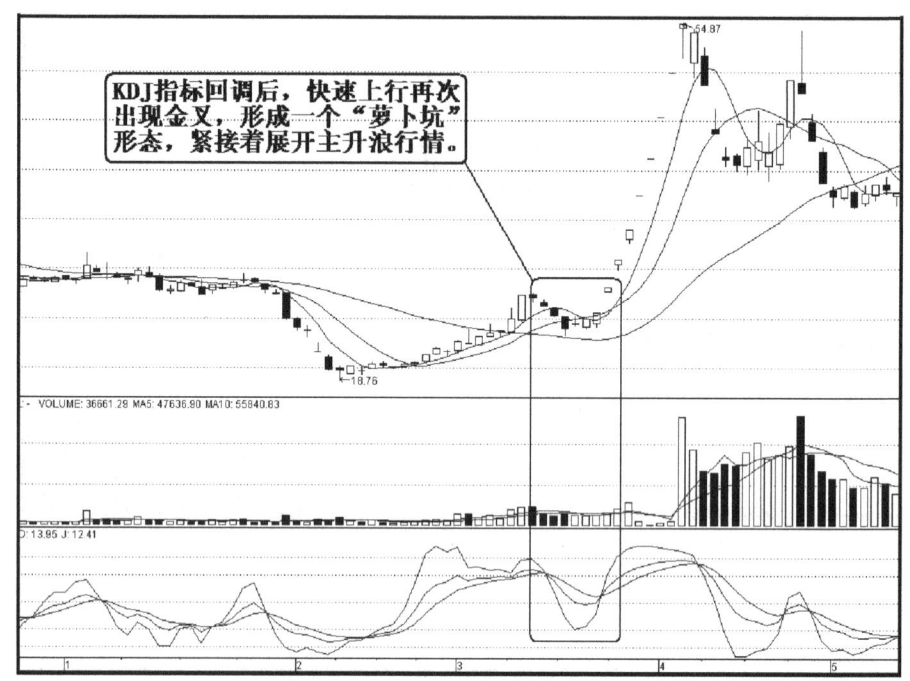

图 7-26 诚迈科技（300598）日 K 线图

感，而且较为准确，应该充分重视。

周 J 线在 0 值以下勾头向上，且收周阳 K 线时，可分批买入。股价在 30 周均线上方运行的多头市场中更是如此。同样，周 J 线上行到 100 以上勾头向下，且收周阴 K 线时，要警惕顶部出现，应先行减磅。股价在 30 周均线下方运行的空头市场中更是如此。

股价在 30 周均线下方运行的空头市场，周 J 线经常会在 0 值下方钝化，此时，不要马上采取买入行动，而是要耐心等待周 J 线勾头向上，且收周阳 K 线方可买入。同样，股价在 30 周均线上方运行的多头市场，周 J 线在 100 以上经常会出现钝化，此时，不要马上采取卖出行动，要耐心等待周 J 线勾头下行，且收出周阴 K 线方可采取卖出行动。

图 7-27，深天地 A（000023）：从该股的周线图中可以看出，图中这根周 K 线为阴线，但收于 30 周均线上，KDJ 指标中的 J 值为-0.52。下一周为周阳线，KDJ 指标中的 J 线向上勾头，即从 0 值以下勾头向上，股价得到 30 周均线支撑，构成短线较好的买点。

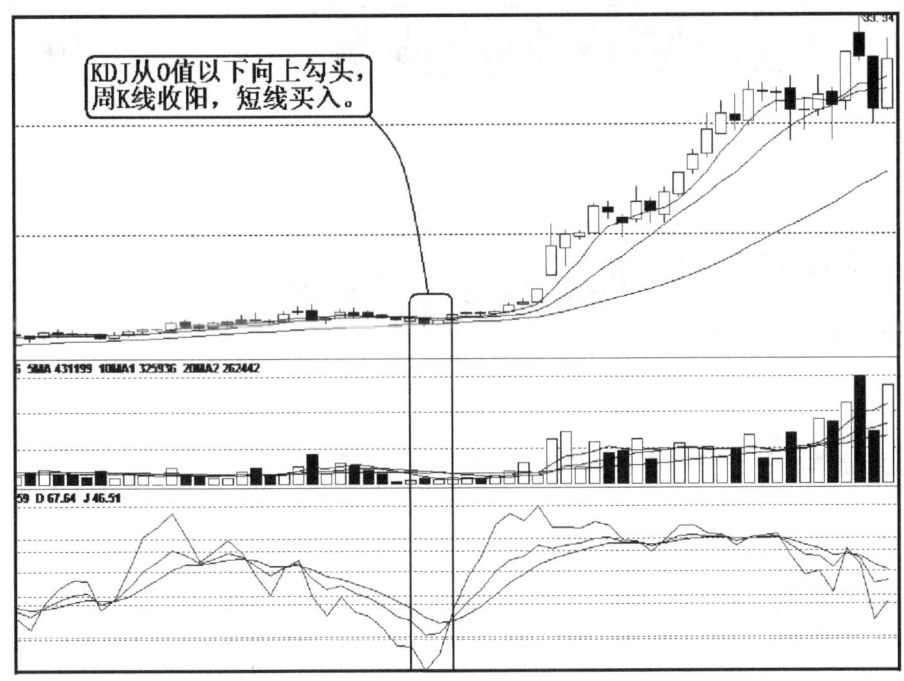

图 7-27 深天地 A（000023）日 K 线图

（2）周 KDJ 线金叉。周 KDJ 中的 J 线在 0 值下方上行与周 KD 线金叉时（20 附近更好），一波中级行情便会产生。若此时日线 KDJ 也金叉，要果断买入。若日线 KDJ 死叉，则要等其调整后金叉时方可介入，以免短线套牢。

通常，金叉之后周 J 线一般都会上行到 100 以上，强势市场还会在 100 以上钝化。期间也会有周阴 K 线出现，那只是上升行情中的调整。周 J 线这一特征，为研判波段性底部出现提供了量化依据。

图 7-28，梅雁吉祥（600868）：该股 J 线在低位钝化一段时间以后，从 0 值以下开始向上，在图中这一周 J 线在 20 附近金叉 KD 线，金叉之后 J 线上行到 100 以上，构成短线买入信号。此后 J 线一路上行到 100 以上产生钝化，股价强势上涨，此时投资者可以坚定持股做多。

3. 日线与周线共振信号

日线 KDJ 是一个敏感指标，变化快，随机性强，经常发生虚假的买卖信号。运用周线 KDJ 与日线 KDJ 共同金叉买入，就可以过滤掉虚假的买入信号。其买点有如下几种：

（1）打提前量买入法。在实盘操作时，往往会碰到这样的问题：由于日

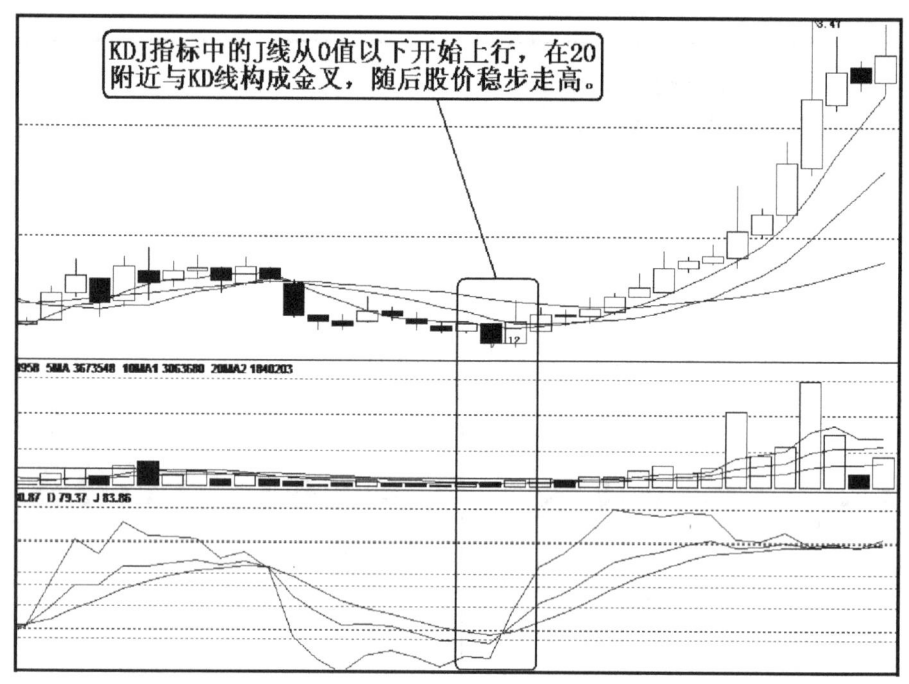

图 7-28 梅雁吉祥（600868）日 K 线图

线 KDJ 的变化速度比周线 KDJ 快，当周线 KDJ 金叉时，日线 KDJ 已提前金叉几天，股价也上升了一段，买入成本已抬高。短线投资者可打提前量买入，以求降低成本。买入的条件如下：

一是收周阳线，周线 K、J 两线勾头上行，将要形成金叉。

二是日线 KDJ 在这一周内发生金叉，金叉当天收放量阳线，若日线 KDJ 金叉当天，成交量大于 5 日均量更好。

（2）周线 KDJ 刚金叉，日线 KDJ 已金叉买入法。

（3）周线 K、D 两线将要死叉时，却拒绝死叉买入法。买入的条件有以下几种：

一是周 KDJ 金叉后，股价回档收周阴线，然后重新放量上行。

二是周线 K、D 两线将要死叉，但没有真正发生死叉，K 线重新张口上行。

三是日线 KDJ 在这一周内金叉。用此方法买入股票，可捕捉到快速强劲上升的行情。

图 7-29 和图 7-30，桂东电力（600310）：该股周线 KDJ 形成金叉后，因股价洗盘而回落，当周线 KDJ 即将形成死叉时，却拒绝死叉，而日线 KDJ 又形成金叉。这样，KDJ 的日线与周线出现共振信号，此时可以在日线 KDJ 金

叉当天买入（周线也已经勾头向上，拒绝死叉），随后股价出现快速上涨。

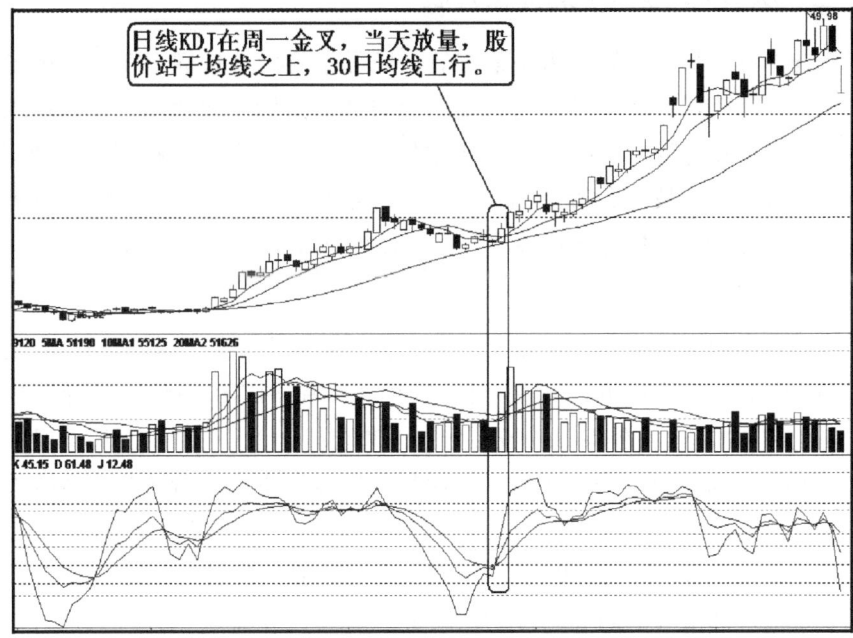

图 7-29　桂东电力（600310）日 K 线图

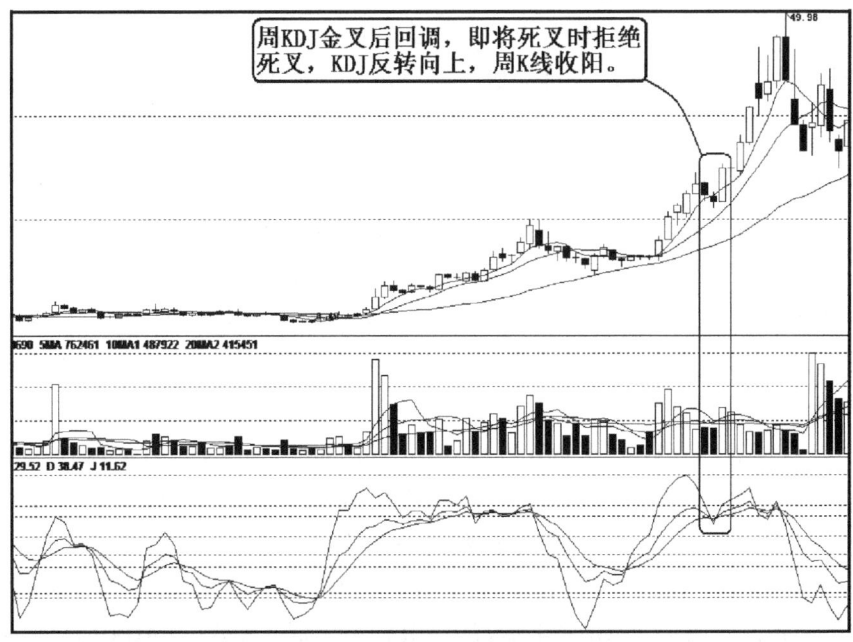

图 7-30　桂东电力（600310）周 K 线图

三、从 DMI 指标中捕捉主升浪

动向指标（DMI）被认为是最有效、最可靠的技术指标，在证券市场中经久不衰，投资者一向将其作为重要指标与其他指标一起使用。它是探求价格在上升和下跌过程中，买卖双方力量的"均衡点"，及价格在双方互动下波动循环过程的一种技术分析指标，其最大特点就是能够准确地告诉投资者未来行情的变化趋势。用它来捕捉主升浪，有两个信号效果非常好。

1. "菱形"上涨信号

股价在底部区域或小幅上涨后，+DI 在-DI 之上运行，突然+DI 由上向下、-DI 由下向上快速形成死叉，但这时 ADX 和 ADXR 仍然向上延伸或走平，其值在 40 左右。在 4~8 个交易日，+DI 再行金叉-DI，在图形上留下一个"菱形"形态，这时应立即买入。此种现象多为庄家洗盘所为，多数大牛股在启动前都会发生这种现象，投资者遇到这种信号时可以积极做多。

图 7-31，深天马 A（000050）：该股经过长时间的调整后企稳回升，然后出现洗盘震荡走势。同期的+DI 由上而下、-DI 由下而上快速形成死叉，这时 ADX 和 ADXR 的值在 30 以上。死叉之后，+DI 在-DI 之下仅仅运行 1 个交易日。第三天，+DI 再度金叉-DI，在图形上形成一个标准的"菱形"形态，此后回抽时+DI 与-DI 拒绝死叉，DMI 指标出现双重利多信号。随后 ADX 和 ADXR 也转为上升走势，股价突破平台整理区，从而形成一波主升浪，短期股价出现较大涨幅。

2. 拒绝死叉信号

股价经过小幅爬高后，庄家为了清洗浮筹而展开调整走势，+DI 值从 40 左右开始回落，-DI 开始上冲，当两线即将发生死叉时，却出乎意料地各自朝相反的方向运行，+DI 与-DI 拒绝死叉，ADX 或 ADXR 的值在 30 左右。这种现象，表明庄家洗盘换手结束，后市可能迎来主升浪行情，此时可以积极介入做多。

图 7-32，晓程科技（300139）。该股在底部经过长时间的整理后，股价渐渐企稳上行。+DI 在-DI 之上运行，ADX 和 ADXR 向上发展，表明市场渐渐进入强势。不久，庄家开始洗盘整理，+DI 渐渐下行、-DI 缓缓爬高。2018 年 6 月 12 日，当两线即将形成死叉时，却各自朝相反的方向运行，+DI 与-DI 拒绝死叉。+DI 向上运行，-DI 向下走低，ADX 和 ADXR 继续向上爬高，呈现单一向上运行，表明洗盘整理结束，构成较好的买入点。此后，

在 20 个交易日里，股价涨幅超过一倍。

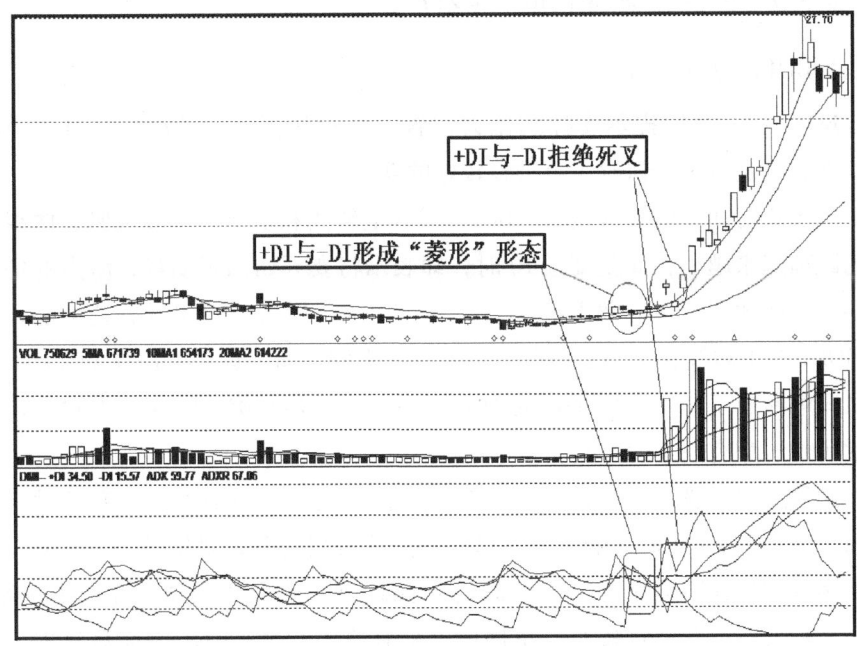

图 7-31　深天马 A（000050）日 K 线图

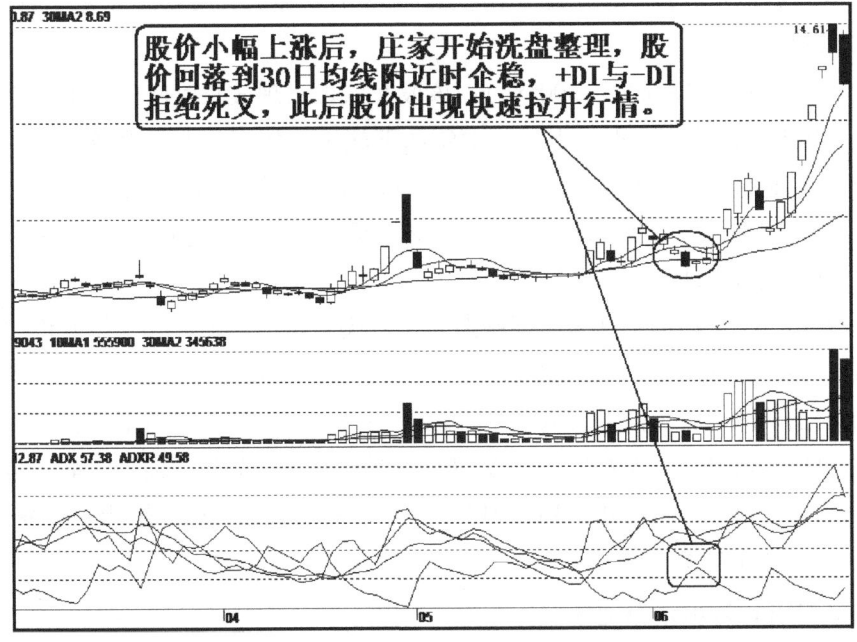

图 7-32　晓程科技（300139）日 K 线图

四、从 BOLL 指标中捕捉主升浪

1. BOLL 的突破信号

BOLL 指标可以提示支撑和压力位置，显示超买超卖情况，具有通道功能。在研判主升浪行情时，也具有较好的功能。

股价长时间形成横盘整理，BOLL 线的上轨线和下轨线逐渐收紧，两线之间的距离越来越小，值差接近 10 时，即表示将要开始出现变盘，激烈的价格波动有可能随即产生。随着成交量的逐渐放大，股价突然出现急速上涨，此时 BOLL 的上轨线急速向上运行，而下轨线也同时向下运动，这样 BOLL 线上下之间就形成了一个类似张口的喇叭形态。此时若股价连续穿越上轨线，则表示股价短期有一定的升幅。

这种形态是股价经过长时间的低位横盘筑底后，面临着向上变盘时所出现的一种走势。BOLL 线的上下轨出现方向截然相反而力度却很大的走势，预示着多方力量逐渐强大而空方力量逐渐衰竭，股价短期将出现大幅拉升行情。

这种形态一般要具备两个条件：一是股价要经过长时间的横盘整理，整理时间越长，上下轨之间的距离越小，则未来突破的力度和幅度越大；二是在 BOLL 通道开口的关键位置，无论涨跌都要有明显的大成交量出现，否则为疑似突破信号。

图 7-33，美联新材（300586）：该股在低位出现较长时间的横盘整理走势，BOLL 通道收窄多时，上轨、中轨和下轨十分接近，上下轨线值差低于 10%，同期的 5 日、10 日、30 日三条均线相互缠绕在一起，呈黏合状态。这时投资者应密切关注其盘面变化（但不必过早介入），把箭拉在弦上，一旦向上突破，就应立即行动。

2018 年 2 月 6 日，庄家向下制造一个空头陷阱后，第二天开始股价向上拉高，连续出现两根 "一" 字线和一根 "T" 线，BOLL 通道迅速张开，均线系统向上发散，股价向上突破的信号已经明确，一轮升势行情来临，投资者此时可以不惜追涨杀入做多。可见，BOLL 通道收窄是暴风雨前的宁静，是黑马股启动的信号，而 BOLL 通道开口放大则是最佳买入时机。想让资金翻倍，就应骑上这样的骏马！

2. BOLL 的压力和支撑

BOLL 是一个很神奇的指标，其上、中、下每条轨道在不同的时候，会构

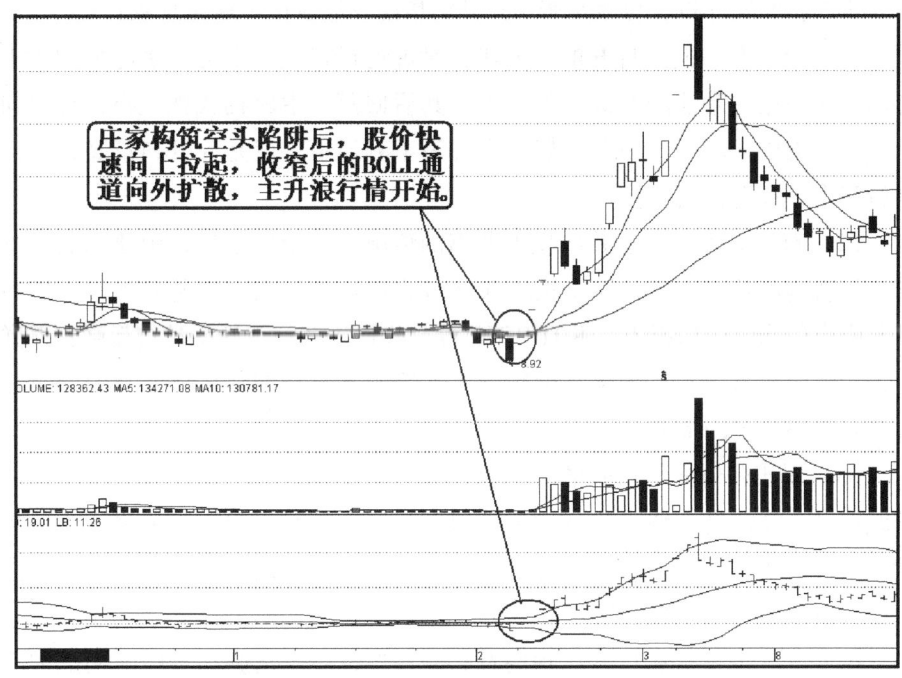

图 7-33 美联新材（300586）日 K 线图

成不同的压力位、支撑位，需要注意其弱、强、超强三种力度。在使用 BOLL 指标时，应把握以下几个方面。

第一，BOLL 指标的变轨情况。注意以下两种现象：

（1）在向上的窄轨通道中，股价运行在 BOLL 窄轨的上轨和中轨之间，这时上轨构成弱压力，中轨构成弱支撑，而下轨构成强支撑。所以，向下转折时会有震荡反弹，股价很难从上轨附近直接跌穿下轨。通常趋势是从上轨跌到下轨，然后反弹到中轨附近，再次下跌击穿下轨，此时张口打开，下跌趋势形成。所以，对于向上运行的窄轨，当股价突破上轨时，张口打开，往往意味着主升浪的开始。

（2）在向下的窄轨通道中，股价运行在 BOLL 窄轨的中轨和下轨之间，这时中轨构成弱压力，下轨构成弱支撑，而上轨构成强压力。所以，对于运行在窄轨下跌通道的个股来说，股价很难从下轨附近直接上穿上轨，通常趋势的反转是从下轨上攻到上轨，然后回踩至中轨附近，再次上攻击穿上轨，此时张口打开，上升趋势形成。所以，对于向下运行的窄轨，当股价击穿下轨，张口打开，往往意味着主跌浪的开始。

第二，宽轨开口，也就是张口打开的情况。注意以下四种现象：

（1）对于张口向上打开的主升浪，股价运行在上轨上方，是超强的攻击形态，往往是主升浪刚突破后的形态。其后回落，中轨构成强支撑；再次向上，上轨构成强压力。一个完好的主升浪上升通道，就是大开口形态，股价运行于中轨和上轨之间。

（2）对于大张口向上并出现顶背离的情况，股价回落后，中轨构成弱支撑，下轨构成超强支撑，股价很难在张口收口前直接击穿下轨。如果下跌力量很强，但当时张口很大，并且 BOLL 没有收口，触到下轨必然有反弹；反弹时，中轨构成强压力；如果反弹很弱，其后的下轨只能构成弱支撑，这时往往就是趋势反转的形成。

（3）对于张口向下打开的主跌浪情况，股价运行在下轨下方，是超强的下跌形态，往往是主跌浪刚突破后的形态。其后反弹，中轨构成强压力；再次向下，下轨构成强支撑。一个完好的主跌浪下跌通道，就是大张口形态，股价运行于中轨和下轨之间。

（4）对于向下大张口并出现底背离的情况，股价反弹后，中轨构成弱压力，上轨构成超强压力，股价很难在张口收口前直接攻穿上轨。如果上攻力度很强，但当时张口很大，并且没有收口，触到上轨必然有回落；回落时，中轨构成强支撑；如果回落很小，其后上轨只能构成弱压力，这时往往就是趋势反转的形成。

第三，宽轨缩口，也就是大张口收口的情况。应注意以下两种现象：

（1）无论张口向上或向下，上轨、下轨只能构成弱压力、弱支撑，中轨不构成支撑、压力，此时向上或向下发生行情的概率都较大。

（2）股价运行在上轨之上，是超强攻击形态；运行在中轨和上轨之间，是上升通道形态；运行在下轨和中轨之间，是下跌通道形态；运行在下轨下方，是超强下跌形态。

第四，BOLL 指标的独特优势。

BOLL 指标在判断很多形态上有自己独特的优势，比如，判断股价的支撑位和压力位、主升浪和主跌浪发生、顶背离和底背离以及反转形态等。这里分析一下主升浪发生的几种现象：

（1）股价横盘震荡或缓慢上行，BOLL 指标呈现平行窄轨，股价运行在 BOLL 指标的中轨和上轨之间，某日突然跌破中轨，但在下轨处获得支撑，震荡数日后，上攻突破中轨并触到上轨附近，遇到压力回踩中轨时企稳，此时向上突破上轨并发生大行情的概率非常大。这是经典的挖坑启动形态，也是经典的向上突破形态。

图7-34，亚威股份（002559）：该股见底后缓缓上行，BOLL指标呈现窄轨通道，股价运行于中轨和上轨之间。期间，股价几次跌破中轨弱支撑，形成窄幅震荡走势，然后，向上拉起，穿越中轨弱压力，接近上轨附近。不久，股价放量突破，BOLL指标上轨被突破，张口迅速打开，主升浪由此展开。

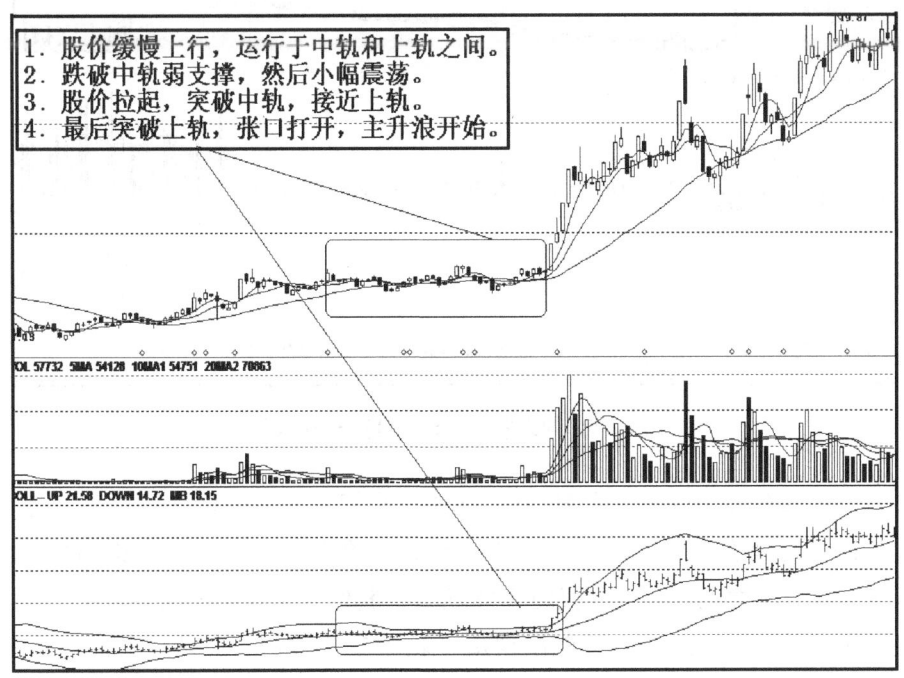

图7-34 亚威股份（002559）日K线图

（2）股价横盘震荡或缓慢上行，BOLL指标呈现平行窄轨，股价运行在BOLL指标的中轨和上轨之间，某日突然加速上涨，突破上轨的压力，BOLL指标的张口（上轨、下轨）也呈打开的态势，此时出现加速上涨的概率较大。这是经典的加速上涨形态。

图7-35，同大股份（300321）：该股成功见底后渐渐向上盘升，BOLL指标长时间处于窄轨状态，股价在中轨和上轨之间运行，多次试图向上突破上轨压制均未果。不久，股价放量上涨，BOLL指标突破上轨的压制，张口向外扩散，由此出现一波加速上涨行情。

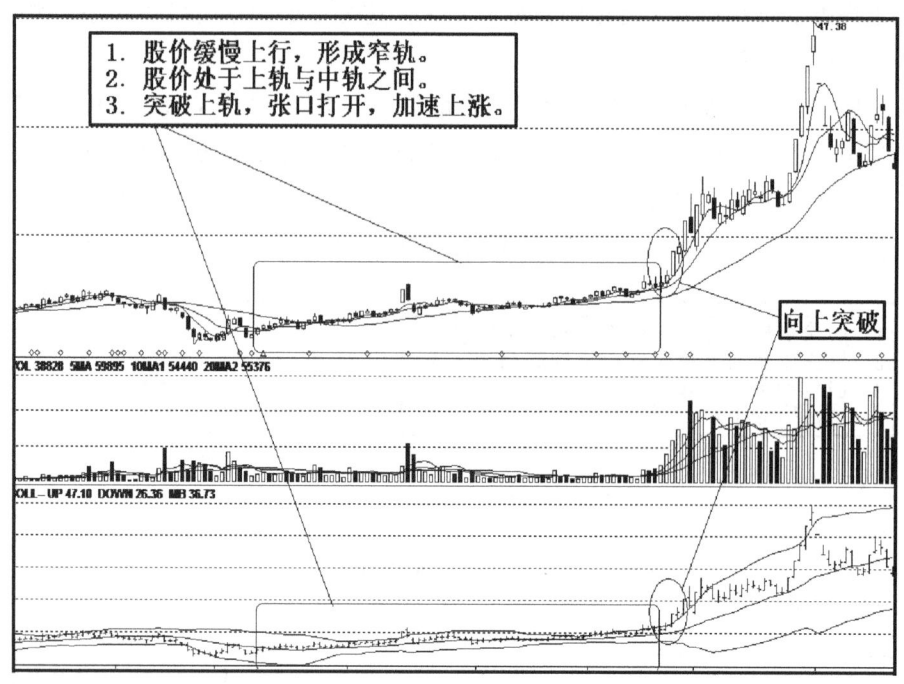

图 7-35 同大股份（300321）日 K 线图

（3）股价先出现一波大涨行情，BOLL 指标的开口也呈打开状态，随后股价出现洗盘整理，BOLL 张口渐渐收缩，股价围绕中轨震荡，多数时间处于中轨和上轨之间。经过一段时间整理后，股价开始放量上涨，BOLL 指标突破上轨的压制，此时有可能出现新一轮主升浪行情。这是经典的逐浪上涨形态。

图 7-36，掌趣科技（300315）：庄家成功地完成了建仓计划后，快速脱离底部区域，BOLL 通道张口向外扩散。接着庄家开始洗盘整理，股价出现震荡走势，BOLL 通道张口开始窄缩，形成窄轨通道。经过一段时间的整理后，很快股价出现放量上涨走势，BOLL 通道向上突破上轨压制，此后股价出现新一波上涨行情。

（4）对于上述三种刚进入加速上涨后的个股，在首次从尖顶回落到中轨附近时，往往是一个较好的买入机会，其后至少有一次上攻机会，这是短线操作非常奏效的技巧。如果上攻力度强，能够再次攻击上轨，继续保持上升通道的完整性，此后回落中轨时仍可再次买入；如果上攻力度弱，股价与通道构成背离，则需及时出局。这是如何做上升通道中的强势股的方法，也是

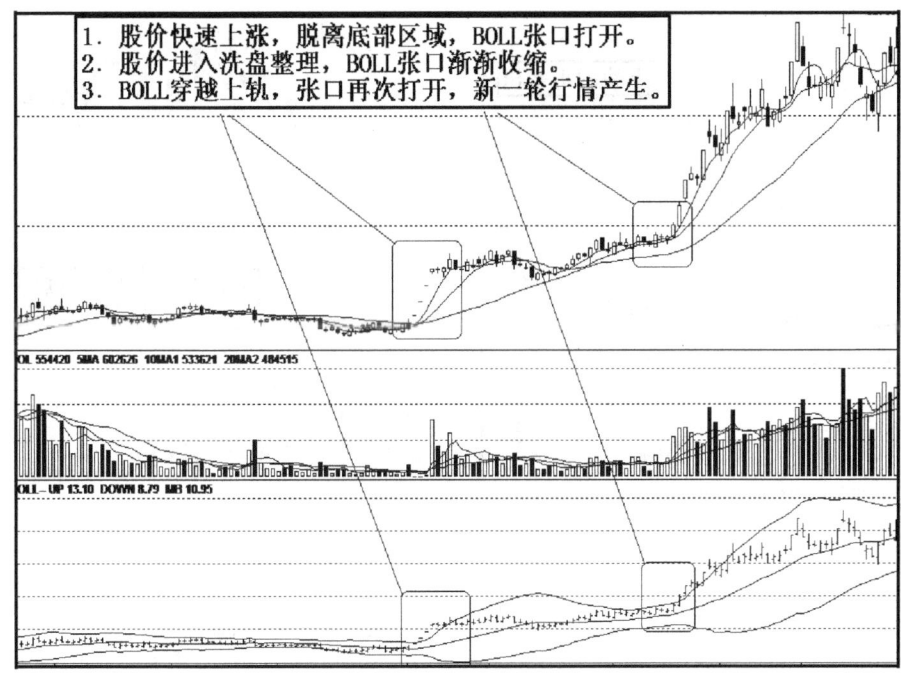

图 7-36 掌趣科技（300315）日 K 线图

超短线操作的一大法宝，在盘升类个股中效果非常好。

图 7-37，长江投资（600119）：股价原先运行于一个缓慢的上升通道之中，然后股价出现加速上涨，BOLL 通道变宽。随后，股价每次回落到中轨附近，是一个较好的买点，而股价到达上轨附近也是短线减仓的高点。当股价出现上攻力度较弱时，应及时退出观望。

可以说，个股的主升浪大多数是在前三种情况下发生的，但很多时候其攻击力也不强，如果结合 MACD 指标、RSI 指标以及量能等因素来分析，则准确率会大大提高。至于用 BOLL 指标来判断主跌浪，上面的情况反过来看就对了。

第五，关于时间形态分析的几个要点：

（1）大周期（包含周期分界点）决定成就，也就是股价的空间；小周期（包含周期分界点）决定精度，也就是准确定位买卖点。

（2）小周期服从大周期。当小周期和大周期的走势趋向性相反时，以上级大周期的趋向性为主导，小周期趋向性多数只是做弱势抵抗后，会服从大周期的趋向性。当然，少数极端情况，小周期趋向性非常强也会引起大周期

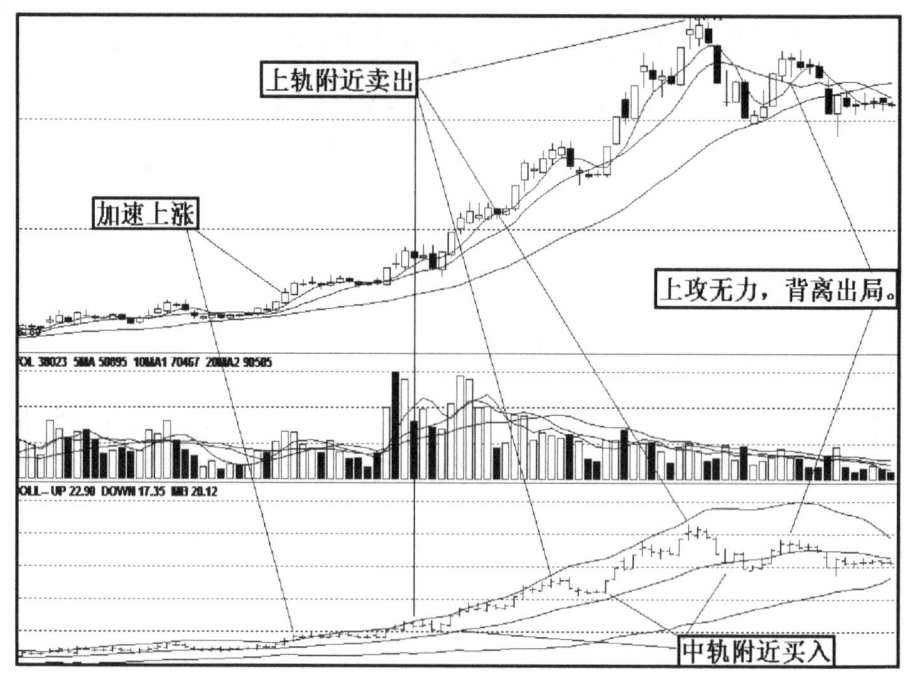

图 7-37　长江投资（600119）日 K 线图

的趋向性改变。

（3）相邻周期的级别，尤其是小周期级别分析同一只股票时，往往会得出分歧结论，这时，如何选择准确的周期级别来判断，需要按照最近背离发生的位置是在哪个级别，则用那个级别来判断后续走势。

（4）当多个大小周期的趋向性相同时，就产生了共振，这是最强大的时间形态。周期共振通常有以下三种：

一是多个大小周期同时出现，MACD 指标呈顶背离或者底背离，其后会产生大级别的反转。

二是多个大小周期同时出现加速启动或者突破形态，很可能会产生主升浪或者主跌浪。

三是多个周期或者两个相邻的大小周期同时遇到 BOLL 指标压力或支撑，则此压力或支撑会很强大，可选择离场或入场，这也是共振的一种形式。

（5）任意一个大小周期级别，都是符合上述所讲的 BOLL 指标和 MACD 指标的形态分析的。

五、从 MACD 指标中捕捉主升浪

1. MACD 二次翻红

在选股尤其是选强势股方面，MACD 指标有着非常重要的作用，如果运用得好，可以成功地捕捉到行情主升浪的起涨点。其方法如下：

股价走势满足"MACD 指标连续二次翻红"的股票往往会有非常好的上涨行情，当 MACD 指标第一次出现红柱后，还没等红柱缩短至变绿时，便又再次放大其红柱，这是利用 MACD 指标选股的关键。如果一只股票的走势符合这一总则，同时又符合以下四个条件时，那就意味着该股出现大幅上涨的可能性非常大。

（1）30 日均线由下跌变为走平或翘头向上，5 日、10 日、30 日均线刚刚形成多头排列。

（2）日 K 线刚刚上穿 30 日均线或在 30 日均线上方运行。

（3）MACD 指标第一次翻红的红柱越短越好，在 0 轴附近最好。

（4）成交量由萎缩逐渐放大，当日成交量大于 5 日平均量。

特别需要说明的是，买入后成交量必须连续放大，MACD 指标中的 DIF 值必须连续递增，如果不符合这两个条件，就要及时出场。

图 7-38，超频三（300647）：该股经过长时间的下跌调整，在低位企稳回升，股价经过一波拉高后庄家开始洗盘整理。2018 年 3 月 29 日，DIF 线回落与 MACD 线发生死叉，但没有出现持续下滑走势，6 月 5 日 DIF 线反转向上穿越 MACD 线，DIF 线继续向上攀升，随后 MACD 线也渐渐上行，BAR 红柱缩短后又再度迅速增长，MACD 出现二次翻红，构成"蜻蜓点水"形态，同期的成交量配合放大。此时，5 日、10 日均线在 30 日均线上方形成金叉，30 日均线继续向上移动，均线系统多头排列完好。表明庄家洗盘换手已经成功结束，有望展开主升浪走势，构成理想的买入点。随后，该股出现一波主升浪行情，在 12 个交易日里，拉出 11 个涨停。

在股市实盘操作中，经常发现 DIF 线和 MACD 线靠得很近或黏合在一起，两条指标线越近（其差值几乎为零）持续时间越长，距离 0 轴越近，后市突破的力度越大。一旦 DIF 线向上脱离 MACD 线，两线出现向上发散，BAR 指标红柱增长，均线系统向多头转变，可以大胆买入，一般收益丰厚。

需要提醒的是，MACD 指标形成黏合后，应做重点关注，但不能过早作

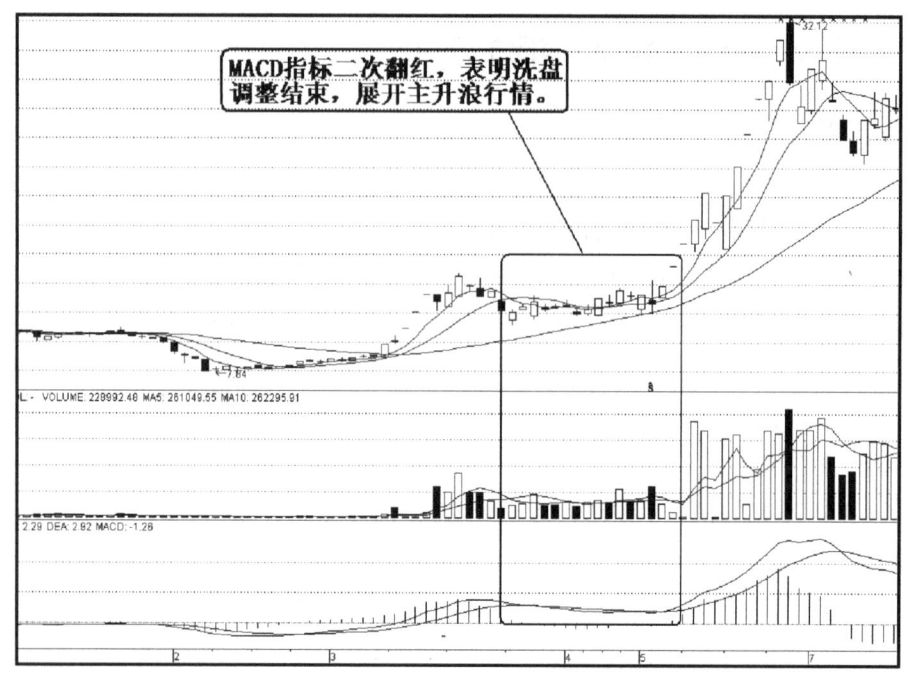

图 7-38　超频三（300647）日 K 线图

出买卖决定，因为后市仍然存在向上或向下突破的可能，待方向明朗后应果断作出买卖决定。

这种信号如果在筑底阶段，多为庄家吸货所致，后市具有一定的投资价值，投资者应多加关注。如果在盘头阶段或反弹行情中，多为庄家出货所致，后市有一定的跌幅，投资者应多加防范。若在上涨过程中出现这种现象，多为庄家洗盘整理走势，一旦向上发散，说明洗盘结束，后市出现新一轮升势；若在反弹过程中出现这种现象，说明上方抛压较重，一旦向下发散，股价将可能出现新一轮跌势，此时应当逢高退出。

图 7-39，三钢闽光（002110）。该股强庄入驻其中，庄家在底部长时间吸纳低价筹码，股价呈现筑底走势，此时的 MACD 在 0 轴附近形成黏合状态。2017 年 7 月 7 日，股价放量向上脱离盘整区域。DIF 线脱离 MACD 线向上台头，两线向上发散，BAR 指标红柱增长。此时 5 日均线与 10 日均线在 30 日均线上方黏合后向上跃起，30 日均线缓缓上行，均线系统呈多头排列，形成较好的买入点。此后股价出现快速拉升行情，短期涨幅较大。

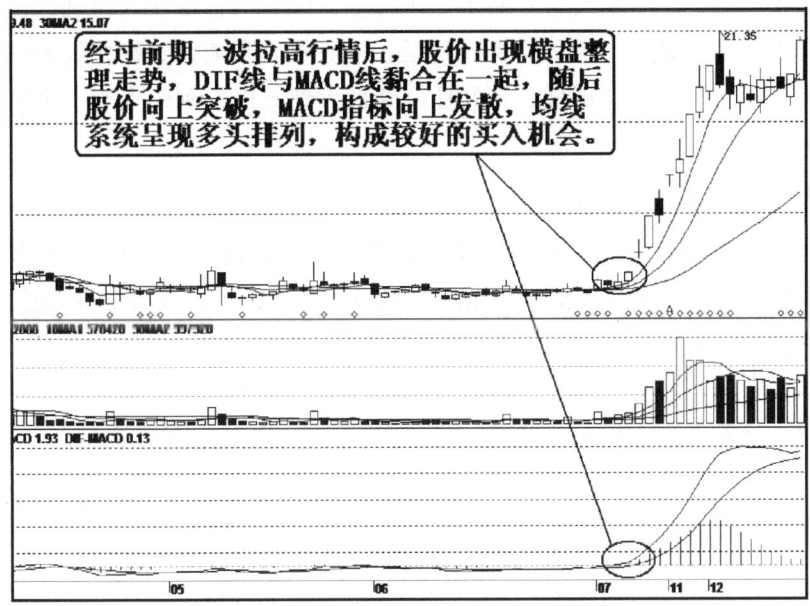

图 7-39 三钢闽光（002110）日 K 线图

2. MACD 红绿柱法则

MACD 红绿柱的精华就八个字：买小卖小，缩头缩脚。小指的是红绿柱的堆，缩头缩脚是指红绿柱的长短。当股价一波比一波高时，反而红柱的堆一堆比一堆小，证明产生了顶背离现象，应该及时卖出；当股价一波比一波低时，反而绿柱的堆一堆比一堆小，证明产生了底背离，应该买进。当在绿堆小时，绿柱一根比一根短时买进，也就是说缩脚时买进。当红堆小时，红柱一根比一根短时，叫缩头，应卖出。

这里的"大"和"小"是指 MACD 中的大绿柱、小绿柱和大红柱、小红柱。这种方法在操作时，对图中的 DIF 和 MACD 两条白色和黄色的曲线，可以不去考虑，只注重红绿柱的变化。MACD 红绿柱的应用法则如下：

（1）从 MACD 指标可以看出，红柱和绿柱不可能无限制地放大，同时也不可能无限制地缩小。

（2）红柱放到最大为波段性的顶部，绿柱放到最大为波段性的底部。

（3）红柱和绿柱一般放大到第 5~6 根时见到波段性的顶部或低部，这时开始注意抛出或是买入。

（4）红柱由最大开始缩小时出局，绿柱由最大开始缩小时进场。

（5）一般来说，红柱缩小将会出现绿柱，同理绿柱缩小会出现红柱，中间的这个过程就是一个波段。也就是说，从绿柱放到最大到红柱放到最大为一个完整的上升波段，同样，从红柱放到最大到绿柱放到最大为一个完整的下跌波段。

3. MACD 底背离信号

底背离一般出现在股价的低档位置，当股价的低点比前一次的低点低，而指标的低点比前一次低点高，也就是说 MACD 指标认为股价下跌有非理性成分，不会再持续地大幅下跌，这就形成底背离走势，暗示股价即将反转上涨，是可以开始建仓的买入信号。底背离所处的位置越低，形成的时间越往后，其信号越可靠。如果出现在股价大幅下跌后的低位区域，其信号的准确性较高。

图 7-40，九鼎科技（600053）：在股价运行过程中，股价一波比一波低，不断创出调整新低，市场显得极度疲软。但是，同期的 MACD 指标不但未能随着股价相应地创出新低点，反而呈现上升走势。MACD 指标与股价形成"底背离"走势，暗示股价离底部已经不远了，可以开始入市建仓。2018 年 10 月 30 日，股价见底后反转向上放量突破，出现一波快速拉升行情，从而证实了"底背离"信号的可靠性。投资者实盘中遇到这种走势时，可以在突破之时积极介入做多。

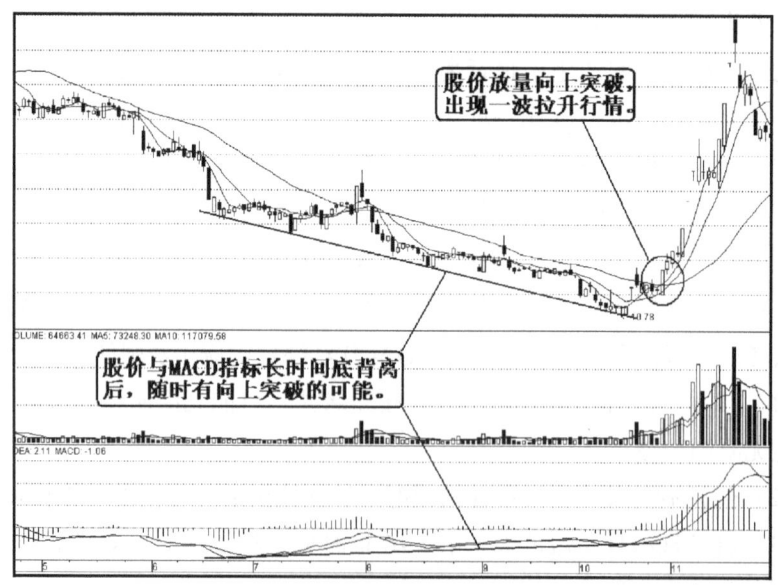

图 7-40　九鼎科技（600053）日 K 线图

第六节　从形态中捕捉主升浪

股价在长期的运行过程中,可能会形成某些技术形态,如常见的双重底(顶)、头肩形、圆弧形、三角形、楔形或旗形等,股价一旦成功突破这些技术形态的颈线位,说明技术形态构筑完毕,股价将沿着突破方向继续运行,达到最小"量度升幅",因此是一个较好的买入信号。

一、股价突破双重底形态

双重底形态预示一轮下跌行情将告一段落,股价在完成形态的运行之后将进入一轮上涨行情。股价持续下跌到了低点,令仍坚守其中的持股者因股价太低而惜售,而持币者因股价连创新低认为已具投资价值,开始在低位尝试性买入建仓,股价因此获得支撑而止跌反弹。当股价反弹至某一价位时,距离低点出现了一段价差,这时低档买进者有些只抱着短线心理,亟思获利了结,原先套牢不卖者,此时也有部分人改变心意,少输为赢的想法油然而生,因而在短线获利回吐及套牢斩仓的双重压力下,股价再一次下探。但当股价回到前次低点附近时,市场上更多的投资者对后市充满信心,不但原先出手承接的人继续加码,还有更多的人也产生兴趣而加进买入行列,越来越多的买盘涌入,使多空双方力量发生重大转变而使股价出现第二次涨升,并突破前次反弹的高点,成功扭转股价长期下跌的趋势,一波多头上涨行情由此展开。

图7-41,航天长峰(600855):从该股2018年9月至2019年3月的走势中可以看出,当股价再次下探到前期低点附近时,构成第一个买点。然后,在2019年1月4日跳空高开高走,大阳线涨停,成交量放大,股价突破双重底颈线,构成第二个买点。股价突破之后进行回抽确认,在颈线位附近得到有效的技术支撑,股价再次回升,形成第三个买点。此时不妨加仓介入,随后股价进入上升通道。

也有的人认为,双重底的三次买入时机:一是在股价加速下跌时抢反弹;二是当股价反弹后下跌至前次低点附近时,也即二次探底不破可分批建仓;三是放量突破颈线位或突破颈线位后明显缩量回抽成功时,是最佳加仓和买入时机。两者稍有差异,效果如何,见仁见智。

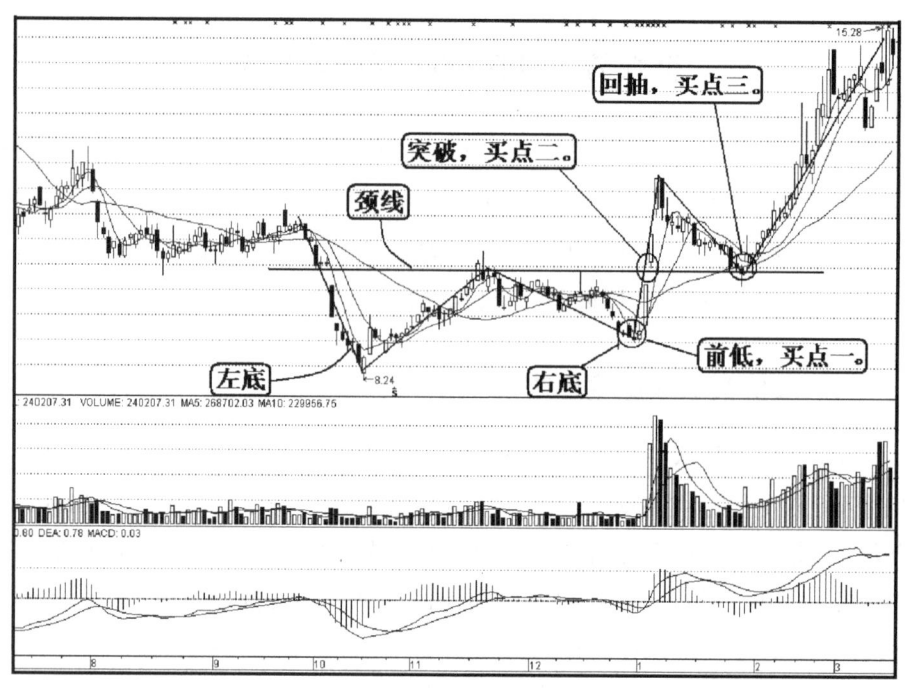

图 7-41　航天长峰（600855）日 K 线图

图 7-42，中国软件（600536）：从该股的走势中可以看出，2018 年 12 月 27 日开始出现快速下跌，此时可以试探性介入，构成第一个买点。当股价反弹结束后再次回落到前期低点附近时重新介入，此为第二个买点。2019 年 2 月 13 日，股价向上突破双重底的颈线压力时，此为第三个买点。随后股价出现强势上行行情。

股价向上突破技术形态，说明股价下跌或回调结束，是一个较好的买入信号，投资者可以按照相关技术形态的法则进行操作。在实盘操作中，可以把握以下技术要点：

（1）突破的前提是股价的位置和阶段。处于底部吸货区域、中途整理区域、庄家成本区域附近的，若向上突破其真突破的概率较大，若向下突破其假突破的概率较大。处于高位派发区域、远离庄家成本区域的，若向上突破其假突破的概率较大，若向下突破其真突破的概率较大。

（2）股价突破时，盘面必须有气势、有力度、有可持续性，短暂的冲破肯定无效。另外，掌握一般技术形态的构筑时间，微型的技术形态可靠性不高。

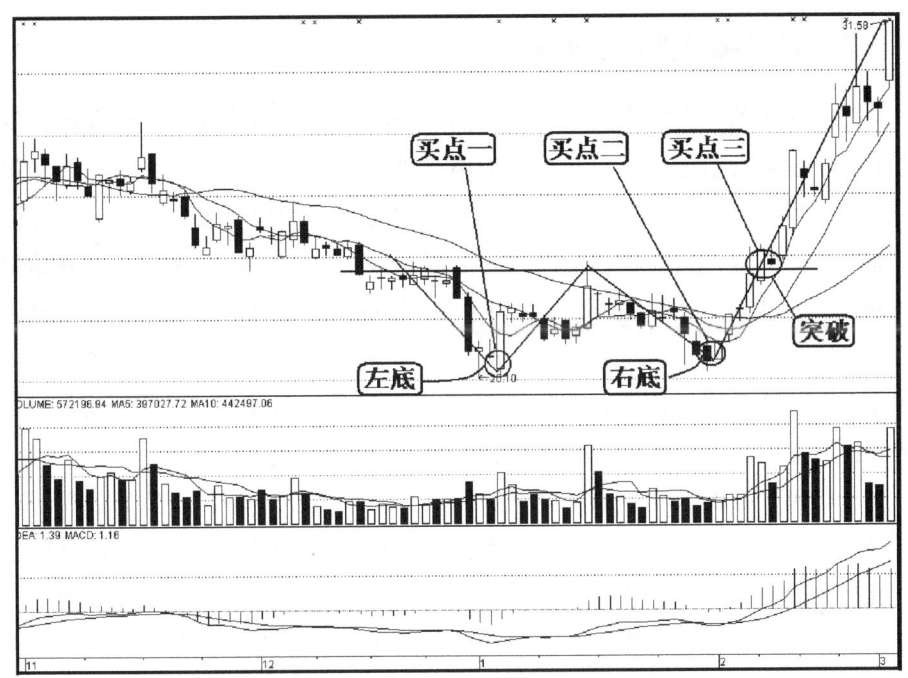

图 7-42 中国软件（600536）日 K 线图

（3）在考察成交量时一定要注意价与量的配合，如果量价失衡（成交量巨大突破后回落、突破后放量不涨或突破时成交量过小）则可信度差，谨防庄家以假突破的方式出货。

（4）当股价无量突破颈线时，且突破的幅度不足以确认为正式突破时，此时有出现假突破的可能。如果股价在突破后不久又再度回到颈线之下，应予以卖出观望。

（5）分析突破时的一些盘面细节，有利于提高判断准确性。比如，当天的突破时间早晚，通常当天的突破时间越早越可靠，特别是在临近尾盘的突破更值得怀疑；观察当天的突破气势，突破时一气呵成，刚强有力，气势磅礴，可靠性就高；突破后能够坚守在高位的，可靠性就高，如果仅仅是股价在当天盘中的瞬间碰触，那么突破肯定不能成立。这些盘面细节十分重要，应当细心地进行观察分析。

（6）百分比法则和时间法法则。即突破的幅度超过3%，持续时间3天以上。

二、股价突破头肩底形态

头肩底从第一个低点向上反弹之后,再度回抽测试支撑。当触及前期低点附近时,多头稍做抵抗,股价便应声跌破,再创出新低点。不过,在这最悲观的时刻,却出现了一股更强大的买盘力量,将股价再度向上拉升,突破了前一次的低点,且上涨到上波反弹的高点附近。这时持股者的心理开始出现分歧,经过剧烈震荡之后,股价还是宣告向下,一般散户历经数度惊魂,信心已经丧失殆尽,纷纷杀出。不料低档却冒出奇大的接手买盘,将筹码一网兜进,股价也第三度出现强劲挺升,并且顺利超越了前两次反弹的高点,从此告别悲情,展开多头走势。

头肩底形态表示着一个长期下跌的趋势已经发生逆转,股价的下跌已明显受到买盘的支撑,股价在长期下跌之后初次盘稳,虽然再次下探创出新低,但成交量已明显减少,且快速掉头回升,而第三次回落在新低点之上便受到支撑,反映出后市看好的力量正在底部积极接盘,并逐步改变市场过去向淡的趋势。当股价成功突破颈线阻力位时,说明多方已经消化了空方的力量,多头将在今后一段时间占据市场的主导地位。

图7-43,上海新梅(600732):该股在2018年8月至2019年1月的走势中,出现了由一个左肩和两个右肩构成的复合头肩底形态。股价见底后回升,在前期小高点附近时,回落形成右肩。然后股价反弹到颈线附近时回落,再次形成一个右肩。最后,股价向上突破头肩底形态的颈线,并经回抽确认有效后进入升势行情。

在实盘操作中,遇到这类个股时可以把握以下技术要点:

(1)最近一个波段低点比前一个波段低点低,但其成交量却比前一个波段低点少时,则成为头肩底形态的先兆信号,通常是左肩最大,头部次之,右肩最小,反映市场卖盘逐渐减少。

(2)当股价向上突破颈线时,成交量需配合增加,要超过左肩或底部时的最高成交量。若股价向上突破颈线时成交量并无显著增加,其后几日也未见补量时,可能将会变成一个"假突破"。

(3)假如突破颈线后数天的成交量仍然很少,则常会出现暂时的回抽,使股价又回到颈线附近,但很少会穿过颈线,如果回抽后跌破颈线达3%以上,则应小心属于失败的头肩底形态,要重新考虑卖出。

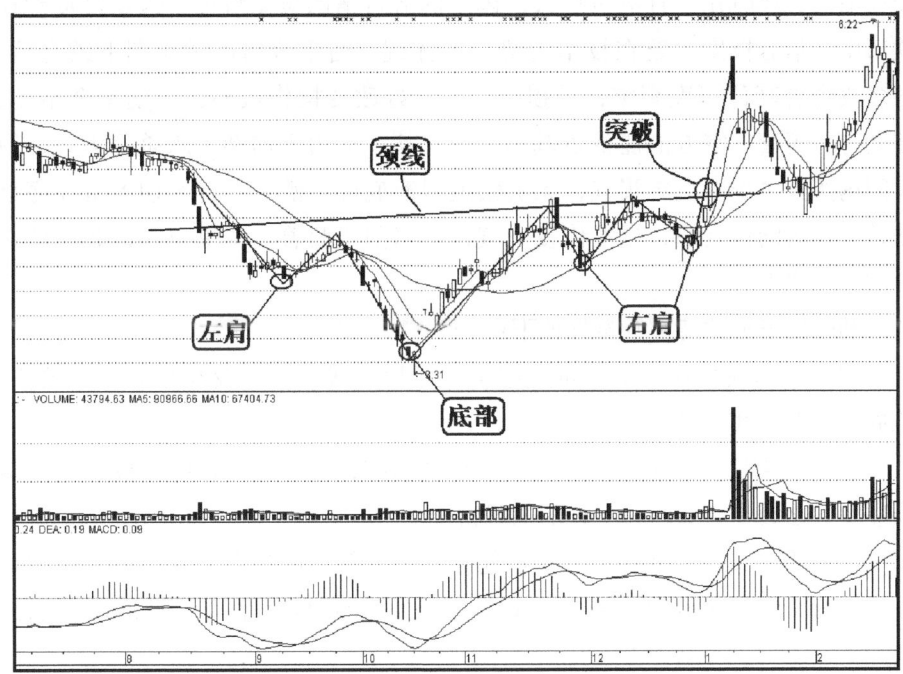

图 7-43　上海新梅（600732）日 K 线图

（4）根据艾略特波浪理论，如果底部的低点到右肩的最低点之间，出现一个三波段上涨和一个三波段下跌，此时可以比较大胆地假设，头肩底形态将会形成的可能性极高，应该提早买入以待获利。而如果底部低点到右肩的最低点之间，并未出现一个三波段上涨和一个三波段下跌，纵然股价已经突破颈线，但在未达到向上突破的标准之前，也应暂时以假突破视之。

（5）头肩底向上突破颈线时，常常同时向上突破一条重要的压力线或同时向上突破 30 日移动平均线，从而使头肩底形态更为可靠。

（6）头肩底虽然是非常可靠的底部反转形态，但也要设立止损位。在第一次急跌后买入的，止损位可设在亏损 10%；在右肩买入的，止损位可设在股价有效跌破左肩的低点而无明显回升迹象时；在突破颈线后和回抽确认时买入的，止损位可设在股价再次下跌到颈线之下走势凸显疲软时。

三、股价突破圆弧底形态

圆弧底形态是指股价逐步向下形成凹陷的圆弧状走势，也称碗形或碟形，是一种底部反转上攻形态。股价多处于低位区域，与潜伏底的相似之处在于，交投清淡，耗时几个月甚至更久，体现弱势行情的典型特征。这是投资者在跌市中，信心极度匮乏在技术走势上的体现，由于价格经过长期下跌之后，很多投资者高位深度套牢，亏损巨大，只好改变操作策略，长期持仓不动，被动等待解套。空方的能量也基本释放完毕，但由于前期下跌杀伤力强，短时间内买方也难以汇集买气，无法快速脱离底部上涨，只有长期停留在底部休整，以时间换空间，慢慢恢复元气，价格陷入胶着，振幅很小，此时就会形成圆弧底形态。

圆弧底形成的特征及条件如下：

（1）圆弧底是在经历股价大幅下跌之后形成的，一般筑底的时间较长，几周、几个月甚至更长。

（2）底部股价波幅小，成交量亦极度萎缩，盘整到尾段时，成交量呈缓步递增，之后是巨量向上突破前期阻力线。

（3）在形成圆弧底后，股价可能会反复徘徊形成一个平台，这时候成交量已逐渐增多，在价格突破平台时，成交量必须显著增大，股价才会加速上升。

（4）假如圆弧底出现时，成交量并不是随着价格作弧形的增加，则该形态不可信赖，应该等待进一步的变化，待趋势明朗时再作决定。

（5）最佳买点：激进的投资者可于股价放量突破当天介入；稳健的投资者可在股价放量突破之后，确立突破有效时再行介入。

图7-44，大众公用（600635）：该股经过长时间的下跌后，2018年10月在相对低位跌势减缓，逐步形成横向整理态势，显示空头继续大幅杀跌的动能不强，而此时由于经过大幅下跌，多头的信心受到沉重的打击，要想在短时间内恢复上攻的可能性也不大。所以，就导致了多头买盘不踊跃、空头卖出意愿不强、双方保持平衡的局面。随着时间的推移，多方力量逐步聚集，当消化了上方的压力后，11月5日股价放量涨停，有效突破颈线位的压力，这就提供了一个很好进场的机会。

在实盘操作中，遇到这种盘面走势时可以把握以下技术要点：

（1）有时当圆弧底部形成后，股价并不随即上涨，而是先走出一个来回窄幅拉锯的平台——锅柄，也称进货平台，此处买进较佳。

（2）在圆弧底形成中，由于多空双方皆不愿意积极参与，成交量极小，价格显得异常沉闷，这段时间显得很漫长，所以不要过早介入，可选择在突破颈线时买入。

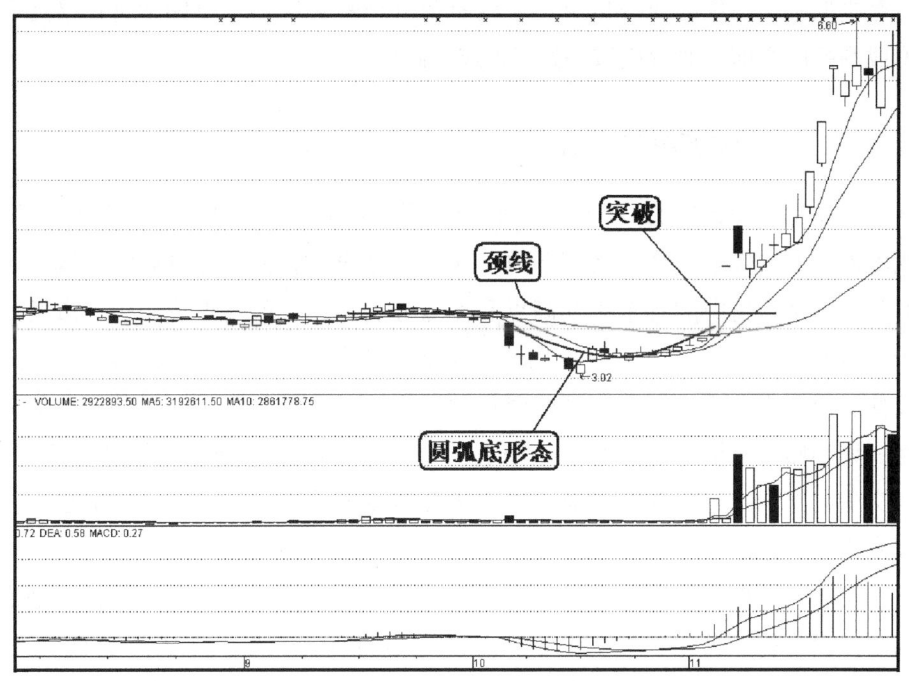

图 7-44 大众公用（600635）日 K 线图

（3）圆弧底形态通常是主力吸货区域，由于其炒作周期长，故在完成圆弧底形态后，其涨升的幅度也是很大的。投资者如在圆弧底形态内买进，则要注意启动前的震仓洗盘。因为在涨升初期，会吸引大量散户买进，给主力后期拉抬增加负担，清扫出局一批浮动筹码与短线浮动筹码后，主力才会大幅拉抬股价。在上涨过程中，还会不断地利用旗形、楔形等多种整理形态调整上升角度，延续涨升，所以圆弧底形态从某种角度上也可说是黎明前的黑暗，在形态内价格貌似平静如水，实际上是在酝酿着一波滔天巨浪。

（4）圆弧底的最终上涨高度往往是弧底最低点到颈线距离的 3~4 倍，但是圆弧底如果距离前期的成交密集区太近，尽管底部形成的时间足够长了，后市上涨高度也有限，因为原有的股票持有者没有经历一个极度绝望的过程，导致底部的换手率不高，限制了未来的涨升空间。

（5）圆弧底常见于低价股中，呈现一种平底延伸状，通常需要数月才能完成。在圆弧底形成期间，有时还常伴随蝶形底。

（6）在所有的底部技术形态中，圆弧底形成的概率较低，这是因为形成圆弧底的条件严格。首先它要求股价处于低价区；其次低价区的平均价格应该至少低于最高价的50%以上，距离前期成交密集区要尽可能地远；最后在形成圆弧底之前，股价应该是处于连续下跌状态。

四、股价突破箱体形态

箱体是一种典型的整理形态，股价在两条几乎平行的轨道线内上下波动，既不能向上突破阻力线，又不会向下跌破支撑线，这种震荡格局将持续一段时间，震荡行情中的各个短期高点和低点分别相连，就会形成箱体。市场处于多空平衡的拉锯状态，股价向上会遭到沉重打击，向下又获得各种支撑，致使股价陷入跌不深、涨不高的僵局中。但这种僵局总归是暂时的，突破将是一种必然的结果。在突破之前的震荡整理中，市场的买卖热情会逐渐下降，成交量会出现一定程度的萎缩，当市场逐渐转为平静后，突发性行情会迅速爆发出来。

箱体的出现显示市况牛皮，出现这种情况大致有以下三个原因：一是市场基本面平静，公司前景欠亮丽，市场进退两难。二是反映庄家耐心吸货，若大手笔买货会惹来注意，因此故意维持盘整走势，埋伏在低位收货。三是反映庄家托价派货，为免股价越抛越低，于是当股价回落至某一水平时便停止抛售，反而以小量买盘将股价推升，引导投资者跟入。

图7-45，禾丰牧业（603609）：股价经过小幅上涨后，庄家开展洗盘整理走势，股价呈现横向运行，形成小箱体形态。2019年2月15日，股价向上突破箱体整理形态的上边线压力，产生明确的买入信号。之后，股价出现快速上涨行情。

在实盘操作中，遇到这种盘面走势时可以把握以下技术要点：

（1）成交量逐渐减小。在箱体形成过程中，随着形态的逐步延伸，成交量会逐步递减，当成交量递减到一定程度时将促使突破行情的产生。如果在形态形成时，成交量持续活跃，或有不规则的成交量出现，一般很难构成有效突破。

（2）需等待突破信号。箱体是一个多空争持的形态，在升势或跌势途中均有可能出现，宜等候突破信号。若股价以成交量配合向上突破箱体上限阻力时，反映看好一方已控制大局，应视为利好信号。若成交量不配合上升，可视为"假突破"。相反，当股价跌破箱体下限支撑位时，就算成交量不增加，也可视为可靠的利空信号。

第七章 主升浪的捕捉窍门

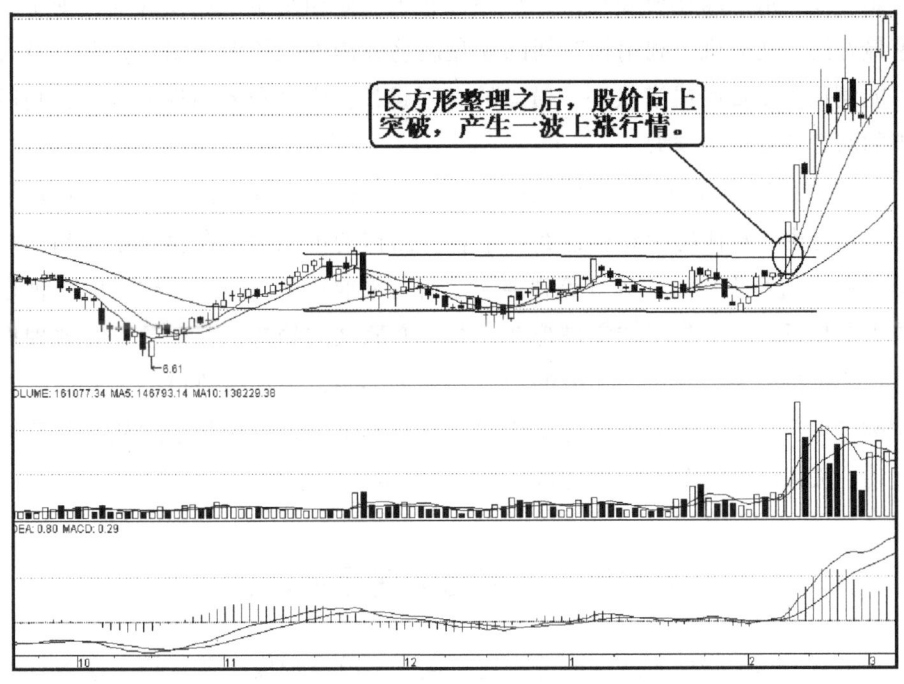

图 7-45 禾丰牧业（603609）日 K 线图

（3）有回抽的可能。股价突破箱体以超越箱体的阻力线或支撑线达 3% 幅度为基础（只要成交量放大，1%~2% 也可以确认）。有时当股价向上突破箱体后会有短暂的回抽，若股价回试箱体上限线时得到企稳（此时上限线由突破前的阻力作用变为突破后的支撑作用），后市继续向好。但向上突破后，回抽不能明显击穿箱体上限，投资者应该停止买入操作及时止损。相反，若股价向下跌破箱体时也出现回抽，而股价回升到箱体下限线而无力再上涨（此时下限线由突破前的支撑作用变为突破后的压力作用），后市看空信号强烈。

（4）形成时间的长短。箱体时间一般在 1~3 个月，可以这样看，若形成时间越长，反映多空双方争持越激烈，积蓄的力量越强大，一旦出现突破，其威力十分惊人，实际升幅跌幅往往比量度预测的要多。

（5）高低波幅大更具威力。一个高低波幅较大（一般指超过 10%）的箱体，较一个狭窄而修长的箱体更具威力。

（6）箱体的推动波一般为三波到五波，即在形态中出现 4~6 个转折点。如果股价波动的次数太过于频繁，则会过分打击投资者信心。当发生在顶部区域时，表现为多头能量不足，缺乏上攻的动力，市场信心受挫，盈售压力开始增多，形态深化成多重顶的可能性较大。而如果是出现在底部，则是庄家最好的入货时机，利用长时间的横盘震荡去消磨投资者的耐心，形态极有可能演化为多重底或潜伏底。横盘的时间越长，庄家介入的程度越深，则后市的涨升空间也将越大。

（7）值得注意的是，箱体在形成过程中极有可能演变成三重顶（底）形态，正是由于箱体的判断有这么一个容易出错的可能性，在面对箱体和三重顶（底）进行操作时，尽量等到突破之后再采取行动，因为突破后的两种走势方向相反。一个是反转突破形态，要改变原来的趋势；一个是持续整理形态，要维持原来的趋势。一般的箱体是整理形态，为盘整势道，这种形态与对称三角形一样，出现于趋势反转的次数并不多，只有那些刚刚从底部区域启动、涨幅不大的个股，在箱体突破后往往会延续原有的上升趋势。

第七节　从趋势中捕捉主升浪

将两个以上明显的高点或低点连接起来，就会形成一条直线，这条直线就是趋势线。根据其运行方向，可以分为上升趋势线、下降趋势线或水平趋势线三种。

如果这条直线是向下倾斜的，就形成了下降趋势线，它对股价短暂上涨具有一定的压力作用。当股价向上突破这条趋势线的压力时，预示股价将转跌为升，是一个买入信号。相反，如果这条直线是向上倾斜的，就形成了上升趋势线，它对股价短暂下跌具有一定的支撑作用。当股价向下突破这条趋势线的支撑时，预示股价将转升为跌，是一个卖出信号。如果这条直线横向移动的，就形成一条水平趋势线，说明股价处于盘整状态，暂时没有明确的方向，此时可以关注，但不宜买卖操作。

一、向上突破下降趋势线

股价向下波动，将至少有两个明显的高点连线，且这条直线是向下倾斜的，就形成了下降趋势线，它对股价短暂上涨具有一定的压力作用。股价上涨到这条线附近时，一般会得到阻力而向下回落，直到股价最终突破这条线时，才有可能扭转跌势而产生一波上涨行情，此时趋势线失去原有的压力作用。

图7-46,九鼎科技(600053):该股见顶后逐波下行,股价一波比一低,不断创出调整新低,将多个反弹高点连接成一条直线,就形成一条中期的下降趋势线。这条下降趋势线不断压制股价向下走低。2018年10月30日,股价放量拉高,一根涨停大阳线向上突破这条下降趋势线。说明中期调整结束,股价将出现新的运行格局,随后出现一波拉升行情,此时可以逢低介入。

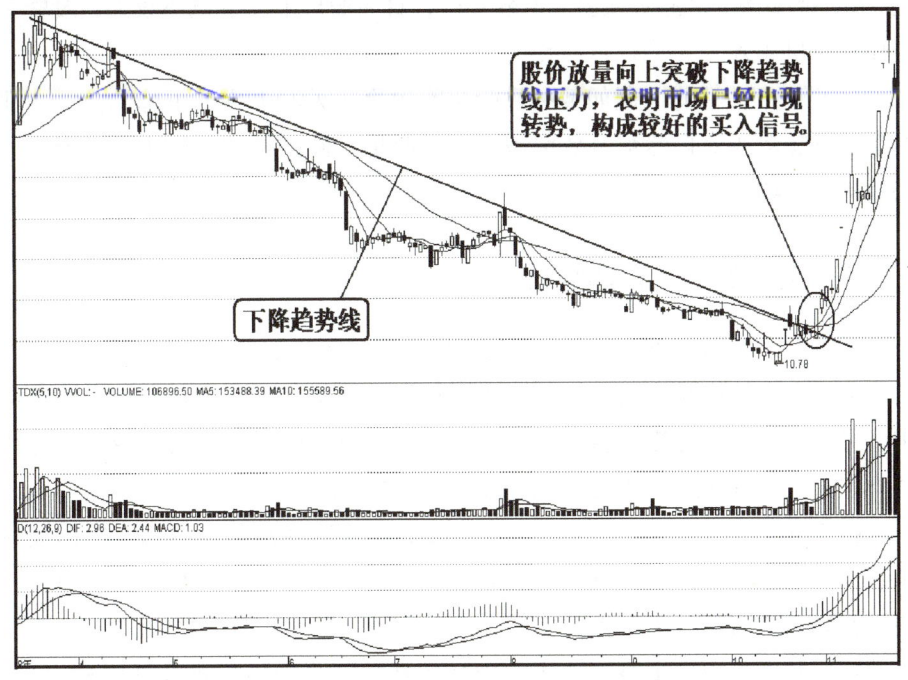

图7-46 九鼎科技(600053)日K线图

在实盘操作中,遇到这种盘面走势时,可从以下几方面进行分析:

(1)在成交量方面,股价真正向上突破下降趋势线时必须持续放大,价量配合积极的突破,其可靠性更大,以后上涨的空间也越大。但是,如果出现以下两种不放量的情况时,则不能简单地认为是假突破:第一,股价突破当天因强势上涨封住涨停板位置,投资者因惜售导致成交量未能放大,这时不能认为是假突破;第二,股价经过长期下跌之后突然向上突破下降趋势线的阻力,此时可能由于市场人气经过股价的长期下跌,仍未得到恢复,观望情绪较重,或者是行情太过突然,投资者来不及作出反应,这时不能简单地认为是假突破,此时只要在后面几个交易日中有补量的现象,则仍可视为有效突破。

（2）下降趋势线的时间跨度越长，被突破的意义就越大，突破越为可靠，以后上涨的空间也就越大。

（3）股价下跌幅度越大，突破后上涨的幅度也就越大；股价下跌幅度过小，则突破很可能是假突破，或者仅仅是短期反弹行情，股价仍将继续下跌。

（4）百分比法则。假如某一交易日大阳线向上突破下降趋势线的幅度超过3%，那么该下降趋势线就算有效突破，日后股价上涨的概率较大，投资者应抓住时机买入。

（5）时间法法则。假如某一只股票收盘价3天向上突破下降趋势线，那么该下降趋势线就自然被有效突破，日后股价上涨的可能性较大，投资者应及时买入股票。

二、向上突破上升趋势线

股价向上波动，将至少两个明显的低点连线，且这条直线是向上倾斜的，就形成了上升趋势线，它对股价短暂下跌具有一定的支撑作用。在实盘操作中，可以根据这条趋势线制作一条平行线，当股价向上突破趋势线的平行线时，预示股价有加速上涨之势，因此是一个强烈的买入信号。

图7-47，方大炭素（600516）：该股成功探明底部后盘升而上，形成一条缓慢的上升通道。2017年6月23日，股价放量向上突破上升通道的上轨线，此后股价出现加速上涨。

在上升趋势中，本身多头占据市场优势，一旦上轨线被成功突破之后，往往会出现加速上涨行情，因此短线投资者可以在突破或回抽之时买入。

在实盘操作中，遇到这种盘面走势时可以把握以下技术要点：

（1）股价向上突破上升通道上轨线时，如果成交量配合放大，可视为有效突破，应大胆买入，后市会有较大涨幅。否则，应继续观望。

（2）股价向上突破上升通道上轨线通常是股价加速上涨和上升趋势末期的信号，持续时间一般不会太长，迟早还会跌回通道之内甚至更低。

（3）股价向上突破上升通道上轨线时买入，如很快又跌回上轨线之内应止损出局，因为虽然突破后偶有回调，也不应收盘在上轨线之下。

（4）在上升通道中，股价每次回落在下轨线获得支撑时也是短线买入时机。

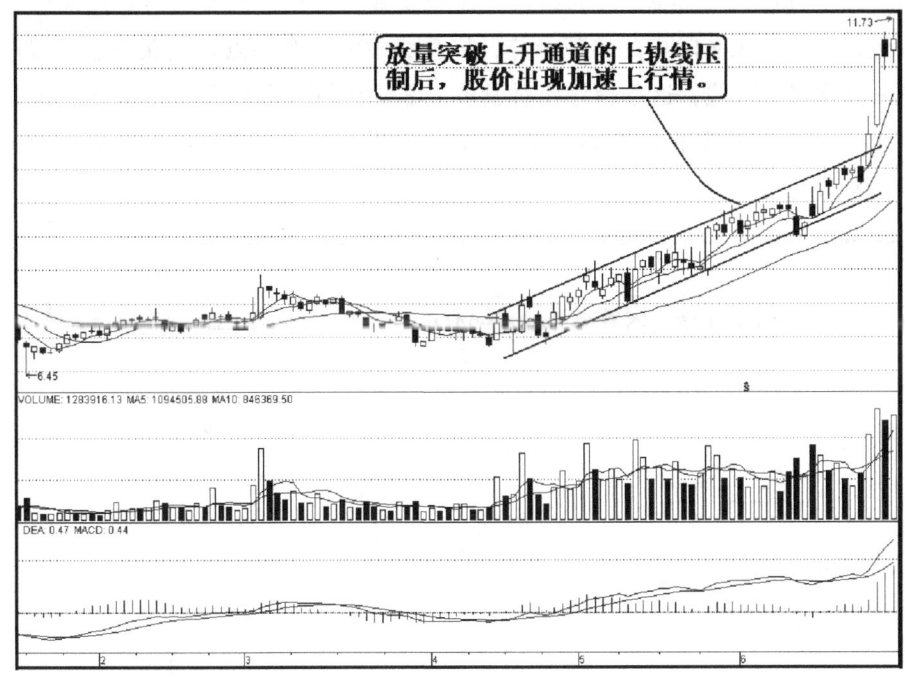

图7-47 方大炭素（600516）日K线图

三、向上突破水平趋势线

如果图形中后面的峰和谷与前面的峰和谷相比，没有明显的高低之分，几乎呈水平延伸，这时的趋势就是水平方向。表明在一段时间内买卖双方处于相对平衡状态，供求暂时平衡，有时也把这种横向运动趋势称为"无趋势"。当股价多次触及水平趋势线而得到支撑反弹时，只要将至少两个明显的低点连接，就成为水平支撑趋势线。相反，当股价多次触及水平趋势线而得到阻力回落，只要将至少两个明显的高点连接，就成为水平压力趋势线。

通常主要趋势是长期投资人考虑的目标，对于趋势中的次级下跌和短期变动是不会去理会的。而且，多数投资者都顺应趋势，追随市场的上升趋势和下降趋势，常常放弃对横向趋势的关注。这种方向在市场上出现的机会是相当多的，就水平方向本身而言也是极为重要的。大多数技术分析方法，对处于水平方向的市场进行分析时，都容易出错。这是因为这时的市场正处在供需平衡的状态，下一步朝哪个方向发展是没有规律可循的，可以向上也可以向下，而对这样的对象去预测它朝何方运动是极为困难的，也是不明智的。

图 7-48，卫宁健康（300253）：该股反弹结束后，再次回落到前期低点附近，然后形成横向震荡整理走势，将震荡中的几个高点连接在一起，就形成一条水平趋势线，这条趋势线对股价上涨构成较大牵制作用。2018 年 1 月 24 日，收出一根放量上涨大阳线，突破了水平趋势线牵制，随后股价出现强劲的盘升行情。

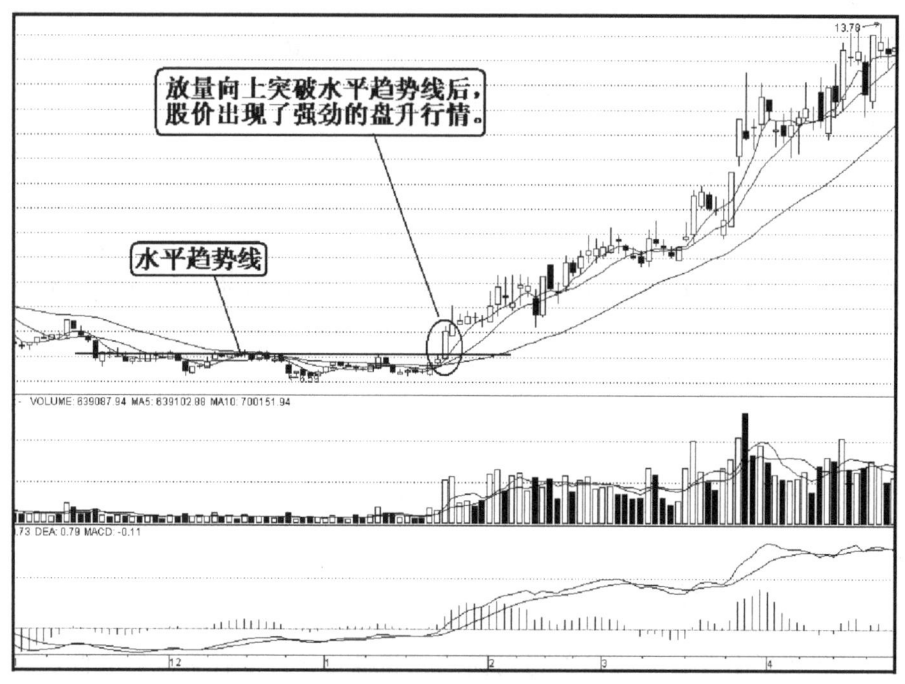

图 7-48　卫宁健康（300253）日 K 线图

投资者遇到股价向上突破水平趋势线时，其有效性还可从以下方面进行分析：

（1）均线系统向上发散，形成多头排列。

（2）向上突破横盘整理的阻力线时，除了涨停惜售外，需要有成交量放大的配合，成交量明显放大才能排除假突破的可能，才能支持股价的进一步上涨趋势。

（3）确定股价所处的具体位置。在高位或跌势的中途，向上突破为疑似信号，向下突破的可靠性较高；在低位或涨势的中途，向下突破为洗盘换手走势，不必为之担心，向上突破的可靠性较高。

（4）可以用百分比法来确定向上突破的有效性：如果某一交易日股价向

上突破水平趋势线的3%时，那么该水平趋势就有效突破，今后股价上涨的概率较大，投资者此时买入股票的把握性就较大。

（5）还可以用时间法来确定向上突破的有效性：如果股票收盘价连续3日向上突破水平趋势线，那么该水平趋势线就算被有效突破，日后股价上升的概率较大，投资者应抓紧时机买入。

（6）横向盘整的时间越长，表明多头蓄积的力量越足，当股价向上突破横盘局面时，股价上涨的幅度就越大。正如股市所说的"横有多长，竖有多高"。

（7）得到其他技术面的验证，如技术形态、K线组合等是否向好，技术指标是否出现底背离、金叉或方面性提示。

第八章 主升浪的完美终结

主升浪是指在一轮行情或在某一段时间内,股价涨速最快、涨幅最大的一个阶段。一旦股价从该主升浪高点回落超过20%,那么,就可以认为该主升浪结束了。

第一节 主升浪结束的七个标志性信号

如何判断主升浪结束也是比较复杂的,因为很多时候在主升浪阶段里,股价上升往往是非理性的上涨。非理性的上涨用一般的思维去分析自然难以奏效,要研判主升浪结束的痕迹,应从认识主升浪的上涨特征开始。根据长期的盘面研究可知,出现以下七个重要的标志性信号时,预示主升浪行情即将结束。

一、均线回头

均线系统最能反映股价的运行趋势和上涨气势,在分析主升浪是否见顶时,可以从均线中得到一些先知先觉的启示。具体方法如下:

(1)最强势的主升浪,在股价上升时,连5日均线都不碰。

(2)暴涨式的主升浪走势,股价以5日均线作为回调支撑点,且5日均线坚挺上行、不弯曲。

(3)以大阳线为主的拉升式主升浪走势,股价以10日均线作为回调支撑点,且10日均线坚挺上行,5日均线可能有弯曲。

(4)在慢牛式主升浪中,大多以30日均线作为回调极限位置,且30日均线坚挺上行,5日、10日均线可能有弯曲。

可见,在暴涨式个股主升浪中,当股价有效跌破10日均线,5日均线也出现向下掉头,意味着该股主升浪走势结束。在慢牛式个股主升浪中,当股价跌破30日均线,5日均线与10日均线形成死叉,说明该股主升浪也近尾声。当盘面出现这些痕迹时,不必考虑后面是否还有第二波主升浪的可能,就应逢高先行退出观望,这样做起码不会因短期的调整而产生心慌,而且波段操作就讲求快进快出,在时间上赢得优势。如果后市行情再次出现向上突破,可以重新考虑买入。

需要提醒的是,在研判这类个股之前,必须明确个股属于何种性质的主升浪,即是暴涨式主升浪还是慢牛式主升浪,然后才能对症下药,否则就是乱行医了。同时,分析均线系统时应与乖离率结合起来。

图8-1,复旦复华(600624):该股在2019年3月出现一波大幅拉升行情,在分析股价是否见顶之前,必须明确这是一波暴涨式主升浪,确定了这个性质后,可以根据5日均线"坚挺上行、不弯曲"的原则进行分析研判。

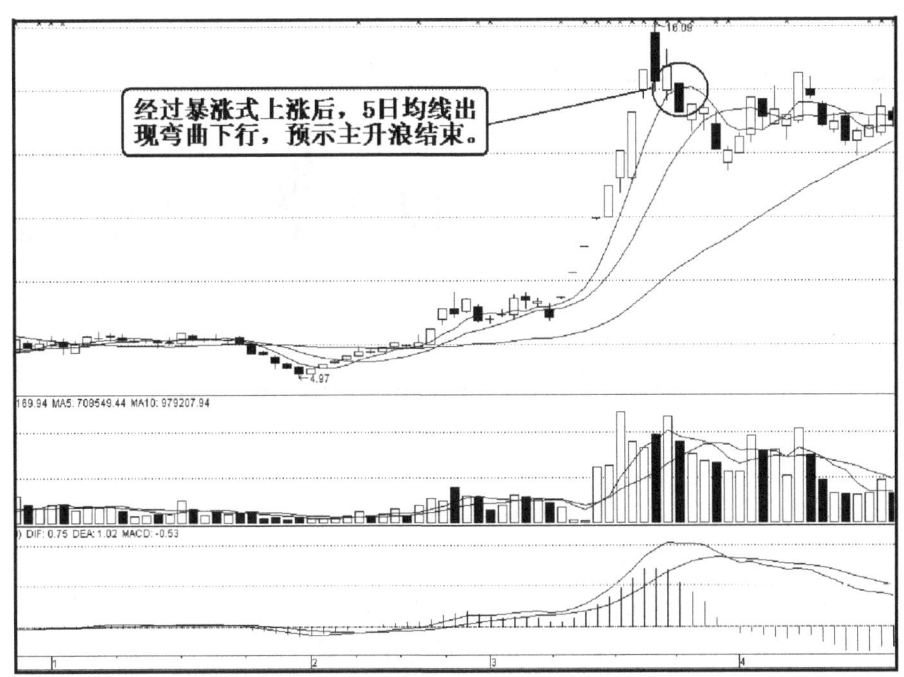

图8-1 复旦复华(600624)日K线图

该股连拉8个涨停后,短期股价涨幅较大,3月21日在高位收出一根大阴线,多头上涨气势遭到空方"当头一棒",从此股价出现震荡,导致5日均线平行后弯曲下行,此后股价出现放量震荡滞涨,说明这轮主升浪开始收尾了。此时应逢高退出，如果来不及离场的朋友，可以在随后的回抽过程中逢高离场。

图 8-2，数字认证（300579）：该股在 2019 年 2 月 14 日突破底部盘区后，出现一波主升浪行情，在关注该股的顶部信号产生之前，首先确定这是一波以大阳线为主的拉升式行情，有了这个大前提的定位后，再研判见顶信号的出现。

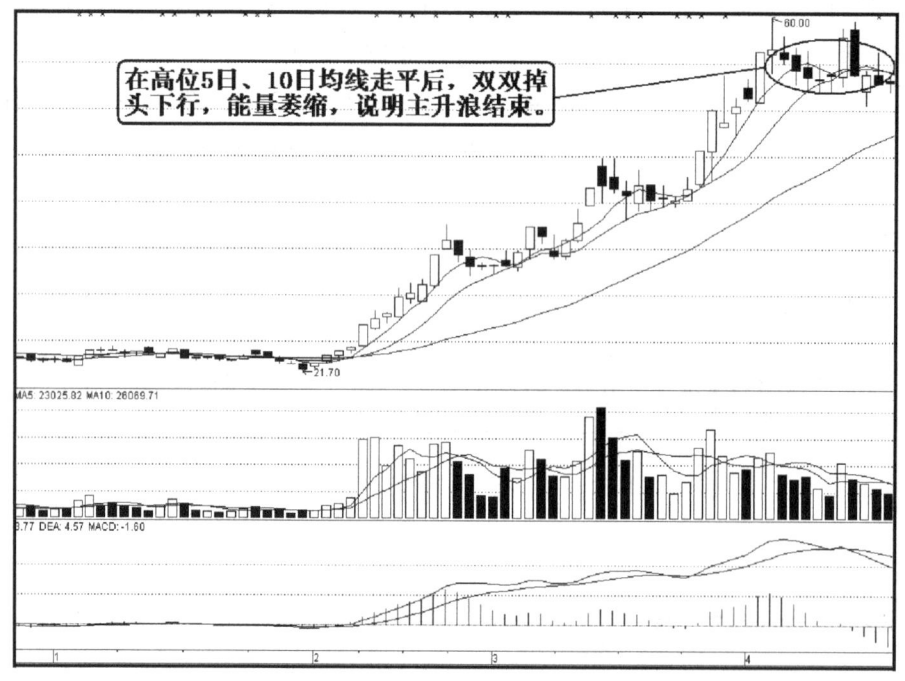

图 8-2　数字认证（300579）日 K 线图

该股经过三轮拉升，累计涨幅超过一倍，5 日均线在前期出现过两次拐头走势，现今为第三次掉头下行，根据"事不过三"原则，有主升浪结束之虞，且 10 日均线出现平行，说明短线做多动能减弱，加之 4 月 12 日大阳线后未能持续走高，几乎被次日的大阴线所包容。综合这些盘面现象，说明这轮主升浪开始收尾了，此时应逢高退出，以免面临随后出现的调整所带来的风险。

图 8-3，正邦科技（002157）：这是该股 2018 年 10 月至 2019 年 1 月的走势图，如果以 5 日或 10 日均线的"弯曲"作为研判依据而选择卖出操作，那就太可惜了，因为这是一段慢牛式上涨行情，应以 30 日均线作为研判依据，

只要30日均线坚挺上行，就可以大胆一路持有，而且这种盘面走势后市大多出现加速上涨行情。所以，在分析个股之前，必须明确主升浪的性质，是暴涨式、拉升式还是慢牛式的主升浪，这样才能避免判断的失误。

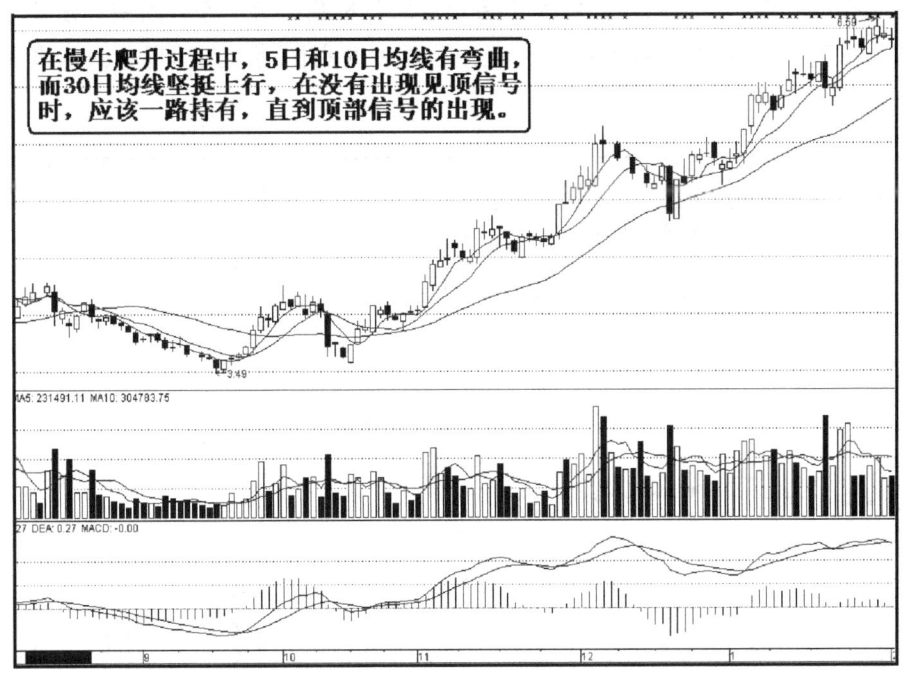

图8-3　正邦科技（002157）日K线图

二、当头一棒

股价时值主升浪大涨的时候，经常会被疯狂的上涨所迷惑，而庄家通常在上涨的过程中，就已悄悄开始减仓行动了，直到有一天庄家的卖出不再隐蔽，而是明目张胆地大量抛出，那么，此时市场一定会有所反应，大多会引发大量的跟风盘抛出，从而收出一根下跌大阴线，给上涨的主升浪"当头一棒"。在K线形态上，构成倾盆大雨、乌云盖顶、阴包容或镊顶等顶部K线组合形态。其盘面特点为：

（1）股价出现一段持续性的飙升走势，短期涨幅在30%以上。

（2）高开的幅度越大越有效，大阴线实体越长，未来下跌概率就越大。

（3）第一日为大阳线（涨幅在5%以上），第二日为大阴线，杀入大阳线实体内的比例越高，反转概率越大。这个信号要参考两根K线，即大阳线之后收大阴线，后面的大阴线可以是高开低走的大阴线。

图 8-4，网宿科技（300017）：该股向上突破后产生一波快速拉升行情，股价连拉多个涨停，多头气焰嚣张，投机气氛火爆。可是，2019 年 3 月 11 日突然拉出一根跌停大阴线，构成"乌云盖顶"K 线组合形态，给主升浪"当头一棒"，上涨势头受到遏制。次日，低开后冲高回落，此后股价进入弱势调整。

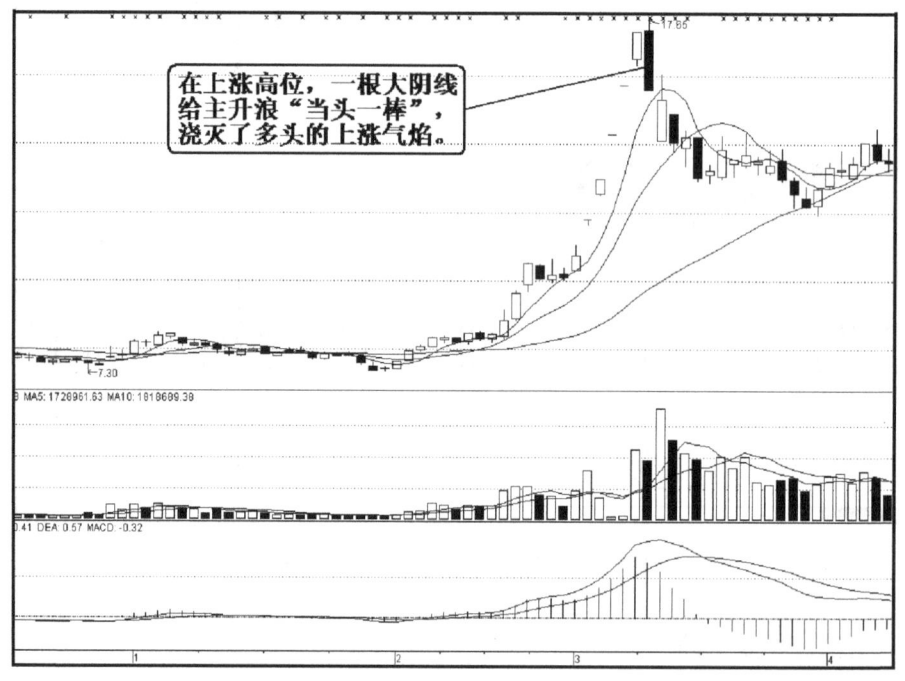

图 8-4　网宿科技（300017）日 K 线图

图 8-5，全柴动力（600218）：该股向上突破后，出现两波拉高行情，分别在 2019 年 1 月 28 日和 2 月 26 日在高位收出大阴线，从而形成阶段性高点，给多头气势"当头一棒"，此后出现一定幅度和时间的调整。特别是第二次出现"当头一棒"后，市场出现较长时间的调整，直到 2019 年 4 月才产生新的上涨行情。

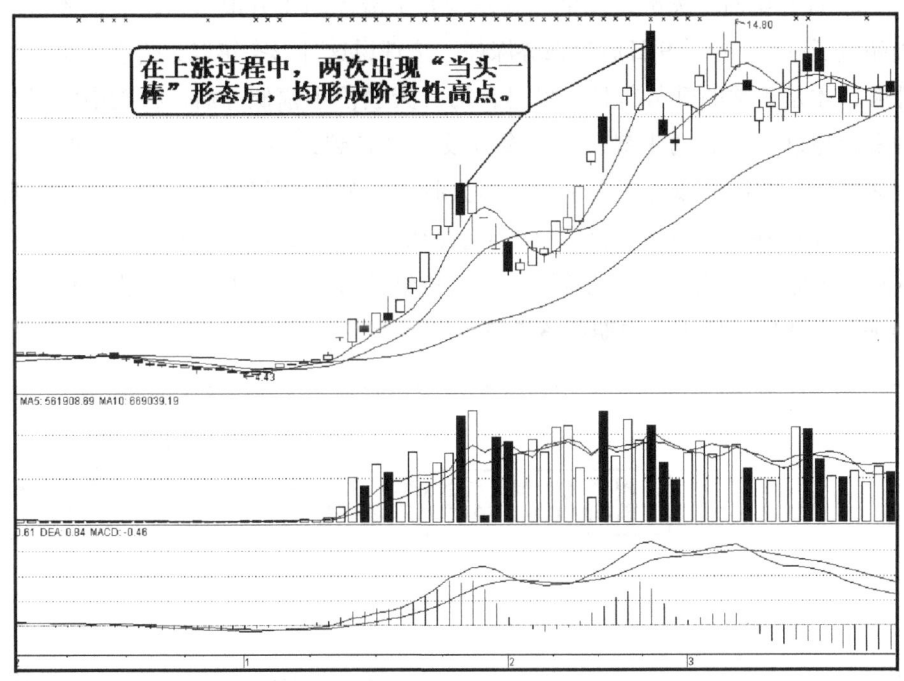

图 8-5 全柴动力（600218）日 K 线图

三、飞针刺天

这种形态一般出现在多方取得大胜之中，市场狂热，股价飞涨。由于多方盲目地冒进，使股价出现不理智的上涨，从而过分轻视空方的反攻。此时，空方发起有力的阻击，股价出现峰回路转，快速下跌，反向包围多方，导致整个局势彻底转变。在 K 线形态上形成长长的上影线，一根"飞针刺天"的流星线，宣告主升浪的结束。其盘面特点为：

（1）股价短期涨幅在 30% 以上，短期拉升速度比较快。

（2）市场关注度大增，股价出现了较大涨幅，且形成最后冲刺动作。

（3）先有中阳线或大阳线出现，次日放量冲高回落，形成长上影线。

（4）K 线的上影线越长，下跌的可能性越大。若上影线超过 K 线实体 2 倍以上，则形态更加可靠。K 线可以是阴线，也可以是阳线，但阴线效果更佳。

（5）"飞针刺天"的第二天，股价继续下跌或弱势盘整，则顶部确立。

图 8-6，精确信息（300099）：该股经过一段时间的洗盘整理后，2019 年

3月28日开始向上突破,产生一波连续8个涨停的主升浪行情,短期股价涨幅超过了一倍。4月9日股价强势涨停,按理说这种形态第二天仍有几个点的涨幅,才是正常的升势行情。可是,第二天股价小幅低开后,在盘中曾经出现涨幅超过7个点的走势,但是多方没有坚守到最后,由于空方发起反击,使多方节节败退,股价尾盘下行,当天收出一根跌幅超过4个点的阴线,形成了"飞针刺天"形态,反向包围了前面的K线,说明主升浪接近尾声。在这根长上影线K线产生后的第二天,股价继续收出跌停大阴线,头部信号获得确立,此后股价进入中期调整走势。

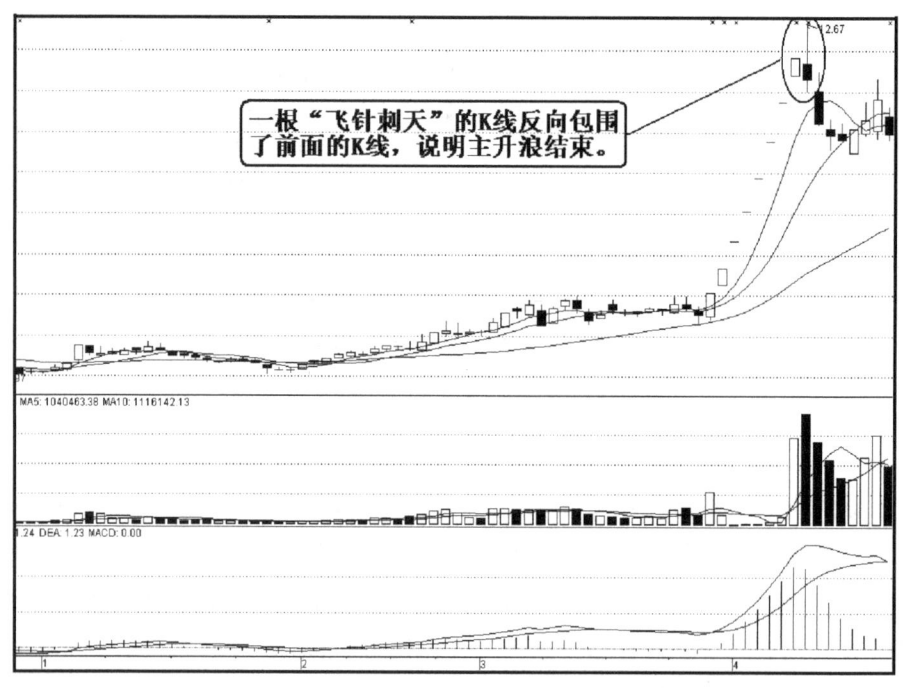

图8-6 精确信息(300099)日K线图

图8-7,银星能源(000862):该股经过长时间的震荡整理后,从2019年1月30日开始出现加速上涨,形成一波涨幅较大的主升浪行情。由于庄家难以一次性完成出货计划,在3月上旬出现第二波拉升出货行情。3月7日,股价强势涨停,按理说大阳线之后的第二天仍应保持强势上涨。可是,出其不意的是第二天低开6.04%后,股价逐波拉高,一度封板。午后,开板逐波回落,当天收出一根带长上影线的K线,形成了"飞针刺天"形态,且成交量大幅放大。在高位出现这样的K线形态,说明主升浪已接近尾声。在此后

的第二天，股价继续弱势震荡，进一步证明了"飞针刺天"的见顶意义。从此股价渐渐盘弱，股价进入中期调整走势。

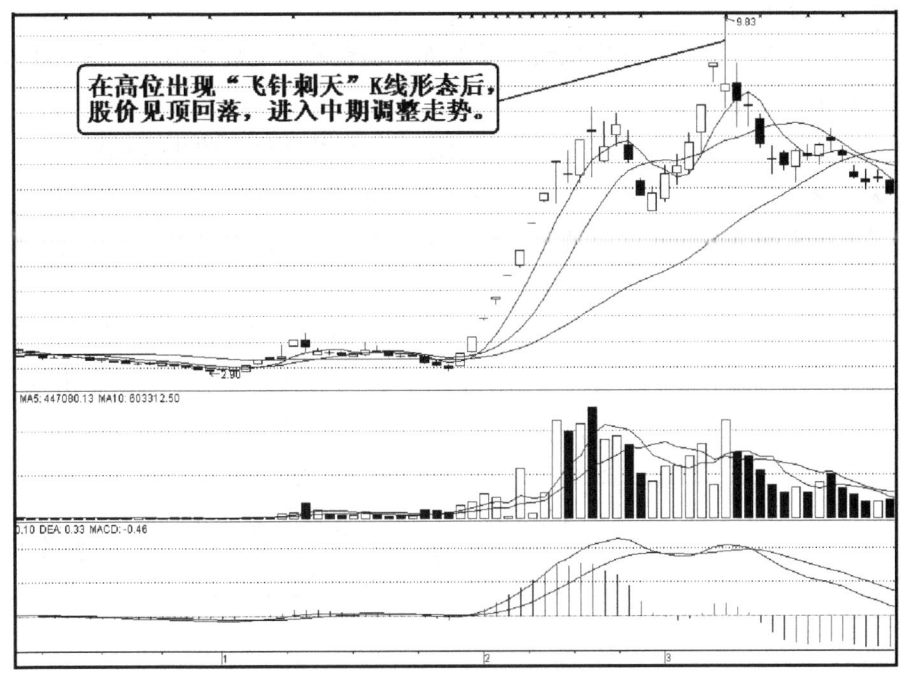

图 8-7　银星能源（000862）日 K 线图

四、高位吊颈

高位吊颈线，就是庄家的一个大骗局，制造图形假象迷惑散户。在主升浪的末端，因为庄家在出货，股价开盘后逐波下跌，当股价下跌到一定的幅度后，快速把股价再次拉起，从而形成"吊颈线"形态，使散户产生调整结束的假象。这种形态如果出现在尾盘拉高，则更能反映庄家的出货意图。从庄家操盘手法上讲是一种声东击西的战术，"声东"就是产生继续拉升的假象，"击西"就是拉升过程中悄然出货。因为股价拉高后，庄家不可能在短时间内把获利筹码全部兑现，需要有一个良好的出货环境和过程，且市场的背景也未必相同，庄家出货也就十分复杂。其盘面特点为：

（1）股价前期出现加速上涨，单边上涨达到30%以上。

（2）全天震荡走势，尾市突然将收盘价拉高，K线实体带有长长下影线。下影线明显大于实体2倍以上，而实体可以是阳线、阴线，也可以是T线，甚至可以是十字星。

(3) 在震荡中放量，放量中滞涨。一般股价在前一日收盘价上方4%以上震荡放量滞涨。

(4) 卖出位置。一是在阳线或T线次日惯性冲高之后卖出；二是在阴线的当日尾市收盘前几分钟卖出。

判断这类个股的窍门就是看第二天能不能继续涨停或收出大阳线。若第二天继续强势涨停或收出大阳线，说明股价仍有上冲动力，可以谨慎做多。若是第二天回落下跌或弱势调整，说明庄家出货坚决，则可以肯定这是一个顶部信号，起码是一个阶段性顶部，应及时离场观望。

图8-8，深天地A（000023）：2019年2月20日，股价连拉3个涨停后，在高位收出一根下影线较长的K线，构成吊颈线形态，说明多空双方出现意见分歧，预示股价将要出现调整走势，这是短线一个较好的卖出信号。

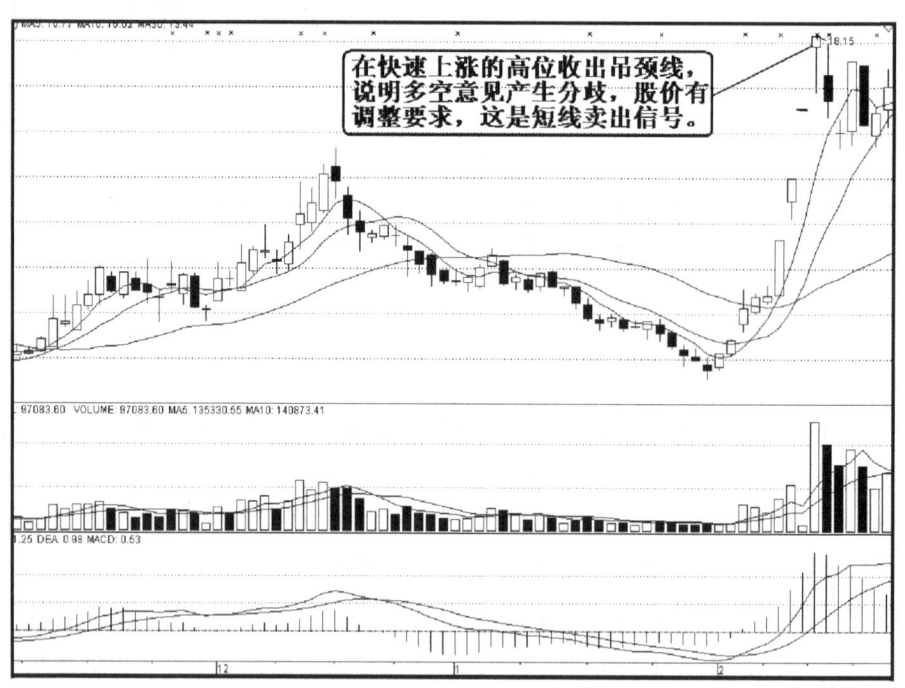

图8-8 深天地A（000023）日K线图

图8-9，国瓷材料（300285）：该股经过充分的下跌调整后，在底部企稳震荡，庄家在底部区域吸纳了大量的低价筹码，然后出现一波"井喷"式暴涨行情。2018年4月10日，股价从涨停价位开盘，由于遭到获利盘的抛压，

庄家无法扛单封盘，从而导致股价快速向下滑落，盘中一度下跌 4 个多点，随后由于多方奋力抵抗，股价重新被拉起，但无法再次封盘，当天收出一根下影线较长、实体较短的 K 线，这就形成了吊颈线形态，从此股价开始出现比较大的下跌调整。

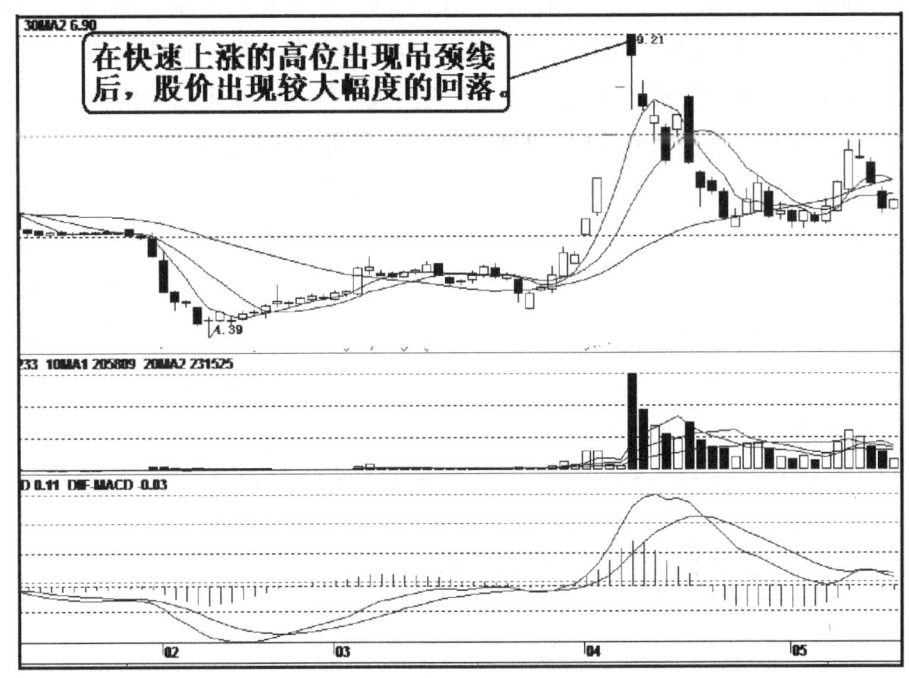

图 8-9　国瓷材料（300285）日 K 线图

五、向下跳空

在股市中能够在主升浪的末期离场，然后回家数钱这是炒股最快乐的事。那么，什么样的技术形态会给出这样的提示呢？下面来分析一种卖在疯狂阶段的 K 线形态。

在行情上涨的末期，股价拉升速度往往比较快，此时庄家已经开始边拉边卖，为了刺激散户的冲动，股价往往出现跳空高开，造成还要暴涨的假象。在极端的诱惑下，散户纷纷介入，庄家悄悄退出，股价很快转升为跌，套牢贪婪的散户，这是股价见顶的一种强烈信号。其盘面特点为：

（1）股价短期进入快速拉高阶段，或者股价处于累计涨幅较大的牛市三期的末期，板块和个股有明显的疯狂迹象。

（2）股价处于拉升之中，但在上涨过程中很少出现向上跳空现象，可是忽然在高位大幅跳空高开，留下一个当天没有回补的跳空缺口。

（3）股价远离均线系统，乖离率（BIAS）偏大，上升角度大于75度。

（4）在当天的震荡过程中，伴随着巨大的成交量，但若涨停可能量不大。

判断这类个股的方法，如果是正常的上涨，那么在向上跳空的当天，股价必须封于涨停或收出大阳线，且第二天也必须强势上涨，再收涨停或大阳线。如果第二天股价震荡回落，收出下跌阴线，那么，就可以肯定前一天的向上跳空就是一个巨大的阴谋，美丽的陷阱，投资者应尽快离场。

图8-10，中信建设（601066）：该股庄家成功完成建仓后，经过一段时间的爬高"热身"，股价出现加速上涨，形成一波主升浪行情，短期股价涨幅较大。2019年3月7日，受上涨惯性影响，股价跳空高开，盘中快速封板。可是，第二天股价却出其不意地跳空到从跌停板开盘，盘中一度翻红后回落，当天以跌停板收盘。这种盘面充分暴露了前一天庄家诱多跳空高开的阴谋，此后股价进入中期调整走势。

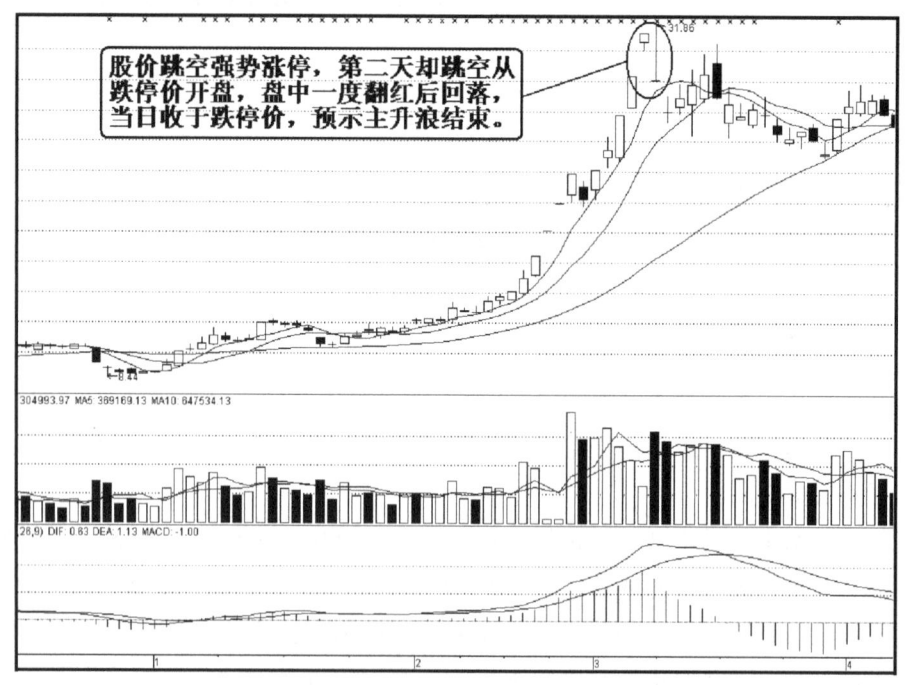

图8-10 中信建设（601066）日K线图

图8-11，龙韵股份（603729）：该股庄家成功完成建仓后，2019年3月6日放量向上突破，股价连拉5个涨停，形成一波主升浪行情。3月13日，受上涨惯性影响，股价跳空高开，盘中大幅震荡，当天收出一根吊颈线。次日，股价跳空低开6.13%后，快速震荡走低，当天收于跌停板。这种盘面说明主升浪即告结束，后市股价进入中期调整走势。

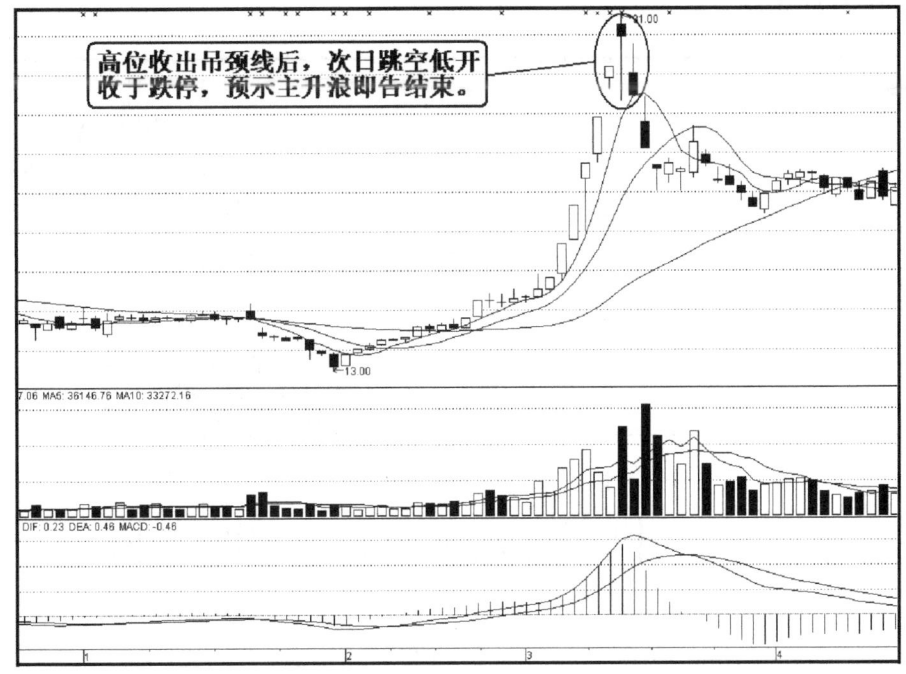

图 8-11 龙韵股份（603729）日 K 线图

六、多头溃退

经过一场激烈的拉升之战后，股价出现了一段可观的涨幅，之后盘面很快进入一个震荡盘整阶段。一般而言，当股价继续上涨的时候，保持一个窄幅震荡的特点，而当股价向下的时候，靠什么判断一波行情的结束呢？可以股价跌破10日均线或30日均线，作为结束短期行情的一个标志，这意味着一个阶段的失败。其盘面特点为：

（1）经过一波或几波阶段性的上涨行情之后，股价出现上攻乏力。

（2）中阴线（5%）跌破10日均线支撑，10日均线掉头向下。

（3）30日均线高位走平，说明庄家在震荡筑顶之中派发了大量的获利筹码，随后出现破位下跌走势，此为最后一次撤退的机会。

图 8-12，张江科技（600895）：该股经过"前快后慢"两波主升浪后，庄家获利十分丰厚，不断在高位兑现获利筹码，市场进入筑顶出货阶段。随着震荡行情的延续，30 日均线上行速率渐渐放缓，且转为平走迹象。2019 年 4 月中上旬，股价向下有效击穿 30 日均线的支撑，从此多头放弃护盘行为，主升浪彻底结束。

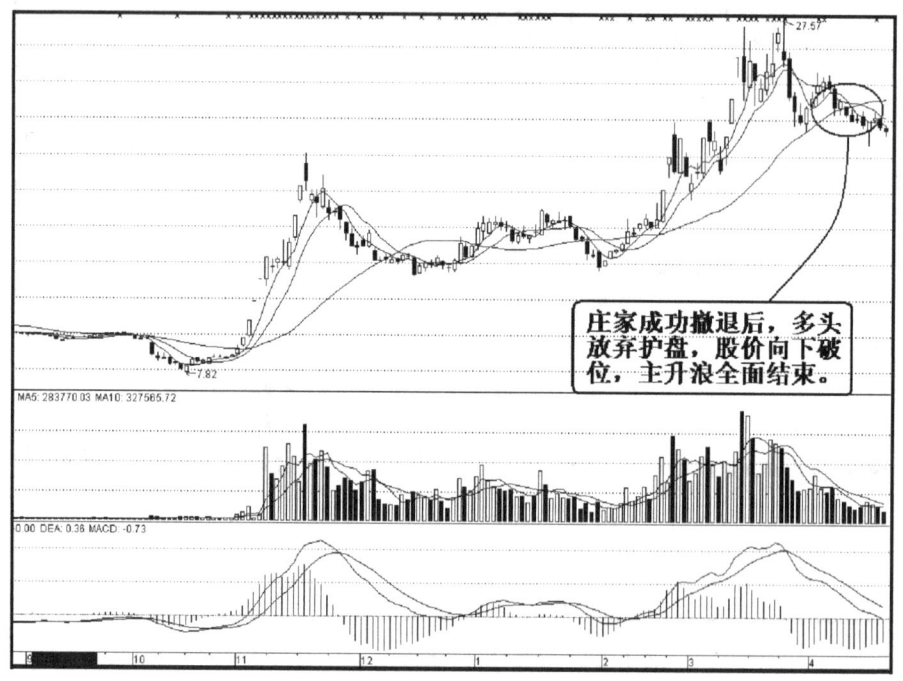

图 8-12　张江科技（600895）日 K 线图

七、涨后余波

股价经过主升浪的快速上涨后，庄家虽然获得巨大的账面盈利，但很难快速在高位兑现获利筹码，因此经常出现牛股"第二冲"的走势，大多属于主升浪的"余波"行情。"余波"的上涨力度和幅度，视庄家获利筹码的兑现程度而定，也可能受题材、概念的热度影响。这种盘面类似"M"头形态，投资者可以根据双重顶形态进行研判。

图 8-13，诚志股份（000990）：该股从 13 元下方开始被成功炒高到 30 元之上，庄家获利非常丰厚，此时当务之急就是兑现获利筹码，但庄家出货需

要时间和手法,而拉高是最好的一种派发手法。当股价再次向上拉起时,不少散户以为新的上涨行情开始,也不由自主地加入买盘之中,这时容易出现一波虚假的"牛股二冲"走势。当庄家大幅减仓后,股价在 2019 年 4 月 10 日开始出现向下盘弱走势。

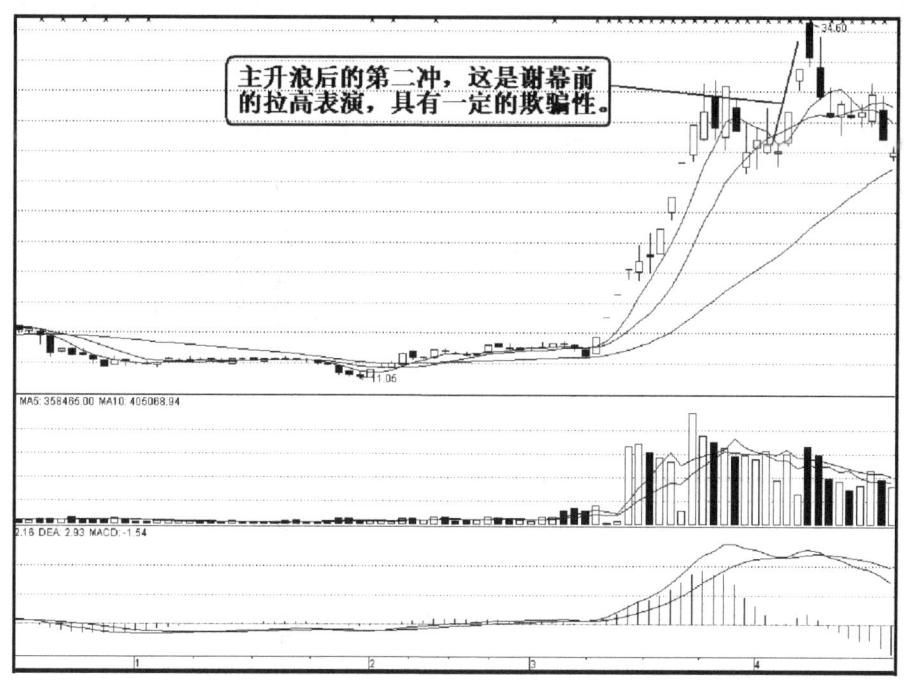

图 8-13 诚志股份(000990)日 K 线图

图 8-14,国风塑业(000859):2019 年 2 月 12 日,该股向上突破底部盘区后,股价连拉 10 个涨停,庄家获利非常丰厚,但庄家很难一次性派发获利筹码。于是,经过两个交易日的整理后,出现欺骗性主升浪之后的"余波"行情,盘面出现"第二冲"走势。当庄家兑现了大量的获利筹码后,以一根"飞针刺天"K 线形态,结束了整个主升浪行情,股价进入弱势调整。

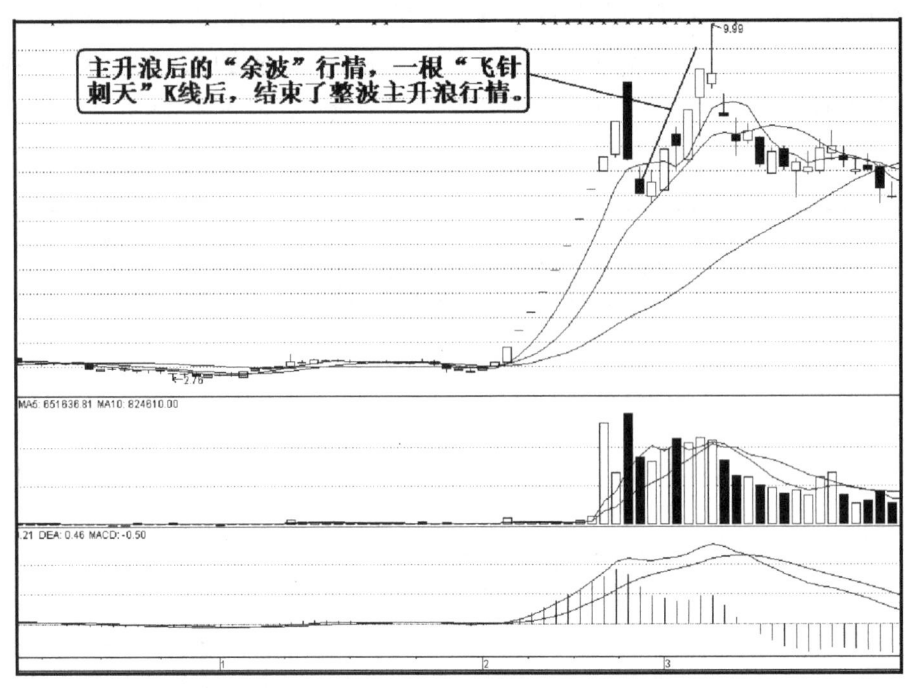

图 8-14 国风塑业（000859）日 K 线图

第二节 主升浪结束后的两种常见走势

个股经过主升浪上升后庄家利润已经非常丰厚，有的庄家产生急于兑现获利筹码的心态，因而选择直接打压股价往下出货派货，达到快速出货的目的，而部分控盘较高的庄家会在该股主升浪结束后选择在高位横盘震荡进行出货。特别是在当时大盘环境还可以的情况下，多数庄家会选择维持股价在高位横盘震荡进行出货。因而，主升浪结束后通常会出现两种基本的走势：一是快速回落，二是横盘震荡。

一、快速回落

在股市中有主升浪，也必然有与之对应的主跌浪。股价经过一波暴涨式主升浪之后，涨幅十分巨大（一般超过一倍），庄家获利非常丰厚。暴涨式主升浪包括连续涨停板式、连续大阳线式和大阳小阴组合式三种，在形态上股价紧贴 5 日均线上行，10 日均线作为回调极限位置。由于这种主升浪短期涨速飞快、幅度巨大、角度陡峭，一旦股价停止上攻时，很容易引发巨大的抛盘出现，从而导致股价快速回落，构筑一个类似于倒"V"形反转形态。

图 8-15，华东科技（000727）：2019 年 2 月 13 日，股价向上突破底部盘区后，开启一波主升浪行情，短期涨幅超过 150%。此时，庄家兑现获利筹码心切，加之该股基本面欠佳，难以维持股价在高位震荡。3 月 8 日冲高回落后，出现快速下跌，股价进入弱势调整。

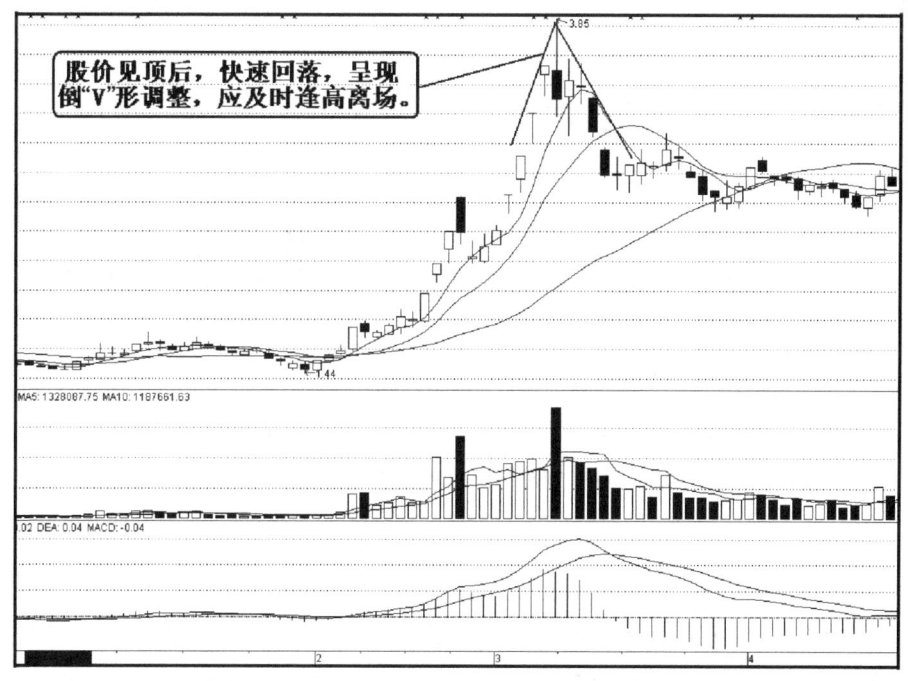

图 8-15　华东科技（000727）日 K 线图

图 8-16，安控科技（300370）：庄家在低位吸足筹码后，在 2019 年 3 月发动一波暴涨式主升浪行情，股价连拉 8 个涨停，涨幅超过一倍。短线出现明显的超买现象，盘中堆积了大量的获利筹码。在没有任何征兆的情况下，3 月 14 日突然"一"字形跌停，上涨气焰瞬间湮灭。从此股价快速脱离顶部，形成"望断天涯路"的绝顶，盘面进入弱势调整。

上述两个例子就是典型的主升浪之后，出现主跌浪的走势，股价快涨快跌，投资者遇到这种走势时，应当速战速决，以倒"V"形顶的思路去研判后市走势。而且，这种形态大多出现在涨速极快、涨幅极大的主升浪中，根据主升浪的上涨形态也能预料到有快速回落的可能,所以这是一种较好的参考依据。

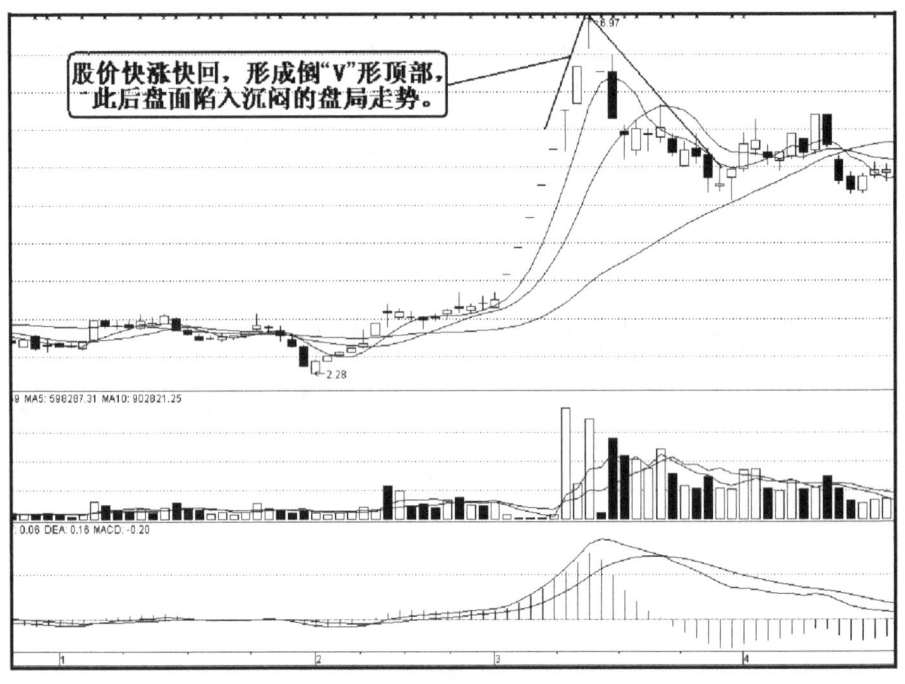

图 8-16　安控科技（300370）日 K 线图

二、横盘震荡

大家知道,庄家出货并不是一两天的事,而是需要一个过程,这就形成盘横震荡走势。这类形态大多出现在上涨相对较慢的主升浪之中,因此这一特征是判断买卖的重要依据。

横盘震荡的结果也有两种走势:一是横盘后再次上涨诱多;二是横盘后选择向下破位。

1. 横盘后再次上涨

在高位经过一段时间的横盘整理后,股价再次出现上涨,并创出新高,大有展开第二波主升浪之势,但涨幅并不大,通常是一波涨后"余波"行情,实质就是庄家骗人的诱多手法。

图 8-17,武汉中商（000785）:2019 年 1 月,股价连拉 5 个"一"字形涨停板后,庄家在高位悄然兑现获利筹码,盘面形成横盘整理形态。在整理

过程中，庄家为了吸引散户追涨，3月6日股价向上突破创出新高，以此诱多散户追涨买入。然后，股价快速回落到前期整理平台附近，继续横向震荡出货。在此整理阶段，成交量大幅萎缩，短期显然失去上攻能力，投资者应及时离场。

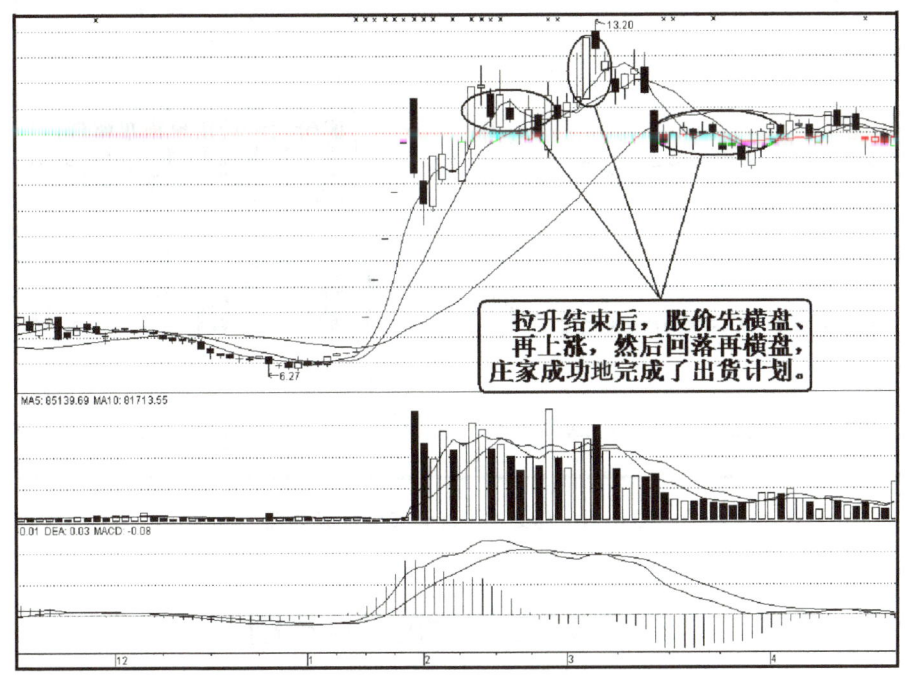

图 8-17　武汉中商（000785）日 K 线图

2. 横盘后向下破位

在高位经过一段时间的横盘整理后，庄家基本完成派发计划，最后股价选择向下破位，彻底结束一波主升浪行情。

图 8-18，银之杰（300085）：2019年2月22日，股价放量向上突破后，开启一波大幅上涨的主升浪行情，10个交易日出现9个涨停，庄家获利非常丰厚。然后在高位强势震荡，从而形成横盘整理形态。庄家在震荡中悄然出货，成交量大幅萎缩，30日均线走平，预料短期股价难有起色。当庄家成功完成出货之后，股价选择向下盘跌是迟早的事，投资者应逢高离场。

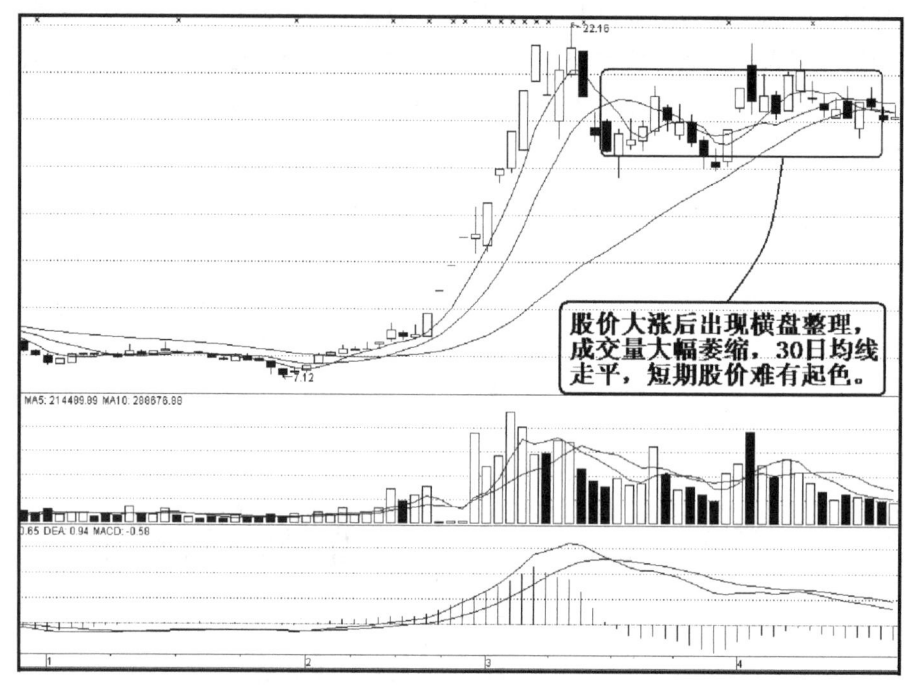

图 8-18 银之杰（300085）日 K 线图

第三节 主升浪的风险控制

在股市中，盈利和亏损总是紧密地联系在一起，由于市场处于主升浪之中，股价走势形态较好，市场人气沸腾，此时投资者容易失去理智，常常不顾一切地追高、追涨，忽视了对风险的防范。其实，没有只涨不跌的股票，任何牛市都有调整休息的时候，任何牛市也都有终结的一天，因此做好主升浪行情的风险控制尤为重要。

1. 牛市主升浪中被套更具风险

牛市有风险，主升浪的风险更高。有些投资者认为，风险是熊市的产物，牛市中股价处于上升阶段，没有什么风险。事实上这是一种错误的观念，随着股市的不断扩容，市场容量的日益增大，股票数量的日益增多，即使在走势强劲的牛市中，也有相当比例的个股不会随大盘同步上涨。此外，当投资者持有的个股出现见顶迹象，或者持有的是非市场主流品种以及逆市下跌的股票，都具有一定风险。特别是在公司基本面出现重大变化或投资者对行情的研判出现重大失误时,更需要注意防范风险。

在牛市主升浪中被套比在熊市中被套更加可怕,熊市中被套还能指望将来行情走好之际解套获利,而如果在主升浪的最高峰被套,有可能根本没有解套的机会。比如,当年追涨亿安科技(000008,易名为"神州高铁")主升浪的投资者至今仍然解套无望。有的股票现价只有当初股价的十几分之一,跌得十分悲惨。

2. 投资风险的显性和隐性

股市中的投资风险可分为显性和隐性,有些风险比较明显,常常令人恐惧,而有些风险比较隐蔽,让人不怎么感到恐惧,但其危害性反而更大。在跌市中风险表现得较明显,而在涨市中风险却显得隐蔽。投资者在人气活跃的市场中,往往不重视市场的投资风险。

事实上,如果不保持警惕的心态,在涨升行情中一样会出现投资失误。有许多投资者在熊市中操作时总是小心谨慎,不会轻易追高,即使遭遇风险,造成的损失也有限。可是等到市场趋势转强时,投资者渐渐放弃原有的警惕,操作中的大胆追高就显露出来,这时一旦遭遇风险,往往会遭受严重损失。

在跌市中,股价不断下跌的过程恰恰是风险不断释放的过程,这时投资者不能因为过于注重风险,而忽视了市场的投资机会。可是在涨升行情中,股价不断上涨的过程恰恰是风险集聚的过程,因此,随着股价的不断上升,投资者更要提高警觉。证券市场是一个优胜劣汰、弱肉强食的市场,稍一疏忽,就会招致套牢之苦。

3. 主升浪结束后走势如何演化

趋势一:随着主升浪的结束,股价就此走弱。这种走势比较明确,有一定投资经验的投资者会坚决止损。

趋势二:主升浪行情结束后,股价稍做休整继续展开进一步上攻行情,形态比较类似波浪理论中的第5浪。其实,这时个股的上攻动能已经是强弩之末,但庄家为了在高位顺利出货,不惜制造种种题材、概念等消息,在盘面上通过早市开盘和尾市收盘时瞬间拉高等手段,吸引中小投资者跟风追涨。

相较而言,后一种走势更具有诱惑力,也更有杀伤力。

4. 主升浪行情的风险控制

注意庄家高比例控盘的个股,这类个股经常能给参与的投资者带来丰厚的利润,但是由于庄家高度控盘,对个股行情的上涨动力、持续时间和未来演化状态都比较难以把握，风险自然是不言而喻的。

投资者在实际操作中，一定要注意适可而止，特别是在炒作比较顺利有所获利时，要把握时机，及时变现。在市场整体趋势向好之际，不能过于盲目乐观，更不能忘记风险的存在而随意追高，导致前功尽弃，也不能太过于贪心，不要试图赚取最后一分利润。

5. 主升浪中的风险控制方法

在涨升行情中，要适当控制资金投入比例，综合市场多方面因素分析，投资者应该用 1/3 资金参与强势股的追涨炒作，以 1/3 资金参与潜力股的中线投资，并留下 1/3 资金做后备资金，在大盘出现异常变化时使用。

在涨升行情中，最适合的资金投入比例是要控制在 70% 以内，并且要随着股价的不断上升适当地进行变现操作。

不要跟随大盘涨跌频繁追涨杀跌，不要担心失去机会，因为股市从来不缺少机会，在牛市的上涨趋势的任何时候建仓都来得及。牛市获利的关键在于选股和选时，保持一份冷静，防范风险，才能更好地把握市场机会。

后记：捕捉主升浪并不难

快速捕捉主升浪，抓住牛股起飞并不难。

经过很长一段时间的梳理，潜心研究，实盘跟踪，终于把主升浪的运行规律、实盘技巧，提炼成为一套完整的操作体系，将它奉献给在股市中曾经赔钱或想要稳定盈利的投资者。

当前市场中的主升浪，其基本规律莫过于此，但是股市变化莫测，主升浪走势千姿百态，很难一概全貌，加之受庄家行为影响，有些盘面现象不可能事先被发现，只有在市场运行过程中，才逐渐地被人们发觉和认识。需要指出的是，主升浪运行有一定的规律，但没有固定的模式。而且，因不同市况、不同个股、不同庄家以及不同人的心理因素，其分析结果也各不相同，甚至千差万别。

所以，希望投资者将本书中的原理和方法在即时行情中进行活学妙用，切不可用固定的模式去生搬硬套。在实践中，投资者应不断积累经验，探索规律，感悟股性，逐步形成一套适合自己的捕捉暴涨行情的技法。只有这样，才能在瞬息万变的市场里，用敏捷的思维能力对市场作出弹性的分析和处理，达到融会贯通，应变自如，在股市中立于不败之地。诚然，投资者当抱以学海无涯的态度，在分析研判主升浪过程中，紧扣即时盘面实际，从实践中一点一滴地积累经验和技巧，这样才会领略到个中乐趣，因为，技术分析的至高境界，需要时间检验和经验积累，才能把方法运用到极致。捕捉主升浪并不难，相信不少读者朋友将来会是从股市里蹦出来的一匹"大黑马"，成为引领时代发展的"主升浪"。

笔者深知要感谢太多给予帮助的人，有太多的人可以分享这本书出版的荣誉。没有广大读者朋友的普遍认可，就没有本书的生存市场，更不会使这些技术得以推广，所以第一个要感谢的是读者朋友的支持。在此还要感谢中国经济出版社的大力支持，更要感谢本书责任编辑叶亲忠先生，他对此书提出了许多具有真知灼见的修改意见，并亲自动手斧正，他的幕后支持让我深为感激。在此付梓之际，致以最衷心的谢意！

在成书过程中，得到了不少专家、学者的精心指导，使之有一个恰当的定位，能够更加满足投资者的愿望，也更加贴近盘面实际，更加灵活实用。书中内容虽然表达了作者个人的观点和见解，但也借鉴了他人的一些研究成果、实盘经验、专业知识等，这些材料在理论和实践中都具有很高的创造性，是十分珍贵的，所以要十分感谢他们。如果没有他们与大家共同分享其专业知识和投资理念，也就无法达到现在的研究水平。在此对这些专业人士致以最衷心的感谢，感谢他们如此慷慨地与大家分享专业知识。

同时，更希望投资者能结合中国资本市场的特性，不断探索研究，改进或创造出适合中国资本市场的技术分析方法，成为中国资本市场中的艾略特、葛兰碧、威廉、乔治·兰恩、查尔思·道。如是，其功莫大焉。

股市变幻莫测，牵涉的内容也非常广。笔者尽管竭尽全力，努力减少书中的错误，但百密一疏，书中难免疏忽之处。敬请广大读者不吝斧正，并多提出宝贵意见，以便在今后再版时进一步改进和提高。愿本书为广大朋友在实际操作中带来一点启示、创造一份财富。如是，我将深感欣慰。

麻道明

2019 年 6 月　于中国·楠溪江畔